Sobre a natureza das coisas
De rerum natura
EDIÇÃO BILÍNGUE

LU CRÉ CIO

Sobre a natureza das coisas

EDIÇÃO BILÍNGUE

TRADUÇÃO, NOTAS E PARATEXTOS
Rodrigo Tadeu Gonçalves

1ª edição
2ª reimpressão

autêntica C|L|Á|S|S|I|C|A

Copyright © 2021 Autêntica Editora

Título original: *De rerum natura*

Todos os direitos reservados pela Autêntica Editora Ltda. Nenhuma parte desta publicação poderá ser reproduzida, seja por meios mecânicos, eletrônicos, seja via cópia xerográfica, sem a autorização prévia da Editora.

Esta tradução foi realizada com o apoio de bolsa de produtividade em pesquisa do CNPq, processo 304753/2016-5. Parte dela foi realizada durante uma estadia na casa de tradução literária Looren Übersetzerhaus, financiada pelo programa Looren América Latina da Pro Helvetia (Suíça).

 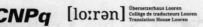

COORDENADOR DA COLEÇÃO CLÁSSICA, EDIÇÃO E PREPARAÇÃO
Oséias Silas Ferraz

EDITORAS RESPONSÁVEIS
Rejane Dias
Cecília Martins

REVISÃO TÉCNICA
Guilherme Gontijo Flores

REVISÃO DE TEXTO
Ana Carolina Lins Brandão

PROJETO GRÁFICO
Diogo Droschi

CAPA
Alberto Bittencourt

DIAGRAMAÇÃO
Guilherme Fagundes

Dados Internacionais de Catalogação na Publicação (CIP)
(Câmara Brasileira do Livro, SP, Brasil)

Lucrécio, 95 a.C.-ca.53 a.C.
  Sobre a natureza das coisas = De rerum natura / Lucrécio ; tradução, notas e paratextos Rodrigo Tadeu Gonçalves. -- 1. ed.; 2. reimp. -- Belo Horizonte : Autêntica, 2024. -- (Clássica)

  Edição bilíngue: português/latim
  ISBN 978-65-5928-079-7

  1. Filosofia antiga 2. Literatura latina 3. Poesia épica 4. Poesia latina I. Título II. Série.

21-80316
CDD-180

Índices para catálogo sistemático:
1. Filosofia antiga 180

Maria Alice Ferreira - Bibliotecária - CRB-8/7964

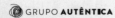

Belo Horizonte
Rua Carlos Turner, 420
Silveira . 31140-520
Belo Horizonte . MG
Tel.: (55 31) 3465 4500

São Paulo
Av. Paulista, 2.073, Conjunto Nacional
Horsa I . Sala 309 . Bela Vista
01311-940 . São Paulo . SP
Tel.: (55 11) 3034 4468

www.grupoautentica.com.br
SAC: atendimentoleitor@grupoautentica.com.br

A coleção Clássica

A coleção Clássica tem como objetivo publicar textos de literatura – em prosa e verso – e ensaios que, pela qualidade da escrita, aliada à importância do conteúdo, tornaram-se referência para determinado tema ou época. Assim, o conhecimento desses textos é considerado essencial para a compreensão de um momento da história e, ao mesmo tempo, a leitura é garantia de prazer. O leitor fica em dúvida se lê (ou relê) o livro porque precisa ou se precisa porque ele é prazeroso. Ou seja, o texto tornou-se "clássico".

Vários textos "clássicos" são conhecidos como uma referência, mas o acesso a eles nem sempre é fácil, pois muitos estão com suas edições esgotadas ou são inéditos no Brasil. Alguns desses textos comporão esta coleção da Autêntica Editora: livros gregos e latinos, mas também textos escritos em português, castelhano, francês, alemão, inglês e outros idiomas.

As novas traduções da coleção Clássica – assim como introduções, notas e comentários – são encomendadas a especialistas no autor ou no tema do livro. Algumas traduções antigas, de qualidade notável, serão reeditadas, com aparato crítico atual. No caso de traduções em verso, a maior parte dos textos será publicada em versão bilíngue, o original espelhado com a tradução.

Não se trata de edições "acadêmicas", embora vários de nossos colaboradores sejam professores universitários. Os livros são destinados aos leitores atentos – aqueles que sabem que a fruição de um texto demanda prazeroso esforço –, que desejam ou precisam de um texto clássico em edição acessível, bem cuidada, confiável.

Nosso propósito é publicar livros dedicados ao "desocupado leitor". Não aquele que nada faz (esse nada realiza), mas ao que, em meio a mil projetos de vida, sente a necessidade de buscar o ócio produtivo ou a produção ociosa que é a leitura, o diálogo infinito.

Oséias Silas Ferraz
[coordenador da coleção]

9   APRESENTAÇÃO
     Ver com Lucrécio
     Brooke Holmes

15   PREFÁCIO
     Lucrécio, nosso contemporâneo
     Thomas Nail

19   NOTA DO TRADUTOR
     Rodrigo Tadeu Gonçalves

25   **Livro I**
27   *Introdução*
35   **A.** *Princípios gerais*
53   **B.** *Os "corpos primevos" são sólidos, eternos e indivisíveis*
63   **C.** *Crítica de teorias rivais*
81   **D.** *Infinitude do universo e de suas duas partes constitutivas, matéria e espaço*
89   *Conclusão*

91   **Livro II**
93   *Proêmio: as bênçãos da filosofia*
95   **A.** *Os movimentos atômicos*
111   **B.** *As formas dos átomos e seus efeitos*
133   **C.** *Os átomos existem sem qualidades secundárias*
149   **D.** *Os infinitos mundos, sua formação e destruição*

161 **Livro III**
163 *Introdução*
167 **A.** *Natureza e estrutura da alma*
185 **B.** *Provas da mortalidade da alma*
209 **C.** *Loucura por medo da morte*

225 **Livro IV**
227 *Introdução – missão de Lucrécio*
227 **A.** *Existência e natureza dos simulacros*
239 **B.** *Sensação e pensamento*
273 **C.** *Algumas funções do corpo consideradas em conexão com a psicologia*
287 **D.** *Ataque às paixões do amor*

303 **Livro V**
305 *Introdução*
309 **A.** *Nosso mundo*
333 **B.** *Os corpos celestes: astronomia*
347 **C.** *A terra*

387 **Livro VI**
389 *Introdução*
393 **A.** *Fenômenos atmosféricos*
419 **B.** *Fenômenos terrestres*
453 **C.** *Epílogo: a peste de Atenas*

463 NOTAS

487 POSFÁCIO
De rerum natura, um petardo filosófico
Lucas Lazzaretti

APRESENTAÇÃO
Ver com Lucrécio

Brooke Holmes (Princeton University)

O que significa ver o mundo? O que significa ver o mundo, juntos? As perguntas são, ao mesmo tempo, tão básicas mas também profundas e angustiantes. Em todos os lugares, as comunidades grandes e pequenas estão lutando para chegar a um acordo sobre a realidade que compartilham. O problema diz respeito a vastas redes de poder econômico e político que se manifestam em inúmeros danos locais, incorporados e desigualmente distribuídos, mas que funcionam em tal escala e nível de complexidade que evitam a captura dentro das esferas públicas de visão, responsabilidade e controle. Também diz respeito a redes de energia e agências que se movem através de ecossistemas e sistemas meteorológicos, ao longo das correntes oceânicas e dentro de microbiomas. É um dos aspectos definidores do Antropoceno que essas redes de energia, humanas e não humanas, estão ligadas umas nas outras. Outro é a profunda injustiça de quantos danos a ruptura antropogênica dos sistemas de poder não humanos está infligindo aos que foram tornados vulneráveis pela exploração econômica, misoginia arraigada e racismo sistêmico. Essas realidades – mudanças climáticas maciças e danos ecológicos, e sistemas globais de iniquidade – são óbvias em um sentido. Em outro sentido, as comunidades políticas parecem incapazes de alcançar o reconhecimento coletivo dos problemas que têm diante de si de tal forma que podem se comprometer a enfrentá-los com a vontade e a imaginação necessárias. O que é preciso para chegarmos aonde podemos ver o mundo juntos?

Conforme a última onda de incêndios florestais rasgava a costa oeste dos Estados Unidos, mais de um cientista climático "lavou as mãos" e declarou que o problema não poderia mais ser resolvido apenas pela ciência. Era uma questão, disseram eles, para os cientistas sociais. Entretanto, até mesmo essa divisão do trabalho permanece dentro da visão de mundo limitada pela promessa da ciência e tecnologia de oferecer panaceias para cada problema produzido pela natureza humana.

Precisamos, ao contrário, é de filosofia, arte e tradução. Esta, de qualquer forma, seria a posição do poeta romano Lucrécio, do primeiro século a.C. *Sobre a natureza das coisas* é um dos maiores textos já escritos a serviço de desmascarar as mentiras pelas quais vivemos (por "nós" Lucrécio tem em mente as elites romanas que, embora se imaginassem no ápice da realização civilizacional após séculos de expansão imperialista no Mediterrâneo e além, viviam em um estado de ansiedade paranoica; mas também, no sentido mais geral, nós, humanos). "Os eventos que trazem a infelicidade da humanidade são inseparáveis dos mitos que os tornam possíveis", escreve Gilles Deleuze em seu brilhante ensaio sobre Lucrécio, publicado no apêndice de *Lógica do sentido*, em 1968.[1] O que Lucrécio faz é cortar através desses mitos, mostrando de que maneira eles surgem de nossos encontros com estímulos sensoriais como miragens de um "falso infinito" que se alimentam do medo da morte e do desejo infinito, as duas fontes da miséria humana segundo o Epicurismo, filosofia que Lucrécio se propõe a comunicar a seus semelhantes romanos. Mas *Sobre a natureza das coisas* não é apenas uma obra-prima de crítica cultural. Lucrécio também gera, argumenta Deleuze, a Natureza como um objeto de afirmação ao fazer dela o objeto "prático e especulativo" de uma filosofia chamada naturalismo.

Com toda esta conversa sobre miragens, não é surpresa que um dos princípios norteadores do naturalismo epicurista seja um axioma controverso sobre ver: todas as percepções são verdadeiras.[2] O axioma testemunha o materialismo intransigente do Epicurismo, sua recusa determinada da transcendência e da teleologia, seu profundo compromisso com a ideia de que tudo o que existe são átomos e vazio. A razão, diz Lucrécio, não pode refutar os sentidos. Ao afirmar isso, ele marca o encontro do corpo e do mundo como um limiar que nós, humanos, nunca iremos, ou devemos, ultrapassar. Os órgãos dos sentidos entregam verdades que são independentes da mente, embora a mente dependa dessas verdades para forjar suas próprias crenças sobre a realidade. Não importa o que a mente faça com as percepções de vermelho ou suavidade ou dor ou prazer, elas mantêm sua autonomia. Como um compromisso filosófico com a primazia e autonomia dos corpos como matriz da experiência, a posição epicurista de que todas as percepções são verdadeiras é poderosa. De fato, o materialismo radical de Epicuro, corporificado na modernidade através do poema de Lucrécio, é a fonte do que Althusser chamou de "corrente subterrânea do materialismo", que corre subversivamente sob as tradições intelectuais geradas a partir da antiga filosofia greco-romana. Por essa razão, o epicurismo está latente em todo desafio à tirania do *logos* e à ilusão da ideologia na medida em que o *logos* e a Ideia já são sempre uma traição do ser encarnado.

Ao mesmo tempo, a afirmação de que "todas as percepções são verdadeiras" envolve um conjunto de movimentos filosóficos complicados de defender, precisamente porque os sentidos às vezes parecem mentir. O exemplo mais revelador para Lucrécio é o das torres quadradas de uma cidade que, vistas de longe, nos parecem arredondadas, "parecem passadas no torno" (*quasi ut ad tornum*, 4.361). Mas ele tem muitos outros exemplos. Há a experiência que temos quando estamos em um navio em movimento e as coisas estacionárias pelas quais ele passa parecem estar em movimento. Ao contrário, as estrelas, a lua e o sol parecem estar parados, apesar de estarem em movimento. Para uma pessoa que sofre de icterícia, o mundo inteiro parece banhado por uma luz amarelo-esverdeada. Nós fantasiamos. Nós sonhamos. Em poucas palavras, o que os epicuristas fazem com esses aparentes contraexemplos é apontar as muitas maneiras pelas quais a mente age sobre as informações fornecidas pelo corpo. Às vezes a razão intervém para garantir que percebemos corretamente (os mortos com os quais sonhamos, por exemplo, não estão caminhando entre nós). O problema é que, na maioria das vezes, o que os sentidos nos dizem é distorcido pelas falsas crenças que absorvemos como membros de uma sociedade corrupta.

Essa última afirmação nos leva de volta a ver o mundo como um projeto coletivo. Como Epicuro veria, desde os estágios iniciais da sociabilidade humana, várias tecnologias garantiram que os erros iniciais de interpretação dos sinais produzidos pelo mundo natural se espalhassem como fogo selvagem por gerações, condicionando a maneira como a maioria das pessoas vê o mundo agora e nos sobrecarregando a todos com ansiedade. Parece que estamos sempre inventando novas formas de circulação da ansiedade: a linguagem, o mito, a religião, o livro, a internet. O problema, como vê Epicuro, é que as explicações convencionais dos fenômenos naturais não são apenas erradas, mas perigosas. Acima dessas crenças perigosas está a crença em deuses vingativos que podem nos punir pelo infinito, uma crença que os epicuristas responsabilizam pela violência e sofrimento incontáveis. Fazer física, para os epicuristas, é a melhor maneira de dissipar as histórias que levam à infelicidade. Uma filosofia da Natureza é uma tecnologia de crítica e desmistificação, concebida para perturbar as convenções que regem nossa compreensão coletiva de nossa própria experiência.

Porém, como vimos anteriormente, o naturalismo epicurista não é somente uma forma de crítica. Ele também necessariamente promulga contranarrativas às que são tradicionalmente oferecidas. Tais histórias surgem de nossa experiência perceptiva e corporificada do mundo físico e de nós mesmos. Podemos pensar, por exemplo, na famosa analogia que Lucrécio desenha entre um grão de poeira à luz do sol e os átomos. Além disso, essa experiência funciona, como já vimos, como o critério para a verdade das histórias que contamos. Estas têm que ser testadas contra nossos corpos. No entanto, as histórias são feitas com mentes. E, crucialmente, elas são comunicadas entre as mentes, para o melhor e para o pior.

O próprio Epicuro pensou que a melhor maneira de se comunicar com outras pessoas era ser o mais simples possível. Ele desconfiava da poesia e de seus prazeres. Em contraste, Lucrécio adota o meio da poesia como o veículo mais apropriado para o trabalho filosófico-conceitual de mostrar a matéria. Podemos falar de seu poema a esse respeito como uma tecnologia para ver o que não se vê, as profundezas da matéria. Ou talvez pudéssemos imaginar o poema como uma amplificação estética e tradução das tecnologias de visão da razão. Não importa como o descrevamos, Lucrécio deixa claro que usa a poesia para quebrar o feitiço dos falsos mitos. Ele escreve a seu destinatário Mêmio: "Pois algo novo e importante insinua-se aos teus ouvidos / e uma nova espécie de coisas deseja mostrar-se" (2.1024-25). Com essa *nova res*, é claro, ele comenta do próprio poema. Em uma famosa passagem, ele fala de ficar acordado à noite, "a procurar que palavras e versos por fim eu emprego / pra revelar à tua mente a claridade das luzes / com as quais pudesses ver as coisas ocultas" (1.143-45). É porque os mitos destrutivos da sociedade se tornaram tão entrincheirados – através do tempo e do poder da ganância e do medo – que nossas capacidades de perceber a matéria foram entorpecidas e desviadas. É precisamente a necessidade de perturbar esses hábitos perceptuais-conceitual que leva Lucrécio a se voltar para a poesia. Assim, a poesia não é simplesmente um veículo para ideias filosóficas. É um local de sensualidade revolucionária. Em seus verbos na segunda pessoa, o poema pede ao leitor, no mesmo momento, que veja, e veja diferente, e, ao fazê-lo, que participe de um novo "nós" comprometido em viver eticamente – alegremente, diria Deleuze, em seu apelo à tradição filosófica do naturalismo – com a matéria e uns com os outros.

Para ver o mundo, segundo Lucrécio, você precisa de filosofia e precisa de arte. Você também precisa ser capaz de traduzir de um idioma e de uma cultura para outra. Pois, como vimos, a visão da Natureza e da natureza humana convocada por *Sobre a natureza das coisas* é a de um filósofo grego do século IV a.C., Epicuro. O poema épico de Lucrécio é, portanto, sempre uma tradução de uma visão localizada em outro espaço e tempo. Ao longo do poema, ele se move não simplesmente do "nós" hiperlocal realizado em sua amizade com seu destinatário, Mêmio, para um leitor romano, mas também entre gregos e romanos e, mais amplamente, para uma comunidade de "nós, humanos" – e, de fato, para uma comunidade que se estende aos animais não humanos e aos seres vivos e grupos de átomos em diferentes momentos, embora as energias éticas do poema sejam impulsionadas acima de tudo pelos problemas de consciência, vulnerabilidade e mortalidade.

Como o texto de *Sobre a natureza das coisas* viajou no tempo e no espaço – e especialmente após sua redescoberta em 1417 –, ele gerou outras versões de "nós" escalando desde a intimidade do discurso de segunda pessoa do poema e até o nível do cosmo como um todo. Se o nexo de particularidade e universalidade é trabalhado repetidamente por Lucrécio em torno da questão da tradução do grego para o latim, cada nova tradução nos convida a pensar sobre os limites da experiência humana coletiva e as formas pelas quais diferentes comunidades encontram terreno compartilhado no poema, a fim de prosseguir no projeto de viver bem, juntos.[3]

Neste momento de mudança radical das condições de vida neste planeta, um texto escrito em latim no primeiro século a.C. pode parecer um estranho artefato a ser apresentado para um projeto de ver o mundo juntos. De fato, tendo em vista quão problemáticos têm sido os apelos ao "clássico" – especialmente, mas não apenas, à Antiguidade greco-romana – ao longo dos últimos séculos de formação de nações e de formação de comunidades biopolíticas, estamos certos em ser cautelosos na busca pela salvação universal nos clássicos. Mas o discurso em segunda pessoa de *Sobre a natureza das coisas* é explicitamente baseado em um humanismo radical. Em sua desmistificação do falso infinito e seu compromisso com o materialismo ético, ele ataca o cerne da política do medo que está por trás dos nacionalismos racializados e dos fascismos genocidas. Esta tradução do poema do latim para o português, feita por Rodrigo Tadeu Gonçalves, honra imediatamente o materialismo sensual do original e seu desejo de ser tomado, refeito, traduzido de um lugar e tempo para outro, como um átomo que muda sua trajetória. A tradução testemunha, portanto, o poder de Lucrécio de criar novas comunidades de leitores a partir de qualquer pessoa disposta a atentar ao mundo que nos é entregue pelos nossos sentidos e, através de tais atos de atenção, trabalhar por uma política, uma ética e uma estética de vida compartilhada.

Notas

[1] Gilles Deleuze, *The Logic of Sense*, trans. by Mark Lester with Charles Stivale; edited by Constantin V. Boundas (New York: Columbia University Press, 1990, p. 266-279). Para maior discussão sobre a leitura de Deleuze, ver Brooke Holmes, "Deleuze, Lucretius, and the Simulacrum of Naturalism", em Brooke Holmes & W. H. Shearin (Eds.), *Dynamic Reading: Studies in the Reception of Epicureanism* (New York: Oxford University Press, 2012, p. 316-42.)

[2] Ou, como escreve Lucrécio, "Vero será o que quer que a cada momento percebam" (*proinde quod in quoquest his visum tempore, verumst*, 4.499).

[3] Sobre leituras materialistas da recepção histórica de Lucrécio, ver, por exemplo, Brooke Holmes & W. H. Shearin (Eds), *Dynamic Reading: Studies in the Reception of Epicureanism* (New York: Oxford University Press, 2012); Jacques Lezra, *On the Nature of Marx's Things: Translation as Necrophilology* (New York: Fordham University, 2018); Gerard Passanante, *The Lucretius Renaissance: Philology and the Afterlife of Tradition* (Chicago: University of Chicago, 2011); Michel Serres, *The Birth of Physics*, trans. by David Webb and William James Ross (London: Rowman and Littlefield, 2018).

Prefácio
Lucrécio, nosso contemporâneo

Thomas Nail (University of Denver)

Um novo Lucrécio chega hoje. Cada grande época histórica retorna a ele como abelhas retornando aos seus campos de flores em busca de alimento. Cada vez, porém, nosso retorno é diferente – como o arco de uma espiral em expansão. Trazemos novas perguntas, encontramos novas respostas e fazemos Lucrécio voltar a falar conosco como se fosse a primeira vez. Transformamos o poema épico de Lucrécio *De rerum natura* no mel melífluo de uma antiguidade líquida que sempre percorreu as veias da modernidade.

Assim, voltamos a Lucrécio hoje não como se ele fosse uma figura imutável esculpida em pedra, mas como se ele fosse um sopro de vida nova na vanguarda do século XXI. Estamos diante do poema revolucionário e de tirar o fôlego de Lucrécio não como estudantes passivos de relíquias imutáveis em um museu, e sim como participantes ativos em uma história de nosso presente. Hoje, pedimos novamente a Lucrécio que nos diga algo novo.

Qual é a natureza das coisas e a origem da história? Como o mundo nasceu de tal forma que tornou possível a emergência da terra, do céu, do mar, das estrelas, do sol e da lua que conhecemos hoje? Quais são as origens da vida, dos seres humanos, da consciência e da linguagem? Em resumo, como chegamos aqui, e qual é o significado de tudo isso?

Mas o que um poeta romano do primeiro século a.C. poderia ter para nos contar hoje sobre a história do universo e de nosso planeta que os físicos e historiadores contemporâneos ainda não conhecem? Por que fazer a Lucrécio nossas perguntas? É verdade que, em certo sentido, sabemos muito mais sobre a história material do universo hoje do que há dois mil anos. Entretanto, é crucial lembrar que uma das razões pelas quais sabemos tanto quanto atualmente é por causa de Lucrécio.

Muito da estrutura básica da cosmologia contemporânea, da física e da história, quer os cientistas o conheçam ou não, foi apresentado por Lucrécio. Os cientistas têm preenchido as notas de rodapé desde então.

Por exemplo, a ideia de que o universo é ilimitado e se expande em todas as direções foi descrita primeiro por Lucrécio e só posteriormente confirmada, de modo experimental, por Edwin Hubble, em 1924. Nem mesmo Einstein, que pensava que vivíamos em um universo de blocos finitos, acertou nessa ideia. A ideia de que a matéria não viva produzia organismos vivos que se desenvolveram e sofreram mutações através de processos evolutivos foi descrita primeiramente por Lucrécio dois mil anos antes de Darwin. A bela descrição de Lucrécio dos grãos de poeira dançando graciosamente sob a luz do sol foi a primeira descrição do fenômeno da turbulência. A turbulência hoje continua sendo um dos últimos problemas não resolvidos da física clássica e uma inspiração central para as teorias da complexidade. Lucrécio também nos deu algumas das primeiras, se não as primeiras de todas, descrições das duas primeiras leis da termodinâmica: conservação e entropia. Ele o fez muito antes de sua formalização matemática no século XIX. Entretanto, para mim, a contribuição mais incrível para a ciência e a filosofia foi a ideia de Lucrécio de um desvio indeterminado no coração da Natureza. Até que a física quântica pudesse finalmente prová-la experimentalmente, essa ideia foi ridicularizada e mal interpretada durante séculos.

As teorias de Lucrécio não eram o mesmo que observações experimentais e formalizações matemáticas. No entanto, elas podem funcionar, e funcionaram, como hipóteses que estruturaram nossas observações. O poema de Lucrécio tem servido como uma fonte contínua de inspiração científica há mais de mil anos. Talvez devêssemos perguntar o que a ciência contemporânea sabe que Lucrécio não descreveu de uma forma mais geral há dois mil anos. Lucrécio e outros materialistas descobriram uma quantidade chocante de coisas sobre a natureza sem a ajuda da ciência e da tecnologia experimental. A filosofia não substitui a ciência, é claro, mas tem uma relação dialética com ela.

Infelizmente, a maioria dos cientistas e filósofos de hoje pensam que não precisam mais ler Lucrécio. Ocasionalmente eles creditam seu "atomismo" como um precursor histórico da física moderna, mas mesmo isso se deve a um erro de tradução e interpretação. Lucrécio ainda tem muito a nos oferecer se lhe dermos mais uma chance. Nós entendemos muito mal o que era essencial para ele.

Praticamente todo grande cientista, filósofo nos últimos séculos leu Lucrécio e rabiscou à margem de seu célebre poema. Hoje, esse não é mais o caso. Cada geração anterior de leitores tirou novas ideias de seu trabalho e as testou com as ferramentas do seu tempo. Parece que hoje paramos. Por quê? A Antiguidade em geral, e Lucrécio em particular, não é uma relíquia morta, fria, mantida como refém por interpretações anteriores. É uma história viva tanto para nós quanto para nossos predecessores.

Ainda temos problemas não resolvidos. Em especial, várias perguntas perenes continuam hoje a assombrar a ciência e a filosofia, perguntas que Lucrécio pode nos ajudar a responder. Lucrécio não tem o tipo de respostas empíricas às perguntas que poderíamos querer hoje. Entretanto, ele tem uma surpreendente e bela visão da natureza que pode ajudar a orientar e inspirar nossas perguntas experimentais e teóricas. É preciso um pouco de leitura cuidadosa, um pouco de tradução latina e uma dose de interpretação fresca – e esta nova tradução de Rodrigo Gonçalves nos mostra que está tudo aqui.

A tradução "ultraliteral" de Gonçalves é absolutamente única. Ela nos leva de volta, de maneira bela, ao ritmo hexamétrico original e ao vocabulário diversificado do *De rerum natura*. Uma das maiores inovações de Gonçalves, a meu ver, é que ele é o único de que tenho conhecimento, desde a primeira tradução inglesa de *De rerum natura* pela poetisa inglesa Lucy Hutchinson, no século XVII, a não usar a palavra "*atom*", ou "átomo", em português.

Quando comecei a ler e ensinar *De rerum natura* em latim, fiquei inicialmente chocado e confuso com a falta marcante de átomos. Onde estavam todos aqueles átomos de que todos estavam falando? Percorri todo o texto em latim e descobri que Lucrécio nunca usara a palavra grega "*atomos*" ou a forma latina "*atomus*" que Cícero inventou mais tarde. Não há átomos em Lucrécio. Ainda estou abismado com essa estranha dissonância entre o que Lucrécio disse e como ele foi traduzido e interpretado. Em vez disso, para descrever a matéria, Lucrécio usou uma grande variedade de palavras únicas que não são de forma alguma como partículas ou átomos discretos. A tradução literal de Gonçalves permanece fiel à heterogeneidade e à indeterminação poética da matéria de um modo que outros tradutores tenderam a obscurecer ao repetir "átomo" e "matéria" como termos genéricos.

A tradução da matéria em Lucrécio não é uma questão menor! A filosofia central do mecanismo europeu moderno é baseada na ideia de que a matéria é feita de partículas discretas. Em muitos aspectos, Lucrécio foi menos o prenúncio revolucionário da ciência moderna do que sua maior vítima. Após quinhentos anos de abusos por atomistas e mecanicistas modernos, a tradução de Gonçalves finalmente nos traz de volta ao *De rerum natura* a partir de uma nova perspectiva. A matéria é muito mais como um processo de tecelagem no vocabulário de Lucrécio do que como substâncias discretas. À luz da filosofia e da física contemporânea, parece agora que algumas das contribuições mais importantes do poema de Lucrécio foram historicamente negligenciadas ou mal compreendidas por causa do erro atomístico.

Ao interpretar *De rerum natura* como um texto sobre partículas discretas, liberdade humana, leis da natureza, racionalismo, desvios aleatórios etc., o poema foi tratado com a mesma violência com que se tratou a própria natureza durante a revolução científica. Assim como os fluxos selvagens de água foram hidraulicamente forçados nas fontes mecânicas de Versalhes, também os fluxos corpóreos de matéria foram interpretados como sendo forçados nos glóbulos discretos dos átomos no poema de Lucrécio. A ciência moderna fez a mesma coisa à natureza que fez com *A natureza das coisas*.

Em vez de estarem abertas à visão de mundo poética radicalmente diferente de *De rerum natura*, as ideias de Lucrécio foram forçadas a se ajustar às filosofias deísticas e mecanicistas da época. Entre outras coisas, isso resultou em uma completa distorção do materialismo antigo no mecanismo moderno. A interpretação moderna de *De rerum natura* não é, portanto, uma anomalia. Ela faz parte de uma visão de mundo sistemática mais ampla do patriarcado, do racionalismo, do mecanicismo e da quantificação que estava em ascensão durante o tempo em que o caçador de clássicos italianos, Poggio Bracciolini, recuperou o grande trabalho de Lucrécio.

Hoje, com uma tradução mais fiel e literal como esta de Gonçalves, podemos ver mais claramente um novo tipo de materialismo, ignorado e mutilado por sua moderna apropriação histórica. Se hoje é de todo possível pensar um "novo materialismo", distinto do mecanicismo, então é oportuno que ele comece com uma erupção vulcânica a partir de dentro do próprio documento fundador do materialismo ocidental.

Nota do tradutor

Rodrigo Tadeu Gonçalves

Um poema improvável. Épico e didático, elevado e contido, sóbrio e apaixonado, belo e profundo. Quase sete mil e quinhentos versos organizados de forma a revelar a realidade, ou, como traduziu o poeta e classicista Rolfe Humphries, *The Way Things Are* (*Como as coisas são*). *De rerum natura* quer dizer, em latim, "sobre a natureza das coisas", e Lucrécio fala, a sério, sobre as coisas. Trata-se, sobretudo, de uma exposição brilhante e aventureira sobre a natureza da realidade cujo principal objetivo é divulgar a filosofia do grego Epicuro (341-271 a.C.). Lucrécio publica em meados do século I a.C. e, de forma estranha mas compreensível, o silêncio de muitos dos contemporâneos e dos pósteros sobre ele e sobre o poema o tornam quase invisível, embora tenha influenciado diretamente o Virgílio jovem das *Geórgicas* e tenha sido lido e (segundo o testemunho de São Jerônimo) editado por Cícero (um ferrenho antiepicurista), além de louvado por Ovídio, Estácio, entre outros. Os motivos não são difíceis de supor: o poema é profundamente subversivo. Primeiro, por afirmar a materialidade e a finitude de tudo, exceto dos átomos e do vazio (e, consequentemente, dos universos possíveis e existentes). Segundo, por negar radicalmente que os deuses tenham qualquer coisa a ver conosco. Sua existência deve ser plena e radicalmente afastada dos nossos afazeres. Terceiro, por defender que a morte não é absolutamente nada e que, portanto, não devemos temê-la. Sob o cristianismo, o epicurismo é ainda mais subversivo por confrontar diretamente o medo da morte e da punição divina que deveria guiar nossas vidas.

Lucrécio nos dá muitas outras possibilidades de aprendizado filosófico e de fruição de seu pensamento, mesmo depois de tanto tempo. Ainda encontramos ecos importantes de seu atomismo na física contemporânea, e muito da filosofia ocidental apresenta enorme influência, direta ou indireta, do epicurismo transformado em poesia por Lucrécio, como vemos nos paratextos escritos especialmente para esta edição por três grandes especialistas: Brooke Holmes, professora da Universidade de Princeton, líder do projeto Postclassicisms e estudiosa do corpo e da medicina na Antiguidade, Thomas Nail, filósofo da Universidade de Denver e especialista em materialismo antigo, autor de três volumes de comentários recentes e riquíssimos sobre o poema de Lucrécio, e Lucas Lazzaretti, filósofo, tradutor e escritor brasileiro.

Assim, o poema desapareceu por mais de mil anos e foi reencontrado por um caçador de manuscritos italiano, o humanista e ex-secretário papal Poggio Bracciolini, num mosteiro afastado no interior da Alemanha. Poggio sabia que tinha descoberto algo incrível e mandou o manuscrito a um amigo italiano que o copiou. Em algumas décadas, o texto de Lucrécio foi lido, absorvido e apreciado pelas mentes mais brilhantes do mundo moderno, como as de Thomas More, Newton, Voltaire, Hume, ajudando, de certa forma, a fundar a nova ciência e filosofia materialista modernas. A história da descoberta de Poggio e das consequências para o nascimento do mundo moderno foi contada por Stephen Greenblatt num livro vencedor do Pulitzer, *A virada: o nascimento do mundo moderno* (Companhia das Letras, 2012).

No Brasil, a única tradução integral publicada até agora é a do filósofo Agostinho da Silva (*Da Natureza*), cuja primeira edição data de 1962 pela Editora Globo, que frequentou muitas estantes de bibliotecas como parte da coleção Os Pensadores (o volume em que Lucrécio aparece tem sua primeira edição em 1973). No entanto, ainda que seja uma tradução precisa e muito bem-feita, por estar na forma de uma boa prosa, ela deixa de lado uma parte fundamental do poema. E isso é absolutamente crucial: o tratado de Lucrécio é, antes de tudo, um poema. É um poema lindo, arrebatador, impressionante. A tradução que apresentamos aqui se soma à portuguesa de Luís Manuel Gaspar Cerqueira, publicada em 2015 pela Editora Relógio d'Água, com texto bilíngue e em versos livres, sendo assim, junto com esta, as duas únicas traduções recentes de um clássico que carece de renovação. Há outras em produção, como a de Mário Domingues, em dodecassílabos, e há notícias de uma tradução da professora Maria da Gloria Novak, da Universidade de São Paulo. Também foram publicados alguns livros traduzidos por Juvino Alves Maia Junior, Hermes Orígenes Duarte Vieira e Felipe dos Santos Almeida, da Universidade Federal da Paraíba.

Há uma tradução parcial do livro III (versos 830 a 1094) em hexâmetros brasileiros feita por minha orientanda Flavia Fróes da Motta Budant, em uma iniciação científica com apoio do CNPq entre 2013 e 2014. Devo grande parte do meu interesse em Lucrécio a ela e a sua proposta bastante ousada à época. É relevante mencionar também que acaba de sair uma tradução integral das *Cartas e máximas principais,* de Epicuro, pela Penguin/Companhia das Letras, da lavra da professora brasileira Maria Cecilia Gomes dos Reis. Tal presença marcante de mulheres tradutoras de Lucrécio é reforçada pelo fato de que a primeira tradutora de Lucrécio para o inglês foi Lucy Hutchinson, por volta de 1650, e a tradução poética recente mais bem-acabada para o inglês é a de Alicia Stallings, publicada pela Penguin Classics em 2007 (ao passo que Caroline Alexander e Emily Wilson, as primeiras mulheres a traduzirem de Homero para o inglês, só publicaram suas versões na segunda década do século XXI).

Lucrécio nos apresenta o atomismo de Leucipo e Demócrito e todo o sistema filosófico de Epicuro em versos magníficos e belos, que funcionam, em uma imagem impactante do próprio poema, como o mel na borda da taça de um tétrico absinto para suavizar o amargo remédio que nós, a humanidade, precisamos tomar. Com ele aprendemos, entre tantas outras coisas, que nada vem do nada e nada retorna ao nada, que nossa alma morre com o corpo e que tudo o que acontece é resultado de desvios aleatórios na trajetória de átomos que estão em constante e eterno movimento, e que só o que podemos fazer é buscar a felicidade nos prazeres simples.

Os livros seguem uma progressão temática que abrange os níveis microscópicos da física atômica (livros I e II), o nível corporal (o livro III trata do corpo e da alma), as sensações (livro IV), progredindo ao nível cosmológico no livro V, que trata da cosmogonia, da cosmologia e da história da espécie humana, de modo que o livro VI encerra o poema com uma miscelânea de fenômenos terrestres e atmosféricos como o trovão, o raio, os terremotos, o magnetismo e as pragas.

Quase nada se sabe sobre Lucrécio além da curta e duvidosa biografia presente na *Crônica* de Jerônimo, segundo a qual ele teria escrito seu poema em intervalos de lucidez após ter sido enfeitiçado com uma poção do amor, a qual o levou a se matar aos 44 anos de idade. O poema parece terminar abruptamente com a célebre descrição da peste de Atenas, assombrosa em seus detalhes e em sua absurda semelhança com os tempos tenebrosos em que vivemos.

Lucrécio é um poeta radicalmente subversivo e atual que eu aceitei traduzir a pedido de Oséias Ferraz, editor da Coleção Clássica da Autêntica Editora, há mais de seis anos. Quis produzir um poema em português, e o verso escolhido foi uma versão flexível do hexâmetro datílico brasileiro, baseado nas traduções de Homero e Virgílio, de Carlos Alberto Nunes, mas também no trabalho de Philippe Brunet, Rodney Merrill e Guillaume Boussard (tradutor de Lucrécio em hexâmetros franceses) e, no Brasil, de Leonardo Antunes e Guilherme Gontijo Flores. Tal emulação de hexâmetro em português brasileiro parte do tipo de verso utilizado por Carlos Alberto Nunes para traduzir todo o Homero e a *Eneida*, acrescida a possibilidade de substituições de sequências datílicas por sequências binárias trocaicas nos quatro primeiros "pés", sequências que, em performance, podem ter sua segunda sílaba alongada para emular mais proximamente os efeitos rítmicos dos pés espondeus dos hexâmetros antigos.

A tradução me acompanhou por muitos anos, dadas as dificuldades da tarefa e da vida, e só fui capaz de concluí-la graças a uma bolsa de produtividade em pesquisa do CNPq,[1] e à bolsa de um mês na Casa de Tradutores Looren, na Suíça.[2] Lá, em um pequeno vilarejo no cantão de Zurique, passei todo o mês de fevereiro de 2020 imerso em natureza, amizades e Lucrécio e pude terminar a tradução e realizar a primeira revisão, à qual se seguiram a revisão técnica de Guilherme Flores e a leitura generosa de Oséias Ferraz. A edição utilizada foi a de Cyril Bailey, *Titi Lucreti Cari De Rerum Natura – Libri Sex*, publicada em 1947 pela Oxford University Press. Sempre que nas notas houver uma referência apenas com um número de página, trata-se da edição com comentário de Bailey. Assim, gostaria de agradecer a muitas pessoas, mas, para não alongar demais a lista, agradeço ao CNPq, à Casa de Tradutores Looren (especialmente nas pessoas de Gabriela Stöckli e Carla Imbrogno), à Rejane Dias e a toda a equipe da Autêntica, a Layla Oliveira, Guilherme Flores, Oséias Ferraz, Paula Abramo, Wilson Alves-Bezerra, Guillaume Boussard, Lucas Lazzaretti, Sergio Maciel, Thomas Nail, Brooke Holmes, pelas leituras e conversas generosas e, por fim, aos alunos e às alunas dos cursos de graduação e pós-graduação em letras da UFPR, em que lemos Lucrécio e conversamos sobre a vida e o universo.

Lucrécio mudou minha vida de muitas maneiras enquanto eu o traduzia e, mesmo depois que terminei a tarefa, em um mundo já tão mudado pelo terrível ano de 2020, ele tem sido meu principal objeto de reflexão, pesquisa e ensino. Espero que esses versos rítmicos possam embalar as próximas gerações de apaixonados pela vida e pela natureza, não apenas pela sua mais refinada filosofia mas também por sua poesia sublime e sua capacidade terapêutica de proporcionar algum grau maior de florescimento humano a todas e todos que se dispuserem a passar horas e horas agradáveis ouvindo essa voz simultaneamente tão antiga e moderna.

Notas

[1] Processo 304753/2016-5.
[2] Com recursos da associação Pro Helvetia e do programa Coincidência, coordenado pelas queridas Carla Imbrogno e Gabriela Stöckli.

Titi Lucreti Cari De Rerum Natura – Liber Primus

Livro I

Aeneadum genetrix, hominum divomque voluptas,
alma Venus, caeli subter labentia signa
quae mare navigerum, quae terras frugiferentis
concelebras, per te quoniam genus omne animantum
concipitur visitque exortum lumina solis:
te, dea, te fugiunt venti, te nubila caeli
adventumque tuum, tibi suavis daedala tellus
summittit flores, tibi rident aequora ponti
placatumque nitet diffuso lumine caelum.
nam simul ac species patefactast verna diei   10
et reserata viget genitabilis aura favoni,
aeriae primum volucris te, diva, tuumque
significant initum perculsae corda tua vi.
inde ferae pecudes persultant pabula laeta   [15]
et rapidos tranant amnis: ita capta lepore   15 [14]
te sequitur cupide quo quamque inducere pergis.
denique per maria ac montis fluviosque rapacis
frondiferasque domos avium camposque virentis
omnibus incutiens blandum per pectora amorem
efficis ut cupide generatim saecla propagent.   20
quae quoniam rerum naturam sola gubernas
nec sine te quicquam dias in luminis oras
exoritur neque fit laetum neque amabile quicquam,
te sociam studeo scribendis versibus esse,
quos ego de rerum natura pangere conor
Memmiadae nostro, quem tu, dea, tempore in omni
omnibus ornatum voluisti excellere rebus.
quo magis aeternum da dictis, diva, leporem.
effice ut interea fera moenera militiai
per maria ac terras omnis sopita quiescant.   30
nam tu sola potes tranquilla pace iuvare
mortalis, quoniam belli fera moenera Mavors
armipotens regit, in gremium qui saepe tuum se
reicit aeterno devictus vulnere amoris,

Introdução: 1-145*

(a) Proêmio: invocação a Vênus: 1-49

Mãe dos enéades, ó volúpia dos homens e deuses,
alma[1] Vênus, que sob os astros nos céus deslizantes
tu, que os navígeros mares, frutíferas terras frequentas,
toda a espécie dos animais foi por ti no princípio
concebida e avistou os luzeiros do sol oriente:
ventos fogem de ti, ó deusa, e as nuvens celestes
fogem do teu advento e a ti a terra dedálea
flores suaves oferta, e riem-te as ondas dos mares,
e também plácido em lume difuso o céu vasto alumia.
Pois assim que, vernal, revela-se a face do dia   10
e libertada floresce a fértil brisa favônia,[2]
aves aéreas primeiro a ti, ó divina, e à tua
vinda indicam, no cor abaladas pela tua força.
Donde a fera alimária pasta em paragens amenas,   [15]
nada em rápidos rios: assim, tomada do charme,   15[14]
toda cúpida, segue teus passos aonde conduzas.
Logo, pelos mares e montes e rios rapaces
e por folhosos palácios das aves e campos virentes
incutindo nos peitos de todos brandos amores,
cúpidos, fazes com que em espécies as raças propaguem.   20
Tu, que sozinha governas a natureza das coisas,
nem sem ti às orlas divinas da luz qualquer coisa
alça-se, nem qualquer coisa se faz de amável e ameno,
peço que sejas minha parceira na escrita dos versos
sobre a natura das coisas,[3] que aqui eu revelo,
ao nosso Mêmio,[4] que tu, divina, por todos os tempos,
quanto a todas as coisas, quiseste que fosse excelente.
Mais dá, deusa, por isso, um charme imortal aos meus versos!
Faz com que enquanto isso os feros trabalhos da guerra
pelos mares e terras, adormecidos, descansem.   30
Pois só tu tens poder de trazer paz tranquila e auxílio
aos mortais, já que os feros trabalhos da guerra Mavorte
armipotente é que rege, já que sempre em teu grêmio
lança-se, por eterna ferida de amor derrotado,

atque ita suspiciens tereti cervice reposta
pascit amore avidos inhians in te, dea, visus
eque tuo pendet resupini spiritus ore.
hunc tu, diva, tuo recubantem corpore sancto
circumfusa super, suavis ex ore loquellas
funde petens placidam Romanis, incluta, pacem.   40
nam neque nos agere hoc patriai tempore iniquo
possumus aequo animo nec Memmi clara propago
talibus in rebus communi desse saluti.
omnis enim per se divum natura necessest
immortali aevo summa cum pace fruatur
semota ab nostris rebus seiunctaque longe.
nam privata dolore omni, privata periclis,
ipsa suis pollens opibus, nil indiga nostri,
nec bene promeritis capitur neque tangitur ira.

*

quod superest, vacuas auris <animumque sagacem>   50
semotum a curis adhibe veram ad rationem,
ne mea dona tibi studio disposta fideli,
intellecta prius quam sint, contempta relinquas.
nam tibi de summa caeli ratione deumque
disserere incipiam et rerum primordia pandam,
unde omnis natura creet res auctet alatque
quove eadem rursum natura perempta resolvat,
quae nos materiem et genitalia corpora rebus
reddunda in ratione vocare et semina rerum
appellare suëmus et haec eadem usurpare   60
corpora prima, quod ex illis sunt omnia primis.

    Humana ante oculos foede cum vita iaceret
in terris oppressa gravi sub religione
quae caput a caeli regionibus ostendebat
horribili super aspectu mortalibus instans,
primum Graius homo mortalis tollere contra

e fitando-te, com o pescoço bem-feito aninhado,
alimenta seus ávidos olhos, amor inalando,
deusa, de ti, e suspende a respiração em teus lábios.
Diva, e a ele, com teu sagrado corpo envolvendo,
de tua boca falinhas suaves derrama sobre ele,
plácida paz aos Romanos pedindo, ínclita deusa.   40
Pois nem realizar meu intento em tal época iníqua
posso com a alma tranquila, nem a Memíade estirpe
pode, famosa, faltar em assuntos tão graves da pátria.
É necessário que a natureza dos deuses inteira
pelo tempo imortal usufrua da paz mais suprema
removida e afastada de todos assuntos humanos.
Pois desprovida da dor, desprovida de todo perigo –
própria potência possui, nada de nosso lhe falta –
e nem bem por promessas se tocam nem ira lhes tange.[5]

★

(b) Apelo a Mêmio e resumo do conteúdo do poema: 50-61

Quanto ao que resta, orelhas vacantes e mente afiada,   50
sem aflições, exibe,[6] em favor da razão[7] verdadeira,
tal que meus presentes a ti dispostos com zelo
não desprezes ou deixes antes que os compreendas.
Pois para ti sobre a suma razão dos céus e dos deuses
exporei e revelarei os primórdios das coisas,[8]
pelos quais a natura tudo cria e alimenta,
e para onde a natura dissolve tudo que havia –
o que chamamos "matéria" e "corpos generativos",
ao expor nosso assunto, e também "sementes das coisas"
esses que definimos como corpos primevos,   60
já que vêm deles todas as coisas como princípios.

(c) Elogio a Epicuro: 62-79

Quando jazia a humanidade diante de todos
pela cruel religião tão terrivelmente oprimida
que mostrava suas garras do alto dos campos celestes,
com horrível aspecto instando por sobre os humanos,
eis que o primeiro, um grego, mortal, resolveu lançar contra

est oculos ausus primusque obsistere contra,
quem neque fama deum nec fulmina nec minitanti
murmure compressit caelum, sed eo magis acrem
irritat animi virtutem, effringere ut arta 70
naturae primus portarum claustra cupiret.
ergo vivida vis animi pervicit, et extra
processit longe flammantia moenia mundi
atque omne immensum peragravit mente animoque,
unde refert nobis victor quid possit oriri,
quid nequeat, finita potestas denique cuique
quanam sit ratione atque alte terminus haerens.
quare religio pedibus subiecta vicissim
obteritur, nos exaequat victoria caelo.

    Illud in his rebus vereor, ne forte rearis 80
impia te rationis inire elementa viamque
indugredi sceleris. quod contra saepius illa
religio peperit scelerosa atque impia facta.
Aulide quo pacto Triviai virginis aram
Iphianassai turparunt sanguine foede
ductores Danaum delecti, prima virorum.
cui simul infula virgineos circumdata comptus
ex utraque pari malarum parte profusast,
et maestum simul ante aras adstare parentem
sensit et hunc propter ferrum celare ministros 90
aspectuque suo lacrimas effundere civis,
muta metu terram genibus summissa petebat.
nec miserae prodesse in tali tempore quibat
quod patrio princeps donarat nomine regem.
nam sublata virum manibus tremibundaque ad aras
deductast, non ut sollemni more sacrorum
perfecto posset claro comitari Hymenaeo,
sed casta inceste nubendi tempore in ipso
hostia concideret mactatu maesta parentis,
exitus ut classi felix faustusque daretur. 100
tantum religio potuit suadere malorum.

ela seus olhos e foi, resistente, o primeiro a ir contra:
ele, que nem a fama dos deuses, nem raios minazes
nem o céu com trovões subjugou, mas, mais do que isso
excitou-lhe a virtude da alma, trazendo o desejo 70
de estraçalhar da natura – o primeiro – as portas pesadas.
Eis que a vívida veia da alma venceu e ainda
foi além das flamejantes muralhas do mundo,
toda a imensidão viajou em espírito e mente,
donde nos conta, vencedor, o que pode gerar-se,
e o que não pode, qual a razão pra que todas as coisas
tenham finito poder e bem fincada fronteira.
E, por sua vez, a religião sob os pés submetida
é esmagada e nos iguala aos céus a vitória.

(d) Medo da impiedade: 80-101

Quanto a esses assuntos, só temo que julgues, talvez, que 80
tu adentras princípios da ímpia razão e um caminho
criminoso percorres. Mas é ela, ao contrário, a
religião, que amiúde pariu feitos ímpios e crimes.
Pois, de que modo, em Áulis, o altar da deusa Artemísia[9]
poluíram com sangue da virgem Ifianassa[10]
os horrendos chefes dos dânaos, melhores dos homens.
Pois assim que o tecido bordado[11] adornando os dois lados
dos cabelos bem-feitos e faces recai igualmente,
logo que, triste, o seu pai ao lado do altar se coloca,
isso percebe, e que perto do pai escondem o ferro, 90
e que ao vê-la os concidadãos suas lágrimas vertem,
muda de medo, de joelhos à terra suplica.
Nem no momento à miserável podia ser útil
que ela tivesse ao pai de rei chamado primeiro.
Pois subjugada das mãos dos homens, tremendo, aos altares,
é arrastada, não a fim de que o sacro costume
do himeneu pudesse ser conduzido a seu termo,
mas pra que casta, incastamente, no tempo das núpcias,
vítima fosse infeliz de sacrifício paterno,
para que desse destino feliz e fausto às esquadras. 100
Pôde a religião persuadir a tais males imensos.

    Tutemet a nobis iam quovis tempore vatum
terriloquis victus dictis desciscere quaeres.
quippe etenim quam multa tibi iam fingere possunt
somnia quae vitae rationes vertere possint
fortunasque tuas omnis turbare timore!
et merito. nam si certam finem esse viderent
aerumnarum homines, aliqua ratione valerent
religionibus atque minis obsistere vatum.
nunc ratio nulla est restandi, nulla facultas,   110
aeternas quoniam poenas in morte timendum.
ignoratur enim quae sit natura animai,
nata sit an contra nascentibus insinuetur,
et simul intereat nobiscum morte dirempta
an tenebras Orci visat vastasque lacunas
an pecudes alias divinitus insinuet se,
Ennius ut noster cecinit, qui primus amoeno
detulit ex Helicone perenni fronde coronam,
per gentis Italas hominum quae clara clueret;
etsi praeterea tamen esse Acherusia templa   120
Ennius aeternis exponit versibus edens,
quo neque permaneant animae neque corpora nostra,
sed quaedam simulacra modis pallentia miris;
unde sibi exortam semper florentis Homeri
commemorat speciem lacrimas effundere salsas
coepisse et rerum naturam expandere dictis.
quapropter bene cum superis de rebus habenda
nobis est ratio, solis lunaeque meatus
qua fiant ratione, et qua vi quaeque gerantur
in terris, tunc cum primis ratione sagaci   130
unde anima atque animi constet natura videndum,
et quae res nobis vigilantibus obvia mentes
terrificet morbo adfectis somnoque sepultis,
cernere uti videamur eos audireque coram,
morte obita quorum tellus amplectitur ossa.

(e) Medo da morte: 102-35

E tu mesmo, sempre de nós afastar-te procuras
por teres sido vencido por ditos terríveis dos vates.[12]
Naturalmente, pois a ti são capazes de sonhos
inventar, que podem verter da vida as razões
e perturbar com temores todas as tuas fortunas.
Claro! Pois se vissem os homens um fim definido
às suas agruras, resistiriam de outra maneira
às religiões e suportariam ameaças dos vates.
Mas não há modo, agora, de resistir e nem força, 110
já que se deve temer as penas eternas na morte
ao ignorar-se qual seja a natureza da alma:
se ela nasce ou se insinua naqueles que nascem,
e ao mesmo tempo perece conosco levada da morte,
ou se visita as trevas do Orco e as vastas lagoas,
ou se insinue divinamente nas outras espécies
como o nosso Ênio cantou, que primeiro, do ameno
Hélicon trouxe a nós a coroa com fronte perene
que lhe tornara famoso entre todas as gentes da Itália.
Ênio, contudo, explica, em seus versos eternos, que existem 120
templos[13] ao longo do rio Aqueronte, onde nem nossas almas
nem nossos corpos permanecem, de fato, mas antes
simulacros pálidos de admirável aspecto.
Donde pra si de Homero, sempre florente a imagem
lembra ter aparecido vertendo pranto salgado
quando expunha em seus versos a natureza das coisas.
 Por tal motivo devemos sobre os assuntos do alto
ter uma boa razão: movimentos do sol e da lua,
quais suas razões e suas causas, quais forças as coisas terrestres
gerenciem; e mais, com sagazes razões nós devemos 130
a natureza da ânima e do ânimo[14] ver de que constem
e qual coisa a nós, em vigília apresenta-se à mente
e aterroriza, em doença afetados, sepultos no sono,
de tal forma a crermos que vemos e ouvimos aqueles
findos da morte, dos quais a terra os ossos abraça.

Nec me animi fallit Graiorum obscura reperta
difficile inlustrare Latinis versibus esse,
multa novis verbis praesertim cum sit agendum
propter egestatem linguae et rerum novitatem;
sed tua me virtus tamen et sperata voluptas   140
suavis amicitiae quemvis efferre laborem
suadet et inducit noctes vigilare serenas
quaerentem dictis quibus et quo carmine demum
clara tuae possim praepandere lumina menti,
res quibus occultas penitus convisere possis.

Hunc igitur terrorem animi tenebrasque necessest
non radii solis neque lucida tela diei
discutiant, sed naturae species ratioque.
principium cuius hinc nobis exordia sumet,
nullam rem e nilo gigni divinitus umquam.   150
quippe ita formido mortalis continet omnis,
quod multa in terris fieri caeloque tuentur
quorum operum causas nulla ratione videre
possunt ac fieri divino numine rentur.
quas ob res ubi viderimus nil posse creari   155[156]
de nilo, tum quod sequimur iam rectius inde   [157]
perspiciemus, et unde queat res quaeque creari   [158]
et quo quaeque modo fiant opera sine divom.   [155]
    Nam si de nilo fierent, ex omnibu' rebus
omne genus nasci posset, nil semine egeret.   160
e mare primum homines, e terra posset oriri
squamigerum genus et volucres erumpere caelo;
armenta atque aliae pecudes, genus omne ferarum,
incerto partu culta ac deserta tenerent.
nec fructus idem arboribus constare solerent,
sed mutarentur, ferre omnes omnia possent.

(f) Dificuldade da tarefa: 136-45

Nem me foge à mente que achados obscuros dos gregos
são difíceis de ilustrar com meus versos latinos,
e que muito se deve tratar em novas palavras,
pela pobreza da língua e também novidade do assunto;
mas a tua virtude e a compensadora volúpia   140
da tua suave amizade a executar os labores
persuadem e induzem à vigília nas noites serenas
a procurar que palavras e versos por fim eu emprego
pra revelar à tua mente a claridade das luzes
com as quais pudesses ver as coisas ocultas.

A. *Princípios gerais*: 146-482

(a) Nada vem do nada: 146-214

É necessário que a esses terrores do ânimo e às trevas
não com os raios do sol nem com lúcidas lanças do dia
dispersemos, mas com a forma e a razão da natura.[15]
Tal é o princípio que fundamenta, princípio primeiro:
coisa nenhuma jamais vem do nada por ato divino.   150
Naturalmente o medo domina todos os homens,
pois muitas coisas vê-se que ocorrem no céu e na terra
cujas causas não podem ver de maneira nenhuma,
pensam assim que acontecem por nume divino potente.[16]
Quando tivermos visto nada poder ser criado
vindo do nada, o que buscamos então percebemos
mais perspicazes e de onde se possa tudo criar-se
e de que modo tudo se faça sem o divino.
    Pois se do nada viessem a ser, então todas espécies
nasceriam de todas as coisas, sementes não tendo.   160
Homens, primeiro, do mar; e da terra surgir poderiam,
escamosas espécies; e as aves dos céus brotariam;
gados e outros rebanhos e todo tipo de fera
dominariam desertos e pastos com parto insondável.
Nem nas árvores ficariam constantes os frutos
mas mudariam sempre, todas podendo dar todos.

quippe ubi non essent genitalia corpora cuique,
qui posset mater rebus consistere certa?
at nunc seminibus quia certis quaeque creantur,
inde enascitur atque oras in luminis exit 170
materies ubi inest cuiusque et corpora prima;
atque hac re nequeunt ex omnibus omnia gigni,
quod certis in rebus inest secreta facultas.
praeterea cur vere rosam, frumenta calore,
vitis autumno fundi suadente videmus,
si non, certa suo quia tempore semina rerum
cum confluxerunt, patefit quodcumque creatur,
dum tempestates adsunt et vivida tellus
tuto res teneras effert in luminis oras?
quod si de nilo fierent, subito exorerentur 180
incerto spatio atque alienis partibus anni,
quippe ubi nulla forent primordia quae genitali
concilio possent arceri tempore iniquo.
nec porro augendis rebus spatio foret usus
seminis ad coitum, si e nilo crescere possent.
nam fierent iuvenes subito ex infantibu' parvis
e terraque exorta repente arbusta salirent.
quorum nil fieri manifestum est, omnia quando
paulatim crescunt, ut par est semine certo,
crescentesque genus servant; ut noscere possis 190
quidque sua de materia grandescere alique.
huc accedit uti sine certis imbribus anni
laetificos nequeat fetus submittere tellus
nec porro secreta cibo natura animantum
propagare genus possit vitamque tueri;
ut potius multis communia corpora rebus
multa putes esse, ut verbis elementa videmus,
quam sine principiis ullam rem existere posse.
denique cur homines tantos natura parare
non potuit, pedibus qui pontum per vada possent 200
transire et magnos manibus divellere montis
multaque vivendo vitalia vincere saecla,
si non, materies quia rebus reddita certast

Dessa maneira, se não houvesse pra tudo semente
que mãe certa haveria, constante, pra todas as coisas?
Mas como tudo se cria através de fixas sementes,
e dessa forma nasce e sai para as orlas das luzes,   170
tendo cada um a matéria e os corpos primeiros[17] de cada;
por tal razão não pode de tudo tudo nascer, pois
para cada coisa existe poder separado.
E se vemos que o trigo em tempo estival se propaga, e
rosas na primavera, e a vinha no outono agradável,
isso se dá porque em tempo certo as sementes das coisas
vêm confluir, vêm a ser o que quer que seja criado,
nas estações adequadas, e traz a vívida terra
em segurança os tenros produtos às orlas da luz?
Pois se de nada viessem, de súbito apareceriam   180
em incerto espaço e em partes alheias do ano,
já que não haveria impedimento aos primórdios[18]
de em geração criativa nascerem em tempos errados.
Nem haveria necessidade de tempo às sementes
para o seu crescimento, se viessem do nada.
Pois de súbito os jovens viriam de infantes pequenos,
e de repente os arbustos sairiam da terra crescidos.
Como é manifesto que nada disso acontece,
tudo pouco a pouco cresce de sêmen correto
e crescendo conserva a espécie, para que saibas   190
que cada coisa engrandece de sua própria matéria.
Dá-se, também, que, sem as chuvas em épocas certas,
não pode a terra nos oferecer seus alegres produtos;
nem natureza animal, de seu alimento apartada,
pode nutrir a vida e propagar as espécies.
E, como vejas que há corpos comuns a todas as coisas,
tal como vemos as letras serem comuns às palavras,
sem os princípios, então, não pode existir coisa alguma.
Finalmente, por que a natureza não fez homens tais que
com seus pés pudessem cruzar oceanos tal como   200
fossem riachos ou derrubar com as mãos as montanhas
e que vivendo vencessem várias eras de vida,
se não fosse porque a matéria das coisas é certa

gignundis e qua constat quid possit oriri?
nil igitur fieri de nilo posse fatendumst,
semine quando opus est rebus quo quaeque creatae
aeris in teneras possint proferrier auras.
postremo quoniam incultis praestare videmus
culta loca et manibus melioris reddere fetus,
esse videlicet in terris primordia rerum   210
quae nos fecundas vertentes vomere glebas
terraique solum subigentes cimus ad ortus.
quod si nulla forent, nostro sine quaeque labore
sponte sua multo fieri meliora videres.

  Huc accedit uti quidque in sua corpora rursum
dissoluat natura neque ad nilum interemat res.
nam siquid mortale <e> cunctis partibus esset,
ex oculis res quaeque repente erepta periret.
nulla vi foret usus enim quae partibus eius
discidium parere et nexus exsolvere posset.   220
quod nunc, aeterno quia constant semine quaeque,
donec vis obiit quae res diverberet ictu
aut intus penetret per inania dissoluatque,
nullius exitium patitur natura videri.
praeterea quaecumque vetustate amovet aetas,
si penitus peremit consumens materiem omnem,
unde animale genus generatim in lumina vitae
redducit Venus, aut redductum daedala tellus
unde alit atque auget generatim pabula praebens?
unde mare ingenui fontes externaque longe   230
flumina suppeditant? unde aether sidera pascit?
omnia enim debet, mortali corpore quae sunt,
infinita aetas consumpse anteacta diesque.
quod si in eo spatio atque anteacta aetate fuere
e quibus haec rerum consistit summa refecta,
inmortali sunt natura praedita certe;
haud igitur possunt ad nilum quaeque reverti.
denique res omnis eadem vis causaque vulgo

para gerar cada coisa que possa ter existência?
Deve-se reconhecer que nada faz-se do nada,
já que semente é mister para todas as coisas criadas
para que possam levar-se às tenras auras dos ares.
Já que, por fim, prevalecem aos campos incultos aqueles
cultivados por mãos e que trazem produtos melhores,
claro parece que haja nas terras primórdios das coisas   210
que, ao vertermos nós com o arado as glebas fecundas
e ao subjugarmos o solo da terra, movemos à vida.
Pois se não existissem, sem labor algum nosso
coisas muito melhores sozinhas seriam criadas.

(b) Nada volta para o nada: 215-64

Segue-se que a natureza dissolve todas as coisas
novamente em seus corpos primevos e nada aniquila.
Pois se as coisas fossem mortais em todas as partes
diante dos olhos de súbito tudo pereceria.
Não haveria necessidade de força nenhuma
pra dividir as partes, solvendo os nexos das coisas.   220
Mas como agora tudo consiste de eterna semente
té que venha a força que a coisa destrua num golpe
ou que os espaços vazios penetre e a dissolva por dentro,
a natureza não deixa ser visto de nada o sumiço.
Mais ainda, se o tempo tudo destrói por velhice,
tudo perece por dentro e consome toda a matéria,
como as espécies dos animais para as luzes da vida
Vênus reconduz, como a terra dedálea alimenta
cada espécie e fomenta a vida, provendo sustento?
Como é que as fontes e os rios externos ao mar generoso   230
preencheriam? Como nutre o éter aos astros?
Pois o tempo infinito e os dias passados deviam
ter consumido todas as coisas que são perecíveis.
Pois, se nesse espaço de tempo e na idade passada
coisas existem das quais a soma de tudo consiste,
são certamente de natureza imortal bem-dotadas.
Todas as coisas não podem, assim, ao nada verter-se.
Força e causa mesmas, portanto, a todas as coisas

conficeret, nisi materies aeterna teneret,
inter se nexus minus aut magis indupedita. 240
tactus enim leti satis esset causa profecto,
quippe ubi nulla forent aeterno corpore quorum
contextum vis deberet dissolvere quaeque.
at nunc, inter se quia nexus principiorum
dissimiles constant aeternaque materies est,
incolumi remanent res corpore, dum satis acris
vis obeat pro textura cuiusque reperta.
haud igitur redit ad nilum res ulla, sed omnes
discidio redeunt in corpora materiai.
postremo pereunt imbres, ubi eos pater aether 250
in gremium matris terrai praecipitavit;
at nitidae surgunt fruges ramique virescunt
arboribus, crescunt ipsae fetuque gravantur;
hinc alitur porro nostrum genus atque ferarum,
hinc laetas urbis pueris florere videmus
frondiferasque novis avibus canere undique silvas;
hinc fessae pecudes pingui per pabula laeta
corpora deponunt et candens lacteus umor
uberibus manat distentis; hinc nova proles
artubus infirmis teneras lasciva per herbas 260
ludit lacte mero mentis perculsa novellas.
haud igitur penitus pereunt quaecumque videntur,
quando alid ex alio reficit natura nec ullam
rem gigni patitur nisi morte adiuta aliena.

    Nunc age, res quoniam docui non posse creari
de nilo neque item genitas ad nil revocari,
ne qua forte tamen coeptes diffidere dictis,
quod nequeunt oculis rerum primordia cerni,
accipe praeterea quae corpora tute necessest
confiteare esse in rebus nec posse videri. 270
principio venti vis verberat incita pontus
ingentisque ruit navis et nubila differt,
interdum rapido percurrens turbine campos

destruiriam, a não ser que, eternamente, a matéria
as sustentasse com nexos menos ou mais enredados. 240
Suficiente pra morte decerto um toque seria,
já que não haveria princípios de corpos eternos
cuja unidade seria desfeita com força restrita.[19]
Mas, uma vez que entre si de modo dissímile os nexos
dos princípios conjuguem-se e seja eterna a matéria,
permanece cada coisa incólume em corpo
té que acre força apareça e ameace cada textura.
Por conseguinte, não volta ao nada coisa nenhuma,
todas em discídio[20] retornam à matéria dos corpos.[21]
Cessam as chuvas, enfim, assim que o pai éter a elas 250
faz com que se precipitem no grêmio da terra materna.
Mas surgem nítidos grãos e nas árvores ramos verdejam
e ainda elas próprias crescendo se impregnam de frutos.
Delas então se alimentam o nosso gênero e as feras,
donde com juventude as cidades alegres florescem
e em toda parte as frondíferas selvas ressoam com aves.
Donde o gado cansado de gordo em amenas paragens
deposita seus corpos e a láctea umidade candente
de suas tetas distensas emana; daí novas proles
com os membros infirmes, nas tenras ervas, alegres 260
brincam, os corpos nutridos pela pureza do leite.
Não perece completamente tudo que é visto,
já que a natura refaz uma coisa da outra, e nenhuma
coisa se pode gerar a não ser pela morte de outra.

(c) A matéria existe na forma de pequenas partículas: 265-328

Vamos agora: já que ensinei que uma coisa não pode
ser criada do nada, ou pra lá as nascidas voltarem,
para que não desconfies, talvez, das coisas que digo,
por não poderem, aos olhos, discernir-se os primórdios,
é necessário, portanto, que confesses que aceitas
existirem nas coisas corpos que são invisíveis. 270
Força incitada do vento, de início, verbera o oceano
e arruína os ingentes navios e as nuvens dissolve,
vez por outra o vasto tornado, correndo nos campos

arboribus magnis sternit montisque supremos
silvifragis vexat flabris: ita perfurit acri
cum fremitu saevitque minaci murmure ventus.
sunt igitur venti nimirum corpora caeca
quae mare, quae terras, quae denique nubila caeli
verrunt ac subito vexantia turbine raptant,
nec ratione fluunt alia stragemque propagant 280
et cum mollis aquae fertur natura repente
flumine abundanti, quam largis imbribus auget
montibus ex altis magnus decursus aquai,
fragmina coniciens silvarum arbustaque tota,
nec validi possunt pontes venientis aquai
vim subitam tolerare: ita magno turbidus imbri
molibus incurrit validis cum viribus amnis.
dat sonitu magno stragem volvitque sub undis
grandia saxa ruitque <et> quidquid fluctibus obstat.
sic igitur debent venti quoque flamina ferri, 290
quae veluti validum cum flumen procubuere
quamlibet in partem, trudunt res ante ruuntque
impetibus crebris, interdum vertice torto
corripiunt rapidique rotanti turbine portant.
quare etiam atque etiam sunt venti corpora caeca,
quandoquidem factis et moribus aemula magnis
amnibus inveniuntur, aperto corpore qui sunt.
tum porro varios rerum sentimus odores
nec tamen ad naris venientis cernimus umquam,
nec calidos aestus tuimur nec frigora quimus 300
usurpare oculis nec voces cernere suemus;
quae tamen omnia corporea constare necessest
natura, quoniam sensus inpellere possunt.
tangere enim et tangi, nisi corpus, nulla potest res.
denique fluctifrago suspensae in litore vestis
uvescunt, eaedem dispansae in sole serescunt.
at neque quo pacto persederit umor aquai
visumst nec rursum quo pacto fugerit aestu.
in parvas igitur partis dispergitur umor
quas oculi nulla possunt ratione videre. 310

arborizados desmonta os magnos montes supremos
e em rajadas silvícidas vexa-os: assim enfurece
com acre frêmito o vento, em murmúrio minaz enlouquece.
Há, sem dúvida, corpos de vento invisíveis que varrem
mares, as terras também, e até mesmo as nuvens celestes
para, então, subitamente, os raptarem com redemoinho;
nem de outro modo fluem, propagando massacres   280
como quando de súbito a mole natura da água
em abundante torrente, aumentada de grandes borrascas,
de altos montes pelo grande decurso da água
junta os fragmentos e os arbustos todos das selvas;
nem podem pontes valorosas da vinda da água
tolerar a súbita força: assim, a torrente
corre com valorosa violência em massas enormes
causa de estrago sonoro e sob as ondas revolve
grandes rochas e tudo rui no caminho das ondas.
Dessa forma, então, as rajadas de vento se levam   290
elas que, tal como válido²² rio avançam adiante
pra qualquer parte, causando destruição e ruína,
em constante ímpeto e, às vezes, com vértice torto
tomam as coisas de assalto com furacão violento.
Pois inda e ainda²³ existem os corpos não vistos do vento,
já que em feitio e maneira parecem emular até mesmo
grandes rios, estes que têm manifestos os corpos.
E, além disso os vários odores das coisas sentimos,
não discernimos, contudo, jamais alcançando as narinas,
nem enxergamos o quente calor²⁴ nem o frio podemos   300
usurpar com os olhos, nem costumamos ver vozes;
é necessário, contudo, que essas coisas consistam
de natureza corpórea, se nos impelem os sentidos.
Nada a não ser um corpo pode tocar, ser tocado.
Se, então, na praia batida de ondas as vestes
forem suspensas, se umidificam; no sol, elas secam.
Não se vê de que modo a umidade da água penetra,
nem de que modo com o calor fugiria de novo.
Em pequenas partes, portanto, a umidade dispersa
coisas que os olhos não podem ver de forma nenhuma.   310

quin etiam multis solis redeuntibus annis
anulus in digito subter tenuatur habendo,
stilicidi casus lapidem cavat, uncus aratri
ferreus occulte decrescit vomer in arvis,
strataque iam vulgi pedibus detrita viarum
saxea conspicimus; tum portas propter aena
signa manus dextras ostendunt attenuari
saepe salutantum tactu praeterque meantum.
haec igitur minui, cum sint detrita, videmus.
sed quae corpora decedant in tempore quoque, 320
invida praeclusit speciem natura videndi.
postremo quaecumque dies naturaque rebus
paulatim tribuit, moderatim crescere cogens,
nulla potest oculorum acies contenta tueri;
nec porro quaecumque aevo macieque senescunt,
nec, mare quae impendent, vesco sale saxa peresa
quid quoque amittant in tempore cernere possis.
corporibus caecis igitur natura gerit res.

    Nec tamen undique corporea stipata tenentur
omnia natura; namque est in rebus inane. 330
quod tibi cognosse in multis erit utile rebus
nec sinet errantem dubitare et quaerere semper
de summa rerum et nostris diffidere dictis.
quapropter locus est intactus inane vacansque.
quod si non esset, nulla ratione moveri
res possent; namque officium quod corporis exstat,
officere atque obstare, id in omni tempore adesset
omnibus; haud igitur quicquam procedere posset,
principium quoniam cedendi nulla daret res.
at nunc per maria ac terras sublimaque caeli 340
multa modis multis varia ratione moveri
cernimus ante oculos, quae, si non esset inane,
non tam sollicito motu privata carerent
quam genita omnino nulla ratione fuissent,
undique materies quoniam stipata quiesset.

Com muitos anos do sol que passam e voltam, decerto,
pelo uso no dedo o anel atenua-se embaixo,
tal como queda das gotas escava os rochedos, e os dentes
dos arados de ferro em segredo decrescem nos campos,
e os pavimentos das ruas, pelas passadas do vulgo
vemos desgastarem-se, e nos portais das cidades
as estátuas de bronze mostram as mãos desgastadas
pelos toques frequentes das saudações de quem passa.
Tudo isso vemos diminuir pelo atrito.
Mas quais corpos primevos[25] descolam a cada momento,   320
ínvia natureza nos impede de vermos.
Finalmente, o que quer que a natura e os dias às coisas
atribuam, as fazendo crescer paulatinas,
a acuidade dos olhos contemplar nunca pode;
nem todavia de tudo que idade ou pobreza envelhece,
nem das rochas ao lado do mar pelo sal desgastadas,
nunca poderás discernir o que perdem aos poucos.
A natura assim gere as coisas com corpos não vistos.

(d) A existência do espaço vazio: 329-417

E a natureza não se mantém por todos os lados
comprimida; pois existe nas coisas vazio.   330
Isso em muitas coisas pra ti será útil saber e
não deixará que, errante, sempre duvides e inquiras
sobre a soma das coisas ou duvides dos ditos.
Há, assim, o vazio, local intacto e vacante.
Se não houvesse, por nenhuma razão poderiam
vir a mover-se as coisas; pois o ofício dos corpos,
impedir e obstar, dessa forma, jamais para as coisas
existiria. Nada avançaria, portanto,
já que nada daria início ao ceder seu espaço.
Mas pelos mares e terras e espaços sublimes celestes   340
muitas coisas de muitos modos e causas mover-se[26]
discernimos diante dos olhos que, sem o vazio,
não só seriam privadas de seu movimento inquieto,
mas sequer poderiam nascer de nenhuma maneira,
já que a matéria em tudo compacta repousaria.

praeterea quamvis solidae res esse putentur,
hinc tamen esse licet raro cum corpore cernas.
in saxis ac speluncis permanat aquarum
liquidus umor et uberibus flent omnia guttis.
dissipat in corpus sese cibus omne animantum. 350
crescunt arbusta et fetus in tempore fundunt,
quod cibus in totas usque ab radicibus imis
per truncos ac per ramos diffunditur omnis.
inter saepta meant voces et clausa domorum
transvolitant, rigidum permanat frigus ad ossa.
quod, nisi inania sint, qua possent corpora quaeque
transire, haud ulla fieri ratione videres.
denique cur alias aliis praestare videmus
pondere res rebus nilo maiore figura?
nam si tantundemst in lanae glomere quantum 360
corporis in plumbo est, tantundem pendere par est,
corporis officiumst quoniam premere omnia deorsum,
contra autem natura manet sine pondere inanis.
ergo quod magnumst aeque leviusque videtur,
nimirum plus esse sibi declarat inanis;
at contra gravius plus in se corporis esse
dedicat et multo vacui minus intus habere.
est igitur ni mirum id quod ratione sagaci
quaerimus admixtum rebus, quod inane vocamus.

    Illud in his rebus ne te deducere vero 370
possit, quod quidam fingunt, praecurrere cogor.
cedere squamigeris latices nitentibus aiunt
et liquidas aperire vias, quia post loca pisces
linquant, quo possint cedentes confluere undae.
sic alias quoque res inter se posse moveri
et mutare locum, quamvis sint omnia plena.
scilicet id falsa totum ratione receptumst.
nam quo squamigeri poterunt procedere tandem,
ni spatium dederint latices? concedere porro
quo poterunt undae, cum pisces ire nequibunt? 380
aut igitur motu privandumst corpora quaeque
aut esse admixtum dicundumst rebus inane,

Mais: ainda que sólidas consideremos as coisas,
perceberás pelo exposto que elas são rarefeitas.
Pelas cavernas e rochas emana constante das águas
líquido humor,[27] pranteando constante na forma de gotas.
E o alimento dissipa nos corpos de todas espécies. 350
Crescem arbustos e brotam frutos em época certa,
pois o alimento por tudo e desde as imas raízes,
pelos troncos e ramos todos é difundido.
Entre as paredes e os claustros das casas movem-se as vozes,
tudo atravessam, e o rígido frio penetra nos ossos.
Se não houvesse vazio, por onde iriam os corpos
transitar? De nenhuma maneira tais feitos verias.
Como, também, percebemos que algumas coisas superam
outras em peso, sendo em nada maiores as formas?
Pois se num aglomerado de lã há um tanto de corpo 360
quanto há no tanto de chumbo, teriam idêntico peso,
pois é ofício do corpo tudo oprimir para baixo,
quando, ao contrário, ter peso algum é natura do inane.
Logo, o que é grande, mas igualmente mais leve parece,
não te espantes,[28] declara-nos que há em si mais vazio.
Mas o que é mais pesado predica pra si ter mais corpo
e possuir por dentro de si muito menos de vácuo.[29]
Pois, em nada te espantes: existe o que vimos buscando
com a razão, misturado com as coisas, chamado vazio.

    Quanto a essas coisas, a fim de que não persigas, de fato, 370
coisas que outros inventam, sou coagido a prevê-las.
Dizem que as águas cedem aos peixes de escamas brilhantes
líquidas vias abrindo, e que eles deixam lugares
para trás de si, onde as ondas cedentes confluem.
Dizem também que entre si outras coisas podem mover-se
e trocar de lugar, ainda que plenas no todo.
Obviamente, isso tudo em falsa razão se concebe.
Pois para onde pudera avançar o escamígero povo
se não dessem espaço as águas? Avançariam
ondas pra onde, se os peixes não pudessem mover-se? 380
Ou se deve de movimento privar todo corpo,
ou se deve dizer que o vazio a tudo imiscui-se,

unde initum primum capiat res quaeque movendi.
postremo duo de concursu corpora lata
si cita dissiliant, nempe aer omne necessest,
inter corpora quod fiat, possidat inane.
is porro quamvis circum celerantibus auris
confluat, haud poterit tamen uno tempore totum
compleri spatium; nam primum quemque necessest
occupet ille locum, deinde omnia possideantur. 390
quod si forte aliquis, cum corpora dissiluere,
tum putat id fieri quia se condenseat aer,
errat; nam vacuum tum fit quod non fuit ante
et repletur item vacuum quod constitit ante,
nec tali ratione potest denserier aer,
nec, si iam posset, sine inani posset, opinor,
ipse in se trahere et partis conducere in unum.

    Quapropter, quamvis causando multa moreris,
esse in rebus inane tamen fateare necessest.
multaque praeterea tibi possum commemorando 400
argumenta fidem dictis corradere nostris.
verum animo satis haec vestigia parva sagaci
sunt per quae possis cognoscere cetera tute.
namque canes ut montivagae persaepe ferai
naribus inveniunt intectas fronde quietes,
cum semel institerunt vestigia certa viai,
sic alid ex alio per te tute ipse videre
talibus in rebus poteris caecasque latebras
insinuare omnis et verum protrahere inde.
quod si pigraris paulumve recesseris ab re, 410
hoc tibi de plano possum promittere, Memmi:
usque adeo largos haustus e fontibu' magnis
lingua meo suavis diti de pectore fundet,
ut verear ne tarda prius per membra senectus
serpat et in nobis vitai claustra resolvat,
quam tibi de quavis una re versibus omnis
argumentorum sit copia missa per auris.

donde todas as coisas recebam o impulso a mover-se.
Se, por fim, dois corpos rapidamente se afastam
de uma prévia união, necessário é que os ares se façam
entre os corpos e tomem todo o espaço do inane.
Mais: além disso, embora ao redor em céleres auras
possam fluir, não pode, contudo o espaço a um só tempo
integralmente preencher-se, pois é mister, de primeira,
um local ocuparem os ares, e então tudo tomam. 390
Pois se talvez alguém, depois que se apartam os corpos,
pensa que isso então se dá porque o ar se condensa,
erra; pois faz-se vazio aquilo que antes não era,
da mesma forma preenche-se o que antes constava vazio,
nem o ar pode ser adensado por esse motivo
nem, se pudesse, sem o vazio poderia, como acho,
contrair a si próprio e tornar unidas as partes.[30]

Mesmo que muito demores em tais defesas de causas,
é necessário admitir que haja vazio nas coisas.
Posso, além disso, rememorando argumentos diversos 400
mais consistente tornar tua fé nas coisas que digo.
Mas, na verdade, são suficientes uns poucos vestígios
para a mente sagaz conhecer as coisas restantes.
Pois como os cães amiúde das montívagas feras
com o seu faro encontram as tocas cobertas de folhas,
tendo encontrado os claros e certos vestígios nas vias,
dessa forma, podes tu mesmo, quanto a essas coisas,
ver uma coisa a partir de outra coisa e nos cegos refúgios
insinuar-te em todos, dali trazendo a verdade.
Mas se hesitares ou te afastares um pouco do assunto, 410
isso a ti, garanto, Mêmio, e isso prometo:
tanto largos goles das magníficas fontes
derramará do meu rico peito minha língua suave,
que eu temo que a tarda velhice antes nos membros
serpenteie e em nós dissolva os laços da vida,
antes que sobre qualquer dos assuntos, pelos meus versos,
profusão de argumentos possa alcançar teus ouvidos.

Sed nunc ut repetam coeptum pertexere dictis,
omnis, ut est igitur per se, natura duabus
constitit in rebus; nam corpora sunt et inane, 420
haec in quo sita sunt et qua diversa moventur.
corpus enim per se communis dedicat esse
sensus; cui nisi prima fides fundata valebit,
haud erit occultis de rebus quo referentes
confirmare animi quicquam ratione queamus.
tum porro locus ac spatium, quod inane vocamus,
si nullum foret, haud usquam sita corpora possent
esse neque omnino quoquam diversa meare;
id quod iam supera tibi paulo ostendimus ante.
praeterea nil est quod possis dicere ab omni 430
corpore seiunctum secretumque esse ab inani,
quod quasi tertia sit numero natura reperta.
nam quodcumque erit, esse aliquid debebit id ipsum;
cui si tactus erit quamvis levis exiguusque, [435]
augmine vel grandi vel parvo denique, dum sit, 435[434]
corporis augebit numerum summamque sequetur.
sin intactile erit, nulla de parte quod ullam
rem prohibere queat per se transire meantem,
scilicet hoc id erit, vacuum quod inane vocamus.
praeterea per se quodcumque erit, aut faciet quid 440
aut aliis fungi debebit agentibus ipsum
aut erit ut possint in eo res esse gerique.
at facere et fungi sine corpore nulla potest res
nec praebere locum porro nisi inane vacansque.
ergo praeter inane et corpora tertia per se
nulla potest rerum in numero natura relinqui,
nec quae sub sensus cadat ullo tempore nostros
nec ratione animi quam quisquam possit apisci.
    Nam quaecumque cluent, aut his coniuncta duabus
rebus ea invenies aut horum eventa videbis. 450
coniunctum est id quod nusquam sine permitiali
discidio potis est seiungi seque gregari,

(e) Todo o restante é propriedade ou acidente de matéria ou vazio: 418-82

Mas, então, retomando a tessitura em meus versos,
como é autoevidente, toda a natura consiste
de duas coisas: pois há os corpos e há o vazio 420
em que eles ficam e onde se movem por todos os lados.
Que o corpo existe, pelas comuns sensações deduzimos,
se, quanto a isso, não prevalece a fé bem-fundada,
nada haverá que possamos, quanto às coisas ocultas,
confirmar, então, com a razão do ânimo arguto.
Caso, além disso, não houvesse o local e o espaço
que chamamos de inane, não poderiam os corpos
posicionar-se ou mover-se a qualquer direção que lhes caiba.
Isso a ti, acima, demonstramos há pouco.
Mais ainda: não há nada que possas dizer que 430
seja disjunto do corpo e também do vazio apartado,
o que seria tal como terceiro elemento à natura.
Pois, o que quer que exista, deve ser algo em si mesmo,
se lhe houver tato, ainda que seja leve ou exíguo, [435]
com aumento grande ou pequeno, por fim, existindo, 435[434]
aumentará a conta dos corpos e a soma das coisas.
Se, de outro lado, for intangível, tal que não possa
em parte alguma impedir que algo por si atravesse,
claro é que esse será o vazio que chamamos de inane.
Mais: o que quer que exista por si, ou algo executa 440
ou deverá sofrer um feito por outros agentes
ou será tal que nele as coisas se passem ou sejam.
Pois nada pode agir ou sofrer, desprovido de corpo,
nem prover um local senão inane e vacante.
Logo, pra além do vazio e dos corpos, nenhuma terceira
natureza por si pode haver entre a soma das coisas:
ou a coisa se apresenta aos nossos sentidos,
ou com a razão do ânimo pode ser concebida.
    Tudo o que tenha um nome,[31] ou é conjunto[32] das duas
coisas, ou deverás concebê-lo como um evento.[33] 450
É conjunto aquilo que nunca sem o discídio
pernicioso é capaz de ser agregado ou disjunto,

pondus uti saxis, calor ignis, liquor aquai,
tactus corporibus cunctis, intactus inani.
servitium contra paupertas divitiaeque,
libertas bellum concordia cetera quorum
adventu manet incolumis natura abituque,
haec soliti sumus, ut par est, eventa vocare.
tempus item per se non est, sed rebus ab ipsis
consequitur sensus, transactum quid sit in aevo, 460
tum quae res instet, quid porro deinde sequatur.
nec per se quemquam tempus sentire fatendumst
semotum ab rerum motu placidaque quiete.
denique Tyndaridem raptam belloque subactas
Troiugenas gentis cum dicunt esse, videndumst
ne forte haec per se cogant nos esse fateri,
quando ea saecla hominum, quorum haec eventa fuerunt,
irrevocabilis abstulerit iam praeterita aetas.
namque aliud terris, aliud regionibus ipsis
eventum dici poterit quodcumque erit actum. 470
denique materies si rerum nulla fuisset
nec locus ac spatium, res in quo quaeque geruntur,
numquam Tyndaridis forma conflatus amore
ignis Alexandri Phrygio sub pectore gliscens
clara accendisset saevi certamina belli,
nec clam durateus Troianis Pergama partu
inflammasset equus nocturno Graiugenarum;
perspicere ut possis res gestas funditus omnis
non ita uti corpus per se constare neque esse,
nec ratione cluere eadem qua constet inane, 480
sed magis ut merito possis eventa vocare
corporis atque loci, res in quo quaeque gerantur.

   Corpora sunt porro partim primordia rerum,
partim concilio quae constant principiorum.
sed quae sunt rerum primordia, nulla potest vis
stinguere; nam solido vincunt ea corpore demum.

como o peso pra rocha, calor pro fogo, pra água
o humor, pros corpos o tato, pro inane o intocável.
E, ao contrário, a escravidão, a pobreza e as riquezas,
liberdade, guerra e concórdia e outras coisas do tipo,
que com advento ou partida a natura procede imutável,
a essas coisas soemos chamar, como é certo, de eventos.
Não existe o tempo em si mesmo: das coisas em si vem
a sensação, tudo aquilo que foi completado, 460
o que ainda acontece, e, depois, aquilo que segue.
Nem se pode aceitar que ninguém sinta o tempo em si mesmo,
do movimento das coisas ou do repouso afastado.
Finalmente, quando dizem que o rapto de Helena
ocorreu e que as gentes troianas perderam a guerra,
é necessário que não aceitemos a sua existência,
já que essas coisas foram eventos dos tempos dos homens,
que irrevogáveis e longas eras de outrora levaram.
Pois o que quer que se tenha passado, terá sido evento
ou das terras ou mesmo das regiões elas próprias. 470
Mais: se nenhuma matéria existisse das coisas, nem loco,
nem espaço, nos quais qualquer coisa pudesse ser feita,
nunca a chama do amor pela bela Helena de Troia
no coração de Alexandre teria se insinuado,
acendendo os claros certames da guerra selvagem;
nem, escondido dos troianos, o lígneo cavalo
inflamaria Pérgamo em parto noturno de gregos;
isso a fim de que vejas que todas as coisas passadas
não existem em si tal como se fossem os corpos,
nem poderiam ser consideradas como o inane, 480
mas, ao contrário, que possas considerá-las eventos
dos locais e dos corpos, nos quais eles todos se passam.

B. Os *"corpos primevos"* são sólidos, eternos e indivisíveis: 483-634

São os corpos, portanto, em parte primórdios das coisas,
e, em parte, concílios nos quais os princípios se unem.
Mas os que são os primórdios das coisas, força nenhuma
extinguirá; pois ao fim elas vencem com sólido corpo,

etsi difficile esse videtur credere quicquam
in rebus solido reperiri corpore posse.
transit enim fulmen caeli per saepta domorum
clamor ut ac voces; ferrum candescit in igni 490
dissiliuntque fero ferventi saxa vapore;
cum labefactatus rigor auri solvitur aestu,
tum glacies aeris flamma devicta liquescit;
permanat calor argentum penetraleque frigus,
quando utrumque manu retinentes pocula rite
sensimus infuso lympharum rore superne.
usque adeo in rebus solidi nil esse videtur.
sed quia vera tamen ratio naturaque rerum
cogit, ades, paucis dum versibus expediamus
esse ea quae solido atque aeterno corpore constent, 500
semina quae rerum primordiaque esse docemus,
unde omnis rerum nunc constet summa creata.
    Principio quoniam duplex natura duarum
dissimilis rerum longe constare repertast,
corporis atque loci, res in quo quaeque geruntur,
esse utramque sibi per se puramque necessest.
nam quacumque vacat spatium, quod inane vocamus,
corpus ea non est; qua porro cumque tenet se
corpus, ea vacuum nequaquam constat inane.
sunt igitur solida ac sine inani corpora prima. 510
praeterea quoniam genitis in rebus inanest,
materiem circum solidam constare necessest,
nec res ulla potest vera ratione probari
corpore inane suo celare atque intus habere,
si non, quod cohibet, solidum constare relinquas.
id porro nil esse potest nisi materiai
concilium, quod inane queat rerum cohibere.
materies igitur, solido quae corpore constat,
esse aeterna potest, cum cetera dissoluantur.
tum porro si nil esset quod inane vocaret, 520
omne foret solidum; nisi contra corpora certa
essent quae loca complerent quaecumque tenerent,
omne quod est spatium, vacuum constaret inane.

mesmo que pareça difícil crer que nas coisas
algo de sólido corpo possa ser encontrado.
Pois o raio dos céus atravessa as paredes das casas,
como os clamores e as vozes, o ferro incandesce no fogo, 490
e as rochas ferventes com fero vapor despedaçam;
tanto do ouro o rigor se dissolve e relaxa no fogo,
quanto o bronze e seu frio glacial liquefaz-se na chama.
O calor e o frigor também penetram na prata,
como os sentimos, os dois segurando, solenes, as taças,
quando nelas despejamos o orvalho das águas.
Logo, parece que nada de sólido existe nas coisas.
Como a natura das coisas e a vera razão nos impelem,
presta atenção, até que, em poucos versos, mostremos
existirem coisas de corpo sólido e eterno, 500
as que ensinamos que são os primórdios, sementes das coisas,
donde existe toda a soma das coisas criadas.
    Em princípio, já que a natura dúplice consta
de duas coisas muito dissímiles, como já vimos,
corpo e vazio, no qual são geridas todas as coisas,
é necessário que ambas por si existam, e puras.
Pois onde quer que vague o espaço, que inane chamamos,
lá não está o corpo; também, onde o corpo se instala,
de modo algum pode ali constar o inane vazio.
Sem vazio e sólidos são os corpos primeiros. 510
Mais ainda, já que há o inane nas coisas geradas,
é necessário que sólida exista ao redor a matéria,
nem coisa alguma por vera razão poderia ser vista
a esconder o vazio em seu corpo, nem tê-lo por dentro,
se não aceitas que é sólido aquilo que o inane restringe.
Nada pode ser, além disso, senão o concílio, o
que permita que o inane seja contido nas coisas.
A matéria, portanto, que consta de sólido corpo
pode ser eterna, quando dissolva-se o resto.
Se, por acaso, não existisse o que inane chamamos, 520
tudo seria sólido; se não houvesse, ao contrário,
corpos determinados, que enchessem o espaço ocupado,
tudo que existe seria o espaço inane e vazio.

alternis igitur nimirum corpus inani
distinctum, quoniam nec plenum naviter extat
nec porro vacuum. sunt ergo corpora certa
quae spatium pleno possint distinguere inane.
haec neque dissolui plagis extrinsecus icta
possunt nec porro penitus penetrata retexi
nec ratione queunt alia temptata labare; 530
id quod iam supra tibi paulo ostendimus ante.
nam neque collidi sine inani posse videtur
quicquam nec frangi nec findi in bina secando
nec capere umorem neque item manabile frigus
nec penetralem ignem, quibus omnia conficiuntur.
et quo quaeque magis cohibet res intus inane,
tam magis his rebus penitus temptata labascit.
ergo si solida ac sine inani corpora prima
sunt ita uti docui, sint haec aeterna necessest.
praeterea nisi materies aeterna fuisset, 540
antehac ad nilum penitus res quaeque redissent
de nihiloque renata forent quaecumque videmus.
at quoniam supra docui nil posse creari
de nilo neque quod genitum est ad nil revocari,
esse inmortali primordia corpore debent,
dissolui quo quaeque supremo tempore possint,
materies ut suppeditet rebus reparandis.
sunt igitur solida primordia simplicitate
nec ratione queunt alia servata per aevum
ex infinito iam tempore res reparare. 550
    Denique si nullam finem natura parasset
frangendis rebus, iam corpora materiai
usque redacta forent aevo frangente priore,
ut nil ex illis a certo tempore posset
conceptum summum aetatis pervadere finem.
nam quidvis citius dissolvi posse videmus
quam rursus refici; quapropter longa diei
infinita aetas anteacti temporis omnis
quod fregisset adhuc disturbans dissoluensque,
numquam relicuo reparari tempore posset. 560

Alternada e naturalmente, o vazio e o corpo
são distintos, já que não há nada pleno de todo
nem de todo vazio. Há certos corpos que podem
distinguir, demarcando, o vácuo espaço do cheio.
Esses não podem se dissolver por extrínsecas chagas,
nem penetrados por dentro podem ser dissolvidos,
nem de nenhuma maneira, oprimidos, fraquejam;   530
isso a ti há pouco tempo já demostramos.
Nada pode ser dilacerado sem o vazio,
nem ser despedaçado, ou cortado à metade cindir-se,
nem tomar-se de humor, nem mesmo de frio permeável
nem do fogo penetrante, com os quais tudo finda.
Quanto mais as coisas contêm em si o vazio,
tanto mais, pressionadas em tais circunstâncias, fraquejam.
Logo, se sólidos e sem vazio os corpos primevos
são, como já ensinei, é mister que sejam eternos.
Mais ainda, a não ser que fosse eterna a matéria,   540
antes teriam tornado ao nada todas as coisas,
e renascido do nada seria tudo o que vemos.
Mas já que acima ensinei que nada pode criar-se
vindo do nada, nem o nascido pro nada volver-se,
devem, portanto, ser imortais os primórdios dos corpos,
onde tudo possa ser dissolvido a seu tempo,
para que possa a matéria suprir os renascimentos.
São, dessa forma, os primórdios de sólida simplicidade,
nem de outra forma podem ser conservados nas eras
do infinito do tempo, ou renovar o universo.   550
   Se, além disso, fim nenhum preparasse a natura
à destruição das coisas, agora a matéria dos corpos
estaria menor pelas destruições já passadas,
tal que desses corpos nada pudesse, em seu tempo,
ser concebido ou chegar à suma medida da vida.
Vemos que qualquer coisa mais rápido pode acabar-se
do que de novo se refazer; de tal modo o que a longa
era infinita dos dias passados de todos os tempos
já destruiu até agora pela dissolução não
poderia jamais reparar o tempo restante.   560

at nunc nimirum frangendi reddita finis
certa manet, quoniam refici rem quamque videmus
et finita simul generatim tempora rebus
stare, quibus possint aevi contingere florem.
huc accedit uti, solidissima materiai
corpora cum constant, possint tamen omnia reddi
mollia quae fiunt, aer aqua terra vapores,
quo pacto fiant et qua vi quaeque gerantur,
admixtum quoniam semel est in rebus inane.
at contra si mollia sint primordia rerum,   570
unde queant validi silices ferrumque creari,
non poterit ratio reddi; nam funditus omnis
principio fundamenti natura carebit.
sunt igitur solida pollentia simplicitate,
quorum condenso magis omnia conciliatu
artari possunt validasque ostendere viris.
porro si nullast frangendis reddita finis
corporibus, tamen ex aeterno tempore quaeque
nunc etiam superare necessest corpora rebus,
quae nondum clueant ullo temptata periclo.   580
at quoniam fragili natura praedita constant,
discrepat aeternum tempus potuisse manere
innumerabilibus plagis vexata per aevum.

    Denique iam quoniam generatim reddita finis
crescendi rebus constat vitamque tenendi,
et quid quaeque queant per foedera naturai,
quid porro nequeant, sancitum quandoquidem extat,
nec commutatur quicquam, quin omnia constant
usque adeo, variae volucres ut in ordine cunctae
ostendant maculas generalis corpore inesse,   590
inmutabili' materiae quoque corpus habere
debent nimirum; nam si primordia rerum
commutari aliqua possent ratione revicta,
incertum quoque iam constet quid possit oriri,
quid nequeat, finita potestas denique cuique
quanam sit ratione atque alte terminus haerens,
nec totiens possent generatim saecla referre

Já, sem surpresa, um fim certo pra destruição permanece,
já que nós vemos que todas as coisas são recriadas,
e ao mesmo tempo pra toda espécie é determinado
tempo finito no qual pode tudo atingir flor da idade.
Mas, além disso, ainda que os corpos primeiros consistam
de matéria bem sólida, podem contudo explicar-se
todas as coisas suaves: ar, água, terra, vapores,
de que modo são feitos e por qual força se geram,
já que o vazio está misturado com todas as coisas.
Mas, ao contrário, se os primórdios das coisas são moles, 570
como podem criar-se o ferro ou o válido sílex
não se pode explicar com razão, uma vez que a natura
carecerá totalmente de fundamento e princípio.
Os princípios potentes têm sólida simplicidade,
e, com concílio mais condensado, todas as coisas
podem ser articuladas mostrando sua válida força.
Mais: se limite nenhum for dado ao quebrar-se dos corpos,
é necessário contudo que todos os corpos das coisas
possam sobreviver até agora no tempo perene,
eles que ainda não são perturbados por nulo perigo. 580
Já que, portanto, são dotados de frágil natura,
isso discrepa de terem resistido ao eterno
tempo, vexados por chagas inumeráveis, constantes.

    Logo, já que a cada espécie foi concedido
ao crescimento um limite e à manutenção de sua vida,
e o que, pelas leis da natura, possam fazer, e
o que não possam as coisas tal como foi sancionado,
nem qualquer coisa se altere, mas permaneça constante,
como as aves variadas que, de acordo com a espécie
mostram haver em seus corpos as específicas marcas, 590
devem (não te espantes) também possuir em seus corpos
imutável matéria. Pois se os primórdios das coisas
de qualquer forma após vencimento pudessem mudar-se,
já também seria incerto o que poderia
vir a nascer, o que não, qual razão pra finita potência,
pra cada coisa, e os profundos limites fincados pra elas,
nem poderiam, frequentes, as gerações pelos séculos

naturam mores victum motusque parentum.
    Tum porro quoniam est extremum quodque cacumen
corporis illius quod nostri cernere sensus 600
iam nequeunt, id nimirum sine partibus extat
et minima constat natura nec fuit umquam
per se secretum neque posthac esse valebit,
alterius quoniamst ipsum pars primaque et una,
inde aliae atque aliae similes ex ordine partes
agmine condenso naturam corporis explent;
quae quoniam per se nequeunt constare, necessest
haerere unde queant nulla ratione revelli.
sunt igitur solida primordia simplicitate
quae minimis stipata cohaerent partibus arte, 610
non ex illorum conventu conciliata,
sed magis aeterna pollentia simplicitate,
unde neque avelli quicquam neque deminui iam
concedit natura reservans semina rebus.
praeterea nisi erit minimum, parvissima quaeque
corpora constabunt ex partibus infinitis,
quippe ubi dimidiae partis pars semper habebit
dimidiam partem nec res praefiniet ulla.
ergo rerum inter summam minimamque quid escit?
nil erit ut distet; nam quamvis funditus omnis 620
summa sit infinita, tamen, parvissima quae sunt,
ex infinitis constabunt partibus aeque.
quod quoniam ratio reclamat vera negatque
credere posse animum, victus fateare necessest
esse ea quae nullis iam praedita partibus extent
et minima constent natura. quae quoniam sunt,
illa quoque esse tibi solida atque aeterna fatendum.
denique si minimas in partis cuncta resolvi
cogere consuesset rerum natura creatrix,
iam nil ex illis eadem reparare valeret 630
propterea quia, quae nullis sunt partibus aucta,
non possunt ea quae debet genitalis habere
materies, varios conexus pondera plagas
concursus motus, per quas res quaeque geruntur.

retomar a natura, os costumes dos pais e seus modos.
    Mais: então, já que existem picos[34] extremos nos corpos
que por nossos sentidos não podem ser percebidos,   600
não te espantes se cada um dos picos existe sem partes,
e que consta da menor natureza e que nunca
tenha se separado e nem pode depois separar-se,
já que ele mesmo é parte de um outro, una e primeira,
donde uns e outros parelhos, partes suas em ordem,
em condensada fileira preenchem do corpo[35] a natura;
como não podem por si sós existir, eles devem
aderir de tal forma que nunca seriam dispersos.
São, dessa forma, os primórdios de sólida simplicidade,
que consistem de mínimas partes, densas, unidas,   610
não condensadas pela união ou concílio das partes
mas, de outro lado, potentes, de eterna simplicidade,
donde nada nem se dissolve, nem diminui-se,
como concede a natura, conservando as sementes.[36]
Mais: além disso, se não houvesse o mínimo, todos
corpos parvíssimos constariam de partes infindas,
já que a metade da parte sempre teria outra parte,
outra metade, e assim coisa alguma teria limite.[37]
Como, então, separamos o mínimo e a soma das coisas?[38]
Não haveria distância; pois sendo a soma das coisas   620
infinita, contudo, as mais ínfimas da mesma forma
deveriam constar por seu lado de partes infindas.
Já que a vera razão não concede que o ânimo creia
nessa hipótese, é mister confessares, vencido,
que haja as coisas preditas que constem de parte nenhuma
e da menor natureza. Como tais coisas existem
deverás aceitar que são sólidas tal como eternas.
Finalmente se a dissolver-se em mínimas partes
coagisse a criadora natura a todas as coisas,
nada seria capaz de criar a partir delas mesmas,   630
pois as coisas que não são aumentadas por partes,
não são capazes de ter geradora matéria que devem,
várias conexões, vários pesos e chagas, encontros,
movimentos pelos quais são geradas as coisas.

Quapropter qui materiem rerum esse putarunt
ignem atque ex igni summam consistere solo,
magno opere a vera lapsi ratione videntur.
Heraclitus init quorum dux proelia primus,
clarus ob obscuram linguam magis inter inanis
quamde gravis inter Graios, qui vera requirunt. 640
omnia enim stolidi magis admirantur amantque,
inversis quae sub verbis latitantia cernunt,
veraque constituunt quae belle tangere possunt
auris et lepido quae sunt fucata sonore.
    Nam cur tam variae res possent esse requiro,
ex uno si sunt igni puroque creatae.
nil prodesset enim calidum denserier ignem
nec rarefieri, si partes ignis eandem
naturam quam totus habet super ignis haberent.
acrior ardor enim conductis partibus esset, 650
languidior porro disiectis disque sipatis.
amplius hoc fieri nil est quod posse rearis
talibus in causis, ne dum variantia rerum
tanta queat densis rarisque ex ignibus esse.
id quoque, si faciant admixtum rebus inane,
denseri poterunt ignes rarique relinqui.
sed quia multa sibi cernunt contraria †muse†
et fugitant in rebus inane relinquere purum,
ardua dum metuunt, amittunt vera viai,
nec rursum cernunt exempto rebus inani 660
omnia denseri fierique ex omnibus unum
corpus, nil ab se quod possit mittere raptim;
aestifer ignis uti lumen iacit atque vaporem,
ut videas non e stipatis partibus esse.
Quod si forte alia credunt ratione potesse
ignis in coetu stingui mutareque corpus,
scilicet ex nulla facere id si parte reparcent,
occidet ad nilum nimirum funditus ardor

C. *Crítica de teorias rivais*: 635-920

(a) Os monistas – Heráclito: 635-704

Por tal razão os que pensam que a matéria das coisas
é o fogo e que a soma das coisas consiste só dele,
grandemente parecem escapar à razão verdadeira.
O principal dentre eles é Heráclito, a entrar na batalha
pela obscura linguagem preclaro, mais entre indolentes,
do que entre os gregos severos que o vero procuram por meta.   640
Pois o que admiram e amam esses cabeças-de-vento
são o que encontram escondidinho sob verbos inversos,
e consideram verdade o que belo lhes toca as orelhas
e qualquer coisa que seja adornada com sons agradáveis.

Pois me pergunto como seriam tão várias as coisas,
se com puro fogo são criadas apenas.
Nada seria vantagem se o cálido fogo adensasse
nem se se rarefizesse, se as partes do fogo tivessem
mesma natura que tem o corpo todo do fogo.
Pois mais firme seria o ardor em partes conjuntas   650
e mais lânguido nas que tivessem se dissipado.
Para além disso nada crerias poder suceder por
tais razões; e menos ainda tão variadas
coisas viriam do rarefeito ou do fogo adensado.
Isso também: se aceitarem que o inane mistura-se às coisas,
poderiam adensar-se os fogos ou rarefazer-se.
Mas como muitas, pra si, discernem coisas contrárias,
e fogem rápido à ideia de o inane deixar entre as coisas,
por temerem o árduo, omitem verídicas vias,
nem também percebem que removido o inane,   660
todas as coisas se adensariam a apenas um corpo,
nada de si podendo de fato emitir num instante,
mas, como o fogo calente emana a luz e os vapores,
vês, assim, que não pode ter condensadas as partes.
Pois se talvez por outra razão acreditam que o fogo
pode em compressão extinguir-se e mudar o seu corpo,
caso não se refreiem de crer que isso dê-se por tudo,
não te espantes: todo o ardor ao nada perece,

omnis et <e> nilo fient quae cumque creantur.
nam quodcumque suis mutatum finibus exit, 670
continuo hoc mors est illius quod fuit ante.
proinde aliquid superare necesse est incolume ollis,
ne tibi res redeant ad nilum funditus omnes
de niloque renata vigescat copia rerum.
nunc igitur quoniam certissima corpora quaedam
sunt quae conservant naturam semper eandem,
quorum abitu aut aditu mutatoque ordine mutant
naturam res et convertunt corpora sese,
scire licet non esse haec ignea corpora rerum.
nil referret enim quaedam discedere, abire, 680
atque alia attribui, mutarique ordine quaedam,
si tamen ardoris naturam cuncta tenerent;
ignis enim foret omnimodis quodcumque crearent.
verum, ut opinor, itast: sunt quaedam corpora, quorum
concursus motus ordo positura figurae
efficiunt ignis mutatoque ordine mutant
naturam neque sunt igni simulata neque ulli
praeterea rei quae corpora mittere possit
sensibus et nostros adiectu tangere tactus.
    Dicere porro ignem res omnis esse neque ullam 690
rem veram in numero rerum constare nisi ignem,
quod facit hic idem, perdelirum esse videtur.
nam contra sensus ab sensibus ipse repugnat
et labefactat eos, unde omnia credita pendent,
unde hic cognitus est ipsi quem nominat ignem.
credit enim sensus ignem cognoscere vere,
cetera non credit, quae nilo clara minus sunt.
quod mihi cum vanum tum delirum esse videtur;
quo referemus enim? quid nobis certius ipsis
sensibus esse potest, qui vera ac falsa notemus? 700
praeterea quare quisquam magis omnia tollat
et velit ardoris naturam linquere solam,
quam neget esse ignis, <aliam> tamen esse relinquat?
aequa videtur enim dementia dicere utrumque.

e do nada se fazem todas as coisas criadas.
Pois quando quer que, mudado, algo saia dos próprios limites,   670
de imediato perece a natura daquilo de antes.[39]
É necessário, contudo, que algo incólume reste,
para que todas as coisas não voltem de todo pro nada,[40]
nem renascida do nada a cópia[41] das coisas floresça.
Por conseguinte, já que há coisas bem definidas
que conservam a natureza sempre constante,
com cujas idas e vindas[42] e ordem mudada, essas coisas
mudam a própria natura e os corpos convertem-se em outros,
já sabemos: não há esses ígneos corpos das coisas.[43]
Irrelevante se os corpos[44] se repartissem, partissem,   680
se outros a eles somassem, alguns mudassem sua ordem:
se todos eles tivessem, contudo, natura de fogo,
fogo, portanto, seria tudo que fosse criado.
Como penso, a verdade é assim: certos corpos existem
cuja união, moto, ordem, forma, posicionamento,
fazem o fogo, e, mudada sua ordem, mudam a natura
igualmente, sem ser parecidos com fogo ou com outro
corpo que possa enviar outros corpos aos nossos sentidos
ou tocar nosso tato através de sua chegada.

    Mais ainda: dizer que o fogo são todas as coisas   690
e que nada real, fora o fogo, há na soma das coisas,
algo que faz esse mesmo,[45] parece ser super delírio.
Pois a partir dos sentidos, contra os sentidos, batalha
e os enfraquece, dos quais dependem suas crenças inteiras,
com os quais ele mesmo conhece o que chama de fogo.
Pois ele crê que os sentidos conhecem o fogo de fato,
mas não crê no restante, que em nada será menos claro.
O que torna, a meu ver, ainda mais vão o delírio.
Apelaremos a quê, afinal? O que a nós é mais certo
do que os próprios sentidos que apartam o vero do falso?   700
O que ganha suprimindo todas as coisas
e desejando que reste somente a natura do fogo
ao invés de negar haver fogo, restando outra coisa?
Pois me parece igual demência dizer um ou outro.

Quapropter qui materiem rerum esse putarunt
ignem atque ex igni summam consistere posse,
et qui principium gignundis aera rebus
constituere, aut umorem quicumque putarunt
fingere res ipsum per se, terramve creare
omnia et in rerum naturas vertier omnis, 710
magno opere a vero longe derrasse videntur.
adde etiam qui conduplicant primordia rerum
aera iungentes igni terramque liquori,
et qui quattuor ex rebus posse omnia rentur
ex igni terra atque anima procrescere et imbri.
quorum Acragantinus cum primis Empedocles est,
insula quem triquetris terrarum gessit in oris,
quam fluitans circum magnis anfractibus aequor
Ionium glaucis aspargit virus ab undis,
angustoque fretu rapidum mare dividit undis 720
Aeoliae terrarum oras a finibus eius.
   hic est vasta Charybdis et hic Aetnaea minantur
murmura flammarum rursum se colligere iras,
faucibus eruptos iterum vis ut vomat ignis
ad caelumque ferat flammai fulgura rursum.
quae cum magna modis multis miranda videtur
gentibus humanis regio visendaque fertur,
rebus opima bonis, multa munita virum vi,
nil tamen hoc habuisse viro praeclarius in se
nec sanctum magis et mirum carumque videtur. 730
carmina quin etiam divini pectoris eius
vociferantur et exponunt praeclara reperta,
ut vix humana videatur stirpe creatus.
   Hic tamen et supra quos diximus inferiores
partibus egregie multis multoque minores,
quamquam multa bene ac divinitus invenientes
ex adyto tam quam cordis responsa dedere
sanctius et multo certa ratione magis quam
Pythia quae tripodi a Phoebi lauroque profatur,
principiis tamen in rerum fecere ruinas 740

(b) Os pluralistas – Empédocles: 705-829

Por tal razão os que pensam que a matéria das coisas
é o fogo e que pode a soma das coisas ser fogo,[46]
e os que tomaram o ar por princípio das coisas geradas,
ou todo aquele que considerou que o humor gera as coisas
por si só, ou mesmo os que acham que a terra criaria
todas as coisas e verte-se em todas naturas das coisas,   710
grandemente de fato parecem errar e bem longe.
Some-se a eles os que duplicam primórdios das coisas
ares jungindo ao fogo[47] e terra às líquidas águas,[48]
e os que pensam que tudo viria de quatro elementos[49]
e cresceria do fogo e da terra e do vento e da chuva.
Dentre os quais o primeiro é Empédocles Agrigentino,[50]
ele que a ilha gerou entre as orlas tricornes das terras
que, anfractuosas, circunda o mar Jônio em fluxo perpétuo
espargindo o acre sal de suas ondas verde-azuladas,
um breve estreito o rápido mar dividindo com as ondas   720
orlas das terras da Eólia[51] e as fronteiras da ilha.[52]
Devastadora Caríbdis ali e os ribombos do Etna
ameaçam de novo reunir as chamas da ira
e novamente expulsar das fauces os fogos eruptos,
céus ferindo com a força de fulgurantes flamejos.
Mesmo que ali nos pareça magnífico em muitas maneiras
e admirável às gentes humanas, destino gozoso,
rica de bens, e em muito munida em varões valorosos,
nada, contudo, ali houve de mais preclaro que ele,
nem mais sagrado, jamais se mostrou, mais mirífico ou caro.   730
Pois, dessa forma, os poemas que saem de seu peito divino
vociferantes expõem suas descobertas preclaras,
tanto que mal se parece de estirpe humana criado.[53]
Este, contudo, e os que acima dissemos, inferiores,
em muitos graus e menores que ele, muito afastados,
mesmo que tenham feito achados bons e divinos
e do santo recesso de seus corações tenham dado
certas respostas com mais razão até do que a Pítia,
que do tripé e do louro de Febo profetizava,
quanto aos princípios das coisas, contudo, fizeram ruínas,   740

et graviter magni magno cecidere ibi casu;
primum quod motus exempto rebus inani
constituunt et res mollis rarasque relinquunt,
aera solem imbrem terras animalia fruges,
nec tamen admiscent in eorum corpus inane;
deinde quod omnino finem non esse secandis
corporibus faciunt neque pausam stare fragori
nec prorsum in rebus minimum consistere quicquam;
cum videamus id extremum cuiusque cacumen
esse quod ad sensus nostros minimum esse videtur, 750
conicere ut possis ex hoc, quae cernere non quis
extremum quod habent, minimum consistere <in illis>.
huc accedit item, quoniam primordia rerum
mollia constituunt, quae nos nativa videmus
esse et mortali cum corpore funditus, utqui
debeat ad nilum iam rerum summa reverti
de niloque renata vigescere copia rerum;
quorum utrumque quid a vero iam distet habebis.
deinde inimica modis multis sunt atque veneno
ipsa sibi inter se; quare aut congressa peribunt 760
aut ita diffugient ut tempestate coacta
fulmina diffugere atque imbris ventosque videmus.

    Denique quattuor ex rebus si cuncta creantur
atque in eas rursus res omnia dissoluuntur,
qui magis illa queunt rerum primordia dici
quam contra res illorum retroque putari?
alternis gignuntur enim mutantque colorem
et totam inter se naturam tempore ab omni.
[fulmina diffugere atque imbris ventosque videmus.]
sin ita forte putas ignis terraeque coire 770
corpus et aerias auras roremque liquoris,
nil in concilio naturam ut mutet eorum,
nulla tibi ex illis poterit res esse creata,
non animans, non exanimo cum corpore, ut arbos.
quippe suam quidque in coetu variantis acervi
naturam ostendet mixtusque videbitur aer
cum terra simul atque ardor cum rore manere.

grandiosos, caíram aí grande queda agravada.
Primeiramente, por defenderem que o moto das coisas
há sem inane e aceitarem que as coisas moles e raras,
ares e sol e as chuvas e terras, feras e frutos,
podem existir sem mistura do inane em seus corpos;
mais, então, que não há totalmente limite ao cortar-se
para os corpos defendem, nem pausa aos processos de quebra,
nem, além disso, que exista algo de mínimo às coisas;
entretanto, podemos ver que há um extremo limite
pra cada coisa e que mínimo aos nossos sentidos parece,   750
tal que se possa daí discernir que o que ver não se pode,[54]
deve também ter limites extremos, o mínimo a eles.
Segue-se então que, uma vez que definem os primórdios das coisas
como algo mole, os quais nós vemos serem nascidos
e dotados de corpo mortal, a soma das coisas
deveria portanto ao não ser reverter-se de novo;
e, renascido do nada, crescer o conjunto das coisas;
já saberás quanto distam do vero as duas propostas.
Mais, inimigas em muitos modos são, e venenos
umas pras outras; pois, quando encontram-se, logo perecem,   760
ou fugirão entre si, como quando, atiçada a tormenta,
vemos os raios, as chuvas e os ventos fugindo dispersos.
   E, afinal, se tudo se cria de quatro elementos,
e ao final nesses quatro todas as coisas dissolvem,
por qual motivo eles podem ser ditos primórdios das coisas,
mais que, ao contrário, as coisas em si serem deles princípios?
Pois de maneira alternada se geram e mudam suas cores
entre si, e a natura completa, desde o princípio.
                              ★[55]
Se talvez pensares que os corpos do ar e da terra   770
fundem-se, e as auras do ar igualmente com o líquido orvalho,
tal que, em concílio, nada se altere de suas naturas,
coisa nenhuma, daí, verás, poderá ser criada,
nem animada, nem corpo sem ânimo – nem uma planta.
Claro, tudo ali nessa união, disparate confuso,
mostrará sua própria natura e o ar misturado
junto com a terra aparece, e o ardor unido ao orvalho.

at primordia gignundis in rebus oportet
naturam clandestinam caecamque adhibere,
emineat nequid, quod contra pugnet et obstet 780
quominus esse queat proprie quodcumque creatur.
    Quin etiam repetunt a caelo atque ignibus eius
et primum faciunt ignem se vertere in auras
aeris, hinc imbrem gigni terramque creari
ex imbri retroque a terra cuncta reverti,
umorem primum, post aera, deinde calorem,
nec cessare haec inter se mutare, meare
a caelo ad terram, de terra ad sidera mundi.
quod facere haud ullo debent primordia pacto.
immutabile enim quiddam superare necessest, 790
ne res ad nilum redigantur funditus omnes.
nam quodcumque suis mutatum finibus exit,
continuo hoc mors est illius quod fuit ante.
quapropter quoniam quae paulo diximus ante
in commutatum veniunt, constare necessest
ex aliis ea, quae nequeant convertier usquam,
ne tibi res redeant ad nilum funditus omnes.
quin potius tali natura praedita quaedam
corpora constituas, ignem si forte crearint,
posse eadem demptis paucis paucisque tributis, 800
ordine mutato et motu, facere aeris auras,
sic alias aliis rebus mutarier omnis?
    'At manifesta palam res indicat' inquis 'in auras
aeris e terra res omnis crescere alique;
et nisi tempestas indulget tempore fausto
imbribus, ut tabe nimborum arbusta vacillent,
solque sua pro parte fovet tribuitque calorem,
crescere non possint fruges arbusta animantes.'
scilicet et nisi nos cibus aridus et tener umor
adiuvet, amisso iam corpore vita quoque omnis 810
omnibus e nervis atque ossibus exsoluatur.
adiutamur enim dubio procul atque alimur nos
certis ab rebus, certis aliae atque aliae res.
nimirum quia multa modis communia multis

Antes, é necessário que, na geração, os primórdios
possam exibir natureza secreta e invisível,
de tal modo que nada apareça que obste ou impeça 780
cada coisa criada de ser de sua própria maneira.
    E todavia, ainda remontam aos céus e a seus fogos,
fazem primeiro que o fogo se verta nas auras dos ares,
donde as chuvas são geradas, e a terra é criada
vindo das chuvas, e, contrariamente, da terra reverte-se
tudo, primeiro os humores, os ares, e então os calores,
sem cessar, alternam entre si essas coisas, se movem,
do alto céu à terra, da terra às estrelas do mundo.[56]
Isso de modo nenhum deveriam fazer os primórdios.
Pois é mister que todas as coisas persistam imutáveis 790
para que tudo não seja levado de volta pro nada.[57]
Pois quando quer que, mudado, algo saia dos próprios limites,
de imediato perece a natura daquilo de antes.[58]
Por conseguinte, uma vez que as coisas que antes citamos
entram em comutação, necessário será que consistam
de outras coisas, tais que não possam jamais converter-se,
pra que não vejas as coisas voltarem ao nada de todo.
E por que não supor que certos corpos possuem
tal natureza que, se por acaso criarem o fogo,
possam, os mesmos, tirando um pouco e um pouco acrescendo, 800
ordem mudada e o moto, criar as auras dos ares,
tal que todas as coisas em outras pudessem verter-se?
    "Mas", dizes, "claramente os fatos indicam que tudo
cresce e alimenta-se vindo da terra até as auras dos ares;
e, a não ser que a estação em seu tempo desfrute das chuvas,
tal que os arbustos vacilem sob o peso das nuvens,
e de sua parte o sol distribua o calor e os agrade,
não cresceriam as árvores, grãos e os seres viventes."
Claro, a não ser que nos nutra alimento e tenra umidade
já, desprovidos de corpo, toda a vida nos deixa, 810
dissolvida de todos os nervos e todos os ossos.
Pois, não há dúvida: somos nutridos e alimentados
por certas coisas, e, de seu lado, os outros por outras.
Certo, uma vez que de múltiplos modos muitos primórdios

multarum rerum in rebus primordia mixta
sunt, ideo variis variae res rebus aluntur.
atque eadem magni refert primordia saepe
cum quibus et quali positura contineantur
et quos inter se dent motus accipiantque;
namque eadem caelum mare terras flumina solem   820
constituunt, eadem fruges arbusta animantis,
verum aliis alioque modo commixta moventur.
quin etiam passim nostris in versibus ipsis
multa elementa vides multis communia verbis,
cum tamen inter se versus ac verba necessest
confiteare et re et sonitu distare sonanti.
tantum elementa queunt permutato ordine solo.
at rerum quae sunt primordia, plura adhibere
possunt unde queant variae res quaeque creari.

    Nunc et Anaxagorae scrutemur homoeomerian   830
quam Grai memorant nec nostra dicere lingua
concedit nobis patrii sermonis egestas,
sed tamen ipsam rem facilest exponere verbis.
principio, rerum quam dicit homoeomerian,
ossa videlicet e pauxillis atque minutis
ossibus hic et de pauxillis atque minutis
visceribus viscus gigni sanguenque creari
sanguinis inter se multis coeuntibu' guttis
ex aurique putat micis consistere posse
aurum et de terris terram concrescere parvis,   840
ignibus ex ignis, umorem umoribus esse,
cetera consimili fingit ratione putatque.
nec tamen esse ulla idem parte in rebus inane
concedit neque corporibus finem esse secandis.
quare in utraque mihi pariter ratione videtur
errare atque illi, supra quos diximus ante.
adde quod inbecilla nimis primordia fingit;
si primordia sunt, simili quae praedita constant
natura atque ipsae res sunt aequeque laborant

a muitas coisas comuns se misturam a muitas das coisas,
fato é que a diversidade se nutre de coisas diversas.
E amiúde é de grande importância saber dos primórdios
qual posição ocupam e com que outros se liguem,
quais movimentos se dão entre si e recebem dos outros;
pois os mesmos céu, mar, terras, sol e os rios   820
constituem, e as árvores, grãos e os seres viventes,
mas só quando misturam-se e movem-se em várias maneiras.
Mais ainda: em diversos lugares, nos meus próprios versos
vês elementos[59] muitos comuns a muitos dos verbos,
mas ainda assim é mister que admitas que versos e verbos
são dissonantes entre si em som e sentido.[60]
Tanto podem elementos, mudadas apenas as ordens.
Os que são os primórdios das coisas possuem mais meios
de fazer com que todas as múltiplas coisas existam.

(c) Anaxágoras: 830-920

Ora esmiucemos a de Anaxágoras homomeria,[61]   830
como os gregos chamam, que nossa língua não pode
nomear – não permite a pobreza da língua paterna,
mesmo que a coisa em si seja fácil de expor com palavras.
De princípio, o que chama de homomeria das coisas,
ossos, parece, de bem diminutos e pequenininhos
ossos, também de bem diminutas e pequenininhas
carnes a carne se gera, e também o sangue se cria
de outros sangues convergindo de muitas gotinhas,
e de grãozinhos de ouro crê que consistiria
o ouro, e das terras pequenas a terra viria crescendo,   840
fogos dos fogos, humores seriam feitos de humores,
outras coisas também inventa em razão semelhante.
Nem entretanto o inane em parte nenhuma das coisas
ele admite, nem que haja fim para o corte dos corpos.
Pois para mim em ambas ideias parece igualmente
que erra, junto daqueles que já mencionamos acima.
Some-se que ele propõe serem fracos demais os primórdios;
se são primórdios que consistem de igual natureza
que as das próprias coisas, sofrem da mesma maneira,

et pereunt neque ab exitio res ulla refrenat. 850
nam quid in oppressu valido durabit eorum,
ut mortem effugiat, leti sub dentibus ipsis?
ignis an umor an aura? quid horum? sanguen an ossa?
nil, ut opinor, ubi ex aequo res funditus omnis
tam mortalis erit quam quae manifesta videmus
ex oculis nostris aliqua vi victa perire.
at neque reccidere ad nilum res posse neque autem
crescere de nilo testor res ante probatas.
praeterea quoniam cibus auget corpus alitque,
scire licet nobis venas et sanguen et ossa 860

*

sive cibos omnis commixto corpore dicent
esse et habere in se nervorum corpora parva
ossaque et omnino venas partisque cruoris,
fiet uti cibus omnis, et aridus et liquor ipse,
ex alienigenis rebus constare putetur,
ossibus et nervis sanieque et sanguine mixto.
praeterea quaecumque e terra corpora crescunt
si sunt in terris, terram constare necessest
ex alienigenis, quae terris exoriuntur.
transfer item, totidem verbis utare licebit. 870
in lignis si flamma latet fumusque cinisque,
ex alienigenis consistant ligna necessest,
ex alienigenis, quae lignis exoriuntur. [874]
praeterea tellus quae corpora cumque alit auget [873]

*

   Linquitur hic quaedam latitandi copia tenvis,
id quod Anaxagoras sibi sumit, ut omnibus omnis
res putet inmixtas rebus latitare, sed illud
apparere unum cuius sint plurima mixta
et magis in promptu primaque in fronte locata.
quod tamen a vera longe ratione repulsumst. 880
conveniebat enim fruges quoque saepe, minaci
robore cum in saxi franguntur, mittere signum
sanguinis aut aliquid, nostro quae corpore aluntur,
cum lapidi in lapidem terimus, manare cruorem.

devem então perecer, e nada os refreia do exício.   850
Quais dessas coisas sob violenta opressão duraria
e poderia fugir aos próprios dentes da morte?
Fogo, ou humor, ou os ares? Qual deles? Sangue, ou os ossos?
Nada, como acho, quando igualmente todas as coisas
tão mortais serão quanto aquelas que são perceptíveis
aos nossos olhos e vão-se vencidas por outras violências.
Mas nem podem reincidir ao nada, nem mesmo
serem criadas do nada, atesto com as provas já dadas.
E além disso, uma vez que o alimento aumente e fomente
nossos corpos, saibamos que as veias, o sangue e os ossos   860
★[62]
Dizem também que todo alimento tem misto seu corpo
e leva em si pequenos corpúsculos feitos de nervos,
ossos ou até mesmo veias e partes cruentas,
tanto que todo alimento, o árido e o úmido mesmo,
se considere que conste de alienígenas[63] partes,
de ossos e nervos e pus e sangue, tudo em mistura.
E além disso, todos os corpos que cresçam da terra,
se estiverem nas terras, é necessário que a terra
seja composta de coisas alheias, que nascem das terras.
Mude-se o campo, podem-se usar as mesmas palavras.   870
Se na lenha, a brasa se esconde, a fumaça e as cinzas,
é necessário que a lenha consista de coisas alheias,
seja composta de coisas alheias, que nascem da lenha.[64]   [874]
Mais, além disso, os corpos que a terra alimenta e fomenta   [873]
★[65]
Resta somente uma brecha tênue pra impunidade,
e Anaxágoras lança-se a ela dizendo que as coisas
todas misturam-se a todas as coisas, bem escondidinhas,
inda que a coisa da qual haja mais na mistura apareça
mais à vista e posicionada primeira na frente.
Isso, contudo, se afasta bem longe do que é verdadeiro.   880
Conviria que os grãos, portanto, quando em frangalhos
pelo peso minaz das pedras, sempre soltasse
traço de sangue ou de algo que nos nossos corpos habite –
quando lasquemos pedra em pedra, emanassem cruores.

consimili ratione herbas quoque saepe decebat
et latices dulcis guttas similique sapore
mittere, lanigerae quali sunt ubere lactis,
scilicet et glebis terrarum saepe friatis
herbarum genera et fruges frondesque videri
dispertita inter terram latitare minute, 890
postremo in lignis cinerem fumumque videri,
cum praefracta forent, ignisque latere minutos.
quorum nil fieri quoniam manifesta docet res,
scire licet non esse in rebus res ita mixtas,
verum semina multimodis immixta latere
multarum rerum in rebus communia debent.
   'At saepe in magnis fit montibus' inquis 'ut altis
arboribus vicina cacumina summa terantur
inter se, validis facere id cogentibus austris,
donec flammai fulserunt flore coorto.' 900
scilicet et non est lignis tamen insitus ignis,
verum semina sunt ardoris multa, terendo
quae cum confluxere, creant incendia silvis.
quod si facta foret silvis abscondita flamma,
non possent ullum tempus celarier ignes,
conficerent vulgo silvas, arbusta cremarent.
iamne vides igitur, paulo quod diximus ante,
permagni referre eadem primordia saepe
cum quibus et quali positura contineantur
et quos inter se dent motus accipiantque, 910
atque eadem paulo inter se mutata creare
ignes et lignum? quo pacto verba quoque ipsa
inter se paulo mutatis sunt elementis,
cum ligna atque ignes distincta voce notemus.
denique iam quaecumque in rebus cernis apertis
si fieri non posse putas, quin materiai
corpora consimili natura praedita fingas,
hac ratione tibi pereunt primordia rerum:
fiet uti risu tremulo concussa cachinnent
et lacrimis salsis umectent ora genasque. 920

Com semelhante razão também deveriam as ervas
e as lagoas verterem gotas com doces sabores
como os do leite que emana das lanígeras tetas,
da mesma forma os torrões de terra despedaçados
tipos de grãos, de folhagens e de ervas se nos fariam
aparecer diminutos, dispersos, ocultos na terra, 890
e ao final na lenha a cinza e a fumaça estariam,
quando elas fossem quebradas, bem como chaminhas ocultas.
Mas como os fatos nos mostram que nada disso se passa,
é necessário saber que nas coisas não há tais misturas,
mas que as sementes de muitas maneiras devem ocultar-se,
a muitas coisas comuns, misturando-se a todas as coisas.
   "Mas amiúde acontece que em montes altos", afirmas,
"topos das árvores altas vizinhas por vezes se raspam
umas às outras, sob o comando dos Austros velozes,
té que flamejem as chamas unidas em flor fulgurante." 900
Mas na verdade não há nas lenhas ígnea matéria,
antes, ali há sementes muitas do ardor, que ao rasparem
umas nas outras confluem, criando os incêndios nas selvas.
Pois se, de fato, existissem nas selvas recônditas chamas,
não poderiam as chamas em tempo nenhum esconder-se:
abertamente cremar-se-iam arbustos e selvas.
Pois já vês, a partir do que pouco antes eu disse,
que é de grande importância saber desses mesmos primórdios
com quais outros e em quais posições eles sejam dispostos,
quais movimentos entre si recebem-se e dão-se 910
e que os mesmos entre si um pouco mudados
geram o ígneo e o lígneo? Assim com as próprias palavras:
quando entre si têm alguns elementos mudados apenas,
lígneo e ígneo distinguem-se quando um som alteramos.
E finalmente o que quer que discirnas nas coisas às claras,
caso penses que não acontecem, a não ser que matéria e
corpos suponhas que compartilhem a mesma natura,
dessa maneira a ti pereceriam os primórdios das coisas:
vai acabar que eles caem em trêmulo riso e gargalham
e que umedecem com o sal de suas lágrimas face e bochechas. 920

Nunc age, quod superest, cognosce et clarius audi.
nec me animi fallit quam sint obscura; sed acri
percussit thyrso laudis spes magna meum cor
et simul incussit suavem mi in pectus amorem
musarum, quo nunc instinctus mente vigenti
avia Pieridum peragro loca nullius ante
trita solo. iuvat integros accedere fontis
atque haurire, iuvatque novos decerpere flores
insignemque meo capiti petere inde coronam
unde prius nulli velarint tempora musae; 930
primum quod magnis doceo de rebus et artis
religionum animum nodis exsolvere pergo,
deinde quod obscura de re tam lucida pango
carmina, musaeo contingens cuncta lepore.
id quoque enim non ab nulla ratione videtur;
sed veluti pueris absinthia taetra medentes
cum dare conantur, prius oras pocula circum
contingunt mellis dulci flavoque liquore,
ut puerorum aetas improvida ludificetur
labrorum tenus, interea perpotet amarum 940
absinthi laticem deceptaque non capiatur,
sed potius tali facto recreata valescat;
sic ego nunc, quoniam haec ratio plerumque videtur
tristior esse quibus non est tractata, retroque
vulgus abhorret ab hac, volui tibi suaviloquenti
carmine Pierio rationem exponere nostram
et quasi musaeo dulci contingere melle,
si tibi forte animum tali ratione tenere
versibus in nostris possem, dum perspicis omnem
naturam rerum, qua constet compta figura. 950

(d) Digressão sobre a missão de Lucrécio: 921-50

Vamos agora, conhece o que resta e ouve o mais claro.
Nem me foge ao ânimo que são coisas obscuras,
mas o tirso afiado da fama percute o meu peito,
grande esperança incutindo amores suaves das Musas
no coração, tal que agora, inspirado com válida mente,
corro os espaços das Musas Piérides, inda intocados[66]
por quaisquer outros pés. Agrada alcançar fontes frescas,
delas o líquido haurir, e agrada colher novas flores,
delas buscar para minha cabeça uma insigne coroa
onde jamais as Musas ornaram a têmpora a outrem; 930
pois, primeiro, eu ensino de coisas e artes maiores,
tento livrar o espírito da sujeição religiosa,
pois, também, com assuntos tão obscuros ilustro
versos tão lúcidos, todos contendo o charme das Musas.
Isso contudo, não sem nenhuma razão, eu conduzo;
como quando às crianças os médicos tétrico absinto
tentam administrar, primeiro em volta da taça
passam na borda o líquido mel, tão doce e dourado,
para que possa a idade infantil insensata enganar-se
té os lábios, de tal maneira que beba o amargo 940
líquido absinto e assim conduzida, mas não enganada,
possa então a criança convalescer, recobrada.
E eu assim, já que tal razão para muitos parece
desagradável aos nunca por ela tocados, e o vulgo
horrorizado se afasta, quis, com piério poema
suaviloquente expor essa nossa filosofia[67]
e, como se contivesse mel adoçado das Musas,
te segurar o espírito com aquilo que exponho
em nossos versos até que exaurisses com perspicácia
toda a natura das coisas, qual seja: sua forma e figura. 950

Sed quoniam docui solidissima materiai
corpora perpetuo volitare invicta per aevum,
nunc age, summai quaedam sit finis eorum
necne sit, evolvamus; item quod inane repertumst
seu locus ac spatium, res in quo quaeque gerantur,
pervideamus utrum finitum funditus omne
constet an immensum pateat vasteque profundum.
    Omne quod est igitur nulla regione viarum
finitumst; namque extremum debebat habere.
extremum porro nullius posse videtur   960
esse, nisi ultra sit quod finiat; ut videatur
quo non longius haec sensus natura sequatur.
nunc extra summam quoniam nil esse fatendum,
non habet extremum, caret ergo fine modoque.
nec refert quibus adsistas regionibus eius;
usque adeo, quem quisque locum possedit, in omnis
tantundem partis infinitum omne relinquit.
praeterea si iam finitum constituatur
omne quod est spatium, siquis procurrat ad oras
ultimus extremas iaciatque volatile telum,   970
id validis utrum contortum viribus ire
quo fuerit missum mavis longeque volare,
an prohibere aliquid censes obstareque posse?
alterutrum fatearis enim sumasque necessest.
quorum utrumque tibi effugium praecludit et omne
cogit ut exempta concedas fine patere.
nam sive est aliquid quod probeat efficiatque
quominu' quo missum est veniat finique locet se,
sive foras fertur, non est a fine profectum.
hoc pacto sequar atque, oras ubicumque locaris   980
extremas, quaeram quid telo denique fiat.
fiet uti nusquam possit consistere finis

D. *Infinitude do universo e de suas duas partes constitutivas, matéria e espaço*: 951-1117

(a) Infinitude do universo, que implica a infinitude do espaço: 951-1001

Uma vez que já ensinei que os mais sólidos corpos
da matéria voejam invictos no sempre das eras,
vamos agora saber se há um fim para a soma das coisas
ou se não, desvendemos; também o vazio que encontramos,
ou o local ou o espaço, nos quais toda coisa se gere,
se ele é completamente finito, vejamos,
ou se se abre vastamente ao imenso profundo.
    Tudo que é, portanto, pra lado nenhum nos espaços
pode ter fim; se tivesse, forçosa seria a fronteira.
Pois, além disso, o extremo de nada pode ser visto,   960
a não ser que algo houvesse além daquilo que acaba
pra que a natura dos nossos sentidos seguisse mais longe.
Já que aceitamos nada haver pra fora da soma
e que não há fronteira, não pode ter fim nem limite.[68]
Não importa em qual região dela te posiciones.
Tanto é assim que qualquer posição ocupada, de todos
lados possíveis, só pode restar o todo infinito.
Mais ainda: se tudo que é estivesse contido
em espaço finito, e alguém corresse até as orlas
das fronteiras extremas, dali lançasse uma lança,   970
ou, brandida com vitalidade, pensas que iria
aonde fora mandada, voando ainda mais longe, ou
crês que algo pudesse obstá-la, barrando o caminho?
Confessarias poder se passar somente uma delas.
Ambas opções te impedem a fuga, e tudo coage
a aceitares que o espaço isento de fim se desdobre.
Pois se algo houver que proíba a passagem e impeça que cruze
aonde fora enviada e se ponha no fim ou se para
fora for levada, o fim não chegou: isso é claro.
Sigo adiante, contudo: onde quer que as orlas extremas   980
localizares, enfim, o que será feito da lança?
Ela fará que não possa ser fixa a fronteira nenhures,

effugiumque fugae prolatet copia semper.
praeterea spatium summai totius omne
undique si inclusum certis consisteret oris
finitumque foret, iam copia materiai
undique ponderibus solidis confluxet ad imum
nec res ulla geri sub caeli tegmine posset
nec foret omnino caelum neque lumina solis, 990
quippe ubi materies omnis cumulata iaceret
ex infinito iam tempore subsidendo.
at nunc nimirum requies data principiorum
corporibus nullast, quia nil est funditus imum,
quo quasi confluere et sedis ubi ponere possint.
semper in assiduo motu res quaeque geruntur
partibus <e> cunctis infernaque suppeditantur
ex infinito cita corpora materiai.
postremo ante oculos res rem finire videtur;
aer dissaepit collis atque aera montes,
terra mare et contra mare terras terminat omnis; 1000
omne quidem vero nil est quod finiat extra.

Est igitur natura loci spatiumque profundi,
quod neque clara suo percurrere fulmina cursu
perpetuo possint aevi labentia tractu
nec prorsum facere ut restet minus ire meando;
usque adeo passim patet ingens copia rebus
finibus exemptis in cunctas undique partis.

Ipsa modum porro sibi rerum summa parare
ne possit, natura tenet, quae corpus inani
et quod inane autem est finiri corpore cogit, 1010
ut sic alternis infinita omnia reddat,
aut etiam alterutrum, nisi terminet alterum eorum,
simplice natura pateat tamen inmoderatum.
★
nec mare nec tellus neque caeli lucida templa

sempre a abundância da fuga prolonga as chances da fuga.
E, além disso, todo o espaço de todas as somas[69]
se se fechasse de todos os lados, constando de bordas
determinadas e fosse finito, então toda a matéria
com peso sólido em todos os lados fluiria pra baixo
nem coisa alguma debaixo do forro dos céus se daria,
nem sequer haveria os céus, nem os raios solares,
já que toda a matéria se acumularia jazendo   990
numa descida perpétua desde tempos infindos.
Não é surpresa: nenhum descanso pode ser dado
para os corpos dos princípios,[70] pois não há fundo
onde pudessem confluir ou ali fazer sua sede.
Sempre em assíduo moto, de todas as partes, as coisas
todas se gerem; pelo infinito das profundezas[71]
são fornecidos os corpos primevos[72] e são atiçados.[73]
Ante os olhos, enfim, coisa a coisa, parece, limita;
o ar divide os montes, e os montes dividem os ares,
terra ao mar e, ao contrário, os mares limitam as terras;   1000
mas não há nada que imponha limite a todo o universo.[74]

(b) Infinitude do espaço: 1002-7

Tal é a natura, portanto, do espaço e de todo o profundo
que nem os claros raios todo o seu curso pudessem
percorrer até o fim, deslizando no extenso das eras[75]
nem totalmente fazer com que reste menos espaço;
tal que haja em todo lugar ingente cópia de coisas
de fronteiras isentas por todos os lados e partes.

(c) Infinitude da matéria: 1008-51

Própria natura, além disso, impede que a soma das coisas
seja delimitada, já que ela impele que os corpos
façam fronteira com o inane, e tudo que é inane com corpos,   1010
de tal modo alternando-se, torna tudo infinito,
ou um dos dois, ainda que o outro não delimite,
lança-se imensurável no espaço por simples natura.[76]
★[77]
Nem mar nem terra nem luzidios templos celestes

nec mortale genus nec divum corpora sancta
exiguum possent horai sistere tempus.
nam dispulsa suo de coetu materiai
copia ferretur magnum per inane soluta,
sive adeo potius numquam concreta creasset
ullam rem, quoniam cogi disiecta nequisset. 1020
nam certe neque consilio primordia rerum
ordine se suo quaeque sagaci mente locarunt
nec quos quaeque <darent motus pepigere profecto>,
sed quia multa modis multis mutata per omne
ex infinito vexantur percita plagis,
omne genus motus et coetus experiundo
tandem deveniunt in talis disposituras,
qualibus haec rerum consistit summa creata,
et multos etiam magnos servata per annos
ut semel in motus coniectast convenientis, 1030
efficit ut largis avidum mare fluminis undis
integrent amnes et solis terra vapore
fota novet fetus summissaque gens animantum
floreat et vivant labentes aetheris ignes;
quod nullo facerent pacto, nisi materiai
ex infinito suboriri copia posset,
unde amissa solent reparare in tempore quaeque.
nam veluti privata cibo natura animantum
diffluit amittens corpus, sic omnia debent
dissolui simul ac defecit suppeditare 1040
materies aliqua ratione aversa viai.
nec plagae possunt extrinsecus undique summam
conservare omnem, quae cumque est conciliata.
cudere enim crebro possunt partemque morari,
dum veniant aliae ac suppleri summa queatur.
interdum resilire tamen coguntur et una
principiis rerum spatium tempusque fugai
largiri, ut possint a coetu libera ferri.
quare etiam atque etiam suboriri multa necessest,
et tamen ut plagae quoque possint suppetere ipsae, 1050
infinita opus est vis undique materiai.

nem mortal gênero, nem os corpos sagrados dos deuses
poderiam sequer perdurar uma mísera hora.
Pois, disperso de sua união, da matéria o conjunto
dissolvido seria levado ao longo do inane,
ou, na verdade, sem ser condensado, jamais criaria
coisa nenhuma, já que, disjunto, nada uniria.   1020
Pois, decerto, nem por desígnio os primórdios das coisas
se colocaram em ordem pela sagaz providência,[78]
nem decidiram quais movimentos perseguiriam,[79]
mas, já que muitos, mudado seu moto de muitas maneiras,
por todo espaço,[80] por todo o sempre percussos por golpes,[81]
submetendo-se a todas espécies de movimento
e união, por fim assumem disposições tais,
pelas quais a soma das coisas se cria e se firma,
que, também, preservada ao passar dos anos infindos,
quando, uma vez lançada em harmônico moto, ela mesma   1030
faz com que o ávido mar se renove por cursos de águas
dos largos rios, que a terra, pelos vapores solares
fecundada floresça, e as espécies dos seres viventes
dela surjam, e vivam os fogos celestes moventes;[82]
de forma alguma tais coisas aconteceriam, a menos
que do infinito pudesse surgir copiosa matéria,
donde soem reparar suas perdas nos tempos devidos.
Pois, como quando as espécies dos animais são privadas
de alimento, definham seus corpos, assim tudo deve
dissolver-se quando a matéria cessar de supri-lo,   1040
tendo alterado seu curso, por uma razão ou por outra.
Nem poderão os golpes de fora, de todos os lados,
conservar todos mundos que tenham sido formados.[83]
Podem, pois, martelar com frequência, deixando uma parte
té que outros[84] venham, e a soma possa suprir-se de novo.
Mas, por vezes, são coagidos ao ricochete,
e aos princípios das coisas, espaço e tempo de fuga
devem ceder, pra que isentos de coligação[85] permaneçam.
Pois, inda e ainda, é necessário que inúmeras coisas
surjam, a fim de que mesmo os golpes não falhem, persistam,   1050
deve haver força infinita à matéria de todos os lados.

Illud in his rebus longe fuge credere, Memmi,
in medium summae quod dicunt omnia niti,
atque ideo mundi naturam stare sine ullis
ictibus externis neque quoquam posse resolvi
summa atque ima, quod in medium sint omnia nixa
(ipsum si quicquam posse in se sistere credis):
et quae pondera sunt sub terris omnia sursum
nitier in terraque retro requiescere posta,
ut per aquas quae nunc rerum simulacra videmus.   1060
et simili ratione animalia suppa vagari
contendunt neque posse e terris in loca caeli
reccidere inferiora magis quam corpora nostra
sponte sua possint in caeli templa volare:
illi cum videant solem, nos sidera noctis
cernere, et alternis nobiscum tempora caeli
dividere et noctes parilis agitare diebus.
sed vanus stolidis haec
amplexi quod habent perv
nam medium nil esse potest   1070
infinita. neque omnino, si iam <medium sit>
possit ibi quicquam consistere
quam quavis alia longe ratione
omnis enim locus ac spatium, quod in<ane vocamus>
per medium, per non medium, concedere <debet>
aeque ponderibus, motus quacumque feruntur.
nec quisquam locus est, quo corpora cum venere,
ponderis amissa vi possint stare <in> inani;
nec quod inane autem est ulli subsistere debet,
quin, sua quod natura petit, concedere pergat.   1080
haud igitur possunt tali ratione teneri
res in concilium medii cuppedine victae.

    Praeterea quoniam non omnia corpora fingunt
in medium niti, sed terrarum atque liquoris,
umorem ponti magnasque e montibus undas,   1085[1086]
et quasi terreno quae corpore contineantur,   [1085]
at contra tenuis exponunt aeris auras

(d) Refutação de uma teoria rival: 1052-113.

    Quanto a essas coisas, Mêmio, foge pra longe da crença[86]
que outros defendem, que tudo tende pro centro da soma,[87]
e que a natura do mundo resiste sem ser afetada
pelos golpes externos, e que o alto e o baixo não fogem
para parte nenhuma, pois tudo se apoia no centro
(caso aceitemos a crença que algo sustenta a si próprio):
e que todas as coisas pesadas que estão sob a terra
tendem pra cima e ficam na terra de ponta-cabeça,
como os simulacros[88] das coisas que vemos na água.   1060
E, pela mesma razão, animais de ponta-cabeça
dizem que vagam, sem conseguir cair aos espaços
celestiais abaixo deles, tal como os nossos
corpos podem voar para os céus de sua própria vontade:
eles, quando veem o sol, nós os astros da noite
vemos, e eles alternam conosco os tempos celestes,
dividindo-os, dia pra nós e noite pra eles.
Mas o erro vão atribui aos estólidos[89] tais falsidades,
eles que abraçam teoria[90] de razão perturbada;
pois nenhum centro pode existir, já que tudo é infinito.   1070
Pois se, de fato, o centro existisse, coisa nenhuma
lá poderia permanecer, ao invés de, ao contrário,
ser repelido por outra razão para longe e afastar-se:
eis que todo espaço ou local que chamamos de inane
deve ceder igualmente através de centro ou não centro
para os corpos pesados, para onde quer que se movam.
Pois não existe local no qual, quando os corpos vierem,
desprovidos da força do peso, persistam no inane;
nem poderá subsistir o inane a coisa nenhuma,
pois, como a sua natura lhe exige, cede à passagem.   1080
Coisa nenhuma, portanto, por tal razão poderia
permanecer unida em virtude de impulso do centro.
    Mas, além disso, uma vez que supõem que nem todos os corpos
tendem ao centro, mas dizem que só os das terras e águas,
e o humor do mar e os rios que descem dos montes   1085[1086]
mais as coisas tal como contidas em corpo terreno,[91]   [1085]
mas, ao contrário, que as auras dos tênues ares defendem,

et calidos simul a medio differrier ignis,
atque ideo totum circum tremere aethera signis
et solis flammam per caeli caerula pasci, 1090
quod calor a medio fugiens se ibi colligat omnis,
nec prorsum arboribus summos frondescere ramos
posse, nisi a terris paulatim cuique cibatum 1093

*

ne volucri ritu flammarum moenia mundi 1102
diffugiant subito magnum per inane soluta
et ne cetera consimili ratione sequantur
neve ruant caeli tonitralia templa superne
terraque se pedibus raptim subducat et omnis
inter permixtas rerum caelique ruinas
corpora solventis abeat per inane profundum,
temporis ut puncto nihil extet reliquiarum
desertum praeter spatium et primordia caeca. 1110
nam qua cumque prius de parti corpora desse
constitues, haec rebus erit pars ianua leti,
hac se turba foras dabit omnis materiai.

    Haec sic pernosces parva perductus opella;
namque alid ex alio clarescet nec tibi caeca 1115
nox iter eripiet quin ultima naturai
pervideas: ita res accendent lumina rebus.

bem como os cálidos fogos, ambos se afastam do centro,
e que, por isso, ao redor todo o éter cintila de estrelas
e a chama solar se alimenta no céu azulado,   1090
pois o calor ali se reencontra, fugindo do centro,
nem ainda os ramos mais altos das árvores podem
vicejar, a não ser que das terras receba alimento   1093

★[92]

as muralhas do mundo, após rito volucre das chamas   1102
desapareçam de súbito por grande inane engolidas
e que o restante das coisas se siga em razão semelhante
ou que os templos tonitruantes dos céus para cima
fujam, e a terra se arranque debaixo dos pés apressada,
toda entre as misturas das coisas dos céus e as ruínas,
dissolvendo os corpos, fuja ao inane profundo,
tal que, num átimo, nada sobre das coisas restantes,
nada além do espaço deserto e primórdios não vistos.[93]   1110
Pois, onde quer que primeiro defendas que as coisas se ausentam,
este vai ser o portal da morte pra todas as coisas,
lá toda a turba da matéria se lança pra fora.

Conclusão: 1114-7

Essas coisas conhecerás com pequenos esforços;
pois uma coisa após outra clareia, e nem noite escura   1115
arrancará o caminho de ti, impedindo que escrutes
a natureza; assim iluminam as coisas às coisas.

Titi Lucreti Cari De Rerum Natura –
Liber Secundus

Livro II

Suave, mari magno turbantibus aequora ventis,
e terra magnum alterius spectare laborem;
non quia vexari quemquamst iucunda voluptas,
sed quibus ipse malis careas quia cernere suave est.
suave etiam belli certamina magna tueri   5[6]
per campos instructa tua sine parte pericli.   [5]
sed nil dulcius est, bene quam munita tenere
edita doctrina sapientum templa serena,
despicere unde queas alios passimque videre
errare atque viam palantis quaerere vitae,   10
certare ingenio, contendere nobilitate,
noctes atque dies niti praestante labore
ad summas emergere opes rerumque potiri.
o miseras hominum mentis, o pectora caeca!
qualibus in tenebris vitae quantisque periclis
degitur hoc aevi quodcumquest! nonne videre
nil aliud sibi naturam latrare, nisi utqui
corpore seiunctus dolor absit, mente fruatur
iucundo sensu cura semota metuque?
ergo corpoream ad naturam pauca videmus   20
esse opus omnino, quae demant cumque dolorem,
delicias quoque uti multas substernere possint;
gratius interdum, neque natura ipsa requirit,
si non aurea sunt iuvenum simulacra per aedes
lampadas igniferas manibus retinentia dextris,
lumina nocturnis epulis ut suppeditentur,
nec domus argento fulget auroque renidet
nec citharae reboant laqueata aurataque templa,
cum tamen inter se prostrati in gramine molli
propter aquae rivum sub ramis arboris altae   30
non magnis opibus iucunde corpora curant,
praesertim cum tempestas arridet et anni
tempora conspergunt viridantis floribus herbas.
nec calidae citius decedunt corpore febres,
textilibus si in picturis ostroque rubenti
iacteris, quam si in plebeia veste cubandum est.

Proêmio: as bênçãos da filosofia: 1-61

Suave é, em magno mar, as águas por ventos batidas,
quando, da terra, podes ver magno esforço dos outros;
não por que sejam prazer agradável os pesares dos outros,
mas porque ver-se carente dos males é algo suave.
Suave também é assistir os magnos certames da guerra   5[6]
pelos campos dispostos sem tua parte em perigo.   [5]
Nada, porém, é mais doce do que habitar os seguros,
templos serenos dos ensinamentos dos mais sapientes,
donde tu possas ao longe avistar os outros dispersos
em sua busca pelos caminhos errantes da vida,   10
em seus certames de engenho, contendas pela nobreza,
noite e dia esforçando-se em labor incessante
para alcançar o poder sobre tudo e as riquezas maiores.
Ó miseráveis mentes dos homens, cegos nos peitos!
Em tão grandes perigos e em trevas terríveis se passa
esse pequeno intervalo de vida! Acaso não vedes
que a natureza nada ladra pra si a não ser que
possa a dor afastar-se do corpo e na mente desfrute
de sensação agradável, longe do medo e da angústia?
E assim pode ver-se que pra natureza corpórea   20
pouco se exige: tais como o que afaste as dores e aquilo
que proporcione também para si numerosos deleites;
nem, entretanto, a própria natura requer mais que isso,
se não houver simulacros[94] dourados de jovens nas casas,
como as que portam nas destras mãos igníferas tochas,
pra iluminar com seu fogo os banquetes noturnos,
e se os palácios não resplandecerem com ouro e com prata
nem suas vigas de adornos dourados soarem com a lira,
basta que estejam em conjunto, prostrados na relva macia,
perto das margens dum rio, debaixo dos ramos mais altos,   30
de seus corpos cuidando sem excessivos cuidados,
especialmente quando o clima sorri e o período
do ano esparge a verdejante relva com flores.
Nem as cálidas febres deixam mais rápido os corpos,
se em tecidos bordados de luxo purpúreo deitares,
do que quando te deitas em pobre veste de plebe.

quapropter quoniam nil nostro in corpore gazae
proficiunt neque nobilitas nec gloria regni,
quod superest, animo quoque nil prodesse putandum;
si non forte tuas legiones per loca campi   40
fervere cum videas belli simulacra cientis,
ornatas<que> armis stlattas pariterque animatas,   [43]
subsidiis magnis et ecum vi constabilitas,   [42]
[fervere cum videas classem lateque vagari,]   [43a]
his tibi tum rebus timefactae religiones
effugiunt animo pavidae; mortisque timores
tum vacuum pectus linquunt curaque solutum.
quod si ridicula haec ludibriaque esse videmus,
re veraque metus hominum curaeque sequaces
nec metuunt sonitus armorum nec fera tela
audacterque inter reges rerumque potentis   50
versantur neque fulgorem reverentur ab auro
nec clarum vestis splendorem purpureai,
quid dubitas quin omni' sit haec rationi' potestas?
omnis cum in tenebris praesertim vita laboret.
nam veluti pueri trepidant atque omnia caecis
in tenebris metuunt, sic nos in luce timemus
interdum, nilo quae sunt metuenda magis quam
quae pueri in tenebris pavitant finguntque futura.
hunc igitur terrorem animi tenebrasque necessest
non radii solis neque lucida tela diei   60
discutiant, sed naturae species ratioque.

    Nunc age, quo motu genitalia materiai
corpora res varias gignant genitasque resolvant
et qua vi facere id cogantur quaeque sit ollis
reddita mobilitas magnum per inane meandi,
expediam: tu te dictis praebere memento.
nam certe non inter se stipata cohaeret
materies, quoniam minui rem quamque videmus

Pois, uma vez que, aos nossos corpos, nada a riqueza
traz, e nem a nobreza ou nem mesmo as glórias dos reinos,
por outro lado, também ao ânimo nada trariam;
a não ser que, talvez, ao ver pelo Campo[95] fervendo   40
tuas legiões, e, movendo-se em guerra fingida,
adornadas com armas, dispostas com entusiasmo,[96]   [43]
fortalecidas com grande reserva e cavalaria,   [42]
[e ao ver fervendo e partindo o esquadrão para longe,]   [43a]
por essas causas então a religião, alarmada,
fuja ao teu ânimo, apavorada; os temores da morte
deixem teu peito vazio e das preocupações afastado.
Como pra nós triviais e ridículas são essas coisas,
e, na verdade, as preocupações e os medos dos homens
não têm medo do estrépito de armas e lanças ferozes,
mas, audazmente, entre reis e possuidores das coisas   50
movem-se, ousados, não reverenciam o brilho do ouro
nem o claro esplendor fulgurante das vestes purpúreas,
inda duvidas que só a razão possui tal potência,
especialmente por que vivemos a vida nas trevas?
Pois tal como as crianças tremem de medo de tudo
quando nas trevas, nós, à luz, às vezes, tememos
coisas que em nada são temíveis mais do que aquelas
que as crianças, apavoradas, supõem que há no escuro.
É necessário que a esse terror do ânimo e às trevas
não com os raios do sol nem com lúcidas lanças do dia   60
dispersemos, mas com a forma e a razão da natura.[97]

A. *Os movimentos atômicos:* 62-332

(a) Introdução: 62-79

Vamos agora, por qual movimento corpos primevos[98]
da matéria geram as coisas, dissolvem as geradas,
e por qual força são impelidos e qual é a sua
mobilidade que têm ao mover-se por todo o inane,
revelarei: e lembra, tu, de atentar aos meus versos.
Pois, decerto a matéria não fica consigo compacta,
já que nós vemos todas as coisas diminuírem

et quasi longinquo fluere omnia cernimus aevo
ex oculisque vetustatem subducere nostris,   70
cum tamen incolumis videatur summa manere
propterea quia, quae decedunt corpora cuique,
unde abeunt minuunt, quo venere augmine donant,
illa senescere at haec contra florescere cogunt,
nec remorantur ibi. sic rerum summa novatur
semper, et inter se mortales mutua vivunt.
augescunt aliae gentes, aliae minuuntur,
inque brevi spatio mutantur saecla animantum
et quasi cursores vitai lampada tradunt.

    Si cessare putas rerum primordia posse   80
cessandoque novos rerum progignere motus,
avius a vera longe ratione vagaris.
nam quoniam per inane vagantur, cuncta necessest
aut gravitate sua ferri primordia rerum
aut ictu forte alterius. nam <cum> cita saepe
obvia conflixere, fit ut diversa repente
dissiliant; neque enim mirum, durissima quae sint
ponderibus solidis neque quicquam a tergo ibus obstet.
et quo iactari magis omnia materiai
corpora pervideas, reminiscere totius imum   90
nil esse in summa, neque habere ubi corpora prima
consistant, quoniam spatium sine fine modoquest
inmensumque patere in cunctas undique partis
pluribus ostendi et certa ratione probatumst.
quod quoniam constat, nimirum nulla quies est
reddita corporibus primis per inane profundum,
sed magis assiduo varioque exercita motu
partim intervallis magnis confulta resultant,
pars etiam brevibus spatiis vexantur ab ictu.
et quaecumque magis condenso conciliatu   100
exiguis intervallis convecta resultant,
indupedita suis perplexis ipsa figuris,

e discernimos as coisas fluindo no tempo longínquo,
como se a idade dos nossos olhos as removesse,
mas parece permanecer incólume a soma,
uma vez que os corpos que se desprendem de algo,
donde se afastam diminuem, e aumentam aqueles
que se aproximam, uns envelhecem e os outros florescem,
nem se demoram ali. Assim, a soma das coisas
sempre renova-se, e, por sua vez, os mortais assim vivem.
Crescem algumas gentes e outras então diminuem,
e, num breve espaço, as gerações de viventes
mudam-se e, como se fossem atletas, entregam as tochas.

(b) O movimento incessante dos átomos e sua união em compostos: 80-141

Se consideras imóveis os primórdios das coisas,
e que, estando imóveis, podem gerar novos motos,
vagas ao longe das vias da razão verdadeira.
Pois, uma vez que vagam no inane, é necessário
ou que os primórdios das coisas por próprio peso se levem,
ou talvez pelo golpe de um outro. Assim, quando sempre
em conflitos se encontram, repentinamente acontece
que se dissolvam diversos; não te espantes se, embora
sejam de sólida massa, nada há que impeça o seu moto.
E não importa pra onde observes lançarem-se os corpos
materiais, não verás fundamento pra soma das coisas,
nem onde os corpos primeiros descansem, já que o espaço
não tem fim ou limite, aberto pra todos os lados,
na imensidão se espalhando, conforme de muitas maneiras
já demonstrei em meus versos, provando em razão verdadeira.
Como consta, contudo, decerto nenhuma quietude
deve existir para os corpos primeiros no inane profundo,
mas, ao contrário, exercitam-se em moto vário e assíduo,
parte ricocheteando bem longe após compressão e
parte correndo um espaço mais breve por conta do golpe.
Os que são mais condensados nas uniões e concílios
convolutos, intervalos curtos percorrem,
impedidos pelas suas formas complexas,[99]

haec validas saxi radices et fera ferri
corpora constituunt et cetera <de> genere horum.
cetera, quae porro magnum per inane vagantur,
paucula dissiliunt longe longeque recursant
in magnis intervallis; haec aera rarum
sufficiunt nobis et splendida lumina solis;
multaque praeterea magnum per inane vagantur,
conciliis rerum quae sunt reiecta nec usquam   110
consociare etiam motus potuere recepta.
cuius, uti memoro, rei simulacrum et imago
ante oculos semper nobis versatur et instat.
contemplator enim, cum solis lumina cumque
inserti fundunt radii per opaca domorum:
multa minuta modis multis per inane videbis
corpora misceri radiorum lumine in ipso
et velut aeterno certamine proelia pugnas
edere turmatim certantia nec dare pausam,
conciliis et discidiis exercita crebris;   120
conicere ut possis ex hoc, primordia rerum
quale sit in magno iactari semper inani.
dumtaxat rerum magnarum parva potest res
exemplare dare et vestigia notitiai.
hoc etiam magis haec animum te advertere par est
corpora quae in solis radiis turbare videntur,
quod tales turbae motus quoque materiai
significant clandestinos caecosque subesse.
multa videbis enim plagis ibi percita caecis
commutare viam retroque repulsa reverti   130
nunc huc nunc illuc in cunctas undique partis.
scilicet hic a principiis est omnibus error.
prima moventur enim per se primordia rerum;
inde ea quae parvo sunt corpora conciliatu
et quasi proxima sunt ad viris principiorum,
ictibus illorum caecis impulsa cientur,
ipsaque proporro paulo maiora lacessunt.
sic a principiis ascendit motus et exit
paulatim nostros ad sensus, ut moveantur

esses, raízes das rochas e a ferocidade do ferro
constituem, e geram também outras coisas parelhas.
Outros, além, dos que vagam nos vastos espaços do inane,
pouco desprendem-se e longe e mais longe ricocheteiam
em intervalos enormes; estes, o ar rarefeito
nos propiciam, e as esplêndidas luzes solares;
muitos, porém, dos que vagam nos vastos espaços do inane,
sendo dejetos dos concílios das coisas, não podem   110
nunca atrelar movimento com outros, nem ser recebidos.
Disso, rememoro, um simulacro e uma imagem
diante dos olhos sempre nos passam, nos são familiares.
Pois, contempla: quando as luzes solares e quando
raios admitidos derramam-se em quartos sombrios,
mui diminutos em muitas maneiras verás pelo inane
corpos misturando-se nas próprias luzes dos raios
como se num eterno certame lutassem seus prélios
em batalhões combatendo sem pausa jamais acertarem,
exercitando-se em muitos concílios outros dissensos;   120
poderias então perceber os primórdios das coisas
por tais razões de que modo se lançam pra sempre no inane.
Precisamente pode uma coisa pequena das grandes
coisas ser um exemplo e vestígio para um conceito.[100]
Inda mais certo é que possas ater teu espírito a esses
corpos que parecem turbar-se nos raios solares,
pois tais turbações significam que há movimentos
que subsistem à matéria, clandestinos e cegos.
Muitas[101] verás, contudo, por cegos golpes percussas,
que, revertendo o caminho, pra trás repelidas retornam,   130
ora pra cá, ora lá, pra todas as partes e lados.
Certo será que esta errância deriva de todos princípios.
Movem-se por conta própria os primeiros primórdios das coisas;
em seguida esses corpos que são de concílios pequenos
como se fossem mais próximos à potência daqueles
impelidos excitam-se a golpes cegos daqueles,
por sua vez excitando outros corpos um pouco maiores.
Desse modo, o moto ascende a partir dos princípios,
chega aos poucos aos nossos sentidos de modo que os movam;

illa quoque, in solis quae lumine cernere quimus　　　　　　　140
nec quibus id faciant plagis apparet aperte.

    Nunc quae mobilitas sit reddita materiai
corporibus, paucis licet hinc cognoscere, Memmi.
primum aurora novo cum spargit lumine terras
et variae volucres nemora avia pervolitantes
aera per tenerum liquidis loca vocibus opplent,
quam subito soleat sol ortus tempore tali
convestire sua perfundens omnia luce,
omnibus in promptu manifestumque esse videmus.
at vapor is quem sol mittit lumenque serenum　　　　　　　150
non per inane meat vacuum; quo tardius ire
cogitur, aerias quasi dum diverberat undas.
nec singillatim corpuscula quaeque vaporis
sed complexa meant inter se conque globata;
quapropter simul inter se retrahuntur et extra
officiuntur, uti cogantur tardius ire.
at quae sunt solida primordia simplicitate,
cum per inane meant vacuum nec res remoratur
ulla foris atque ipsa suis e partibus unum
unum in quem coepere locum conixa feruntur,　　　　　　160
debent nimirum praecellere mobilitate
et multo citius ferri quam lumina solis
multiplexque loci spatium transcurrere eodem
tempore quo solis pervulgant fulgura caelum.
                        ★
nec persectari primordia singula quaeque,
ut videant qua quidque geratur cum ratione.

    At quidam contra haec, ignari materiai,
naturam non posse deum sine numine credunt
tanto opere humanis rationibus atmoderate
tempora mutare annorum frugesque creare　　　　　　　　170
et iam cetera, mortalis quae suadet adire

corpos podem discernir-se nas luzes solares 140
sem que apareçam os golpes que os levam a seu movimento.

(c) A velocidade de seu movimento: 142-64

Qual mobilidade foi concedida a esses corpos
da matéria, com poucos versos, Mêmio, te instruo.
Quando primeiro nova luz lança às terras a aurora,
e várias aves nos bosques sem vias voam nos ares
tenros e os locais preenchem com as líquidas vozes,
quão de súbito o sol oriente insola a esse tempo e,
derramando suas luzes, reveste todas as coisas,
nós o vemos, pois é manifesto e claro pra todos.
Mas aquele vapor que o sol lança e as luzes serenas 150
não se movem no vácuo e, por isso, mais lentos percorrem
como se estivessem lutando com ondas aéreas.
Nem um a um os corpúsculos dos vapores viajam,
mas entre si vão todos complexos e conglomerados;
ao mesmo tempo retraem-se entre si e algo de fora
lhes dificulta a passagem, de modo que passem mais lentos.
Mas os que são primórdios de sólida simplicidade,[102]
quando viajam no inane vácuo e coisa nenhuma
do exterior lhes impede, eles mesmos, quanto a suas partes
únicos, são levados aos lados lançados de início e 160
(não te espantes) devem exceler em mobilidade
e viajarem mais velozes que as luzes solares
e transcorrer muitas vezes a mesma distância no mesmo
tempo em que levam fulgores do sol a cobrir todo o mundo.
★[103]
nem perseguir cada um dos singulares primórdios,
para saber as razões pelas quais cada um é gerido.

(d) Digressão contra a posição teológica: 167-83

Mas alguns, ao contrário, ignaros quanto à matéria,
creem que a natura não pode, sem nume divino,
tão adaptada ao seu modo a todas razões dos humanos,
alternar estações anuais e criar as colheitas, 170
entre outras coisas, às quais o divo prazer estimula

ipsaque deducit dux vitae dia voluptas
et res per Veneris blanditur saecla propagent,
ne genus occidat humanum. quorum omnia causa
constituisse deos cum fingunt, omnibu' rebus
magno opere a vera lapsi ratione videntur.
nam quamvis rerum ignorem primordia quae sint,
hoc tamen ex ipsis caeli rationibus ausim
confirmare aliisque ex rebus reddere multis,
nequaquam nobis divinitus esse creatam 180
naturam mundi: tanta stat praedita culpa.
quae tibi posterius, Memmi, faciemus aperta.
nunc id quod superest de motibus expediemus.

    Nunc locus est, ut opinor, in his illud quoque rebus
confirmare tibi, nullam rem posse sua vi
corpoream sursum ferri sursumque meare;
ne tibi dent in eo flammarum corpora frudem.
sursus enim versus gignuntur et augmina sumunt
et sursum nitidae fruges arbustaque crescunt,
pondera, quantum in se est, cum deorsum cuncta ferantur. 190
nec cum subsiliunt ignes ad tecta domorum
et celeri flamma degustant tigna trabesque,
sponte sua facere id sine vi subiecta putandum est.
quod genus e nostro com missus corpore sanguis
emicat exultans alte spargitque cruorem.
nonne vides etiam quanta vi tigna trabesque
respuat umor aquae? nam quo magis ursimus alte
derecta et magna vi multi pressimus aegre,
tam cupide sursum revomit magis atque remittit,
plus ut parte foras emergant exiliantque. 200
nec tamen haec, quantum est in se, dubitamus, opinor,
quin vacuum per inane deorsum cuncta ferantur.
sic igitur debent flammae quoque posse per auras
aeris expressae sursum succedere, quamquam
pondera, quantum in sest, deorsum deducere pugnent.
nocturnasque faces caeli sublime volantis

que os mortais procurem, condutora da vida, e
faz, com blandícias, por artes de Vênus, que as raças propaguem
para que o gênero humano não morra.[104] Por esses motivos,
os que pretendem que os deuses criaram todas as coisas
muito parecem afastar-se das razões verdadeiras.
Pois, embora ignore quais são os primórdios das coisas,
isso, contudo, eu ouso afirmar das razões dos celestes
e provar a partir de muitas coisas restantes,
que de forma nenhuma divina fosse criada   180
a natureza do mundo, já que possui grandes falhas.
Essas coisas, Mêmio, adiante revelo-te, claras.
Sobre os movimentos, agora, exporemos o resto.

(e) O movimento universal para baixo devido ao peso: 184-215

Este é o local, como penso, adequado, quanto a essas coisas
a confirmar que um corpo não pode, por ímpeto próprio,
ser carregado pra cima ou mover-se sozinho pra cima:
quanto a isso não te enganem os corpos das chamas.
Pois, pra cima vertidos, são gerados e crescem,
e pra cima aumentam briosos frutos e arbustos,
mesmo que, tendo em si peso, tudo pra baixo se leve.   190
Nem quando os fogos pululam e sobem aos tetos das casas,
quando as céleres chamas degustam as ripas e os caibros,
não devemos pensar que eles fazem por própria vontade.
Como também, quando o sangue é lançado pra fora do corpo,
voa exultante para as alturas, cruor espargindo.
Vês, por acaso, com quanta força as ripas e caibros[105]
d'água o humor rejeita? Quanto mais para baixo
pressionamos com força e urgimos com dificuldade,
mais bruscamente pra cima remete e vomita de volta,
tanto que, assim, emerjam em mais da metade pra fora.   200
Nem duvidamos que, creio, tais coisas,[106] dotadas de peso,[107]
todas no vácuo inane sejam levadas pra baixo.
Podem, assim, as chamas, pelas auras dos ares,
espremidas pra cima, aceder, embora seus pesos,
dentro constantes, lutem em prol de arrastar-se pra baixo.[108]
Mais: as tochas noturnas do céu[109] no sublime voando

nonne vides longos flammarum ducere tractus
in quascumque dedit partis natura meatum?
non cadere in terras stellas et sidera cernis?
sol etiam <caeli> de vertice dissipat omnis   210
ardorem in partis et lumine conserit arva;
in terras igitur quoque solis vergitur ardor.
transversosque volare per imbris fulmina cernis;
nunc hinc nunc illinc abrupti nubibus ignes
concursant; cadit in terras vis flammea vulgo.

Illud in his quoque te rebus cognoscere avemus,
corpora cum deorsum rectum per inane feruntur
ponderibus propriis, incerto tempore ferme
incertisque locis spatio depellere paulum,
tantum quod momen mutatum dicere possis.   220
quod nisi declinare solerent, omnia deorsum,
imbris uti guttae, caderent per inane profundum,
nec foret offensus natus nec plaga creata
principiis: ita nil umquam natura creasset.
Quod si forte aliquis credit graviora potesse
corpora, quo citius rectum per inane feruntur,
incidere ex supero levioribus atque ita plagas
gignere quae possint genitalis reddere motus,
avius a vera longe ratione recedit.
nam per aquas quaecumque cadunt atque aera rarum,   230
haec pro ponderibus casus celerare necessest
propterea quia corpus aquae naturaque tenvis
aeris haud possunt aeque rem quamque morari,
sed citius cedunt gravioribus exsuperata.
at contra nulli de nulla parte neque ullo
tempore inane potest vacuum subsistere rei,
quin, sua quod natura petit, concedere pergat;
omnia qua propter debent per inane quietum
aeque ponderibus non aequis concita ferri.
haud igitur poterunt levioribus incidere umquam   240
ex supero graviora neque ictus gignere per se

por acaso não vês que correm em rastros de chamas,
pra qualquer lado a que a natureza as instou a mover-se?
Não discernes caírem na terra as estrelas e astros?
Do celeste vértice o sol dissipa os ardores   210
para qualquer direção e os campos semeia com luzes.
Por conseguinte, verte-se o ardor solar para as terras.
E os raios discernes voarem nas chuvas transversas;[110]
ora ali, ora aqui, os abruptos fogos, das nuvens,
correm cortantes, e a força flâmea cai sobre as terras.

(f) O cliname dos átomos: 216-93

Quanto a essas coisas também desejo que isto conheças:[111]
quando os corpos se levam direto pra baixo no inane
por seus pesos, em tempos sempre deveras incertos,
e em incertos locos, deslocam-se um pouco no espaço,
tanto apenas que possas dizer que houve moto mudado.   220
Pois se jamais declinassem, todas as coisas pra baixo,
como gotas de chuva cairiam no inane profundo,
nem colisões haveria, nem choques seriam criados
para os princípios: assim a natura nada criara.
    Mas, se alguém acaso defenda poderem os corpos
mais pesados mais rápido, reto, no inane portar-se
e por isso, caindo do alto, sobre os mais leves
choques gerar que pudessem causar o moto primevo,
longe já se extravia da razão verdadeira.[112]
Pois o que quer que atravesse as águas e o ar rarefeito,   230
é necessário que a queda acelere conforme seu peso,
pois o corpo da água e a tênue natura dos ares
não poderão igualmente atrasar as coisas diversas,
mas cederão mais rápido aos corpos que tenham mais peso.
Pelo contrário, a tempo nenhum, a nada, nenhures,
pode o vácuo inane gerar resistência ou bloqueio,
pois, como exige a sua natura, concede a passagem;
todas as coisas devem, então, pelo inane quieto,
mesmo com pesos iníquos, equivelozes mover-se.
Não poderão, dessa forma, jamais incidir nos mais leves,   240
vindo de cima os pesados, nem por si sós gerar golpes

qui varient motus, per quos natura gerat res.
quare etiam atque etiam paulum inclinare necessest
corpora; nec plus quam minimum, ne fingere motus
obliquos videamur et id res vera refutet.
namque hoc in promptu manifestumque esse videmus,
pondera, quantum in sest, non posse obliqua meare,
ex supero cum praecipitant, quod cernere possis.
sed nihil omnino <recta> regione viai
declinare quis est qui possit cernere sese? 250
    Denique si semper motu conectitur omnis
et vetere exoritur <motu> novus ordine certo
nec declinando faciunt primordia motus
principium quoddam quod fati foedera rumpat,
ex infinito ne causam causa sequatur,
libera per terras unde haec animantibus exstat,
unde est haec, inquam, fatis avulsa voluntas
per quam progredimur quo ducit quemque voluptas,
declinamus item motus nec tempore certo
nec regione loci certa, sed ubi ipsa tulit mens? 260
nam dubio procul his rebus sua cuique voluntas
principium dat et hinc motus per membra rigantur.
nonne vides etiam patefactis tempore puncto
carceribus non posse tamen prorumpere equorum
vim cupidam tam de subito quam mens avet ipsa?
omnis enim totum per corpus materiai
copia conciri debet, concita per artus
omnis ut studium mentis conixa sequatur;
ut videas initum motus a corde creari
ex animique voluntate id procedere primum, 270
inde dari porro per totum corpus et artus.
nec similest ut cum inpulsi procedimus ictu
viribus alterius magnis magnoque coactu.
nam tum materiem totius corporis omnem
perspicuumst nobis invitis ire rapique,
donec eam refrenavit per membra voluntas.
iamne vides igitur, quamquam vis extera multos
pellat et invitos cogat procedere saepe

que variem os motos com quais gere as coisas natura.
Pois inda e ainda é necessário que os corpos declinem
muito pouco, não mais que o mínimo, para que os motos
não vejamos oblíquos, o que a realidade proíbe.
E isso, pois, assim manifesto e claro nós vemos:
corpos pesados não podem mover-se, oblíquos, de lado,
ao se precipitarem do alto, tal como discernes.
Mas que nada declina da direção de sua via
reta em nada, quem poderá discernir por si mesmo?[113]   250
    E por fim, se todo moto está sempre conexo,
novo do velho sempre surgindo em ordem bem fixa
nem inclinando-se fazem os primórdios um certo princípio
de movimento que possa romper os desígnios do fado,
para que causa não siga-se a causa pelo infinito,
donde o livre arbítrio exista na terra pros seres
animados, afirmo um arbítrio isolado dos fados,
pelo qual progredimos aonde o arbítrio conduza,
pois assim inclinamo-nos, não para o moto bem fixo
tempo fixo ou local, mas para onde quer nossa mente?   260
Pois não é dúbio que a vontade de cada indivíduo
dá o início, e daí o moto nos membros se irriga.
Mas não vês quando, abertas no instante preciso, as barreiras
inda não pode irromper, dos cavalos, a cúpida força
tão de súbito quanto desejam as ávidas mentes?
Toda a cópia, pois, da matéria, no todo do corpo
deve ser incitada, então, incitada nos membros,
pode seguir, suscitada por todo o zelo da mente;
para que vejas que o início do moto do cor[114] é criado
e da vontade do ânimo ele procede primeiro,   270
só depois chegando a todos os membros e corpo.
Não semelhante a quando avançamos batidos por golpe
de grande força de um outro ou coerção também grande.
Toda a matéria, portanto, em todas as partes do corpo,
claro nos é que se move e se arrasta contra a vontade,
té que, por fim, a vontade a refreie por todos os membros.
Já não vês, portanto, que embora uma força de fora
muitos possa impelir e forçar a avançar contrariados

praecipitesque rapi, tamen esse in pectore nostro
quiddam quod contra pugnare obstareque possit? 280
cuius ad arbitrium quoque copia materiai
cogitur interdum flecti per membra per artus
et proiecta refrenatur retroque residit.
quare in seminibus quoque idem fateare necessest,
esse aliam praeter plagas et pondera causam
motibus, unde haec est nobis innata potestas,
de nilo quoniam fieri nil posse videmus.
pondus enim prohibet ne plagis omnia fiant
externa quasi vi. sed ne res ipsa necessum
intestinum habeat cunctis in rebus agendis 290
et devicta quasi cogatur ferre patique,
id facit exiguum clinamen principiorum
nec regione loci certa nec tempore certo.

    Nec stipata magis fuit umquam materiai
copia nec porro maioribus intervallis;
nam neque adaugescit quicquam neque deperit inde.
quapropter quo nunc in motu principiorum
corpora sunt, in eodem ante acta aetate fuere
et post haec semper simili ratione ferentur,
et quae consüerint gigni gignentur eadem 300
condicione et erunt et crescent vique valebunt,
quantum cuique datum est per foedera naturai.
nec rerum summam commutare ulla potest vis;
nam neque, quo possit genus ullum materiai
effugere ex omni quicquam est <extra>, neque in omne
unde coorta queat nova vis inrumpere et omnem
naturam rerum mutare et vertere motus.

    Illud in his rebus non est mirabile, quare,
omnia cum rerum primordia sint in motu,
summa tamen summa videatur stare quiete, 310
praeterquam siquid proprio dat corpore motus.

e a se arrastarem adiante, há, no entanto, nos peitos,
algo que possa retroagir resistindo com luta? 280
Atribuição desse arbítrio[115] também é fazer com que a cópia
da matéria se force a verter-se por membros, por órgãos,
e, após projetada, refreie e se retroaquiete.
Pois é mister que também reconheças que, quanto às sementes[116]
há uma causa pra além dos choques e pesos pros motos,
causa de onde deriva pra nós tal inata potência,
como já vimos que nada pode do nada formar-se.
Pois o peso previne que tudo se faça por golpes,
como por força de fora. Mas se a mente em si mesma
não é forçada por dentro no modo de agir quanto a tudo, 290
nem se deixa vencer, às ações e paixões constrangida,
isso se dá pelo exíguo cliname[117] dos próprios princípios,
sem direção fixada no espaço ou tempo bem fixo.

(g)1. A permanência da matéria e do movimento: 294-307

Nem a cópia da matéria foi mais condensada
antes, nem também mais esparsa que neste momento;
pois nem nada a aumenta nem pode diminuí-la.
É por isso que agora os motos dos corpos primevos
são os mesmos que outrora foram em eras passadas
e em semelhante razão serão levados pra sempre,
e as coisas que foram geradas geradas serão por 300
mesma lei, crescerão e serão, valescendo com vida,
quanto for dado a cada um pelas leis da natura.
Nem força alguma pode alterar a soma das coisas,
pois não existe pra onde possa espécie nenhuma
da natureza fugir, aonde escape pra fora, nem nada
donde uma nova força possa irromper neonata,
toda a natura alterando e revertendo seus motos.

(g)2. O movimento dos átomos em um corpo em repouso: 308-32

Quanto a essas coisas, não te espantes se a soma das coisas
toda, quando os primórdios se encontram em seus movimentos,
inda assim parecer restar estática, imóvel, 310
com exceção de objetos que podem dar moto a seus corpos.

omnis enim longe nostris ab sensibus infra
primorum natura iacet; quapropter, ubi ipsa
cernere iam nequeas, motus quoque surpere debent;
praesertim cum, quae possimus cernere, celent
saepe tamen motus spatio diducta locorum.
nam saepe in colli tondentes pabula laeta
lanigerae reptant pecudes quo quamque vocantes
invitant herbae gemmantes rore recenti,
et satiati agni ludunt blandeque coruscant; 320
omnia quae nobis longe confusa videntur
et velut in viridi candor consistere colli.
praeterea magnae legiones cum loca cursu
camporum complent belli simulacra cientes,
fulgor ubi ad caelum se tollit totaque circum
aere renidescit tellus subterque virum vi
excitur pedibus sonitus clamoreque montes
icti reiectant voces ad sidera mundi
et circumvolitant equites mediosque repente
tramittunt valido quatientes impete campos; 330
et tamen est quidam locus altis montibus <unde>
stare videntur et in campis consistere fulgor.

Nunc age iam deinceps cunctarum exordia rerum
qualia sint et quam longe distantia formis
percipe, multigenis quam sint variata figuris;
non quo multa parum simili sint praedita forma,
sed quia non volgo paria omnibus omnia constant.
nec mirum; nam cum sit eorum copia tanta
ut neque finis, uti docui, neque summa sit ulla,
debent nimirum non omnibus omnia prorsum 340
esse pari filo similique adfecta figura.
praeterea genus humanum mutaeque natantes
squamigerum pecudes et laeta armenta feraeque
et variae volucres, laetantia quae loca aquarum

Toda a natura, pois, dos princípios jaz muito longe
para além dos nossos sentidos; já que ela própria
discernir não podes, também se furtam seus motos,
especialmente os que podem ser vistos por nós, mas escondem
seus movimentos quando afastados em locos distantes.
Sempre, assim, nas colinas, pastando em paragens amenas,
vai a lanígera espécie até a convidativa
relva, onde quer que tocada das joias do orvalho recente,
e os saciados cordeiros brincam e, brandos, gracejam; 320
mas tudo isso, pra nós, de longe, parece confuso
como se formasse alva massa na verde colina.
E também legiões magnânimas, quando seu curso
torna repletos os campos, movendo-se em guerra fingida,
um fulgor levantando aos céus, e, ao redor, toda a terra
brilha do bronze, e o bater de seus pés com viril violência
surdo som excita, e as montanhas recebem clamores,
cujos golpes rejeitam, lançando-os aos astros celestes,
e os cavaleiros circumcavalgam, e o meio do campo
atravessam, qual terremoto, com válido ataque; 330
há, contudo, um certo local, no topo do montes
donde tudo parece calmo fulgor à distância.

B. *As formas dos átomos e seus efeitos:* **333-729**

(a) A variedade de formas e seus efeitos na sensação: 333-477

Vamos, então, na sequência, aos princípios de todas as coisas,
de que tipo são e quão longe distam nas formas,
vamos, percebe quão variados em multifiguras;
não que não haja muitos de símiles formas dotados,
mas que, em geral, não sejam todos parelhos em tudo.
Não te espantes, pois, já que há deles cópia tão grande,
como ensinei, nem há limite ou fim para a soma,
devem (não te espantes) todos não terem em tudo 340
mesma textura, ou conformar-se em figura semelha.
Mais: o gênero humano e a muda raça natante
escamígera, bem como os ledos rebanhos e as feras
e várias aves a deleitar-se nos locos das águas

concelebrant circum ripas fontisque lacusque,
et quae pervolgant nemora avia pervolitantes;
quorum unum quidvis generatim sumere perge;
invenies tamen inter se differre figuris.
nec ratione alia proles cognoscere matrem
nec mater posset prolem; quod posse videmus 350
nec minus atque homines inter se nota cluere.
nam saepe ante deum vitulus delubra decora
turicremas propter mactatus concidit aras
sanguinis expirans calidum de pectore flumen.
at mater viridis saltus orbata peragrans
quaerit humi pedibus vestigia pressa bisulcis,
omnia convisens oculis loca si queat usquam
conspicere amissum fetum, completque querellis
frondiferum nemus adsistens et crebra revisit
ad stabulum desiderio perfixa iuvenci, 360
nec tenerae salices atque herbae rore vigentes
fluminaque illa queunt summis labentia ripis
oblectare animum subitamque avertere curam,
nec vitulorum aliae species per pabula laeta
derivare queunt animum curaque levare:
usque adeo quiddam proprium notumque requirit.
praeterea teneri tremulis cum vocibus haedi
cornigeras norunt matres agnique petulci
balantum pecudes: ita, quod natura resposcit,
ad sua quisque fere decurrunt ubera lactis. 370
postremo quodvis frumentum non tamen omne
quidque suo genere inter se simile esse videbis,
quin intercurrat quaedam distantia formis.
concharumque genus parili ratione videmus
pingere telluris gremium, qua mollibus undis
litoris incurvi bibulam pavit aequor harenam.
quare etiam atque etiam simili ratione necessest,
natura quoniam constant neque facta manu sunt
unius ad certam formam primordia rerum,
dissimili inter se quaedam volitare figura. 380
  Perfacile est animi ratione exsolvere nobis

celebrando ao redor das margens e lagos e fontes,
e povoando os bosques sem vias, voando nos ares;
desses, escolhe ao acaso qualquer indivíduo ou espécie:
descobrirás que, entre si, então, em figura diferem.
Nem de outra maneira sua prole a mãe reconhece,
nem à mãe a prole: vemos que isso acontece, 350
e não menos entre si do que ocorre com os homens.
Pois, quando diante de templo esculpido divino um vitelo
em sacrifício caído defronte ao altar queima-incenso
cálido rio de sangue expira vazando do peito,
peregrinando nos bosques virentes, a mãe perturbada
busca no solo os vestígios premidos dos cascos bissulcos,
tudo varrendo com os olhos, buscando os locais porventura
onde avistasse o filhote perdido, até que, cansada,
para e preenche os bosques frondíferos com seus lamentos,
revisitando amiúde o estábulo em grande saudade. 360
Nem os tenros salgueiros ou relva tomada de orvalho,
nem familiares fluxos dos rios rolando nas margens
podem trazer alento ao ânimo e alívio pras dores,
e outros vestígios não podem pelas pastagens amenas
desviar seu ânimo ou lavar suas dores:
tão fixada em desejo, só busca o afim, o seu próprio.
Mais: também vemos que os tenros cabritos de trêmulas vozes
reconhecem corrígeras mães, e os alegres cordeiros
acham balantes rebanhos; assim, como exige a natura,
sempre correm de volta a seu próprio leite materno. 370
E, por fim, qualquer tipo de grãos, não importa quais sejam,
nunca verás que entre si sejam totalmente semelhos,
mas que intercorre uma certa diferença nas formas.
Vemos que a espécie das conchas, em razão semelhante,
tinge o regaço da praia, por onde, com ondas suaves,
bate o mar as areias sedentas das orlas recurvas.
Pois inda e ainda é necessário, em razão semelhante,
como são feitos não pelas mãos, mas pela natura,
não em única forma, que os primórdios das coisas,
entre si, passeiem voando em figuras diversas. 380
    Fácil é, para nós, desvendar com razão dedutiva[118]

quare fulmineus multo penetralior ignis
quam noster fluat e taedis terrestribus ortus.
dicere enim possis caelestem fulminis ignem
subtilem magis e parvis constare figuris
atque ideo transire foramina quae nequit ignis
noster hic e lignis ortus taedaque creatus.
praeterea lumen per cornum transit, at imber
respuitur. quare? nisi luminis illa minora
corpora sunt quam de quibus est liquor almus aquarum. 390
et quamvis subito per colum vina videmus
perfluere, at contra tardum cunctatur olivum,
aut quia nimirum maioribus est elementis
aut magis hamatis inter se perque plicatis,
atque ideo fit uti non tam diducta repente
inter se possint primordia singula quaeque
singula per cuiusque foramina permanare.
    Huc accedit uti mellis lactisque liquores
iucundo sensu linguae tractentur in ore;
at contra taetra absinthi natura ferique 400
centauri foedo pertorquent ora sapore;
ut facile agnoscas e levibus atque rutundis
esse ea quae sensus iucunde tangere possunt,
at contra quae amara atque aspera cumque videntur,
haec magis hamatis inter se nexa teneri
proptereaque solere vias rescindere nostris
sensibus introituque suo perrumpere corpus.
    Omnia postremo bona sensibus et mala tactu
dissimili inter se pugnant perfecta figura;
ne tu forte putes serrae stridentis acerbum 410
horrorem constare elementis levibus aeque
ac musaea mele, per chordas organici quae
mobilibus digitis expergefacta figurant;
neu simili penetrare putes primordia forma
in nares hominum, cum taetra cadavera torrent,
et cum scena croco Cilici perfusa recens est
araque Panchaeos exhalat propter odores;
neve bonos rerum simili constare colores

por qual motivo os fogos dos raios são mais penetrantes
que os que fluem nascidos das nossas tochas terrestres.
Podes dizer que os fogos celestes dos raios são feitos
mais sutis e com formas menores, de modo que possam
atravessar as fissuras que os nossos fogos não podem,
pois que criados de tochas terrestres, nascidos de lenho.
Mais: além disso, a luz atravessa a lanterna de chifre
mas a chuva é detida? Por quê? A não ser que menores
sejam os corpos da luz do que aqueles dos almos humores.   390
E enquanto rápidos vemos os vinhos fluírem coados,
ao contrário, lento, se arrasta o óleo da oliva,
ou porque (não te espantes) possui elementos maiores,
ou entre si são mais enganchados ou entrelaçados,
de tal forma que rapidamente não poderiam
uns dos outros afastar-se os primórdios passando
entre cada fissura, em separado fluindo.
    Acontece também que os humores do mel e do leite
deslizando na língua ofereçam sentido gozoso;
mas, ao contrário, o tétrico absinto e as feras centáureas[119]   400
com seu sabor detestável deturpam o sentido da língua;
saibas, portanto: são feitas de corpos redondos e leves
coisas que podem tocar os sentidos de forma agradável,
mas, ao contrário, amargas e ásperas são percebidas
as que entre si se conectam em figuras mais enganchadas,
soem, por isso, rasgar os caminhos dos nossos sentidos
e com tal intromissão nos invadem e rompem os corpos.
    Finalmente, as coisas boas ou más aos sentidos
lutam entre si, já que feitas de dessemelhantes figuras;
e não penses, talvez, que a acerba estridência da serra   410
seja formada por elementos leves, parelhos
aos da melódica musa que um músico, as cordas tocando,
com dedos móveis excita, criando sonoras figuras;
e nem penses que em forma semelha penetram o olfato
os primórdios, quando o cadáver exala odor podre,
quando um palco se esparge com açafrão da Cilícia,
ou quando o altar exala perfumes de incensos da Arábia;
e nem penses que se constituem de sementes semelhas

semine constituas, oculos qui pascere possunt,
et qui compungunt aciem lacrimareque cogunt					420
aut foeda specie foedi turpesque videntur.
omnis enim, sensus quae mulcet cumque, <figura>
haud sine principiali aliquo levore creatast;
at contra quaecumque molesta atque aspera constat,
non aliquo sine materiae squalore repertast.
sunt etiam quae iam nec levia iure putantur
esse neque omnino flexis mucronibus unca,
sed magis angellis paulum prostantibus, <ut quae>
titillare magis sensus quam laedere possint;
fecula iam quo de genere est inulaeque sapores.					430
denique iam calidos ignis gelidamque pruinam
dissimili dentata modo compungere sensus
corporis, indicio nobis est tactus uterque.
tactus enim, tactus, pro divum numina sancta,
corporis est sensus, vel cum res extera sese
insinuat, vel cum laedit quae in corpore natast
aut iuvat egrediens genitalis per Veneris res,
aut ex offensu cum turbant corpore in ipso
semina confundunt<que> inter se concita sensum;
ut si forte manu quamvis iam corporis ipse					440
tute tibi partem ferias atque experiare.
quapropter longe formas distare necessest
principiis, varios quae possint edere sensus.

    Denique quae nobis durata ac spissa videntur,
haec magis hamatis inter sese esse necessest
et quasi ramosis alte compacta teneri.
in quo iam genere in primis adamantina saxa
prima acie constant ictus contemnere sueta
et validi silices ac duri robora ferri
aeraque quae claustris restantia vociferantur.					450
illa quidem debent e levibus atque rutundis
esse magis, fluvido quae corpore liquida constant;
namque papaveris haustus itemst facilis quod aquarum;
nec retinentur enim inter se glomeramina quaeque
et perculsus item proclive volubilis exstat.

as belas cores das coisas que agradam a vista e aquelas
que nos provocam lágrimas ao atacar as pupilas 420
ou que parecem torpes e diras[120] por tétrico aspecto.
Toda figura, portanto, que agrade ou encante os sentidos
não sem suavidade primeva jamais foi criada;
mas, ao contrário, o que quer que duro ou molesto pareça
não sem rugosa matéria pode ter sido formado.
Outras existem, contudo, que não se concebem nem lisas
nem totalmente recobertas de pontas curvadas,
mas com pequenos ângulos algo proeminentes
tal que induzam titilação em vez de ferirem;
creme de tártaro[121] e erva-campeira[122] são desse tipo. 430
Finalmente, o candente calor e a geada gelada
são dentados de modos diversos e afligem os sentidos
de nossos corpos, e o indício é o tato em ambos os casos.
Pois o tato, sim, o tato, ó numes sagrados,
este é o sentido do corpo, seja se algo de fora
insinua-se nele, ou se algo interno machuca,
ou quando algo agrada ao sair por graça de Vênus
ou quando por colisão as sementes perturbam o corpo
e entre si incitadas confundem o sentido as sementes;
como quando com a mão em uma parte qualquer de teu corpo, 440
tu próprio a ti te tocares, farás como um experimento.
Por conseguinte é mister aos primórdios distarem nas formas
muito, para que possam criar variados sentidos.

    Finalmente as que a nós parecem duras e espessas,
é necessário a essas coisas que sejam de partes mais curvas
como se fossem feitas compactas, qual galhos ramosos.
Neste gênero, os diamantes serão os primeiros,
acostumados a desprezar todo golpe na luta,
como o sílex forte e a fera dureza do ferro,
como os ferrolhos de bronze persistem, vociferantes. 450
Outras devem ser feitas de partes redondas e leves,
como as coisas que, líquidas, constam de corpos fluentes:
pois as sementes de papoula, vertidas, escorrem
como a água,[123] uma vez que retêm-se entre si os seus globos,
esses que, quando batidos, seguem fluindo pra baixo.

omnia postremo quae puncto tempore cernis
diffugere, ut fumum nebulas flammasque, necessest,
si minus omnia sunt e levibus atque rotundis,
at non esse tamen perplexis indupedita,
pungere uti possint corpus penetrareque saxa, 460
nec tamen haerere inter se; quodcumque videmus
†sensibu' sedatum†, facile ut cognoscere possis
non e perplexis, sed acutis esse elementis.
sed quod amara vides eadem quae fluvida constant,
sudor uti maris est, minime mirabile debet

*

nam quod fluvidus est, e levibus atque rotundis
est, et <squalida sunt illis> admixta doloris
corpora; nec tamen haec retineri hamata necessumst;
scilicet esse globosa tamen, cum squalida constent,
provolvi simul ut possint et laedere sensus. 470
et quo mixta putes magis aspera levibus esse
principiis, unde est Neptuni corpus acerbum,
est ratio secernendi, sorsumque videndi,
umor dulcis, ubi per terras crebrius idem
percolatur, ut in foveam fluat ac mansuescat;
linquit enim supera taetri primordia viri,
aspera quom magis in terris haerescere possint.

    Quod quoniam docui, pergam conectere rem quae
ex hoc apta fidem ducat, primordia rerum
finita variare figurarum ratione. 480
quod si non ita sit, rursum iam semina quaedam
esse infinito debebunt corporis auctu.
namque in eadem una cuiusvis iam brevitate
corporis inter se multum variare figurae
non possunt: fac enim minimis e partibus esse
corpora prima tribus, vel paulo pluribus auge;
nempe ubi eas partis unius corporis omnis,
summa atque ima locans, transmutans dextera laevis,
omnimodis expertus eris, quam quisque det ordo

Finalmente, tudo que em fixo tempo percebes
dispersar-se, como a fumaça, nuvens e chamas
mesmo que feitas não só de partículas leves, rotundas,
é mister que não sejam impedidas por formas complexas[124]
para que possam pungir os corpos e, em meio das rochas,   460
atravessar, mas sem entre si se entrelaçarem.
Para que saibas mais fácil: o que quer que nos seda os sentidos
vem de elementos agudos, e não dos mais entrelaçados.[125]
Mais: as coisas que vês serem tanto fluidas e amaras,
como o suor dos mares,[126] nada de estranho apresentam.

★[127]

pois já que é fluido, de partículas leves, rotundas,
e se misturam partículas ásperas e dolorosas
nem por isso é mister que sejam enganchadas, compactas;
devem ser globulares, mesmo que de ásperas partes,
para que possam rolar e ainda ferir os sentidos.   470
Para que vejas que os ásperos são misturados aos lisos
como se vê nos princípios do corpo do acerbo Netúneo,[128]
há uma forma de os separar, e de ver separado o
doce humor percorrendo por terra frequentemente
sendo filtrado ao passar pelas frestas, ficando mais leve;
pois que larga pra cima os primórdios dos sais ofensivos,
já que o que é áspero pode agarrar-se mais fácil nas terras.

(b) O número de formas e o de átomos em cada forma: 478-580

Como isso já ensinei, persigo uma coisa conexa,
disso tirando proveito: que os primórdios das coisas
em razão finita variam no escopo das formas.   480
Pois, se assim não fosse, de novo, algumas sementes
deveriam ter em seu corpo tamanho infinito.
Pois numa mesma semente qualquer de tamanho pequeno
entre si as figuras não podem ter diferença
grande na variação: suponhamos que as mínimas partes
fossem três para os corpos primeiros, ou até mais um pouco;
certo, quando essas partes todas de um único corpo,
colocando acima ou abaixo, mudando seu lado,
todas as formas testando, de modo que todas as ordens

formai speciem totius corporis eius, 490
quod super est, si forte voles variare figuras,
addendum partis alias erit; inde sequetur,
adsimili ratione alias ut postulet ordo,
si tu forte voles etiam variare figuras:
ergo formarum novitatem corporis augmen
subsequitur. quare non est ut credere possis
esse infinitis distantia semina formis,
ne quaedam cogas immani maximitate
esse, supra quod iam docui non posse probari.
iam tibi barbaricae vestes Meliboeaque fulgens 500
purpura Thessalico concharum tacta colore,
aurea pavonum ridenti imbuta lepore
saecla, novo rerum superata colore iacerent
et contemptus odor smyrnae mellisque sapores,
et cycnea mele Phoebeaque daedala chordis
carmina consimili ratione oppressa silerent;
namque aliis aliud praestantius exoreretur.
cedere item retro possent in deteriores
omnia sic partis, ut diximus in meliores.
namque aliis aliud retro quoque taetrius esset 510
naribus auribus atque oculis orisque sapori.
quae quoniam non sunt, <sed> rebus reddita certa
finis utrimque tenet summam, fateare necessest
materiem quoque finitis differe figuris.
denique ab ignibus ad gelidas hiemum usque pruinas
finitumst retroque pari ratione remensumst.
omnis enim calor ac frigus mediique tepores
interutrasque iacent explentes ordine summam.
ergo finita distant ratione creata,
ancipiti quoniam mucroni utrimque notantur, 520
hinc flammis illinc rigidis infesta pruinis.

    Quod quoniam docui, pergam conectere rem quae
ex hoc apta fidem ducat, primordia rerum,
inter se simili quae sunt perfecta figura,
infinita cluere. etenim distantia cum sit
formarum finita, necesse est quae similes sint

gerem espécies de formas diversas a todos os corpos, 490
segue-se que se quiseres ainda outras figuras
far-se-ão necessárias ainda outras partes, e segue
que essa ordem, da mesma forma, outras partes exige,
se por acaso quiseres ainda outras figuras,
um aumento do corpo se segue de tal variância
da nova forma. Por tal razão não podes supor que
haja sementes dispostas em infinidades de formas,
ou terás que aceitar que algumas são imensuráveis
pela grandeza, o que acima ensinei que não é aceitável.
Já as barbáricas vestes da púrpura resplandecente 500
da Melibeia, tingidas da cor das tessálicas conchas,
áureas espécies, também, dos pavões de beleza ridente
prostrar-se-iam vencidos por novas cores das coisas
e, desprezados, odores de mirra e do mel os sabores,
canto do cisne e os carmes dedáleos das cordas de Febo
por razão semelhante silenciariam oprimidos;
surgiria então algo mais excelente que isso.
Dessa maneira, as coisas ruins ficariam piores
como dissemos que melhorariam as coisas já boas.
Algo então surgiria mais tétrico que as outras coisas 510
para o nariz e o ouvido e aos olhos e ao gosto da língua.
Como assim não é, mas existem fixos limites
de ambos os lados pra soma das coisas, é necessário
admitir que a matéria tem fim para as várias figuras.
Como há do fogo até a gélida neve do inverno um limite
dessa forma se mede de volta o mesmo caminho.
Todo o calor, então, e o frigor e no meio o ameno
que se dispõe entre eles em ordem ordenam a soma.
Por conseguinte dispõem-se em razão definida parelha
de ambos os lados inscritas em pontos determinados: 520
chamas de um lado e, do outro, a infesta e dura geada.

    Como isso já ensinei, persigo uma coisa conexa,
disso tirando proveito: que os primórdios das coisas,
que entre si se perfazem com semelha figura,
são infinitos na soma. E como é finita das formas
a variedade, é necessário às que são semelhantes

esse infinitas aut summam materiai
finitam constare, id quod non esse probavi
versibus ostendens corpuscula materiai
ex infinito summam rerum usque tenere, 530
undique protelo plagarum continuato.
nam quod rara vides magis esse animalia quaedam
fecundamque minus naturam cernis in illis,
at regione locoque alio terrisque remotis
multa licet genere esse in eo numerumque repleri;
sicut quadrupedum cum primis esse videmus
in genere anguimanus elephantos, India quorum
milibus e multis vallo munitur eburno,
ut penitus nequeat penetrari: tanta ferarum
vis est, quarum nos perpauca exempla videmus. 540
sed tamen id quoque uti concedam, quam lubet esto
unica res quaedem nativo corpore sola,
cui similis toto terrarum <non> sit <in> orbi;
infinita tamen nisi erit vis materiai
unde ea progigni possit concepta, creari
non poterit, neque, quod superest, procrescere alique.
quippe etenim sumam hoc quoque uti finita per omne
corpora iactari unius genitalia rei,
unde ubi qua vi et quo pacto congressa coibunt
materiae tanto in pelago turbaque aliena? 550
non, ut opinor, habent rationem conciliandi,
sed quasi naufragiis magnis multisque coortis
disiectare solet magnum mare transtra cavernas
antemnas prorem malos tonsasque natantis,
per terrarum omnis oras fluitantia aplustra
ut videantur et indicium mortalibus edant,
infidi maris insidias virisque dolumque
ut vitare velint, neve ullo tempore credant,
subdola cum ridet placidi pellacia ponti,
sic tibi si finita semel primordia quaedam 560
constitues, aevum debebunt sparsa per omnem
disiectare aestus diversi materiai,
numquam in concilium ut possint compulsa coire

serem infinitas, pois, se não fossem, a soma
da matéria seria finita; com os meus versos
já provei que isso é impossível: os mínimos corpos
da matéria pra sempre mantêm a soma das coisas 530
protegida em todos os lados da série de golpes.
Pois, ainda que vejas que certas espécies são raras
e que percebas natura menos fecunda pra elas,
inda assim em locais diferentes das terras remotas
muitos de tais animais haverá, preenchendo sua conta;
entre a espécie dos quadrúpedes vemos exemplo:
os elefantes, serpímanos,[129] aos milhares, na Índia,
terra que deles se mune com muralhas ebúrneas,[130]
tal que não possa-se aí penetrar: tamanha é a cópia
dessas feras, das quais aqui vemos poucos exemplos. 540
Mas, se quiseres, concedo também, contudo, que exista
uma coisa única, de singular nascimento
que não encontre no orbe das terras nenhum semelhante;
deve ser infinita a profusão da matéria,
pois, ao contrário, não pode nem ela ser concebida,
nem ser gerada ou criada, ou ainda crescer, bem nutrida.
E se assumir também isso: que os corpos generativos
de uma única coisa finitos dançassem no espaço,
de onde, por onde, qual modo e qual força os congregaria
nesse tão vasto oceano de matéria infinita? 550
Pois não têm, assim como penso, razão de se unirem,
mas, como quando em grandes naufrágios, inúmeras vezes
soem ao mar dejetar das naus os porões, os assentos,
proas e mastros também, antenas e os remos natantes,
por todas orlas das terras flutuantes aplustres
para que sejam vistos e sirvam aos mortais como aviso
sobre o mar infiel, pra que evitem seus dolos e insídias
para que nunca nele confiem, nem quando sorriem
as seduções do oceano suavissemblante,[131] enganosas,
mesmo assim, se finitos tu crês que sejam os primórdios, 560
deverão, esparsos, dançar por todas as eras
à deriva em correntes de matéria diversa,
tal que jamais poderão, compelidos, entrar em concílio[132]

nec remorari in concilio nec crescere adaucta;
quorum utrumque palam fieri manifesta docet res,
et res progigni et genitas procrescere posse.
esse igitur genere in quovis primordia rerum
infinita palam est unde omnia suppeditantur.
  Nec superare queunt motus itaque exitiales
perpetuo neque in aeternum sepelire salutem,   570
nec porro rerum genitales auctificique
motus perpetuo possunt servare creata.
sic aequo geritur certamine principiorum
ex infinito contractum tempore bellum.
nunc hic nunc illic superant vitalia rerum
et superantur item. miscetur funere vagor
quem pueri tollunt visentes luminis oras;
nec nox ulla diem neque noctem aurora secutast,
quae non audierit mixtos vagitibus aegris
ploratus mortis comites et funeris atri.   580

  Illud in his obsignatum quoque rebus habere
convenit et memori mandatum mente tenere,
nil esse, in promptu quorum natura videtur,
quod genere ex uno consistat principiorum,
nec quicquam quod non permixto semine constet;
et quodcumque magis vis multas possidet in se
atque potestates, ita plurima principiorum
in sese genera ac varias docet esse figuras.
principio tellus habet in se corpora prima
unde mare immensum volventes frigora fontes   590
assidue renovent, habet ignes unde oriantur.
nam multis succensa locis ardent sola terrae,
ex imis vero furit ignibus impetus Aetnae.
tum porro nitidas fruges arbustaque laeta
gentibus humanis habet unde extollere possit,
unde etiam fluvios frondes et pabula laeta
montivago generi possit praebere ferarum.

nem se manter em concílio ou crescer, aumentados por outros;[133]
mas a evidência ensina que ambas as coisas procedem:
tanto uma coisa gerar-se quanto crescer já gerada.
Que há, em toda espécie, infinitos primórdios das coisas,
é manifesto, bem como há de onde tudo se supra.

    Nem para sempre podem os exiciais movimentos
prevalecer, enterrando pra sempre a saúde e a vida,   570
nem, do outro lado, os motos da criação e fomento
podem pra sempre conservar as coisas criadas.
Dessa forma em certame parelho se gerem os princípios
desde o tempo infinito: uma guerra que nunca termina.
Ora aqui, ora ali superam as forças da vida, e
são superadas depois. Imiscui-se ao funéreo lamento
choro que traz as crianças a ver as orlas das luzes;
noite alguma ao dia, nem noite à aurora se segue
que não escute a mistura do choro nascente do infante
com os lamentos da morte seguidos das sombras funéreas.   580

(c) A variedade de combinações atômicas e as diferenças entre espécies: 581-729

    Quanto a essas coisas, também, convém que se saiba por certo
consignando-se à mente e à memória tal fato: que nada
pode existir, se a natura nos mostra diante da face,
que consista de princípios de única espécie,
nem que algo possa constar de sementes não bem misturadas;
e o que quer que tenha em si mais força ou potência
dessa maneira ensina que existem em si muitos tipos
de princípios, que são dotados de várias figuras.
Primeiramente, a terra tem os corpos primevos
donde as fontes vertendo os frigores renovem os mares   590
frequentemente, e de onde também originam-se os fogos.
Pois em muitos locais os solos ardem acesos,
como o Etna verte seus fogos em fúria profunda.
E, além disso, nítidos frutos e ledos arbustos
têm de onde possa a terra trazê-los ao gênero humano,
donde também os rios e as copas, paragens amenas,
possa prover à montívaga espécie da fera alimária.

quare magna deum mater materque ferarum
et nostri genetrix haec dicta est corporis una.
  Hanc veteres Graium docti cecinere poetae 600
sedibus in curru biiugos agitare leones,
aeris in spatio magnam pendere docentes
tellurem neque posse in terra sistere terram.
adiunxere feras, quia quamvis effera proles
officiis debet molliri victa parentum.
muralique caput summum cinxere corona,
eximiis munita locis quia sustinet urbes;
quo nunc insigni per magnas praedita terras
horrifice fertur divinae matris imago.
hanc variae gentes antiquo more sacrorum 610
Idaeam vocitant matrem Phrygiasque catervas
dant comites, quia primum ex illis finibus edunt
per terrarum orbes fruges coepisse creari.
gallos attribuunt, quia, numen qui violarint
Matris et ingrati genitoribus inventi sint,
significare volunt indignos esse putandos,
vivam progeniem qui in oras luminis edant.
tympana tenta tonant palmis et cymbala circum
concava, raucisonoque minantur cornua cantu,
et Phrygio stimulat numero cava tibia mentis, 620
telaque praeportant, violenti signa furoris,
ingratos animos atque impia pectora vulgi
conterrere metu quae possint numine divae.
ergo cum primum magnas invecta per urbis
munificat tacita mortalis muta salute,
aere atque argento sternunt iter omne viarum
largifica stipe ditantes ninguntque rosarum
floribus umbrantes matrem comitumque catervam.
hic armata manus, Curetas nomine Grai
quos memorant, Phrygias inter si forte catervas 630
ludunt in numerumque exultant sanguine laeti
terrificas capitum quatientes numine cristas,
Dictaeos referunt Curetas, qui Iovis illum
vagitum in Creta quondam occultasse feruntur,

Donde a chamamos de grande mãe dos deuses, das feras
mãe, genetriz singular de nossos corpos humanos.
    Dela cantaram os doutos poetas mais velhos dos gregos[134]   600
que conduzia leões sob o jugo, assentada em seu carro,
nos ensinando que a grande terra pende no espaço
e que a terra não pode descansar sobre a terra.[135]
Adjungiram feras, pois, mesmo sendo selvagens,
devem domar-se, vencidas, pelos cuidados maternos.
E sua cabeça cingiram com alta coroa murada,[136]
pois sustenta as cidades munida nos locos exímios.[137]
Enfeitada da insígnia, até hoje, por urbes insignes[138]
terrivelmente[139] é levada a imagem da mãe-divindade.
Várias gentes com o antigo costume dos cultos   610
chamam-na mãe do Ida e ajuntam-se frígias catervas
como consortes, pois primeiro nos frígios domínios
diz-se que os cereais e os frutos tiveram origem.
Atribuem-lhe os Galos,[140] pois, eles que o nume da Deusa
Mãe violaram e foram ingratos aos seus genitores
devem ser considerados indignos de viva progênie
produzir, permitindo que acedam às orlas das luzes.[141]
Tensos tímpanos tocam com as mãos e os címbalos soam
côncavos, e com rouco canto as trompas minazes,
tíbia cava em modo frígio estimula suas mentes,   620
portam as lanças brandindo em sinal do furor violento,
para que os ânimos ímpios e os peitos ingratos do vulgo
possam ser aterrorados com medo do nume divino.
Quando, então, tácita, carregada nas urbes insignes
traz como bênção aos mortais a muda saúde,[142]
enchem com bronze e prata todo o caminho da via,
enriquecem com larga oferenda, e pétalas róseas
nevam enchendo de sombras a Mãe e a caterva a segui-la.
Eis que uma tropa armada, por gregos chamada Curetes,
vai entre as frígias catervas, exercitando-se, dança,   630
exultando com saltos em ritmo, alegre do sangue,[143]
e tremendo as terríficas cristas por sobre as cabeças,
lembra-nos dos Curetes do Monte Dicte,[144] que, dizem,
ocultaram outrora em Creta os choros de Jove,

cum pueri circum puerum pernice chorea
[armat et in numerum pernice chorea]
armati in numerum pulsarent aeribus aera,
ne Saturnus eum malis mandaret adeptus
aeternumque daret matri sub pectore vulnus.
propterea magnam armati matrem comitantur, 640
aut quia significant divam praedicere ut armis
ac virtute velint patriam defendere terram
praesidioque parent decorique parentibus esse.
quae bene et eximie quamvis disposta ferantur,
longe sunt tamen a vera ratione repulsa.
omnis enim per se divom natura necessest
immortali aevo summa cum pace fruatur
semota ab nostris rebus seiunctaque longe.
nam privata dolore omni, privata periclis,
ipsa suis pollens opibus, nil indiga nostri, 650
nec bene promeritis capitur neque tangitur ira.
terra quidem vero caret omni tempore sensu,
et quia multarum potitur primordia rerum,
multa modis multis effert in lumina solis.
hic siquis mare Neptunum Cereremque vocare
constituet fruges et Bacchi nomine abuti
mavult quam laticis proprium proferre vocamen,
concedamus ut hic terrarum dictitet orbem
esse deum matrem, dum vera re tamen ipse 659
religione animum turpi contingere parcat. 660[680]
    Saepe itaque ex uno tondentes gramina campo 661[660]
lanigerae pecudes et equorum duellica proles
buceriaeque greges eodem sub tegmine caeli
ex unoque sitim sedantes flumine aquai
dissimili vivunt specie retinentque parentum 665[664]
naturam et mores generatim quaeque imitantur.
tanta est in quovis genere herbae materiai
dissimilis ratio, tanta est in flumine quoque.
hinc porro quamvis animantem ex omnibus unam
ossa cruor venae calor umor viscera nervi 670[669]
constituunt; quae sunt porro distantia longe,

que, quando infante, cercado de infantes em dança funesta,
[armas portando e no ritmo de sua dança funesta]
armas portando, no ritmo pulsando bronze com bronze,
pra que Saturno não o mandasse às fauces abertas
e não causasse pro peito da Mãe uma eterna ferida.
E, por isso, a Grande Mãe escoltam, armados,   640
ou porque queiram dizer que a deusa prescreva que em armas
e com virtude defendam a pátria e a terra e que estejam
preparados a ser para os pais guardiões, ornamentos.
Isso tudo é narrado com exímia beleza
mas fica longe e afastado de toda razão verdadeira.
É necessário, pois, que toda natura dos deuses
pelo tempo imortal usufrua de paz soberana,
removida das nossas questões, afastada pra longe.
Pois, privada de toda dor, dos perigos privada,
soberana com próprios recursos, carente de nada   650
nosso, nem a comovem promessas nem toca-lhe a ira.[145]
Vero, desprovida é a terra de todo o sentido
sempre, pois é provida de muitos primórdios das coisas,
muitos, de muitas maneiras, traz para as luzes solares.
E se alguém quiser chamar o mar de Netuno,
Ceres chamar o alimento, abusar do nome de Baco,
ao invés de dizer o vocábulo próprio do vinho,
concedamos que possa dizer que o orbe das terras
é mãe dos deuses, contanto que em vera razão ele tenha   659
o ânimo bem afastado da religião degradante.   660[680]

    Frequentemente, assim, de um único campo sorvendo   661[660]
mesma grama, a prole equina, o lanígero gado
e o rebanho chifrudo, sob abóbada mesma
e da mesma água do rio sua sede matando
com diferentes aspectos vivem, retendo natura   665[664]
dos genitores, imitando costumes da espécie.
Há diferença tão grande em qualquer espécie de relva
quanto à matéria, tão grande também em qualquer curso d'água.
Mais ainda, além disso, qualquer animal dentre todos,
de ossos, sangue, calor, humor, de vísceras, nervos,   670[669]
se constitui; mesmo assim uns dos outros diferem na forma,

dissimili perfecta figura principiorum.
tum porro quaecumque igni flammata cremantur,
si nil praeterea, tamen haec in corpore condunt
unde ignem iacere et lumen summittere possint   675[674]
scintillasque agere ac late differre favillam.
cetera consimili mentis ratione peragrans
invenies igitur multarum semina rerum
corpore celare et varias cohibere figuras.
denique multa vides quibus et color et sapor una   680[679]
reddita sunt cum odore; in primis pleraque poma.
haec igitur variis debent constare figuris;
nidor enim penetrat qua fucus non it in artus,
fucus item sorsum, <sorsum> sapor insinuatur
sensibus; ut noscas primis differre figuris.
dissimiles igitur formae glomeramen in unum
conveniunt et res permixto semine constant.
quin etiam passim nostris in versibus ipsis
multa elementa vides multis communia verbis,
cum tamen inter se versus ac verba necesse est   690
confiteare alia ex aliis constare elementis;
non quo multa parum communis littera currat
aut nulla inter se duo sint ex omnibus isdem,
sed quia non vulgo paria omnibus omnia constant.
sic aliis in rebus item, communia multa
multarum rerum cum sint primordia, verum
dissimili tamen inter se consistere summa
possunt; ut merito ex aliis constare feratur
humanum genus et fruges arbustaque laeta.

    Nec tamen omnimodis conecti posse putandum est   700
omnia. nam vulgo fieri portenta videres,
semiferas hominum species existere et altos
interdum ramos egigni corpore vivo,
multaque conecti terrestria membra marinis,
tum flammam taetro spirantis ore Chimaeras
pascere naturam per terras omniparentis.
quorum nil fieri manifestum est, omnia quando
seminibus certis certa genetrice creata

já que são de princípios dissímiles quanto à figura.
Mais, então: tudo aquilo que queima-se em chamas dos fogos,
se nada mais, contêm em seus corpos princípios capazes
de lançar flamas e de emitir luminosas faíscas, 675[674]
luzes criar, e centelhas, brasas ao longe espalhando.
Com razão semelhante, se elencas na mente outras coisas,
descobrirás, assim, que sementes de múltiplas coisas
nelas se escondem, produzem-se com figuras diversas.
Muitas coisas vês, então, cuja cor e sabor se 680[679]
dão juntamente ao odor; as frutas, principalmente.
Essas devem, portanto, constar de várias figuras;
forte cheiro penetra nos membros por onde não entra
coloração, que insinua-se pelos sentidos em loco
outro que usa o sabor; assim, em figuras diferem.
Por conseguinte as dissímiles formas glomeram-se em uma
forma compacta, e as coisas compõem-se de mistas sementes.
E, mais ainda, em meus próprios versos, em muitos lugares
muitos elementos comuns há em muitas palavras,
inda que seja mister confessar que as palavras e os versos 690
entre si consistam de elementos diversos;
não que, em comum, poucas letras percorram-nos, ou que, nenhuma
das palavras se faça com letras iguais entre si, mas
não é comum que se façam idênticas com mesmas letras.[146]
Quanto ao restante das coisas, assim como existem primórdios
muitos comuns a muitas coisas, de fato, eles podem
consistir entre si de uma soma dissímile em tudo;
de tal forma que acerta quem diz que o gênero humano,
frutos e ledos arbustos são feitos de corpos distintos.

    Nem, contudo, de todos os modos, todas as coisas 700
podem se conectar. Pois verias portentos incríveis,
tal como espécies semiferinas de homens e altos
ramos crescendo por vezes de corpos viventes, e muitos
membros de espécies terrestres juntando-se aos seres marinhos,
e a natureza onigerante nas terras nutrindo
as quimeras com bafo de chamas nas tétricas faces.
É manifesto que nada disso se dá, já que tudo
é criado de fixa semente e de fixa progênie,

conservare genus crescentia posse videmus.
scilicet id certa fieri ratione necessust. 710
nam sua cuique cibis ex omnibus intus in artus
corpora discedunt conexaque convenientis
efficiunt motus. at contra aliena videmus
reicere in terras naturam, multaque caecis
corporibus fugiunt e corpore percita plagis,
quae neque conecti quoquam potuere neque intus
vitalis motus consentire atque imitari.
sed ne forte putes animalia sola teneri
legibus hisce, eadem ratio res terminat omnis.
nam vel uti tota natura dissimiles sunt 720
inter se genitae res quaeque, ita quamque necessest
dissimili constare figura principiorum;
non quo multa parum simili sint praedita forma,
sed quia non vulgo paria omnibus omnia constant.
semina cum porro distent, differre necessust
intervalla vias conexus pondera plagas
concursus motus, quae non animalia solum
corpora seiungunt, sed terras ac mare totum
secernunt caelumque a terris omne retentant.

    Nunc age dicta meo dulci quaesita labore 730
percipe, ne forte haec albis ex alba rearis
principiis esse, ante oculos quae candida cernis,
aut ea quae nigrant nigro de semine nata;
nive alium quemvis quae sunt imbuta colorem,
propterea gerere hunc credas, quod materiai
corpora consimili sint eius tincta colore.
nullus enim color est omnino materiai
corporibus, neque par rebus neque denique dispar.
in quae corpora si nullus tibi forte videtur
posse animi iniectus fieri, procul avius erras. 740
nam cum caecigeni, solis qui lumina numquam

e, como vemos, deve, crescendo, manter sua espécie.
É necessário que isso se faça em razão definida. 710
Pois suas partículas próprias separam-se dos alimentos
pra penetrar em seus membros, lá se conectam e geram
motos apropriados. Mas, ao contrário, nós vemos
que a natureza despeja rejeitos nos solos, e muitas
coisas fogem dos corpos, não vistas, batidas dos golpes,
coisas que nunca puderam a nada ligar-se, nem dentro
perceber movimentos vitais ou, ainda, imitá-los.
Mas pra que não acredites, talvez, que somente os viventes
regem-se por tais leis, a mesma razão determina
todas as coisas. Pois, como todas as coisas geradas 720
são diferentes em toda a natura, é necessário
que os princípios consistam de diferentes figuras;
não que poucas coisas tenham formas semelhas,
mas porque não são todas sempre parelhas em tudo.
Como as sementes diferem, devem distar intervalos,
vias, pesos, conexões, movimentos e choques,
uniões, que não somente distinguem os corpos
animados, mas que discernem a terra do mar e
todo o céu mantêm afastado e distante da terra.

C. Os átomos existem sem qualidades secundárias: 730-1022

(a) Cor: 730-841

Vamos, agora, percebe nos versos meus doces labores, 730
pra que não penses que as coisas alvas provêm de princípios
alvos, coisas que cândidas mostram-se aos nossos olhos,
ou que as negras são nascidas de negras sementes;
ou que outra coisa que outra cor apresente
acredites que isso se dá porque levam consigo
corpos primevos tingidos com uma cor semelhante.
De modo algum os corpos da matéria possuem
cor alguma, nem semelhante, nem diferente.
Caso creias que a força do ânimo não é capaz de
penetrar nos corpos, erras bem longe da via.[147] 740
Pois, como os cegos nascidos, que nunca do sol os luzeiros

dispexere, tamen cognoscant corpora tactu
ex ineunte aevo nullo coniuncta colore,
scire licet nostrae quoque menti corpora posse
verti in notitiam nullo circumlita fuco.
denique nos ipsi caecis quaecumque tenebris
tangimus, haud ullo sentimus tincta colore.
  Quod quoniam vinco fieri, nunc esse docebo
★
omnis enim color omnino mutatur in omnis
★
quod facere haud ullo debent primordia pacto.   750
immutabile enim quiddam superare necessest,
ne res ad nilum redigantur funditus omnes.
nam quod cumque suis mutatum finibus exit,
continuo hoc mors est illius quod fuit ante.
proinde colore cave contingas semina rerum,
ne tibi res redeant ad nilum funditus omnes.
  Praeterea si nulla coloris principiis est
reddita natura et variis sunt praedita formis,
e quibus omne genus gignunt variantque colores,
propterea magni quod refert semina quaeque   760
cum quibus et quali positura contineantur
et quos inter se dent motus accipiantque,
perfacile extemplo rationem reddere possis
cur ea quae nigro fuerint paulo ante colore,
marmoreo fieri possint candore repente;
ut mare, cum magni commorunt aequora venti,
vertitur in canos candenti marmore fluctus.
dicere enim possis, nigrum quod saepe videmus,
materies ubi permixta est illius et ordo
principiis mutatus et addita demptaque quaedam,   770
continuo id fieri ut candens videatur et album.
quod si caeruleis constarent aequora ponti
seminibus, nullo possent albescere pacto.
nam quocumque modo perturbes caerula quae sint,
numquam in marmoreum possunt migrare colorem.
sin alio atque alio sunt semina tincta colore

avistaram, ainda assim conhecem os corpos
pelo tato, sem nunca poderem ligá-los às cores,
podes saber também que corpos isentos de cores
podem verter-se à percepção das mentes dos homens.
Finalmente, nós mesmos, o que quer que tocamos,
quando em cegas trevas, sem cor alguma sentimos.
 Já que convenço-te que isso é assim, agora te ensino
★[148]
toda a cor, não importa qual seja, muda-se e toda
★[149]
mas de nenhuma maneira os primórdios devem fazê-lo.   750
Pois é mister que todas as coisas persistam imutáveis
para que tudo não seja levado de volta pro nada.
Pois quando quer que, mudado, algo saia dos próprios limites,
de imediato perece a natura daquilo de antes.[150]
Por conseguinte, não tinjas com cor as sementes das coisas,
para que todas as coisas não voltem de todo pro nada.[151]
 E, além disso, se a natura não dá cor alguma
para os princípios e, sendo dotados de formas diversas,
pelas quais toda espécie recebe suas cores diversas,
pois o que é mais importante para todas sementes   760
é saber com quais outras e em quais posições se combinem
e quais motos entre si elas dão e recebem,
mui facilmente de pronto podes saber o motivo
pelo qual as que foram antes de cor anegrada
podem tornar-se repentinamente em marmórea brancura;
tal como o mar, quando os ventos fortes rebatem as águas,
verte-se em ondas cãs de candor e brilho marmóreo.
Poderias dizer, então, que o que vemos ser negro
quando sua matéria mistura-se e a ordem se altera
dos princípios, com algo acrescido ou então removido,   770
de imediato percebe-se como alvo e candente.
Pois, se constassem as águas dos mares de sêmen cerúleo,
de modo algum poderiam tornar-se cândidas, alvas.
Mesmo que turbasses de todo modo as sementes;
sendo cerúleas, jamais poderiam tornar-se marmóreas.
Se são tingidas com essa e aquela cor as sementes

quae maris efficiunt unum purumque nitorem,
ut saepe ex aliis formis variisque figuris
efficitur quiddam quadratum unaque figura,
conveniebat, ut in quadrato cernimus esse 780
dissimilis formas, ita cernere in aequore ponti
aut alio in quovis uno puroque nitore
dissimilis longe inter se variosque colores.
praeterea nihil officiunt obstantque figurae
dissimiles quo quadratum minus omne sit extra;
at varii rerum inpediunt prohibentque colores
quominus esse uno possit res tota nitore.
tum porro quae ducit et inlicit ut tribuamus
principiis rerum nonnumquam causa colores,
occidit, ex albis quoniam non alba creantur, 790
nec quae nigra cluent de nigris, sed variis ex.
quippe etenim multo proclivius exorientur
candida de nullo quam nigro nata colore
aut alio quovis qui contra pugnet et obstet.

    Praeterea quoniam nequeunt sine luce colores
esse neque in lucem existunt primordia rerum,
scire licet quam sint nullo velata colore.
qualis enim caecis poterit color esse tenebris?
lumine quin ipso mutatur propterea quod
recta aut obliqua percussus luce refulget; 800
pluma columbarum quo pacto in sole videtur,
quae sita cervices circum collumque coronat;
namque alias fit uti claro sit rubra pyropo,
interdum quodam sensu fit uti videatur
inter caeruleum viridis miscere zmaragdos.
caudaque pavonis, larga cum luce repleta est,
consimili mutat ratione obversa colores;
qui quoniam quodam gignuntur luminis ictu,
scire licet, sine eo fieri non posse putandum est.

    Et quoniam plagae quoddam genus excipit in se 810
pupula, cum sentire colorem dicitur album,
atque aliud porro, nigrum cum et cetera sentit,
nec refert ea quae tangas quo forte colore

que do mar o puro e simples alvor realizam,
tal como sói de várias formas e várias figuras
algo ser conformado quadrado, de única forma,
conviria, tal como vemos que há num quadrado   780
formas dissímiles, que nos mares, da mesma maneira,
ou em qualquer outra coisa que seja de cor uniforme,
que ali percebêssemos cores diversas e várias.[152]
Mais: em nada as figuras dissímiles obstam, impedem
que, no todo, algo seja quadrado em sua aparência;
mas as várias cores das coisas impedem, proíbem
que algo possa ser visto com simples luz[153] uniforme.
Finalmente, a causa que induz a que atribuamos
cores aos princípios das coisas desaparece,
pois coisas alvas não são criadas de brancas sementes   790
nem as negras são feitas de negras, mas, antes, diversas.
Pois muito mais facilmente as coisas cândidas nascem
e vêm a ser a partir de nenhuma cor que do negro
ou que de outra cor qualquer que oponha-se a elas.[154]

    E, além disso, já que sem luz não pode haver cores
nem sob a luz podemos ver os primórdios das coisas,[155]
é necessário aceitar que nenhuma cor os recobre.
Pois qual tipo de cor pode haver nas trevas mais cegas?
Pois[156] pela própria luz as cores alteram-se quando,
por luz oblíqua ou reta percussas, refulgem brilhando;   800
dessa forma são vistas, ao sol, as plumas dos pombos
ao redor das cervizes coroarem seus colos;
mas por vezes se tornam rubras tal como o piropo,[157]
e outras vezes, por outro sentido, se faz que pareçam
entrelaçar ao cerúleo o verdejar da esmeralda.
Quando também a cauda do pavão é banhada
por luz vasta, igualmente refulge com cores diversas;
já que as cores se geram por certos golpes de luzes,
não poderás conceber que sem elas possam mostrar-se.

    Já que um certo tipo de golpe a pupila recebe   810
quando se diz que percebe o branco; outro tipo de golpe,
quando sente em si o negro ou o resto das cores;
e, quanto àquilo que toques, então, não importam as cores

praedita sint, verum quali magis apta figura,
scire licet nil principiis opus esse colores,
sed variis formis variantis edere tactus.

    Praeterea quoniam non certis certa figuris
est natura coloris et omnia principiorum
formamenta queunt in quovis esse nitore,
cur ea quae constant ex illis non pariter sunt   820
omne genus perfusa coloribus in genere omni?
conveniebat enim corvos quoque saepe volantis
ex albis album pinnis iactare colorem
et nigros fieri nigro de semine cycnos
aut alio quovis uno varioque colore.

    Quin etiam quanto in partis res quaeque minutas
distrahitur magis, hoc magis est ut cernere possis
evanescere paulatim stinguique colorem;
ut fit ubi in parvas partis discerpitur austrum:
purpura poeniceusque color clarissimu' multo,   830
filatim cum distractum est, disperditur omnis;
noscere ut hinc possis prius omnem efflare colorem
particulas, quam discedant ad semina rerum.

    Postremo quoniam non omnia corpora vocem
mittere concedis neque odorem, propterea fit
ut non omnibus attribuas sonitus et odores.
sic oculis quoniam non omnia cernere quimus,
scire licet quaedam tam constare orba colore
quam sine odore ullo quaedam sonituque remota,
nec minus haec animum cognoscere posse sagacem   840
quam quae sunt aliis rebus privata notare.

    Sed ne forte putes solo spoliata colore
corpora prima manere, etiam secreta teporis
sunt ac frigoris omnino calidique vaporis,
et sonitu sterila et suco ieiuna feruntur,
nec iaciunt ullum proprium de corpore odorem.
sicut amaracini blandum stactaeque liquorem
et nardi florem, nectar qui naribus halat,

dos objetos, e sim qual tipo de forma possua,
deves saber, assim, que não são necessárias as cores
pois são as várias formas que trazem os sentidos ao tato.

    Já que a natureza das cores não liga-se a formas
determinadas, e todas as formações dos princípios
podem se dar em qualquer matiz ou cor que se queira,
por que não vemos as coisas que são formadas por eles   820
todas apresentarem toda espécie de cores?
Conviria, assim, que, amiúde, os corvos volantes
derramassem das alvas penas também alvas cores,
e de semente negra gerassem-se negros os cisnes,
ou de outra cor qualquer que queiras, una ou diversa.[158]

    Mais ainda, se cada coisa em partes minutas
dividires cada vez mais, ainda mais serão vistas
pouco a pouco extinguirem-se e esvanecerem as cores;
tal como quando a púrpura rasga-se em partes menores,
essa, a cor escarlate mais viva de toda a Fenícia,[159]   830
quando a fibra desfaz-se em fiapos, de todo se perde;
disso podes saber que as partículas perdem as cores
todas antes de retornarem às sementes das coisas.

    Já que não concederás, por fim, que produzem
todas as coisas voz e odor, dessa forma, portanto,
não atribuas som e odor a todas as coisas.
Já que não pode-se ver com os olhos todas as coisas,
aceitemos que algumas são desprovidas de cores,
tal como algumas possuem odor nenhum ou ruído,
mas a sagacidade do ânimo pode não menos   840
os conceber do que outros corpos privados de coisas.

(b) Outras qualidades secundárias: 842-64

    Mas pra que não consideres que os corpos primevos carecem
só de cores, eis que também são privados do frio
e do calor, totalmente, bem como do tépido morno,
e são estéreis de sons e carentes de gosto, de sumo,
nem emanam de si, de seus corpos, odores ou cheiros.
Tal como a manjerona branda ou a líquida mirra,
ou flor do nardo, que nas narinas instilam o néctar

cum facere instituas, cum primis quaerere par est,
quod licet ac possis reperire, inolentis olivi   850
naturam, nullam quae mittat naribus auram,
quam minime ut possit mixtos in corpore odores
concoctosque suo contractans perdere viro,
propter eandem <rem> debent primordia rerum
non adhibere suum gignundis rebus odorem
nec sonitum, quoniam nihil ab se mittere possunt,
nec simili ratione saporem denique quemquam
nec frigus neque item calidum tepidumque vaporem,
cetera, quae cum ita sunt tamen ut mortalia constent,
molli lenta, fragosa putri, cava corpore raro,   860
omnia sint a principiis seiuncta necessest,
inmortalia si volumus subiungere rebus
fundamenta quibus nitatur summa salutis;
ne tibi res redeant ad nihilum funditus omnes.

    Nunc ea quae sentire videmus cumque necessest
ex insensilibus tamen omnia confiteare
principiis constare. neque id manufesta refutant
nec contra pugnant, in promptu cognita quae sunt,
sed magis ipsa manu ducunt et credere cogunt
ex insensilibus, quod dico, animalia gigni.   870
quippe videre licet vivos existere vermis
stercore de taetro, putorem cum sibi nacta est
intempestivis ex imbribus umida tellus;
praeterea cunctas itidem res vertere sese.
vertunt se fluvii in frondes et pabula laeta
in pecudes, vertunt pecudes in corpora nostra
naturam, et nostro de corpore saepe ferarum
augescunt vires et corpora pennipotentum.
ergo omnes natura cibos in corpora viva
vertit et hinc sensus animantum procreat omnes,   880
non alia longe ratione atque arida ligna
explicat in flammas et <in> ignis omnia versat.
iamne vides igitur magni primordia rerum

quando as preparamos, primeiro é mister encontrarmos,
tanto quanto possível, a natura do óleo inodoro,[160] 850
que não exale para as narinas aura nenhuma,
para que minimamente misture os odores nos corpos
na cocção, ao contato com seu elemento odorante;
por conta disso, não devem, então, os primórdios das coisas
transportar seu odor para as coisas a serem criadas,
nem o seu som, uma vez que, de si, nada levam às coisas,
nem, da mesma maneira, sabor algum, finalmente,
frio, nem mesmo, ou ainda, cálido ou tépido estado;
como tais traços são mortais, perecíveis pras coisas,[161]
suave moleza, fragosa rudeza, porosidade, 860
é necessário que tudo isso esteja afastado aos princípios,
se desejarmos supor imortal fundamento pras coisas,
sobre o qual se apoie a soma da vida, a saúde,
para que todas as coisas não voltem de todo pro nada.[162]

(c) Sensação: 865-990

Já as coisas que vemos sentirem, é necessário
que admitamos, então, que todas possuem princípios
insensíveis. Nem o que é manifesto o refuta,
nem contra isso combate; ao contrário, há fatos sabidos
que nos conduzem pela mão, nos induzem à crença
que de insensíveis, afirmo, os seres viventes são feitos. 870
Pois é lícito ver que os vivos vermes do esterco
tétrico saem, quando a úmida terra se encharca
da podridão que provém das chuvas imoderadas.
Mais: da mesma forma transformam-se todas as coisas.
Vertem-se rios e frondes e amenas pastagens em gado,
verte-se em nossos corpos a natureza do gado,
e dos nossos corpos as feras aumentam suas forças,
crescem assim os corpos das aves plumipotentes.
Dessa forma, a natura reverte todo alimento
em corpos vivos, daí criando todos sentidos 880
dos animados, por razão não muito diversa
da que o árido lenho inflama ou tudo incendeia.
Pois, já vês, é de grande importância aos primórdios das coisas,

referre in quali sint ordine quaeque locata
et commixta quibus dent motus accipiantque?
    Tum porro quid id est, animum quod percutit ipsum,
quod movet et varios sensus expromere cogit,
ex insensilibus ne credas sensile gigni?
ni mirum lapides et ligna et terra quod una
mixta tamen nequeunt vitalem reddere sensum.   890
illud in his igitur rebus meminisse decebit,
non ex omnibus omnino, quaecumque creant res
sensilia, extemplo me gigni dicere sensus,
sed magni referre ea primum quantula constent,
sensile quae faciunt, et qua sint praedita forma,
motibus ordinibus posituris denique quae sint.
quarum nil rerum in lignis glaebisque videmus;
et tamen haec, cum sunt quasi putrefacta per imbris,
vermiculos pariunt, quia corpora materiai
antiquis ex ordinibus permota nova re   900
conciliantur ita ut debent animalia gigni.
deinde ex sensilibus qui sensile posse creari
constituunt porro ex aliis sentire süetis,

                ★

mollia cum faciunt. nam sensus iungitur omnis
visceribus nervis venis, quaecumque videmus
mollia mortali consistere corpore creta.
sed tamen esto iam posse haec aeterna manere:
nempe tamen debent aut sensum partis habere
aut similis totis animalibus esse putari.
at nequeant per se partes sentire necesse est;   910
namque ad nos sensus membrorum respicit omnis,
nec manus a nobis potis est secreta neque ulla
corporis omnino sensum pars sola tenere.
linquitur ut totis animantibus assimulentur.
sic itidem quae sentimus sentire necessest,   915[923]
vitali ut possint consentire undique sensu.   [915]
qui poterunt igitur rerum primordia dici   [916]
et leti vitare vias, animalia cum sint,   [917]
atque animalia <sint> mortalibus una eademque?   [918]

em qual ordem, em quais posições eles sejam dispostos,
com quais outros mistos, que motos dão e recebem?[163]
    Pois, então, o que é que percute o espírito mesmo,
que o move e o impele a exprimir variados sentidos[164]
pra que não creias que do insensível nasça o sensível?
Não te espantes: as pedras, o lenho e a terra, inda unidos,
mistos, contudo não podem criar o sentido, o vivente.   890
Quanto a essas coisas, é importante que nos lembremos:
não afirmo que tudo que possa criar o sensível
sempre produz imediatamente os seres sensíveis,
mas é de grande importância, primeiro, qual é seu tamanho,
desses que criam o sensível, também, que forma possuem,
finalmente seus motos, posições e suas ordens.
Nada dessas coisas nas glebas ou lenha nós vemos;
essas, contudo, quando putrefactas da chuva,
dão à luz vermículos, pois os seus corpos primevos,
nas antigas ordens movidos em nova estrutura,   900
se conciliam de forma a poderem criar nova vida.
Logo aqueles que creem que pode o sensível criar-se
dos sensíveis, esses que soem sentir pelos outros,

    ★[165]

já que os fazem suaves.[166] Todo o sentido se adjunge às
vísceras, nervos e veias, e tudo aquilo que vemos
ser suave, de corpos mortais consiste e é criado.
Mas concedamos que possam permanecer para sempre:
ou deverão suas partes possuírem sentidos,
ou serão tidos como iguais aos viventes inteiros.
Mas é mister que não sintam, em si, sozinhas, as partes;   910
pois o sentido todo dos membros a nós diz respeito:
nem a mão separada de nós, nem parte nenhuma
do nosso corpo, sozinha, tem por si seu sentido.
Resta, então, que sejam tais como os viventes inteiros.
O que nós sentimos é necessário que sintam   915[923]
para que consintamos sentidos vitais igualmente.   [915]
Como, então, poderão ser chamados primórdios das coisas,   [916]
e evitar as vias da morte, se são animados,   [917]
e, se animados, serão também mortais igualmente?   [918]

quod tamen ut possint, at coetu concilioque 920[919]
nil facient praeter vulgum turbamque animantum, [920]
scilicet ut nequeant homines armenta feraeque [921]
inter sese ullam rem gignere conveniundo. [922]
quod si forte suum dimittunt corpore sensum
atque alium capiunt, quid opus fuit attribui id quod
detrahitur? tum praeterea, quo fugimus ante,
quatenus in pullos animalis vertier ova
cernimus alituum vermisque effervere, terram
intempestivos cum putor cepit ob imbris,
scire licet gigni posse ex non sensibu' sensus. 930
    Quod si forte aliquis dicet dumtaxat oriri
posse ex non sensu sensus mutabilitate,
aut aliquo tamquam partu quod proditur extra,
huic satis illud erit planum facere atque probare
non fieri partum nisi concilio ante coacto
nec quicquam commutari sine conciliatu.
principio nequeunt ullius corporis esse
sensus ante ipsam genitam naturam animantis,
nimirum quia materies disiecta tenetur
aere fluminibus terris terraque creatis, 940
nec congressa modo vitalis convenientis
contulit inter se motus, quibus omnituentes
accensi sensus animantem quamque tuentur.
    Praeterea quamvis animantem grandior ictus,
quam patitur natura, repente adfligit et omnis
corporis atque animi pergit confundere sensus.
dissoluuntur enim positurae principiorum
et penitus motus vitales inpediuntur,
donec materies, omnis concussa per artus,
vitalis animae nodos a corpore solvit 950
dispersamque foras per caulas eiecit omnis.
nam quid praeterea facere ictum posse reamur
oblatum, nisi discutere ac dissolvere quaeque?
fit quoque uti soleant minus oblato acriter ictu
relicui motus vitales vincere saepe,
vincere, et ingentis plagae sedare tumultus

Mas se pudessem, contudo, com sua união e concílio,   920[919]
nada fariam pra além de uma turba comum animada,   [920]
tal como entre si os homens, o gado ou as feras   [921]
nada podem gerar simplesmente ao unirem-se em grupo.   [922]
Caso ocorresse, talvez, que o sentido do corpo perdessem,
outro então tomando, qual a vantagem do novo
sobre o que perdem? Mais ainda, como explicamos,
já que os ovos vemos verter-se em vivas galinhas,
ou os vermes efervescendo quando apodrece a
terra afogada por chuvas imoderadas, sabemos,
dessa forma: o sensível pode vir do insensível.   930
    Pois se alguém talvez disser que pode o sensível
vir do não sensível por mudança ou por parto
de algum tipo que o lance pra fora, fazendo-o gerar-se,
tal será o bastante para provar claramente
que não há parto a não ser quando antes houver um concílio,
nem coisa alguma se altera se não após um concílio.
Em princípio, o corpo não pode ter um sentido
antes que a própria natura animada seja criada,
não te espantes, pois, se a matéria espalhada se encontra
no ar e rios e terras e nas coisas terrestres,   940
nem congregados ainda foram os vitais fundamentos,
coordenando entre si os motos com os quais os sentidos
onividentes acordam e cuidam do que é animado.
    E além disso um golpe mais forte que pode a natura
suportar, de repente aflige a todo vivente
confundindo, assim, os sentidos do corpo e da alma.
As posições dos princípios dissolvem-se, então, e, em tudo,
são impedidos os motos vitais, até que a matéria,
toda concussa por todos os membros, dissolve, no corpo,
todos os nós vitais da alma, lançando-os pra fora,   950
expulsando-os, dispersos, a todos, por todos os poros.
Pois o que mais pensamos que pode o golpe lançado
a não ser dissolver, dissipar a todas as coisas?
Acontece, também, que, com golpe menos violento,
os movimentos vitais com frequência resistem e vencem,
vencem, sim, acalmando os grandes tumultos das chagas,

inque suos quicquid rursus revocare meatus
et quasi iam leti dominantem in corpore motum
discutere ac paene amissos accendere sensus.
nam qua re potius leti iam limine ab ipso 960
ad vitam possint conlecta mente reverti,
quam quo decursum prope iam siet ire et abire?

    Praeterea quoniam dolor est ubi materiai
corpora vi quadam per viscera viva per artus
sollicitata suis trepidant in sedibus intus,
inque locum quando remigrant, fit blanda voluptas,
scire licet nullo primordia posse dolore
temptari nullamque voluptatem capere ex se;
quandoquidem non sunt ex ullis principiorum
corporibus, quorum motus novitate laborent 970
aut aliquem fructum capiant dulcedinis almae.
haut igitur debent esse ullo praedita sensu.

    Denique uti possint sentire animalia quaeque,
principiis si iam est sensus tribuendus eorum,
quid, genus humanum propritim de quibus auctumst?
scilicet et risu tremulo concussa cachinnant
et lacrimis spargunt rorantibus ora genasque
multaque de rerum mixtura dicere callent
et sibi proporro quae sint primordia quaerunt;
quandoquidem totis mortalibus adsimulata 980
ipsa quoque ex aliis debent constare elementis,
inde alia ex aliis, nusquam consistere ut ausis:
quippe sequar, quodcumque loqui ridereque dices
et sapere, ex aliis eadem haec facientibus ut sit.
quod si delira haec furiosaque cernimus esse
et ridere potest non ex ridentibus auctus
et sapere et doctis rationem reddere dictis
non ex seminibus sapientibus atque disertis,
qui minus esse queant ea quae sentire videmus
seminibus permixta carentibus undique sensu? 990

    Denique caelesti sumus omnes semine oriundi;

e reconvocam todas as partes aos próprios caminhos,
como se já dominassem o influxo da morte no corpo
e fizessem acordar os sentidos quase perdidos.
Pois, de que modo, ao estar no próprio limite da morte,   960
pode-se reviver, com a mente recuperada,
ao invés de partir para onde já quase partiu-se?

    E, além disso, já que há dor quando os corpos primevos
são perturbados por certa força nas vísceras vivas
e nos membros, e tremem em suas sedes internas,
e, quando voltam ao lugar, a volúpia branda se instala,
deve saber-se que por si sós os primórdios não podem
ser assaltados por dor alguma, ou tomar a volúpia;
já que não são criados de princípios dos corpos
que, com movimentos mudados sofram de dores,   970
ou algum fruto recebam das doçuras da alma.[167]
Segue, portanto, que não podem ter sensação ou sentido.

    E, por fim, pra que possam sentir as espécies viventes,
caso se deva dotar de sentido os princípios de todas,
que diremos daqueles que formam o gênero humano?
Certamente, atiçados gargalham com trêmulo riso
e suas bochechas encharcam com lágrimas orvalhescentes,
são excelentes ao dissertar da mistura das coisas
e investigar quais são os primórdios que formam a si mesmos;
sendo semelhantes aos viventes inteiros   980
eles também deverão ser criados de outros princípios,
e outros de outros ainda, de modo que nunca paramos.
Claro, prossigo: o que quer que digas que ri ou que fala
e que sabe, é composto de coisas que façam o mesmo.
Pois, se tais coisas aceitamos em louco delírio,
e se pode alguém rir sem ser feito de partes ridentes
e saber e dispor a razão em doutos discursos
sem que seja formado de sapientes sementes,
qual motivo é que impede que sintam as coisas que vemos
serem feitas de corpos carentes em si de sentidos?   990

    (d) Resumo: 991-1022

    Somos então oriundos de semente celeste;[168]

omnibus ille idem pater est, unde alma liquentis
umoris guttas mater cum terra recepit,
feta parit nitidas fruges arbustaque laeta
et genus humanum, parit omnia saecla ferarum,
pabula cum praebet quibus omnes corpora pascunt
et dulcem ducunt vitam prolemque propagant;
quapropter merito maternum nomen adepta est.
cedit item retro, de terra quod fuit ante,
in terras et quod missumst ex aetheris oris,   1000
id rursum caeli rellatum templa receptant.
nec sic interemit mors res ut materiai
corpora conficiat, sed coetum dissipat ollis;
inde aliis aliud coniungit et efficit omnes
res ita convertant formas mutentque colores
et capiant sensus et puncto tempore reddant,
ut noscas referre eadem primordia rerum
cum quibus et quali positura contineantur
et quos inter se dent motus accipiantque,
neve putes aeterna penes residere potesse   1010
corpora prima quod in summis fluitare videmus
rebus et interdum nasci subitoque perire.
quin etiam refert nostris in versibus ipsis
cum quibus et quali sint ordine quaeque locata;
namque eadem caelum mare terras flumina solem
significant, eadem fruges arbusta animantis;
si non omnia sunt, at multo maxima pars est
consimilis; verum positura discrepitant res.
sic ipsis in rebus item iam materiai
[intervalla vias conexus pondera plagas]   1020
concursus motus ordo positura figurae
cum permutantur, mutari res quoque debent.

     Nunc animum nobis adhibe veram ad rationem.

ela é o pai de nós todos, de onde a mãe, alma terra,
quando recebe em si as gotas de líquido humor,
fértil gera frutos brilhantes e ledos arbustos,
gênero humano e todas espécies das feras selvagens,
quando provê o alimento que nutre todos os corpos
dando-lhes vida doce, propagando as espécies;
desse motivo merece e recebe seu nome materno.
Retrocede aquilo que antes foi feito da terra
para a terra, e o que foi enviado das orlas celestes,   1000
este também os templos celestes recebem de volta.
Nem a morte destrói as coisas, tal que os princípios
deixem de existir, mas, antes, dissipa os concílios;
desses ajunta uns aos outros e faz com que todas as coisas
vertam suas formas e mudem suas cores, recebam sentidos,
e, num instante no ponto do tempo, de novo pereçam,[169]
para que saibas que faz diferença pros mesmos primórdios
com quais outros e em quais posições eles sejam dispostos,
e que motos entre si se deem e recebam,
e nem penses que podem residir nos princípios,   1010
que são eternos, as coisas que vemos nas bordas das coisas[170]
flutuando, ou nascendo, ou subitamente morrendo.
Pois, também importa, nos próprios hexâmetros nossos,
com quais outras, também em qual ordem as letras se alocam;
pois as mesmas a terra, céu, mar, o sol e os rios
significam, as mesmas os frutos, arbustos e espécies:
muitas das letras ali são próximas, ou são as mesmas,
mas por sua posição é que as coisas discrepam.
Dessa maneira, quanto à própria matéria das coisas,
[conexões, intervalos, caminhos, pesos e chagas,]   1020
motos, concílios, ordem, posições e figuras,
quando permutam-se, alteram também as coisas que existem.

D. *Os infinitos mundos, sua formação e destruição:* **1023-174**

(a) Introdução: 1023-147

Verte, então, o teu ânimo para a razão verdadeira.

nam tibi vementer nova res molitur ad auris
accidere et nova se species ostendere rerum.
sed neque tam facilis res ulla est quin ea primum
difficilis magis ad credendum constet, itemque
nil adeo magnum neque tam mirabile quicquam
quod non paulatim minuant mirarier omnes.
principio caeli clarum purumque colorem 1030
quaeque in se cohibet, palantia sidera passim,
lunamque et solis praeclara luce nitorem;
omnia quae nunc si primum mortalibus essent,
ex improviso si sint obiecta repente,
quid magis his rebus poterat mirabile dici
aut minus ante quod auderent fore credere gentes?
nil, ut opinor: ita haec species miranda fuisset.
quam tibi iam nemo, fessus satiate videndi,
suspicere in caeli dignatur lucida templa!
desine quapropter novitate exterritus ipsa 1040
expuere ex animo rationem, sed magis acri
iudicio perpende et, si tibi vera videntur,
dede manus, aut, si falsum est, accingere contra.
quaerit enim rationem animus, cum summa loci sit
infinita foris haec extra moenia mundi,
quid sit ibi porro quo prospicere usque velit mens
atque animi iactus liber quo pervolet ipse.

 Principio nobis in cunctas undique partis
et latere ex utroque \<supra\> subterque per omne
nulla est finis; uti docui, res ipsaque per se 1050
vociferatur, et elucet natura profundi.
nullo iam pacto veri simile esse putandumst,
undique cum versum spatium vacet infinitum
seminaque innumero numero summaque profunda
multimodis volitent aeterno percita motu,
hunc unum terrarum orbem caelumque creatum,
nil agere illa foris tot corpora materiai;
cum praesertim hic sit natura factus, et ipsa

Pois algo novo e importante insinua-se aos teus ouvidos
e uma nova espécie de coisas deseja mostrar-se.
Coisa nenhuma é tão fácil que difícil não seja
nela crer no princípio, nem, da mesma maneira,
nada é tão grande ou tão admirável que não diminua
pouco a pouco a sua admiração e o seu interesse.
No princípio das claras e puras cores celestes,   1030
todas estrelas ali contidas, errantes no espaço,
lua e o brilho do sol com seus preclaros luzeiros;
todas essas coisas, se pelos mortais fossem vistas
pela primeira vez agora e fossem expostas,
que poderia ser dito de mais admirável que isso, em
que teríamos acreditado menos que nisso?
Nada, creio: tão admirável seria essa imagem.
Já agora ninguém, saciado de ver e cansado,
para a contemplar os lúcidos templos celestes!
Deixa de, por causa da novidade da ideia,   1040
apavorado, a razão expulsar do ânimo, pesa
com juízo sagaz e, se a ti parecerem verdades,
joga as mãos pro alto ou, se falsas, prepara o ataque.
Pois o ânimo busca a razão, já que a soma do espaço
é infinita pra fora, pra além das muralhas do mundo,
e o que existe ali onde busca enxergar nossa mente,
para onde projeta-se e voa o ânimo, livre.

(b) Provas: 1048-89

A princípio, para nós, em todas as partes
e de todos os lados, em tudo, por cima e por baixo,
não há limite, como ensinei: a coisa, ela mesma,   1050
vocifera ser vera – do profundo, a natura.
De modo algum nós podemos considerar verossímil –
já que, pra todos os lados, vague o espaço infinito,
e as sementes em número inúmero ao fundo do espaço
em moto eterno de inúmeros modos, percussas, volitem,
que o orbe das terras e o céu tenham sido criados
únicos, e, pra além, nada façam os corpos primevos;
pois se, neste orbe, assim da natura criado,

sponte sua forte offensando semina rerum
multimodis temere incassum frustraque coacta   1060
tandem coluerunt ea quae coniecta repente
magnarum rerum fierent exordia semper,
terrai maris et caeli generisque animantum.
quare etiam atque etiam talis fateare necesse est
esse alios alibi congressus materiai,
qualis hic est, avido complexu quem tenet aether.
    Praeterea cum materies est multa parata,
cum locus est praesto nec res nec causa moratur
ulla, geri debent nimirum et confieri res.
nunc et seminibus si tanta est copia quantam   1070
enumerare aetas animantum non queat omnis,
vis\<que\> eadem \<et\> natura manet quae semina rerum
conicere in loca quaeque queat simili ratione
atque huc sunt coniecta, necesse est confiteare
esse alios aliis terrarum in partibus orbis
et varias hominum gentis et saecla ferarum.
    Huc accedit ut in summa res nulla sit una,
unica quae gignatur et unica solaque crescat,
quin alicuiu' siet saecli permultaque eodem
sint genere. in primis animalibus inice mentem;   1080
invenies sic montivagum genus esse ferarum,
sic hominum geminam prolem, sic denique mutas
squamigerum pecudes et corpora cuncta volantum.
quapropter caelum simili ratione fatendumst
terramque et solem lunam mare, cetera quae sunt,
non esse unica, sed numero magis innumerali;
quandoquidem vitae depactus terminus alte
tam manet haec et tam nativo corpore constant,
quam genus omne quod hic generatimst rebus abundans.

    Quae bene cognita si teneas, natura videtur   1090
libera continuo dominis privata superbis
ipsa sua per se sponte omnia dis agere expers.
nam pro sancta deum tranquilla pectora pace

por vontade própria, as próprias sementes das coisas,
de modo cego, em vão, batendo-se de muitos modos, 1060
finalmente juntam-se: aquelas que, por acaso,
ao se encontrarem darão os inícios às mais grandiosas
coisas: mares e terras e céus e as espécies viventes.
Pois, inda e ainda, é necessário que se confesse
que existem outros congressos materiais noutros cantos
tal como é este, que o éter domina com ávido jugo.
  Mais ainda, quando dispõe-se de muita matéria,
e de espaço, e não há causa para demora,
não te espantes se as coisas devam ser feitas, geradas.
Pois se há tão grande cópia de sementes que todas 1070
as gerações de animais não consigam enumerá-las,
se mesma força e natura há que as sementes das coisas
todas possam lançar num mesmo local de maneira
semelhante à que ocorre aqui, é mister aceitemos
que em outras partes outros orbes das terras existam
e várias raças de homens e várias espécies de feras.
  Mais: na soma de tudo, nenhuma coisa é só uma,
que única nasça e solitária e única cresça:
sempre pertencerá a uma espécie, e em cada uma delas
muitos de cada. Primeiro, atenção às espécies viventes: 1080
nela verás o gênero das montívagas feras,
bem como a prole dos homens, a muda escamígera raça,
e, também, finalmente, todos os corpos volantes.
Deve-se, dessa forma, admitir que, em razão semelhante
também o céu e a terra, sol, lua e mar e o restante
não são únicos, mas de número inumerável;
já que da vida tanto possuem fronteira fincada
e são feitos de corpo nascido assim como as espécies
todas que abundam aqui, propagando-se dentro da espécie.

(c) Digressão contra a posição teológica: 1090-104

  Pois se bem julgares tais coisas, natura parece 1090
livre pra sempre, privada de soberanos soberbos,
por sua própria vontade agindo isolada dos deuses.
Pois, pelos peitos sagrados dos deuses, que passam as eras

quae placidum degunt aevum vitamque serenam,
quis regere immensi summam, quis habere profundi
indu manu validas potis est moderanter habenas,
quis pariter caelos omnis convertere et omnis
ignibus aetheriis terras suffire feraces,
omnibus inve locis esse omni tempore praesto, 1100
nubibus ut tenebras faciat caelique serena
concutiat sonitu, tum fulmina mittat et aedes
saepe suas disturbet et <in> deserta recedens
saeviat exercens telum quod saepe nocentis
praeterit exanimatque indignos inque merentes?

 Multaque post mundi tempus genitale diemque
primigenum maris et terrae solisque coortum
addita corpora sunt extrinsecus, addita circum
semina quae magnum iaculando contulit omne;
unde mare et terrae possent augescere et unde
appareret spatium caeli domus altaque tecta 1110
tolleret a terris procul et consurgeret aer.
nam sua cuique locis ex omnibus omnia plagis
corpora distribuuntur et ad sua saecla recedunt,
umor ad umorem, terreno corpore terra
crescit et ignem ignes procudunt aetheraque <aether>,
donique ad extremum crescendi perfica finem
omnia perduxit rerum natura creatrix;
ut fit ubi nilo iam plus est quod datur intra
vitalis venas quam quod fluit atque recedit.
omnibus hic aetas debet consistere rebus, 1120
hic natura suis refrenat viribus auctum.
nam quae cumque vides hilaro grandescere adauctu
paulatimque gradus aetatis scandere adultae,
plura sibi assumunt quam de se corpora mittunt,
dum facile in venas cibus omnis inditur et dum
non ita sunt late dispessa ut multa remittant
et plus dispendi faciant quam vescitur aetas.
nam certe fluere atque recedere corpora rebus

plácidas em paz tranquila, levando uma vida serena,
quem regerá a soma do imenso, quem, do profundo[171]
em suas mãos poderá levar as rédeas potentes,
e, ao mesmo tempo, verter e girar os céus[172] em seus eixos,
aquecer com fogos etéreos frutíferas terras,
ou estar em todos lugares e todos os tempos,
para que faça com nuvens as trevas, ou que perturbe   1100
com trovões os céus serenos, envie seus raios
que tremem templos (às vezes os seus), e aos desertos se afaste
louco, exercitando esses raios, que erram às vezes
os culpados, exanimando os não merecentes?

(d) Crescimento e decadência dos mundos: 1105-74

Muito tempo depois do nascimento do mundo,
da geração do mar e da terra, primeiro oriente,
muitos corpos foram adicionados de fora,
muitas sementes em volta, que o grande universo reúne;
donde o mar e as terras possam crescer e de onde
a morada celeste de espaço aparelha-se e os altos   1110
tetos afastam-se ao longe das terras, elevam-se os ares.
Vindo de todos os locos, por conta das chagas, os corpos
todos distribuem-se e seguem suas próprias espécies,
água com água, cresce a terra com corpo terreno
fogos forjam fogos e o éter expande-se do éter,
té que ao extremo limite do crescimento a natura,
criadora perfeita das coisas, tudo conduza;
o que se dá quando não entra mais nas veias da vida
do que se vê que dali se afasta, fluindo pra fora.
E então deve cessar o tempo pra todas as coisas,   1120
e a natura com suas forças refreia o que cresce.
Pois tudo aquilo que vês crescer com alegre fomento,
e ascender os degraus, pouco a pouco, da idade madura,
mais recebem em si do que perdem de seus próprios corpos,
dado que todo o alimento nas veias penetre e enquanto
não estejam ainda dispersas que muito já percam,
desperdiçando mais do que a idade e o tempo aproveitem.[173]
Certo é que muitos corpos efluem e se afastam das coisas,

multa manus dandum est; sed plura accedere debent,
donec alescendi summum tetigere cacumen.   1130
inde minutatim vires et robur adultum
frangit et in partem peiorem liquitur aetas.
quippe etenim quanto est res amplior, augmine adempto,
et quo latior est, in cunctas undique partis
plura modo dispargit et a se corpora mittit,
nec facile in venas cibus omnis diditur ei
nec satis est, proquam largos exaestuat aestus,
unde queat tantum suboriri ac suppeditare.
iure igitur pereunt, cum rarefacta fluendo
sunt et cum externis succumbunt omnia plagis,   1140
quandoquidem grandi cibus aevo denique defit,
nec tuditantia rem cessant extrinsecus ullam
corpora conficere et plagis infesta domare.
sic igitur magni quoque circum moenia mundi
expugnata dabunt labem putris<que> ruinas.
omnia debet enim cibus integrare novando
et fulcire cibus, <cibus> omnia sustentare,
nequiquam, quoniam nec venae perpetiuntur
quod satis est neque quantum opus est natura ministrat.
iamque adeo fracta est aetas effetaque tellus   1150
vix animalia parva creat quae cuncta creavit
saecla deditque ferarum ingentia corpora partu.
haud, ut opinor, enim mortalia saecla superne
aurea de caelo demisit funis in arva
nec mare nec fluctus plangentes saxa crearunt,
sed genuit tellus eadem quae nunc alit ex se.
praeterea nitidas fruges vinetaque laeta
sponte sua primum mortalibus ipsa creavit,
ipsa dedit dulcis fetus et pabula laeta;
quae nunc vix nostro grandescunt aucta labore,   1160
conterimusque boves et viris agricolarum,
conficimus ferrum vix arvis suppeditati:
usque adeo parcunt fetus augentque laborem.
iamque caput quassans grandis suspirat arator
crebrius, incassum magnos cecidisse labores,

deves ceder. Mas muitos a elas devem juntar-se,
té que toquem o topo no auge do crescimento. 1130
Donde, aos poucos, as forças e a adulta maturidade
a idade destroça e as deixa descendo a ladeira.
Quanto maior é a coisa, com seu crescimento encerrado,
quanto mais larga ela for, então, para todos os lados
mais corpos já esparge de si e derrama pra longe,
nem o alimento penetra nas veias com facilidade,
nem é o bastante, tal como o vasto fluxo efluindo,
donde se possa preencher com tamanho parelho ao que perde.
Com razão perecem, por terem se rarefeito
pelo fluxo, e como todas as coisas sucumbem 1140
pelos golpes externos, já que falta o alimento
na idade avançada, nem os golpes externos
cessam, e finalmente subjugam os corpos expostos.
E também as muralhas do magno mundo, uma vez
destruídas cairão em desgraça e em podres ruínas.
Pois o alimento é que torna íntegras todas as coisas,
ao renová-las, é ele a prover-lhes sustento e suporte,
mas, em vão, já que as veias aguentam não mais o bastante
nem a natura administra tudo o que foi necessário.
Mesmo agora a era quebrou-se, e a terra exaurida 1150
mal animais pequeninos cria, tendo criado
todas espécies e feito nascer as feras ingentes.
Pois não foi, como creio, um cordão dourado[174] que as raças
dos mortais fez descer dos céus superiores aos campos,
nem o mar ou as ondas que batem nas rochas criaram,
mas própria terra gerou-as, a elas dando alimento.
E, além disso, os frutos brilhantes e os ledos vinhedos,
por vontade própria primeiro criou ela própria
para os mortais, e lhes deu cereais e ledas pastagens,
estas que agora mal crescem, mesmo por nós cultivadas; 1160
nós exaurimos os bois e as forças dos camponeses
e desgastamos o ferro nos campos que mal alimentam,
tanto que poupam produtos e aumentam-nos todo o trabalho.
Já o velho ao arado suspira e balança a cabeça
lamentando que os grandes labores em nada resultam,

et cum tempora temporibus praesentia confert
praeteritis, laudat fortunas saepe parentis.
tristis item vetulae vitis sator atque <vietae>
temporis incusat momen saeclumque fatigat,
et crepat, antiquum genus ut pietate repletum   1170
perfacile angustis tolerarit finibus aevum,
cum minor esset agri multo modus ante viritim.
nec tenet omnia paulatim tabescere et ire
ad capulum spatio aetatis defessa vetusto.

e, ao comparar o tempo presente aos pretéritos tempos,
louva sem cessar as fortunas dos antepassados.
E o triste semeador dos vinhedos vincados,
velhos, vitupera o movimento das eras,
grasna que as gentes antigas, de piedade repletas, 1170
mui facilmente toleravam a vida em fronteiras
finas, já que eram muito menores as terras pra todos.
Nem percebe que pouco a pouco tudo dissolve e
segue ao sepulcro pela vetusta passagem das eras.

Titi Lucreti Cari De Rerum Natura – Liber Tertius

Livro III

E tenebris tantis tam clarum extollere lumen
qui primus potuisti inlustrans commoda vitae,
te sequor, o Graiae gentis decus, inque tuis nunc
ficta pedum pono pressis vestigia signis,
non ita certandi cupidus quam propter amorem
quod te imitari aveo; quid enim contendat hirundo
cycnis, aut quid nam tremulis facere artubus haedi
consimile in cursu possint et fortis equi vis?
tu pater es rerum inventor, tu patria nobis
suppeditas praecepta, tuisque ex, inclute, chartis,   10
floriferis ut apes in saltibus omnia libant,
omnia nos itidem depascimur aurea dicta,
aurea, perpetua semper dignissima vita.
nam simul ac ratio tua coepit vociferari
naturam rerum, divina mente coorta,
diffugiunt animi terrores, moenia mundi
discedunt, totum video per inane geri res.
apparet divum numen sedesque quietae,
quas neque concutiunt venti nec nubila nimbis
aspergunt neque nix acri concreta pruina   20
cana cadens violat semper<que> innubilus aether
integit, et large diffuso lumine ridet.
omnia suppeditat porro natura neque ulla
res animi pacem delibat tempore in ullo.
at contra nusquam apparent Acherusia templa,
nec tellus obstat quin omnia dispiciantur,
sub pedibus quaecumque infra per inane geruntur.
his ibi me rebus quaedam divina voluptas
percipit atque horror, quod sic natura tua vi
tam manifesta patens ex omni parte retecta est.   30

    Et quoniam docui, cunctarum exordia rerum
qualia sint et quam variis distantia formis

Introdução: 1-93

(a) Proêmio: elogio a Epicuro: 1-30

Entre trevas terríveis, tu pudeste luz clara
exaltar, primeiro ilustrando as benesses da vida,
sigo-te, ó glória da gente grega, e agora por sobre
tuas pegadas ponho meus pés, em firmes vestígios,
sem desejar certame, mas, por amor inflamado,
cúpido por te imitar; afinal, ousaria a andorinha
rivalizar com o cisne? Ou, ainda, com trêmulos membros
podem disputar cabritos com forte cavalo?
Tu és o pai, das coisas o descobridor, tu nos trazes
paternais preceitos, ó ínclito, e dos teus livros,   10
tal como abelhas passeiam por todos floríferos prados,
nós igualmente os teus áureos ditos todos colhemos,
áureos, sim, e sempre os mais dignos de vida perpétua.
Pois, uma vez que a tua razão, dessa mente divina,
vociferando, explica a natureza das coisas,
fogem terrores do ânimo,[175] e as muralhas do mundo
abrem-se, e tudo eu vejo movendo-se ao longo do inane.
Nume divino aparece, bem como suas sedes quietas,[176]
as que não tocam os ventos nem nuvens espargem de chuva,
nem a neve espessada em acre geada as desonra,   20
branca, caindo, mas sempre as cobre um inúbilo éter,
que lhes sorri com vastidão do lume difuso.
Todas as coisas provê, além disso, a natura, e nenhuma
coisa afasta do ânimo a paz, em era nenhuma.
Mas, ao contrário, em parte alguma se veem os templos
do Aqueronte[177] e nem a terra impede se veja
tudo que é feito abaixo de nós ao longo do inane.
Com tais coisas, certo prazer divino me toma e
veneração, pois natura revela-se tão manifesta
por teu poder, que se deixa avistar de todos os lados.   30

(b) Resumo: o medo da morte: 31-93

Já que mostrei de que tipos são os primórdios das coisas
e com quais variadas formas em muito diferem,

sponte sua volitent aeterno percita motu,
quove modo possint res ex his quaeque creari,
hasce secundum res animi natura videtur
atque animae claranda meis iam versibus esse
et metus ille foras praeceps Acheruntis agendus,
funditus humanam qui vitam turbat ab imo
omnia suffundens mortis nigrore neque ullam
esse voluptatem liquidam puramque relinquit. 40
nam quod saepe homines morbos magis esse timendos
infamemque ferunt vitam quam Tartara leti
et se scire animi naturam sanguinis esse
aut etiam venti, si fert ita forte voluntas, [46]
nec prorsum quicquam nostrae rationis egere, 45[44]
hinc licet advertas animum magis omnia laudis [45]
iactari causa quam quod res ipsa probetur.
extorres idem patria longeque fugati
conspectu ex hominum, foedati crimine turpi,
omnibus aerumnis adfecti denique vivunt, 50
et quocumque tamen miseri venere parentant
et nigras mactant pecudes et manibu' divis
inferias mittunt multoque in rebus acerbis
acrius advertunt animos ad religionem.
quo magis in dubiis hominem spectare periclis
convenit adversisque in rebus noscere qui sit;
nam verae voces tum demum pectore ab imo
eliciuntur <et> eripitur persona, manet res.
denique avarities et honorum caeca cupido
quae miseros homines cogunt transcendere finis 60
iuris et interdum socios scelerum atque ministros
noctes atque dies niti praestante labore
ad summas emergere opes, haec vulnera vitae
non minimam partem mortis formidine aluntur.
turpis enim ferme contemptus et acris egestas
semota ab dulci vita stabilique videtur
et quasi iam leti portas cunctarier ante;
unde homines dum se falso terrore coacti
effugisse volunt longe longeque remosse,

que eles volitam por conta própria e em moto perpétuo,
ou de que modo as coisas podem criar-se por eles,
deve-se agora esclarecer, em seguida a essas coisas,
a natura do ânimo e ânima[178] com os meus versos
e afastar pra bem longe esse medo do fundo Aqueronte,
que perturba tão profundamente a vida dos homens,
tudo cobrindo com a escuridão da morte, e não deixa
que nenhum prazer mantenha-se líquido[179] e puro.   40
Pois, embora amiúde os homens declarem que temem
mais a doença ou a vida em desgraça que o reino tartáreo,
e que sabem que a natureza do ânimo é sangue,
ou, ainda, é vento,[180] ou como a vontade decida,   [46]
e, portanto, em nada carecem de nossa doutrina,   45[44]
podes saber que não passa de mero elogio ou jactância,   [45]
ao invés de darem aval de fato ao que pensam.
Esses, desterrados, pra longe da pátria banidos,
longe da vista dos homens, maculados por crime,
por aflições afetados, seguem ainda vivendo,   50
e onde quer que, míseros, cheguem, performam seus ritos,
sacrificam as negras reses, aos manes divinos
oferendas entregam e, estando em terríveis estados,
vertem seus ânimos à religião inda mais fortemente.
Mais ainda: convém observar, quando em dúbios perigos,
o homem e conhecer como é em situações adversas.
Pois veras vozes então, finalmente, vêm do imo peito
e sua persona é arrancada,[181] restando apenas o homem.
E, por fim, a avareza e o desejo cego por honras
que conduzem os míseros homens pra além das fronteiras   60
do direito, e às vezes, parceiros ou sócios em crimes,
noite e dia esforçando-se em labor incessante
para alcançar o poder sobre tudo;[182] tais chagas da vida
são fomentadas, não pouco, pelo medo da morte.
Pois o torpe desprezo e a acerba necessidade
bem afastados parecem da vida doce e estável,
como se já se encontrassem perante os umbrais inferiores;
donde os homens, tomados de falsos terrores, querendo
longe e mais longe encontrar-se, fugindo, empilham riquezas,

sanguine civili rem conflant divitiasque 70
conduplicant avidi, caedem caede accumulantes;
crudeles gaudent in tristi funere fratris
et consanguineum mensas odere timentque.
consimili ratione ab eodem saepe timore
macerat invidia ante oculos illum esse potentem,
illum aspectari, claro qui incedit honore,
ipsi se in tenebris volvi caenoque queruntur.
intereunt partim statuarum et nominis ergo;
et saepe usque adeo mortis formidine vitae
percipit humanos odium lucisque videndae, 80
ut sibi consciscant maerenti pectore letum
obliti fontem curarum hunc esse timorem;
hunc vexare pudorem, hunc vincula amicitiai
rumpere et in summa pietate evertere suadet.
nam iam saepe homines patriam carosque parentis
prodiderunt, vitare Acherusia templa petentes.
nam veluti pueri trepidant atque omnia caecis
in tenebris metuunt, sic nos in luce timemus
interdum, nilo quae sunt metuenda magis quam
quae pueri in tenebris pavitant finguntque futura. 90
hunc igitur terrorem animi tenebrasque necessest
non radii solis neque lucida tela diei
discutiant, sed naturae species ratioque.

Primum animum dico, mentem quem saepe vocamus,
in quo consilium vitae regimenque locatum est,
esse hominis partem nilo minus ac manus et pes
atque oculi partes animantis totius extant.
★
sensum animi certa non esse in parte locatum,
verum habitum quendam vitalem corporis esse,
harmoniam Grai quam dicunt, quod faciat nos 100
vivere cum sensu, nulla cum in parte siet mens;

mesmo a custo do sangue civil, duplicando suas posses, 70
ávidos, acumulando matança sobre matança;
e, cruéis, alegram-se em triste velório de irmãos, e
temem, até odeiam as mesas de seus consanguíneos.[183]
Por razão semelhante, amiúde por mesmos temores,
se maceram de inveja por conta de alguém poderoso,
outro ser bem-visto, ou receber claras honras,
e reclamam de estarem envolvidos em trevas e lodo.
Morrem pelo desejo de renome ou de estátuas;[184]
e com frequência por medo da morte um ódio da vida
e de ver a luz, tão intenso, apodera-se deles 80
que a si próprios infligem a morte com peito em angústia,
esquecidos que o medo da morte é a fonte das dores;
ele persuade a poluir o pudor ou romper da amizade
todos os vínculos e até mesmo acabar com a piedade.[185]
Não poucas vezes os homens traíram os pais e a pátria
para evitar os palácios do profundo Aqueronte.
Pois tal como as crianças tremem de medo de tudo
nas cegas trevas, nós, à luz, às vezes, tememos
coisas que em nada são temíveis mais do que aquelas
que as crianças, apavoradas, supõem que há no escuro. 90
É necessário que a esse terror do ânimo e às trevas
não com os raios do sol nem com lúcidas lanças do dia
dispersemos, mas com a forma e a razão da natura.[186]

A. *Natureza e estrutura da alma:* 94-116

(a) A alma é corpórea, e não uma "harmonia": 94-135

Digo, primeiro, que o ânimo,[187] que também chamam de mente,
onde se encontram o plano e o regimento da vida,
é, para o homem, não menos que as mãos ou os pés, uma parte,
tal como os olhos, partes de todos os seres viventes.

★

[que[188]] o sentido do ânimo em parte alguma se aloque,
mas que seja uma certa disposição corporal que os
gregos chamaram harmonia, que nos faça viver com 100
sensação, com a mente ausente em todas as partes;

ut bona saepe valetudo cum dicitur esse
corporis, et non est tamen haec pars ulla valentis.
sic animi sensum non certa parte reponunt;
magno opere in quo mi diversi errare videntur.
saepe itaque, in promptu corpus quod cernitur aegret,
cum tamen ex alia laetamur parte latenti;
et retro fit ubi contra sit saepe vicissim,
cum miser ex animo laetatur corpore toto;
non alio pacto quam si, pes cum dolet aegri, 110
in nullo caput interea sit forte dolore.
praeterea molli cum somno dedita membra
effusumque iacet sine sensu corpus onustum,
est aliud tamen in nobis quod tempore in illo
multimodis agitatur et omnis accipit in se
laetitiae motus et curas cordis inanis.
nunc animam quoque ut in membris cognoscere possis
esse neque harmonia corpus sentire solere,
principio fit uti detracto corpore multo
saepe tamen nobis in membris vita moretur; 120
atque eadem rursum, cum corpora pauca caloris
diffugere forasque per os est editus aer,
deserit extemplo venas atque ossa relinquit;
noscere ut hinc possis non aequas omnia partis
corpora habere neque ex aequo fulcire salutem,
sed magis haec, venti quae sunt calidique vaporis
semina, curare in membris ut vita moretur.
est igitur calor ac ventus vitalis in ipso
corpore qui nobis moribundos deserit artus.
quapropter quoniam est animi natura reperta 130
atque animae quasi pars hominis, redde harmoniai
nomen, ad organicos alto delatum Heliconi;
sive aliunde ipsi porro traxere et in illam
transtulerunt, proprio quae tum res nomine egebat.
quidquid <id> est, habeant: tu cetera percipe dicta.

Nunc animum atque animam dico coniuncta teneri

tal como diz-se que exista a boa saúde do corpo,
mas não se pode dizer que ela é parte do corpo saudável.
Não posicionam o sentido do ânimo em parte
determinada e assim me parecem errar para longe.
Dessa forma, amiúde adoece o corpo visível,
inda que em outra parte escondida nos alegremos;
e ao contrário acontece que, por sua vez, amiúde,
inda que mísero no ânimo, o corpo todo se alegre;
não diferente de quando, sofrendo do pé um doente,   110
não sinta dor ao mesmo tempo em sua cabeça.
Mais: quando entregam-se os membros à moleza do sono
e sem sentido jaz o corpo espalhado e pesado,
há outra coisa em nós que ao mesmo tempo, contudo,
de muitos modos se agita e recebe em si o movimento
todo da alegria e do cor os cuidados inanes.
Para que possas saber que a ânima está pelos membros
e que não é a harmonia que traz sensação para o corpo,
em princípio, acontece que, ainda que seja apartado o
corpo de grande parte, sobra-nos vida nos membros;   120
mas, quando corpos de calor, ainda que poucos,
se dispersam, e projeta-se o ar pra fora da boca,
deixa os ossos e veias a vida, e deserta de pronto;
disso, podes saber que nem todos os corpos primevos
desempenham os mesmos papéis ou mantêm a saúde
da mesma forma, mas os que são sementes do vento
e do quente vapor mantêm a vida nos membros.
Há, portanto, um calor vital e um sopro[189] nos corpos
que, quando estamos morrendo, deserta-nos todos os membros.
Dessa forma, a natura do ânimo assim revelada   130
como parte do homem, bem como a da ânima, podes
abandonar a harmonia, trazida do Hélicon alto,
aos musicistas,[190] ou eles mesmos trouxeram de outro
loco e usaram para esta coisa carente de nome.
Deixa que guardem, e ouve, tu, as palavras restantes.

(b) Relação entre mente e alma: 136-60

Digo, agora, que ânimo-e-ânima[191] atêm-se em conjunto

inter se atque unam naturam conficere ex se,
sed caput esse quasi et dominari in corpore toto
consilium quod nos animum mentemque vocamus.
idque situm media regione in pectoris haeret. 140
hic exsultat enim pavor ac metus, haec loca circum
laetitiae mulcent; hic ergo mens animusquest.
cetera pars animae per totum dissita corpus
paret et ad numen mentis momenque movetur.
idque sibi solum per se sapit, <id> sibi gaudet,
cum neque res animam neque corpus commovet una.
et quasi, cum caput aut oculus temptante dolore
laeditur in nobis, non omni concruciamur
corpore, sic animus nonnumquam laeditur ipse
laetitiaque viget, cum cetera pars animai 150
per membra atque artus nulla novitate cietur.
verum ubi vementi magis est commota metu mens,
consentire animam totam per membra videmus
sudoresque ita palloremque exsistere toto
corpore et infringi linguam vocemque aboriri,
caligare oculos, sonere auris, succidere artus,
denique concidere ex animi terrore videmus
saepe homines; facile ut quivis hinc noscere possit
esse animam cum animo coniunctam, quae cum animi <vi>
percussast, exim corpus propellit et icit. 160

   Haec eadem ratio naturam animi atque animai
corpoream docet esse. ubi enim propellere membra,
corripere ex somno corpus mutareque vultum
atque hominem totum regere ac versare videtur,
quorum nil fieri sine tactu posse videmus
nec tactum porro sine corpore, nonne fatendumst
corporea natura animum constare animamque?
praeterea pariter fungi cum corpore et una
consentire animum nobis in corpore cernis.
si minus offendit vitam vis horrida teli 170
ossibus ac nervis disclusis intus adacta,

entre si e de si uma só natureza conformam,
mas o que é como se fosse a cabeça e o corpo domina
é o conselho,[192] ou como o chamamos, ânimo ou mente.
Este situa-se firmemente no meio do peito.   140
Lá, pois, exultam pavor e medo e, ali perto, alegrias
dançam; aqui, portanto, estão o ânimo e a mente.
Parte restante da ânima espalha-se ao longo do corpo,
move-se a mando da mente, dela recebe o impulso.
Este sabe somente pra si e consigo se alegra
quando coisa nenhuma perturba ânima ou corpo.
Como quando os olhos ou a cabeça nos doem
por algum incômodo, e mesmo assim não sofremos
em todo o corpo, da mesma forma se o ânimo sofre
ou vigora a alegria, a ânima, parte restante,   150
não se perturba de novas maneiras nos membros ou juntas.
Mas quando a mente é movida por medo mais veemente,
vemos a ânima toda nos membros sentir igualmente,
com palidez e suores tomando o todo do corpo,
língua se quebra e a voz esvanece, obnubilam-se os olhos,
nossos membros sucumbem, ouvidos ressoam sozinhos,[193]
e, finalmente, vemos os homens caídos de medo
pelos terrores do ânimo; isso a fim de que saibam
que a ânima está em conjunto com o ânimo, ela que, quando
percutida pelo ânimo, repercute no corpo.   160

(c) Mente e alma são materiais: 161-76

Mesma razão nos ensina que têm natureza corpórea
ânima e ânimo; quando impelir os membros parece,
alterar a feição, arrancar o corpo do sono,
todo o homem reger e fazer avançar todo o corpo,
como nada disso se pode fazer sem o tato,
nem o tato se faz sem o corpo, não aceitamos
que ânima e ânimo têm uma natureza corpórea?
E, além disso, vês que o ânimo sofre com o corpo,
e são capazes de sentir em conjunto no corpo.
Se a força terrível de um dardo adentra nos ossos   170
e nos nervos, mas sem chegar a tirar-nos a vida,

at tamen insequitur languor terraeque petitus
suavis et in terra mentis qui gignitur aestus
interdumque quasi exsurgendi incerta voluntas.
ergo corpoream naturam animi esse necessest,
corporeis quoniam telis ictuque laborat.

   Is tibi nunc animus quali sit corpore et unde
constiterit pergam rationem reddere dictis.
principio esse aio persubtilem atque minutis
perquam corporibus factum constare. id ita esse   180
hinc licet advertas animum ut pernoscere possis.
nil adeo fieri celeri ratione videtur,
quam si mens fieri proponit et inchoat ipsa.
ocius ergo animus quam res se perciet ulla,
ante oculos quorum in promptu natura videtur.
at quod mobile tanto operest, constare rutundis
perquam seminibus debet perquamque minutis,
momine uti parvo possint inpulsa moveri.
namque movetur aqua et tantillo momine flutat
quippe volubilibus parvisque creata figuris.   190
at contra mellis constantior est natura
et pigri latices magis et cunctantior actus;
haeret enim inter se magis omnis materiai
copia, nimirum quia non tam levibus extat
corporibus neque tam subtilibus atque rutundis.
namque papaveris aura potest suspensa levisque
cogere ut ab summo tibi diffluat altus acervus:
at contra lapidum coniectum spicarumque
noenu potest. igitur parvissima corpora proquam
et levissima sunt, ita mobilitate fruuntur.   200
at contraquae cumque magis cum pondere magno
asperaque inveniuntur, eo stabilita magis sunt.
nunc igitur quoniam <est> animi natura reperta
mobilis egregie, perquam constare necessest
corporibus parvis et levibus atque rutundis.
quae tibi cognita res in multis, o bone, rebus

suave langor, contudo, segue-se à queda pro solo,
e, já no solo, enquanto a mente se agita e efervesce,
pouco a pouco, surge de erguer-se uma incerta vontade.
Por conseguinte é mister que seja corpórea a natura
do ânimo, já que ele sofre também com o golpe do dardo.

(d) Estrutura da mente a da alma: 177-322

Pois agora te digo qual é a natura do corpo
do ânimo e de que partes consiste, através de meus versos.
Primeiramente direi que é muito sutil e que é feito
de diminutas partículas; deves então, aos meus ditos   180
dar atenção redobrada, para que tudo apreendas.
Nada parece ocorrer mais rápido que algo que a mente
para si configura e faz que aconteça ela própria.
O ânimo, então, é capaz de agitar-se mais velozmente
que outra coisa qualquer que pareça mover-se ante aos olhos.
Mas, uma vez que é tão móvel, deve ser feito de corpos
extremamente minúsculos e extremamente redondos,
para que possam mover-se com o menor dos impulsos.
Pois a água se move e reflui com tantinho de impulso,
já que é criada por mínimos elementos volúveis.   190
Mas, ao contrário, a natureza do mel é mais firme,
mais indolentes seus fluidos são e movem-se lentos;
toda a cópia de sua matéria se agarra a si mesma,
pois, não te espantes, não é feita de corpos tão leves
nem tão sutis ou rotundos como aqueles da água.
Pois uma brisa leve é capaz de mover uma pilha
de sementes de papoula, espalhando-a do alto;
mas, ao contrário, ao conjunto de espigas de milho ou de pedras
não poderá. Assim, quanto mais pequeninos os corpos
sejam, e levíssimos, mais fruirão movimento.   200
Mas, ao contrário, o que quer que seja mais áspero e tenha
peso maior, aí mais estabilidade se encontra.
Por conseguinte, já que a natura do ânimo é tida
como muito mais móvel, é necessário que conste
de partículas bem menores, mais leves, rotundas.
Ó meu bom, se entenderes tais coisas, a ti serão úteis

utilis invenietur et opportuna cluebit.
Haec quoque res etiam naturam dedicat eius,
quam tenui constet textura quamque loco se
contineat parvo, si possit conglomerari, 210
quod simul atque hominem leti secura quies est
indepta atque animi natura animaeque recessit,
nil ibi libatum de toto corpore cernas
ad speciem, nil ad pondus: mors omnia praestat
vitalem praeter sensum calidumque vaporem.
ergo animam totam perparvis esse necessest
seminibus, nexam per venas viscera nervos;
quatenus, omnis ubi e toto iam corpore cessit,
extima membrorum circumcaesura tamen se
incolumem praestat nec defit ponderis hilum. 220
quod genus est Bacchi cum flos evanuit aut cum
spiritus unguenti suavis diffugit in auras
aut aliquo cum iam sucus de corpore cessit;
nil oculis tamen esse minor res ipsa videtur
propterea neque detractum de pondere quicquam,
nimirum quia multa minutaque semina sucos
efficiunt et odorem in toto corpore rerum.
quare etiam atque etiam mentis naturam animaeque
scire licet perquam pauxillis esse creatam
seminibus, quoniam fugiens nil ponderis aufert. 230
  Nec tamen haec simplex nobis natura putanda est.
tenvis enim quaedam moribundos deserit aura
mixta vapore, vapor porro trahit aera secum.
nec calor est quisquam, cui non sit mixtus et aer;
rara quod eius enim constat natura, necessest
aeris inter eum primordia multa moveri.
iam triplex animi est igitur natura reperta;
nec tamen haec sat sunt ad sensum cuncta creandum,
nil horum quoniam recipit mens posse creare
sensiferos motus et mens quaecumque volutat. 240
quarta quoque his igitur quaedam natura necessest
attribuatur. east omnino nominis expers;
qua neque mobilius quicquam neque tenvius extat,

a muitas outras, e a ti serão bastante oportunas.
Isso também indica a natura do ânimo, e como
ele consiste de tênue textura e contém-se em espaço
bem diminuto, caso pudéssemos aglomerá-lo, 210
pois, uma vez sobrevenha a segura quietude da morte
para um mortal, e as naturas do ânimo e ânima partam,
nada verias do corpo inteiro sendo vertido,
nem quanto à vista, nem quanto ao peso; a morte preserva
tudo exceto o sentido vital e um vapor algo morno.
É mister, portanto, que a ânima toda de parvo
sêmen se faça, misto nas veias, vísceras, nervos;
de tal forma que, então, ao abandonar todo o corpo,
todo o contorno externo dos membros incólume resta
sem perder sequer um fio que tinha de peso. 220
Dessa maneira, quando o aroma de Baco esvanece,
quando o perfume suave do unguento foge nos ares,
ou abandona um corpo algum sabor suculento,
não nos parece, contudo, que a coisa em si diminua,
nem, além disso, parte do peso foi removida,
não te espantes, pois sementes mui diminutas
formam o odor e o sabor em todos os corpos das coisas.
Pois, inda e ainda, se deve saber que a natura da mente e
da ânima deve constar de sementes maximamente
pequenininhas,[194] pois, ao fugir, peso algum ela leva. 230
   Nem por isso essa natura será reputada
simples. Pois certa aura tênue deserta os que morrem
mista ao vapor, que, por sua vez, o ar[195] traz consigo.
Nem há calor ao qual não haja um ar misturado.
Como possui rarefeita natura, será necessário
que haja muitos primórdios de ar movendo-se nele.
Já descobriu-se que a natura do ânimo é tripla,
mas pra criar sensação tais partes não são o bastante,
pois a mente não permite que elas produzam
motos sensíferos e o que quer que a mente revolva.[196] 240
Mas a essas também é mister uma quarta natura
acrescentar, uma que é totalmente carente de nome.
Não há nada que seja mais móvel ou tênue que ela,

nec magis e parvis et levibus ex elementis;
sensiferos motus quae didit prima per artus.
prima cietur enim, parvis perfecta figuris;
inde calor motus et venti caeca potestas
accipit, inde aer; inde omnia mobilitantur,
concutitur sanguis, tum viscera persentiscunt
omnia, postremis datur ossibus atque medullis 250
sive voluptas est sive est contrarius ardor.
nec temere huc dolor usque potest penetrare neque acre
permanare malum, quin omnia perturbentur
usque adeo <ut> vitae desit locus atque animai
diffugiant partes per caulas corporis omnis.
sed plerumque fit in summo quasi corpore finis
motibus: hanc ob rem vitam retinere valemus.

    Nunc ea quo pacto inter sese mixta quibusque
compta modis vigeant rationem reddere aventem
abstrahit invitum patrii sermonis egestas; 260
sed tamen, ut potero summatim attingere, tangam.
inter enim cursant primordia principiorum
motibus inter se, nihil ut secernier unum
possit nec spatio fieri divisa potestas,
sed quasi multae vis unius corporis extant.
quod genus in quovis animantum viscere vulgo
est odor et quidam color et sapor, et tamen ex his
omnibus est unum perfectum corporis augmen;
sic calor atque aer et venti caeca potestas
mixta creant unam naturam et mobilis illa 270
vis, initum motus ab se quae dividit ollis,
sensifer unde oritur primum per viscera motus.
nam penitus prorsum latet haec natura subestque,
nec magis hac infra quicquam est in corpore nostro
atque anima est animae proporro totius ipsa.
quod genus in nostris membris et corpore toto
mixta latens animi vis est animaeque potestas,
corporibus quia de parvis paucisque creatast;
sic tibi nominis haec expers vis facta minutis
corporibus latet atque animae quasi totius ipsa 280

nem de elementos que sejam mais diminutos e leves,
é a primeira a impelir pelos membros sensíferos motos.
É a primeira a mover-se, formada de formas pequenas,
logo o calor e o cego poder do vento recebem
os movimentos, depois o ar, e tudo então põe-se
em movimento, o sangue se agita e as vísceras sentem
tudo, e depois é levado ao osso e, por fim, à medula, 250
seja o sentido, o prazer, ou seja um ardor negativo.
Mas não é impunemente que a dor pode até esse ponto
penetrar, nem um mal fica ali sem que tudo perturbem
de maneira a fazer com que a vida deserte, e que as partes
da ânima fujam passando através de todos os poros.
Mas, em geral, um limite se encontra nas bordas do corpo
aos movimentos: nesse caso, mantemos a vida.

    E, de que modo, entre si misturados e como se arranjam
para que possam agir, entretanto, mesmo que eu tente
explicar, a pobreza da língua paterna me impede; 260
entretanto, o quanto eu puder, tentarei, mesmo em suma.
Pois, os primórdios[197] entrecruzam-se aos movimentos
dos princípios, tal que nenhum possa ser separado,
nem sua potência pode ser dividida no espaço
são como fossem muitas forças de um único corpo.
Mesmo se nas vísceras em todo ser animado
há odor, um certo calor e um sabor, entretanto
dessas coisas todas um único corpo é formado.
Logo, o calor, o ar e a potência cega do vento
mistos criam natura única e a força motora, 270
que, partindo de si, distribui o início do moto,
donde o sensífero moto pras vísceras vai se alastrando.
Essa natura[198] subjaz a tudo, oculta, escondida,
nem existe nada abaixo dela no corpo;
mais ainda: ela é como a ânima da ânima inteira.[199]
Dessa forma, em nossos membros e corpo se ocultam
força do ânimo e a potência da ânima, mistas,
já que criadas por poucos e minúsculos corpos.[200]
Vê, esta força carente de nome, formada por corpos
mui diminutos, resta ocultada e é da ânima toda 280

proporrost anima et dominatur corpore toto.
consimili ratione necessest ventus et aer
et calor inter se vigeant commixta per artus
atque aliis aliud subsit magis emineatque
ut quiddam fieri videatur ab omnibus unum,
ni calor ac ventus sorsum sorsumque potestas
aeris interemant sensum diductaque solvant.
est etiam calor ille animo, quem sumit, in ira
cum fervescit et ex oculis micat acrius ardor.
est et frigida multa comes formidinis aura 290
quae ciet horrorem membris et concitat artus.
est etiam quoque pacati status aeris ille,
pectore tranquillo qui fit vultuque sereno.
sed calidi plus est illis quibus acria corda
iracundaque mens facile effervescit in ira.
quo genere in primis vis est violenta leonum,
pectora qui fremitu rumpunt plerumque gementes
nec capere irarum fluctus in pectore possunt.
at ventosa magis cervorum frigida mens est
et gelidas citius per viscera concitat auras, 300
quae tremulum faciunt membris existere motum.
at natura boum placido magis aere vivit,
nec nimis irai fax umquam subdita percit
fumida, suffundens caecae caliginis umbra,
nec gelidis torpet telis perfixa pavoris:
interutrasque sitast cervos saevosque leones.
sic hominum genus est. quamvis doctrina politos
constituat pariter quosdam, tamen illa relinquit
naturae cuiusque animi vestigia prima.
nec radicitus evelli mala posse putandumst, 310
quin proclivius hic iras decurrat ad acris,
ille metu citius paulo temptetur, at ille
tertius accipiat quaedam clementius aequo.
inque aliis rebus multis differre necessest
naturas hominum varias moresque sequaces;
quorum ego nunc nequeo caecas exponere causas
nec reperire figurarum tot nomina quot sunt

como que a ânima e sobre todo o corpo domina.²⁰¹
Pelo mesmo motivo é mister que o ar e o vento
e o calor entre si misturados vigorem nos membros,
que um esteja abaixo dos outros e outro, eminente,
tal que pareça que um conjunto se forme com eles
pra que o vento ou calor separados, do ar a potência
separada não eliminem ou dissolvam os sentidos.
Há também o calor que o ânimo assume na ira,
quando efervesce e os olhos vomitam ardor lancinante.
Há muita frígida aura, do pavor companheira, 290
que leva o horror aos membros e faz tremerem as juntas.
Há, ainda, o estado pacato dos ares tranquilos,
o que se faz num peito acalmado e na face serena.
Mas têm mais calor aqueles que têm peito acerbo
e os que possuem a mente que mais efervesce de ira.
Nessa espécie primeiro se encontra a violência leonina,
eles que estouram o peito em rugidos, amiúde gementes
mal dominando o influxo da ira que habita no peito.
Mas a frígida mente dos cervos se dá mais aos ventos
e recebe mais rápido as gélidas auras nas carnes, 300
essas que fazem os membros sofrerem de trêmulo moto.
A natura dos bois toma vida do ar aprazível,
nunca a tocha da ira lhes inflama em excesso,
nem lhes turva a vista com cega fuligem e sombra,
nem entorpece de pavor com gélidos dardos:
põe-se entre as naturas dos sevos leões e os cervos.
Gênero humano também é assim, embora polidos
pela educação, que os iguala, por vezes lhes restam
certos vestígios da natura do ânimo antigos.
Nem se deve pensar que se possa arrancar esses males 310
pela raiz: um corre mais pronto às iras acerbas,
outro é tentado pelo medo um pouco mais forte,
um terceiro recebe as coisas com muita clemência.
É necessário, em muitas outras coisas, ainda,
que as naturas dos homens difiram e os vários costumes;
cujas causas secretas expor agora não posso,
nem encontrar todos nomes que há para as várias figuras

principiis, unde haec oritur variantia rerum.
illud in his rebus video firmare potesse,
usque adeo naturarum vestigia linqui 320
parvula quae nequeat ratio depellere nobis,
ut nil inpediat dignam dis degere vitam.

    Haec igitur natura tenetur corpore ab omni
ipsaque corporis est custos et causa salutis;
nam communibus inter se radicibus haerent
nec sine pernicie divelli posse videntur.
quod genus e thuris glaebis evellere odorem
haud facile est quin intereat natura quoque eius;
sic animi atque animae naturam corpore toto
extrahere haut facile est quin omnia dissoluantur. 330
inplexis ita principiis ab origine prima
inter se fiunt consorti praedita vita
nec sibi quaeque sine alterius vi posse videtur
corporis atque animi sorsum sentire potestas,
sed communibus inter eas conflatur utrimque
motibus accensus nobis per viscera sensus.
praeterea corpus per se nec gignitur umquam
nec crescit neque post mortem durare videtur.
non enim, ut umor aquae dimittit saepe vaporem
qui datus est, neque ea causa convellitur ipse, 340
sed manet incolumis, non, inquam, sic animai
discidium possunt artus perferre relicti,
sed penitus pereunt convulsi conque putrescunt.
ex ineunte aevo sic corporis atque animai
mutua vitalis discunt contagia motus
maternis etiam membris alvoque reposta,
discidium <ut> nequeat fieri sine peste maloque;
ut videas, quoniam coniunctast causa salutis,
coniunctam quoque naturam consistere eorum.
    Quod superest, siquis corpus sentire refutat 350
atque animam credit permixtam corpore toto
suscipere hunc motum quem sensum nominitamus,

dos princípios de onde surge tal diferença.
Quanto a isso, há algo que posso dizer com certeza:
que são tão pequenos os traços das naturezas 320
que restaram, que a razão não nos pode tirá-los:
nada impede vivamos vida digna dos deuses.

(e) Relação da mente e da alma: 323-416

A natureza da ânima é contida no corpo,
ela que guarda todo o corpo e lhe traz a saúde;
já que com raízes comuns entre si se imiscuem
nem se separam sem que sejam, assim, destruídos.
Tal como não é fácil arrancar a um punhado de incenso
seu perfume, sem que pereça também sua natura,
do ânimo e da ânima, assim, remover a natura do corpo
não é fácil, sem que todos juntos dissolvam. 330
Com os princípios assim intrincados desde a origem,
entre si compartilham de mesma vida em consórcio,
nem parece poder de algum deles sem força do outro
a potência do ânimo ou corpo sentir separada,
mas, dos dois lados, com seus comuns movimentos inflamam
os sentidos, que, assim acesos, nas vísceras correm.
E, além disso, sozinho, o corpo nunca se gera,
e não cresce, e não parece durar pós a morte.
Não é, pois, como quando a água libera os calores
que recebeu, embora por isso não venha a perder-se, 340
mas permanece incólume, não dessa forma, eu afirmo
podem aguentar nossas juntas a perda da ânima: antes,
completamente perecem, disformes, então apodrecem.
Desde o princípio das eras, contágios da ânima e corpo,
mútuos, aprendem os movimentos que trazem a vida,
mesmo contidos nos membros da mãe ou, ainda, no ventre,
tal que o discídio não possa ser feito sem dor ou ruína;
para que vejas, já que a causa de sua saúde
é conjunta, conjunta também deve ser a natura.

Quanto ao que resta, se alguém refutar que sentem os corpos, 350
e acreditar que a ânima, espalhada no corpo
é quem recebe esse moto que denominamos sentido,

vel manifestas res contra verasque repugnat.
quid sit enim corpus sentire quis adferet umquam,
si non ipsa palam quod res dedit ac docuit nos?
at dimissa anima corpus caret undique sensu;
perdit enim quod non proprium fuit eius in aevo,
multaque praeterea perdit quom expellitur aevo.
    Dicere porro oculos nullam rem cernere posse,
sed per eos animum ut foribus spectare reclusis,   360
difficilest, contra cum sensus ducat eorum;
sensus enim trahit atque acies detrudit ad ipsas;
fulgida praesertim cum cernere saepe nequimus,
lumina luminibus quia nobis praepediuntur.
quod foribus non fit; neque enim, qua cernimus ipsi,
ostia suscipiunt ullum reclusa laborem.
praeterea si pro foribus sunt lumina nostra,
iam magis exemptis oculis debere videtur
cernere res animus sublatis postibus ipsis.
    Illud in his rebus nequaquam sumere possis,   370
Democriti quod sancta viri sententia ponit,
corporis atque animi primordia singula privis
adposita alternis variare, ac nectere membra.
nam cum multo sunt animae elementa minora
quam quibus e corpus nobis et viscera constant,
tum numero quoque concedunt et rara per artus
dissita sunt, dumtaxat ut hoc promittere possis,
quantula prima queant nobis iniecta ciere
corpora sensiferos motus in corpore, tanta
intervalla tenere exordia prima animai.   380
nam neque pulveris interdum sentimus adhaesum
corpore nec membris incussam sidere cretam,
nec nebulam noctu neque aranei tenvia fila
obvia sentimus, quando obretimur euntes,
nec supera caput eiusdem cecidisse vietam
vestem nec plumas avium papposque volantis
qui nimia levitate cadunt plerumque gravatim,
nec repentis itum cuiusviscumque animantis
sentimus nec priva pedum vestigia quaeque,

esse decerto repugna o que é manifesto e a verdade.
Quem será capaz de dizer que o corpo é sensível,
se não forem os fatos, esses que ensinam e mostram?
Mas, partida a ânima, o corpo perde o sentido;
perde, pois, aquilo que não era seu no princípio;
mais ainda: ao partir, ele sofre perdas maiores.
    Mais: dizer que os olhos não podem ver coisa alguma,
mas que, por eles, o ânimo enxerga como se fossem   360
portas abertas, é difícil: o sentido dos olhos
o contraria; ele atrai o sentido às próprias pupilas;
como quando não podemos ver luminosas
luzes caso a iluminação excessiva o impeça.
Isso não se dá com as portas, se acaso por elas
vemos as coisas, abertas não sofrem labores por isso.
E, além disso, se os nossos olhos são portas, parece
que, arrancados os olhos, o ânimo então poderia
discernir melhor as coisas, sem os batentes.
    Não poderias de modo nenhum aceitar a doutrina   370
que o grande Demócrito expõe em santa sentença,
a de que os primórdios do ânimo e corpo se alternam
uns aos outros, justapostos, os membros tecendo.
Pois, como os elementos da ânima são bem menores
do que aqueles de que nosso corpo e vísceras constem,
dessa forma, também são menores em número e raros
são dissipados nas juntas, de tal maneira que possas
admitir que as menores partículas que a nós são capazes
de produzir os motos sensíferos são as que passam
entre os primórdios da ânima, em seus intervalos menores. 380
Pois não sentimos, por vezes, a poeira aderindo aos
nossos corpos, nem o pó[202] lançado nos membros,
nem a névoa da noite, nem os fios tênues da aranha,
quando por eles somos enredados andando,
nem percebemos que a teia nos cai por sobre a cabeça,
nem as plumas das aves, e nem os cardos volantes
que, com exímia leveza, relutam e caem lentamente,
nem sentimos passagem de cada pequena criatura,
nem em nosso corpo cada vestígio de patas,

corpore quae in nostro culices et cetera ponunt. 390
usque adeo prius est in nobis multa ciendum,
quam primordia sentiscant concussa animai,
semina corporibus nostris inmixta per artus,
et quam in his intervallis tuditantia possint
concursare coire et dissultare vicissim.
    Et magis est animus vitai claustra coercens
et dominantior ad vitam quam vis animai.
nam sine mente animoque nequit residere per artus
temporis exiguam partem pars ulla animai,
sed comes insequitur facile et discedit in auras 400
et gelidos artus in leti frigore linquit.
at manet in vita cui mens animusque remansit.
quamvis est circum caesis lacer undique membris
truncus, adempta anima circum membrisque remota
vivit et aetherias vitalis suscipit auras.
si non omnimodis, at magna parte animai
privatus, tamen in vita cunctatur et haeret;
ut, lacerato oculo circum si pupula mansit
incolumis, stat cernundi vivata potestas,
dummodo ne totum corrumpas luminis orbem 410
et circum caedas aciem solamque relinquas;
id quoque enim sine pernicie non fiet eorum.
at si tantula pars oculi media illa peresa est,
occidit extemplo lumen tenebraeque secuntur,
incolumis quamvis alioqui splendidus orbis.
hoc anima atque animus vincti sunt foedere semper.

    Nunc age, nativos animantibus et mortalis
esse animos animasque levis ut noscere possis,
conquisita diu dulcique reperta labore
digna tua pergam disponere carmina vita. 420
tu fac utrumque uno sub iungas nomine eorum,
atque animam verbi causa cum dicere pergam,

com que nos tocam mosquitos e outros tipos de inseto. 390
Antes, contudo, muito se deve incitar em nós mesmos
pra que os primórdios da ânima, excitados, percebam,
imiscuindo-se com as sementes nos membros dos corpos,
e antes que em tais percussões consigam por entre intervalos
juntas correr, juntar-se e então outra vez separar-se.
    O ânimo é mais coercivo a manter as amarras da vida,
mais dominante da vida do que da ânima a força.
Pois, sem a mente ou o ânimo não poderá, pelos membros,
parte nenhuma da ânima tempo algum demorar-se,
mas, companheira, fácil o segue e dissolve nos ares, 400
abandonando ao frio da morte os gélidos membros.
Mas inda vive quem mantém o ânimo e a mente.
Mesmo que com membros amputados, o tronco
dilacerado, e a ânima removida dos membros,
vive ainda e as auras vitais e etéreas respira.
Se ele não for privado da ânima em todas as partes,
mas de uma grande, a vida ainda atrasa, se arrasta;
tal como o olho que, dilacerado, mantenha a pupila
este inda incólume tem a capacidade da vista,
na medida em que o globo no todo não se corrompa, 410
nem que, ao cortar-se tudo ao redor, a pupila se isole,
o que acarretaria destruição para ambos.
Mas, se afetada a minúscula parte no centro do olho,
morre de imediato a luz e se seguem as trevas,
mesmo que incólume reste o esplêndido orbe no resto:
tal é o pacto que ânima e ânimo une pra sempre.

B. *Provas da mortalidade da alma:* 417-829

Introdução: 417-24

    Vamos, então, pra que possas saber que as ânimas leves
e os ânimos são mortais e nativos nos seres
vivos, perseguirei os achados em doces labores
e os disporei em versos dignos de tua vida. 420
Faz com que juntes ambos sob um único nome,
e, por isso, quando eu disser da ânima que ela

mortalem esse docens, animum quoque dicere credas,
quatenus est unum inter se coniunctaque res est.

    Principio quoniam tenuem constare minutis
corporibus docui multoque minoribus esse
principiis factam quam liquidus umor aquai
aut nebula aut fumus – nam longe mobilitate
praestat et a tenui causa magis icta movetur;
quippe ubi imaginibus fumi nebulaeque movetur.   430
quod genus in somnis sopiti ubi cernimus alte
exhalare vaporem altaria ferreque fumum;
nam procul haec dubio nobis simulacra geruntur –
nunc igitur quoniam quassatis undique vasis
diffluere umorem et laticem discedere cernis
et nebula ac fumus quoniam discedit in auras,
crede animam quoque diffundi multoque perire
ocius et citius dissolvi <in> corpora prima,
cum semel ex hominis membris ablata recessit.
quippe etenim corpus, quod vas quasi constitit eius,   440
cum cohibere nequit conquassatum ex aliqua re
ac rarefactum detracto sanguine venis,
aere qui credas posse hanc cohiberier ullo,
corpore qui nostro rarus magis incohibens sit?
    Praeterea gigni pariter cum corpore et una
crescere sentimus pariterque senescere mentem.
nam velut infirmo pueri teneroque vagantur
corpore, sic animi sequitur sententia tenvis.
inde ubi robustis adolevit viribus aetas,
consilium quoque maius et auctior est animi vis.   450
post ubi iam validis quassatum est viribus aevi
corpus et obtusis ceciderunt viribus artus,
claudicat ingenium, delirat lingua, <labat> mens,
omnia deficiunt atque uno tempore desunt.
ergo dissolui quoque convenit omnem animai
naturam, ceu fumus, in altas aeris auras;
quandoquidem gigni pariter pariterque videmus

é mortal, poderás conceber que do ânimo falo
na medida em que ambos formam uma única coisa.

(a) Argumentos contra a sobrevivência da alma: 425-669

Em princípio, como ensinei que ela é tênue e consiste
de diminutos corpos, princípios muito menores
do que o líquido humor da água, ou mesmo que a névoa,
ou que a fumaça, pois longe em mobilidade os excede
e se move bem mais se por tênue causa tocada,
move-se mesmo tocada de imagens de fumo e de névoa. 430
Quando, pois, tomados de sono nós vimos ao alto
exalarem vapores altares, os fumos levando,
não há dúvida alguma, vêm-nos os simulacros;
E se de vasos chacoalhados pra todos os lados
vês fugir todo o humor e a água se espalha efluindo,
e se também a névoa e o fumo dispersam-se aos ares,
crê tu que a ânima efunde-se e muito mais rápido esvai-se,
muito mais veloz dissolvendo-se em corpos primevos,
logo que seja afastada dos membros dos corpos dos homens.
Mais: como o corpo, que é como se fosse pra ânima um vaso, 440
vês que não pode contê-la, por algo concussionado
ou rarefeito, com sangue todo vazando das veias,
como crerias que pode ela ser coibida por ares,
já que esses ares do que os nossos corpos são bem mais esparsos?

Nós percebemos, também, que juntamente com o corpo
nasce a mente, e ao mesmo tempo cresce e envelhece.
Pois, assim como o infante vaga com tenro e infirme
corpo, também segue assim da ânima a tênue sentença.
Quando, pois, adolesce a idade em robusta virência,
cresce também o conselho e maior é da ânima a verve. 450
Quando, então, chacoalhado por forças ferozes do tempo
nosso corpo, nos falham os membros com feras feridas,
claudicando o engenho, a língua delira e a mente,
tudo é deficiente e desaba e de súbito falta.
Logo, também convêm que da ânima toda a natura,
tal como o fumo, dissolva nas altas auras dos ares.
Já que junto nasce e cresce conjunta com o corpo,

crescere et, <ut> docui, simul aevo fessa fatisci.
    Huc accedit uti videamus, corpus ut ipsum
suscipere immanis morbos durumque dolorem,   460
sic animum curas acris luctumque metumque;
quare participem leti quoque convenit esse.
quin etiam morbis in corporis avius errat
saepe animus; dementit enim deliraque fatur
interdumque gravi lethargo fertur in altum
aeternumque soporem oculis nutuque cadenti,
unde neque exaudit voces nec noscere vultus
illorum potis est, ad vitam qui revocantes
circumstant lacrimis rorantes ora genasque.
quare animum quoque dissolui fateare necessest,   470
quandoquidem penetrant in eum contagia morbi.
nam dolor ac morbus leti fabricator uterquest,
multorum exitio perdocti quod sumus ante.
[et quoniam mentem sanari corpus ut aegrum]
[et pariter mentem sanari corpus inani]
denique cur, hominem cum vini vis penetravit
acris et in venas discessit diditus ardor,
consequitur gravitas membrorum, praepediuntur
crura vacillanti, tardescit lingua, madet mens,
nant oculi, clamor singultus iurgia gliscunt,   480
et iam cetera de genere hoc quaecumque sequuntur,
cur ea sunt, nisi quod vemens violentia vini
conturbare animam consuevit corpore in ipso?
at quaecumque queunt conturbari inque pediri,
significant, paulo si durior insinuarit
causa, fore ut pereant aevo privata futuro.
quin etiam subito vi morbi saepe coactus
ante oculos aliquis nostros, ut fulminis ictu,
concidit et spumas agit, ingemit et tremit artus,
desipit, extentat nervos, torquetur, anhelat   490
inconstanter, et in iactando membra fatigat.
nimirum quia vi morbi distracta per artus
turbat agens anima spumas, <ut> in aequore salso
ventorum validis fervescunt viribus undae.

vimos, e tal como expus, com ele sucumbe à idade.
    Segue-se então que vejamos que, tal como o corpo ele mesmo
é suscetível de imanes morbosidades e duras   460
dores, assim ao ânimo as acres agruras e o luto;
por tal motivo convém que lhe seja partícipe em morte.
Pois, como sempre em mórbido corpo ínvio vagueia
o ânimo, e fala somente delírios de língua demente,
vez ou outra, em letargo tremendo se deixa ir a um alto
sono, e eterno, cadente a cabeça, olhos pesados,
donde nem pode exaurir as vozes, vultos não vendo,
nem pode reconhecê-los à vida invocando de volta,
circunstantes, a lágrima rola – orvalho dos olhos.
Deve-se então admitir que o ânimo enfim se dissolve   470
quando quer que nele penetrem contágios do morbo.
Pois são a dor e o morbo fabricadores da morte –
nisso somos perdoutos diante do exício de muitos.

★203

Sigo: por quê, quando a um homem a verve do vinho penetra,
acre, e em meio às veias o ardor distribui-se, disperso,
segue-se gravidade, vacilam e trançam-se as pernas,
entardece-se a língua, a mádida mente se mela,
nadam os olhos, soluços, clamores e brigas escalam,   480
desse gênero ainda outras coisas logo se seguem?
Qual é a causa, se não que a voraz violência do vinho
pode e costuma aturdir a ânima dentro do corpo?
Se algo pode ser assim aturdido e impedido,
nos significa que se uma causa um pouco mais dura
nele insinua-se, perecerá sem sua posteridade.
Mais ainda: se alguém, coagido de súbito morbo
diante dos nossos olhos, tal como atingido de um raio,
cai e baba espuma, geme e treme nos membros,
surta, retesa seus nervos, contorce-se, ofega anelante,   490
inconstante e em tais convulsões os seus membros fadiga,
não te espantes: destroçadas as juntas e membros
pela verve do morbo, a ânima turba as espumas,
como no mar as ondas fervilham com a verve do vento.

exprimitur porro gemitus, quia membra dolore
adficiuntur et omnino quod semina vocis
eiciuntur et ore foras glomerata feruntur
qua quasi consuerunt et sunt munita viai.
desipientia fit, quia vis animi atque animai
conturbatur et, ut docui, divisa seorsum 500
disiectatur eodem illo distracta veneno.
inde ubi iam morbi reflexit causa reditque
in latebras acer corrupti corporis umor,
tum quasi vaccillans primum consurgit et omnis
paulatim redit in sensus animamque receptat.
haec igitur tantis ubi morbis corpore in ipso
iactentur miserisque modis distracta laborent,
cur eadem credis sine corpore in aere aperto
cum validis ventis aetatem degere posse?
et quoniam mentem sanari, corpus ut aegrum, 510
cernimus et flecti medicina posse videmus,
id quoque praesagit mortalem vivere mentem.
addere enim partis aut ordine traiecere aequumst
aut aliquid prorsum de summa detrahere hilum,
commutare animum quicumque adoritur et infit
aut aliam quamvis naturam flectere quaerit.
at neque transferri sibi partis nec tribui vult
immortale quod est quicquam neque defluere hilum.
nam quodcumque suis mutatum finibus exit,
continuo hoc mors est illius quod fuit ante. 520
ergo animus sive aegrescit, mortalia signa
mittit, uti docui, seu flectitur a medicina.
usque adeo falsae rationi vera videtur
res occurrere et effugium praecludere eunti
ancipitique refutatu convincere falsum.

    Denique saepe hominem paulatim cernimus ire
et membratim vitalem deperdere sensum;
in pedibus primum digitos livescere et unguis,
inde pedes et crura mori, post inde per artus
ire alios tractim gelidi vestigia leti. 530
scinditur itque animae haec quoniam natura nec uno

Mais ainda: o gemido se exprime por conta dos membros
inflamados de dor e, principalmente, por conta
das sementes da voz que se lançam pra fora da boca
aglomeradas, pela via usual, em conjunto.
Quando a verve do ânimo-ânima é conturbada
é que a loucura se faz, como já ensinei; de si mesma   500
é destroçada, divide-se pelo mesmo veneno.
Quando, porém, já retrocede a causa do morbo,
e o acre humor do corpo corrupto volta pras sombras,
ergue-se, então, como se vacilante primeiro e então todos,
pouco a pouco, seus sentidos a ânima acolhe.
Pois se até mesmo dentro do corpo por tais morbidades
são agitados[204] e sofrem de míseros modos tratados,
como crerás que nos ares abertos, fora do corpo,
possam durar e existir, em face dos válidos ventos?
Como vemos que a mente se sana, como se fosse   510
corpo doente, e que pode com medicina curar-se,
isso nos pressagia que a mente é mortal e vivente.
Deve, então, partes juntar ou mudar seu ordenamento,
ou pelo menos tirar da soma ao menos um tanto
todo aquele que o ânimo vise alterar ou comece
a buscar mutação de qualquer natureza que seja.
Pois nem partes de si transferir nem que se lhe atribua
pode aceitar o que for imortal, nem que algo ainda perca.
Pois quando quer que, mudado, algo saia dos próprios limites,
de imediato perece a natura daquilo de antes.[205]   520
Se, como eu disse, adoece o ânimo, signo oferece
de sua mortalidade, ou se altera com medicina.
Dessa maneira contra as falsas razões nos parece
que os veros fatos vencem, bloqueando sua fuga
com dupla refutação, e de fato superam o falso.

    Mais: com frequência se vê alguém perecer pouco a pouco
e perder o sentido vivente membro por membro:
vemos, primeiro, nos pés, os dedos e as unhas ficarem
lívidos, pernas e pés morrerem, e então pelos membros
todos passarem aos poucos os gélidos traços da morte.   530
Como tal natura da ânima cinde e perece e

tempore sincera existit, mortalis habendast.
quod si forte putas ipsam se posse per artus
introrsum trahere et partis conducere in unum
atque ideo cunctis sensum deducere membris,
at locus ille tamen, quo copia tanta animai
cogitur, in sensu debet maiore videri;
qui quoniam nusquamst, nimirum ut diximus <ante>,
dilaniata foras dispargitur, interit ergo.
quin etiam si iam libeat concedere falsum   540
et dare posse animam glomerari in corpore eorum,
lumina qui linquunt moribundi particulatim,
mortalem tamen esse animam fateare necesse,
nec refert utrum pereat dispersa per auras
an contracta suis e partibus obbrutescat,
quando hominem totum magis ac magis undique sensus
deficit et vitae minus et minus undique restat.

    Et quoniam mens est hominis pars una, loco quae
fixa manet certo, velut aures atque oculi sunt
atque alii sensus qui vitam cumque gubernant,   550
et veluti manus atque oculus naresve seorsum
secreta ab nobis nequeunt sentire neque esse,
sed tamen in parvo liquuntur tempore tabe,
sic animus per se non quit sine corpore et ipso
esse homine, illius quasi quod vas esse videtur
sive aliud quid vis potius coniunctius ei
fingere, quandoquidem conexu corpus adhaeret.

    Denique corporis atque animi vivata potestas
inter se coniuncta valent vitaque fruuntur;
nec sine corpore enim vitalis edere motus   560
sola potest animi per se natura nec autem
cassum anima corpus durare et sensibus uti.
scilicet avulsus radicibus ut nequit ullam
dispicere ipse oculus rem sorsum corpore toto,
sic anima atque animus per se nil posse videtur.
ni mirum quia <per> venas et viscera mixtim,
per nervos atque ossa, tenentur corpore ab omni
nec magnis intervallis primordia possunt

não a um só tempo e intacta vai-se, mortal se apresenta.
Mas se pensares que a ânima possa por dentro dos membros
se contrair com todas as partes em único ponto
para privar de sensação a todos os membros,
este local, para onde tal cópia de ânima enorme
for conduzida possuirá sensação mais intensa;
este local, contudo, não há, como antes dissemos,
ela dispersa-se, esparge-se e inteiramente perece.
Mais: se for lícito ainda ceder ao falso argumento   540
e conceder que a ânima se aglomere nos corpos
dos moribundos que abandonam a luz pouco a pouco,
é necessário, contudo, admitir que a ânima morre;
não importa se perecerá dispersando nos ares,
ou se contrairá coletando todas as partes,
já que a sensação faltará ao homem inteiro
cada vez mais, e menos vida terá pouco a pouco.

    E, uma vez que a mente é uma parte do homem, que fica
fixa em local bem preciso, como as orelhas ou olhos
e os outros sentidos que governam a vida,   550
tal como a mão ou o olho ou nariz por si sós, separados
de nossos corpos não podem ser ou sentir, e, ao contrário,
brevemente reduzem-se à podridão liquefeitos,
dessa forma o ânimo só não consegue existir sem
corpo ou o homem: é como se fosse pra ânima um vaso,
caso prefiras, concebe algo ainda mais intrincado,
já que o corpo adere também ao íntimo nexo.[206]

    Afinal, as potências vivazes de ânimo e corpo
prevalecem e fruem da vida somente conjuntas;
nem sem o corpo, contudo, a natura do ânimo pode   560
por si só processar os sentidos da vida, nem mesmo
desprovido de ânima o corpo tem ser e sentido.
Certamente, assim como o olho, apartado dos nervos,
não é capaz de avistar coisa alguma longe do corpo,
dessa forma, ânima-ânimo nada podem sozinhos.
Não te espantes, pois imiscuídos nas vísceras, veias,
entre os nervos e os ossos ficam retidos no corpo
os primórdios; não podem, em intervalos maiores

libera dissultare, ideo conclusa moventur
sensiferos motus quos extra corpus in auras							570
aeris haud possunt post mortem eiecta moveri
propterea quia non simili ratione tenentur.
corpus enim atque animans erit aer, si cohibere
sese anima atque in eos poterit concludere motus
quos ante in nervis et in ipso corpore agebat.
quare etiam atque etiam resoluto corporis omni
tegmine et eiectis extra vitalibus auris
dissolui sensus animi fateare necessest
atque animam, quoniam coniunctast causa duobus.

    Denique cum corpus nequeat perferre animai				580
discidium quin in taetro tabescat odore,
quid dubitas quin ex imo penitusque coorta
emanarit uti fumus diffusa animae vis,
atque ideo tanta mutatum putre ruina
conciderit corpus, penitus quia mota loco sunt
fundamenta, foras anima emanante per artus
perque viarum omnis flexus, in corpore qui sunt,
atque foramina? multimodis ut noscere possis
dispertitam animae naturam exisse per artus
et prius esse sibi distractam corpore in ipso,							590
quam prolapsa foras enaret in aeris auras.
quin etiam finis dum vitae vertitur intra,
saepe aliqua tamen e causa labefacta videtur
ire anima ac toto solui de corpore <velle>
et quasi supremo languescere tempore vultus
molliaque exsangui <trunco> cadere omnia membra.
quod genus est, animo male factum cum perhibetur
aut animam liquisse; ubi iam trepidatur et omnes
extremum cupiunt vitae reprehendere vinclum.
conquassatur enim tum mens animaeque potestas						600
omnis et haec ipso cum corpore collabefiunt;
ut gravior paulo possit dissolvere causa.
quid dubitas tandem quin extra prodita corpus
imbecilla foras in aperto, tegmine dempto,
non modo non omnem possit durare per aevum

livres, dispersarem-se. Antes, reclusos, dão curso
aos movimentos sensíferos. Estes, pra fora dos corpos, 570
pelas auras dos ares não podem mover-se pós morte
pois então não são mais retidos da mesma maneira.
Corpo animado, portanto, seria o ar, se pudesse
em si mesmo conter a ânima, motos causando,
mesmos motos que antes causara nos nervos e corpos.
Pois, inda e ainda, uma vez dissoluto do corpo o véu todo,
bem como expiradas as auras da vitalidade,
deve-se concordar que os sentidos do ânimo vão-se,
e os da ânima, já que conjugam-se as causas de ambos.
    Mais: como o corpo não pode suportar o discídio 580
da ânima sem decompor-se num tétrico odor, não duvides
que, invocada do imo, das profundezas, a força
da ânima emana tal como um fumo difuso nos ares
e se, mudado em ruína tamanha e apodrecida, o
corpo colapsa, é que por dentro os seus fundamentos
foram movidos da sede, e a ânima emana pra fora
pelos membros e todas as juntas que existem no corpo,
pelos minúsculos poros? Saibas de muitas maneiras
que a natureza da ânima sai dispersada dos membros,
destroçada de si, mesmo ainda dentro do corpo 590
antes mesmo do salto, do voo pras auras dos ares.
Mais: quando ainda dentro das fronteiras da vida,
por causa alguma amiúde parece ir enfraquecida,
a ânima, e procurar dissolver-se pra fora do corpo,
como quando a face languesce na hora da morte,
e do exangue tronco todos os membros decaem.
A isso se chama perder consciência, ou ânimo fraco;[207]
quando tudo trepida e todos em volta procuram
restaurar o vínculo último, extremo, da vida.
Pois, então, chacoalha a potência da ânima e a mente 600
e ambos com o próprio corpo enfraquecem conjuntamente;
dá-se uma causa de dissolução um pouco mais grave.
Duvidarias, então, afinal, que, expulsa do corpo,
frágil, pra fora, no aberto, desprovida da casca,
não somente não duraria por todo o eterno,

sed minimum quodvis nequeat consistere tempus?
nec sibi enim quisquam moriens sentire videtur
ire foras animam incolumem de corpore toto
nec prius ad iugulum et supera succedere fauces,
verum deficere in certa regione locatam; 610
ut sensus alios in parti quemque sua scit
dissolui. quod si inmortalis nostra foret mens,
non tam se moriens dissolvi conquereretur,
sed magis ire foras vestemque relinquere, ut anguis.

    Denique cur animi numquam mens consiliumque
gignitur in capite aut pedibus manibusve, sed unis
sedibus et certis regionibus omnibus haeret,
si non certa loca ad nascendum reddita cuique
sunt, et ubi quicquid possit durare creatum
atque ita multimodis partitis artubus esse, 620
membrorum ut numquam existat praeposterus ordo?
usque adeo sequitur res rem neque flamma creari
fluminibus solitast neque in igni gignier algor.

    Praeterea si immortalis natura animaist
et sentire potest secreta a corpore nostro,
quinque, ut opinor, eam faciundum est sensibus auctam.
nec ratione alia nosmet proponere nobis
possumus infernas animas Acherunte vagare.
pictores itaque et scriptorum saecla priora
sic animas intro duxerunt sensibus auctas. 630
at neque sorsum oculi neque nares nec manus ipsa
esse potest animae neque sorsum lingua, neque aures;
haud igitur per se possunt sentire neque esse.

    Et quoniam toto sentimus corpore inesse
vitalem sensum et totum esse animale videmus,
si subito medium celeri praeciderit ictu
vis aliqua ut sorsum partem secernat utramque,
dispertita procul dubio quoque vis animai
et discissa simul cum corpore dissicietur.
at quod scinditur et partis discedit in ullas, 640
scilicet aeternam sibi naturam abnuit esse.
falciferos memorant currus abscidere membra

mas que também não resistiria por mínimo tempo?
Nem nos parece que alguém, ao morrer, consiga sentir sua
ânima incólume em fuga de toda a extensão de seu corpo
nem subindo primeiro à garganta ou às súperas fauces;
antes, de fato, em local já predeterminado perece, 610
como percebe, cada um em sua parte, seus outros sentidos
se dissolvendo. Pois se fosse imortal nossa mente,
não dessa forma ela reclamaria de seu dissolver-se,
mas sairia deixando sua casca, tal como uma cobra.

    Finalmente, por que o conselho do ânimo e a mente
nunca nascem nos pés, na cabeça ou nas mãos, mas em sede
única, em regiões bem precisas onde se fixam
se não for porque fixos locais ao nascer há pra tudo
onde cada coisa criada perdure em seu canto,
de tal modo que sejam as múltiplas partes dispostas 620
sem que exista jamais prepóstera ordem pros membros?
Segue-se, então, coisa a coisa, nem sói que a chama se engendre
de nenhum rio, nem frio se concebe vindo do fogo.

    Pois, caso seja imortal a natura da ânima e possa
ter sensação separada do corpo, então, como penso,
deve-se considerá-la dotada de cinco sentidos.
Nem, de maneira nenhuma podemos imaginar que
ânimas possam vagar pelos ínferos do Aqueronte.
Antes, pintores e antigas gerações de escritores
ânimas introduziram dotadas assim de sentidos. 630
Mas, isoladas, nem olhos, nem próprias mãos, nem narizes,
ânimas não podem ter, nem língua, isoladas, orelhas –
não poderão, dessa forma, nem ser nem sentir coisa alguma.

    E uma vez que sentimos que no todo do corpo
há um sentido vital e sabemos que é todo animado,
se de súbito um golpe veloz o cindir na metade,
com tal força que se separe uma parte da outra,
a potência da ânima parte-se em duas, é certo,
junto com o corpo então estraçalha-se, cinde disjunta.
Mas tudo aquilo que cinde-se desfazendo-se em partes 640
certamente renega que tem uma eterna natura.
Contam que carros dotados de foices arrancam os membros

saepe ita de subito permixta caede calentis,
ut tremere in terra videatur ab artubus id quod
decidit abscisum, cum mens tamen atque hominis vis
mobilitate mali non quit sentire dolorem
et simul in pugnae studio quod dedita mens est:
corpore relicuo pugnam caedesque petessit,
nec tenet amissam laevam cum tegmine saepe
inter equos abstraxe rotas falcesque rapaces, 650
nec cecidisse alius dextram, cum scandit et instat.
inde alius conatur adempto surgere crure,
cum digitos agitat propter moribundus humi pes.
et caput abscisum calido viventeque trunco
servat humi vultum vitalem oculosque patentis,
donec reliquias animai reddidit omnis.
quin etiam tibi si lingua vibrante minanti
serpentis cauda procero corpore utrumque
sit libitum in multas partis discidere ferro,
omnia iam sorsum cernes ancisa recenti 660
vulnere tortari et terram conspargere tabo,
ipsam seque retro partem petere ore priorem
vulneris ardenti, ut morsu premat, icta dolore.
omnibus esse igitur totas dicemus in illis
particulis animas? at ea ratione sequetur
unam animantem animas habuisse in corpore multas.
ergo divisast ea quae fuit una simul cum
corpore; quapropter mortale utrumque putandumst,
in multas quoniam partis disciditur aeque.

    Praeterea si immortalis natura animai 670
constat et in corpus nascentibus insinuatur,
cur super anteactam aetatem meminisse nequimus
nec vestigia gestarum rerum ulla tenemus?
nam si tanto operest animi mutata potestas,
omnis ut actarum exciderit retinentia rerum,
non, ut opinor, id ab leto iam longius errat;
quapropter fateare necessest quae fuit ante

tão velozmente, no calor da carnagem confusa,
que parece tremer na terra o que cai decepado,
mesmo enquanto, contudo, a mente e a verve do homem
dor alguma não podem sentir, tão veloz foi o golpe,
dado também que a mente se foca no ardor da batalha:
com o corpo restante só busca a carnagem e a luta,
nem percebe a sinistra perdida portando o escudo,
que lhe tolheram cavalos, rodas e foices rapaces; 650
outro não vê que a destra caiu: inda insta e avança.
Outro ainda tenta erguer-se com a perna amputada,
perto dali seu pé moribundo ainda mexe seus dedos.
E uma cabeça arrancada de tronco vivente ainda quente
inda no chão mantém viva a expressão e os olhos abertos,
té que por fim as relíquias todas da ânima perca.
Mais ainda, se a ti com a língua minaz e vibrante
serpe achegar e quiseres a cauda do corpo restante
decepar dividindo-a em múltiplas partes com ferro,
logo verás que os pedaços todos restantes dos golpes 660
contorcendo-se espargirão com seus restos a terra,
parte da frente buscando a cauda com a boca, de modo a
aliviar com a mordida a dor da ardente ferida.
Concluiremos que em cada porção há ânima inteira?
Não, pois dessa razão seguirá que um só ser vivente
tem muitas ânimas localizadas em único corpo.
Logo, divide-se aquela que foi uma só com o corpo:
dessa forma ambos devem ser considerados mortais, pois
foram cindidos em múltiplas partes da mesma maneira.

(b) Argumentos contra a preexistência da alma: 670-783

E, além disso, se para a ânima há natureza 670
imortal, que insinua-se em corpos ao nascimento,
como não possuímos memória da vida passada,
nem mantemos vestígio de nossos atos pregressos?
Pois se é tão mudada a potência do ânimo e toda
preservação de memória perdemos de atos e coisas,
isso não configura um estado distante da morte.
Dessa maneira é mister admitir que a que foi já perece,

interiisse et quae nunc est nunc esse creatam.
    Praeterea si iam perfecto corpore nobis
inferri solitast animi vivata potestas 680
tum cum gignimur et vitae cum limen inimus,
haud ita conveniebat uti cum corpore et una
cum membris videatur in ipso sanguine cresse,
sed vel ut in cavea per se sibi vivere solam
convenit, ut sensu corpus tamen affluat omne.
quare etiam atque etiam neque originis esse putandumst
expertis animas nec leti lege solutas.
nam neque tanto opere adnecti potuisse putandumst
corporibus nostris extrinsecus insinuatas –
quod fieri totum contra manifesta docet res. 690
namque ita conexa est per venas viscera nervos
ossaque, uti dentes quoque sensu participentur;
morbus ut indicat et gelidai stringor aquai
et lapis oppressus subsit si frugibus asper –
nec, tam contextae cum sint, exire videntur
incolumes posse et salvas exsolvere sese
omnibus e nervis atque ossibus articulisque.
quod si forte putas extrinsecus insinuatam
permanare animam nobis per membra solere,
tanto quique magis cum corpore fusa peribit. 700
quod permanat enim dissolvitur, interit ergo.
dispertitur enim per caulas corporis omnis
ut cibus, in membra atque artus cum diditur omnis,
disperit atque aliam naturam sufficit ex se,
sic anima atque animus quamvis integra recens <in>
corpus eunt, tamen in manando dissoluuntur,
dum quasi per caulas omnis diduntur in artus
particulae quibus haec animi natura creatur,
quae nunc in nostro dominatur corpore nata
ex illa quae tunc periit partita per artus. 710
quapropter neque natali privata videtur
esse die natura animae nec funeris expers.
    Semina praeterea linquuntur necne animai
corpore in exanimo? quod si linquuntur et insunt,

e a que é agora é o que foi novamente criada.
 Mais ainda, se em nosso corpo já terminado
a potência avivada do ânimo se insinuasse,   680
quando nascemos, e quando adentramos as portas da vida,
não convinha que, assim, juntamente com o corpo e os membros,
com o próprio sangue ela se percebesse crescendo,
mas deveria viver como se numa jaula, sozinha,
já que infundiria com sensação todo o corpo.
Pois, inda e ainda, não podem as ânimas ser concebidas
desprovidas de origem nem mesmo isentas da morte.
Nem se deve admitir que completamente pudessem
ser ligadas aos nossos corpos se vindas de fora –
dá-se o contrário; os fatos manifestos comprovam.   690
Dessa forma as vemos tão conexas nas veias,
vísceras, nervos e ossos que até nossos dentes possuem
sensação, que se tem pelas dores ou gélida água,
ou pela áspera pedra mordida, num pão escondida.
Nem, com tão forte conexão, não se vê como possam
desligar-se incólumes, desenrolar-se dos nervos
todos, salvas, bem como dos ossos, membros ou juntas.
Mas, se talvez pensares que, insinuada de fora,
a ânima possa aos poucos imiscuir-se nos membros,
deve, então, perecer ao findar a fusão com seu corpo.   700
Pois o que imiscui-se dissolve-se: morre, portanto.[208]
Ela dispersa-se em meio a todos os poros do corpo,
como todo o alimento se espalha nos membros e órgãos
e depois cria nova natura a partir do que era,
dessa forma, ânima-ânimo, mesmo íntegras, entram
em um corpo recente, ao imiscuir-se dissolvem,
e por todos os poros distribuem-se nos membros
as partículas que do ânimo criam a natura,
esta que agora domina o todo do corpo, nascida
da que então perecera repartida nos membros.   710
Dessa forma não pode a natura da ânima ser sem
nascimento, nem isenta de data de morte.
 Mais: as sementes da ânima permanecem no corpo
inanimado, ou não? Pois se, ainda, ali permanecem,

haud erit ut merito inmortalis possit haberi,
partibus amissis quoniam libata recessit.
sin ita sinceris membris ablata profugit
ut nullas partis in corpore liquerit ex se,
unde cadavera rancenti iam viscere vermes
expirant atque unde animantum copia tanta 720
exos et exsanguis tumidos perfluctuat artus?
quod si forte animas extrinsecus insinuari
vermibus et privas in corpora posse venire
credis nec reputas cur milia multa animarum
conveniant unde una recesserit, hoc tamen est ut
quaerendum videatur et in discrimen agendum,
utrum tandem animae venentur semina quaeque
vermiculorum ipsaeque sibi fabricentur ubi sint,
an quasi corporibus perfectis insinuentur.
at neque cur faciant ipsae quareve laborent 730
dicere suppeditat. neque enim, sine corpore cum sunt,
sollicitae volitant morbis alguque fameque.
corpus enim magis his vitiis adfine laborat,
et mala multa animus contage fungitur eius.
sed tamen his esto quamvis facere utile corpus
cum subeant; at qua possint via nulla videtur.
haud igitur faciunt animae sibi corpora et artus.
nec tamen est utqui perfectis insinuentur
corporibus; neque enim poterunt subtiliter esse
conexae neque consensu contagia fient. 740

    Denique cur acris violentia triste leonum
seminium sequitur, vulpes dolus, et fuga cervis
a patribus datur et a patrius pavor incitat artus,
et iam cetera de genere hoc cur omnia membris
ex ineunte aevo generascunt ingenioque,
si non, certa suo quia semine seminioque
vis animi pariter crescit cum corpore quoque?
quod si inmortalis foret et mutare soleret
corpora, permixtis animantes moribus essent,
effugeret canis Hyrcano de semine saepe 750
cornigeri incursum cervi tremeretque per auras

não será justo afirmar que ela é imortal, uma vez que,
desprovida das partes deixadas pra trás, ela parte.
Mas se abandona o corpo e o deixa com membros intactos,
sem que no corpo reste de si nenhuma das partes,
como os cadáveres, vísceras podres rançosas, expiram
vermes, donde tamanha cópia de seres viventes   720
desprovidos de sangue e de ossos os corpos infesta?
Pois se talvez aceitares que as ânimas entram nos vermes
vindas de fora e singulares adentram os corpos,
sem que consideres como muitos milhares
de ânimas fluam pra onde apenas uma partira,
uma questão restará e deve ser discriminada:
ou é o caso que todas as ânimas caçam sementes
de vermículos para que as mesmas fabriquem os corpos,
ou talvez se insinuem em corpos de vermes já feitos.
Mas por que elas fazem isso ou por que tanto penam   730
não se pode dizer. Pois, ficando isentas de corpos
poderão volitar sem fome ou frio ou doenças.
Pois é o corpo que é mais afim a tais predicamentos,
pelo contágio com ele é que o ânimo sofre tais males.
Pois, admita-se que para eles é útil ter corpos
para adentrar. Porém não parece haver nenhum modo:
ânimas para si não fazem corpos ou membros,
nem são capazes de se insinuar nos que já estão perfeitos,
nem poderiam mais sutilmente a eles ligar-se
tal que existisse sensação em comum entre eles.   740

  Qual o motivo, então, de a acre violência seguir a
raça feroz dos leões, o dolo, a raposa, e os cervos
receberem de seus ancestrais o pavor e a fuga?
E por que todas as coisas desse tipo nos membros
e no engenho desde o momento da entrada na vida
são geradas, se não porque a força do ânimo em cada
ser nasce junto e cresce junto com o corpo, igualmente?
Pois se ela fosse imortal e tivesse o costume de os corpos
alterar, os viventes teriam caráteres vários:
cão de hircânia semente[209] fugiria com medo   750
da incursão do corníger cervo e, nas auras dos ares,

aeris accipiter fugiens veniente columba,
desiperent homines, saperent fera saecla ferarum.
illud enim falsa fertur ratione, quod aiunt
immortalem animam mutato corpore flecti.
quod mutatur enim dissolvitur, interit ergo.
traiciuntur enim partes atque ordine migrant;
quare dissolui quoque debent posse per artus,
denique ut intereant una cum corpore cunctae.
sin animas hominum dicent in corpora semper 760
ire humana, tamen quaeram cur e sapienti
stulta queat fieri, nec prudens sit puer ullus,
[si non, certa suo quia semine seminioque]²⁰⁹
nec tam doctus equae pullus quam fortis equi vis.
scilicet in tenero tenerascere corpore mentem
confugient. quod si iam fit, fateare necessest
mortalem esse animam, quoniam mutata per artus
tanto opere amittit vitam sensumque priorem.
quove modo poterit pariter cum corpore quoque
confirmata cupitum aetatis tangere florem 770
vis animi, nisi erit consors in origine prima?
quidve foras sibi vult membris exire senectis?
an metuit conclusa manere in corpore putri
et domus aetatis spatio ne fessa vetusto
obruat? at non sunt immortali ulla pericla.

    Denique conubia ad Veneris partusque ferarum
esse animas praesto derídiculum esse videtur,
expectare immortalis mortalia membra
innumero numero certareque praeproperanter
inter se quae prima potissimaque insinuetur; 780
si non forte ita sunt animarum foedera pacta,
ut quae prima volans advenerit insinuetur
prima neque inter se contendant viribus hilum.

    Denique in aethere non arbor, non aequore in alto
nubes esse queunt nec pisces vivere in arvis
nec cruor in lignis neque saxis sucus inesse.

tremeria o falcão fugindo à chegada da pomba,
o homem enlouqueceria, e seriam ilustradas as feras.
Isso defendem, contudo, com falsa razão, quando afirmam
que a ânima, sendo imortal, se altera com o corpo mudado,
pois o que se altera dissolve-se: morre, portanto.
Os elementos transpõem-se e as posições abandonam;
pois elas devem, também, poder dissolver-se nos membros
para que por fim totalmente pereçam com o corpo.
Mas se dizem que as ânimas dos humanos nos corpos   760
dos humanos sempre ingressam, pergunto: por que de
um sapiente se faz um estulto, e nenhuma criança[210]

★

nasce sagaz, nem filhote de égua tem força de adulto?
Certamente, em tenro corpo haverá tenra mente,
admitirão. Mas se assim ocorrer, será necessário
admitir a mortalidade da ânima: tanto
já mudada nos membros, perde os sentidos e a vida.
Ou de que modo, também, poderá, par a par com os corpos,
tendo se fortalecido, alcançar a tão desejada   770
flor da idade o ânimo, exceto em consórcio de origem
com o corpo? Ou por que abandona os membros, se velhos?
Temeria, acaso, encerrada em pútrido corpo,
que essa casa, cansada do antigo espaço da idade
caia em ruínas? Para o imortal, não há riscos, contudo.

 Finalmente, que as ânimas fiquem paradas à espera,
desde o conúbio de Vênus ao parto das feras, parece
algo ridículo que, imortais, aguardem os corpos
dos mortais em número inúmero, ou que disputem
apressadas pra ver quem entraria primeiro,   780
ou a menos que houvesse, entre as ânimas, pacto selado
que a que chegasse primeiro voando adentrasse primeiro o
corpo, para evitarem ao máximo a rixa entre elas.

(c) Argumentos gerais: 784-829

 Dessa forma, no éter as árvores, nuvens nos mares
não poderiam existir, nem os peixes nos campos, ou sangue
pode haver no lenho, nem seiva no meio da rocha.

certum ac dispositumst ubi quicquid crescat et insit.
sic animi natura nequit sine corpore oriri
sola neque a nervis et sanguine longius esse.
quod si posset enim, multo prius ipsa animi vis   790
in capite aut umeris aut imis calcibus esse
posset et innasci quavis in parte soleret,
tandem in eodem homine atque in eodem vase manere.
quod quoniam nostro quoque constat corpore certum
dispositumque videtur ubi esse et crescere possit
sorsum anima atque animus, tanto magis infitiandum
totum posse extra corpus durare genique.
quare, corpus ubi interiit, periisse necessest
confiteare animam distractam in corpore toto.
quippe etenim mortale aeterno iungere et una   800
consentire putare et fungi mutua posse
desiperest. quid enim diversius esse putandumst
aut magis inter se disiunctum discrepitansque,
quam mortale quod est immortali atque perenni
iunctum in concilio saevas tolerare procellas?
praeterea quaecumque manent aeterna necessest
aut quia sunt solido cum corpore respuere ictus
nec penetrare pati sibi quicquam quod queat artas
dissociare intus partis, ut materiai
corpora sunt quorum naturam ostendimus ante,   810
aut ideo durare aetatem posse per omnem,
plagarum quia sunt expertia, sicut inanest
quod manet intactum neque ab ictu fungitur hilum,
aut etiam quia nulla loci sit copia circum,
quo quasi res possint discedere dissoluique,
sicut summarum summast aeterna, neque extra
quis locus est quo diffugiant neque corpora sunt quae
possint incidere et valida dissolvere plaga.
quod si forte ideo magis immortalis habendast,
quod vitalibus ab rebus munita tenetur,   820
aut quia non veniunt omnino aliena salutis
aut quia quae veniunt aliqua ratione recedunt
pulsa prius quam quid noceant sentire queamus,

Pois é determinado onde tudo cresça e exista.
Dessa forma não pode a natura do ânimo, só, sem
corpo, nascer, nem estar afastada do sangue e dos nervos.
Pois, se pudesse, a força do ânimo, antes ainda, 790
se instalaria nos ombros, cabeça, nos pés, calcanhares,
soeria nascer em parte qualquer que quisesse,
e evitaria ficar no mesmo homem ou vaso.
Já que, consta, é determinado e preciso, no corpo
o local onde podem crescer e existir separados
a conjunção ânima-ânimo; tanto mais deve negar-se
que ela possa, inteira, durar, ser gerada sem corpo.
Segue-se que, quando o corpo perece, é mister que aceitemos
que a ânima, ao mesmo tempo, a ele mesclada, pereça.
Pois, de fato, pensar que mortal e eterno estão juntos 800
e que, mutuamente, possuem sensação e interagem
é insensatez. O que se deve pensar que haveria
de mais diverso, disjunto um do outro e mais discordante
do que unir o que é mortal ao eterno e perene
tal que em concílio suportem, unidos, procelas selvagens?
E, além disso, é mister que todas as coisas eternas,[211]
caso sejam de sólido corpo, rebatam os golpes
sem deixar penetrar em si o que quer que as internas
partes possam dissolver da firme unidade:
tal como antes mostramos que ocorre com os corpos primevos. 810
Ou é mister que perdurem por todas as eras eternas,
já que são imunes às chagas, tal como o inane,
que permanece intacto, a salvo de todos os golpes;
ou porque não haja ao redor espaço restante
para onde as coisas pudessem fugir, dissolver-se;
dessa forma é eterna a soma das somas, nem fora
há mais espaço que os corpos ocupem, nem nada haveria
que pudesse dispersá-la com válido golpe.
Pois, se por isso, talvez, a ânima for concebida
como imortal, protegida e afastada das forças da vida, 820
ou porque coisas alheias à sua saúde não venham,
ou porque as coisas que venham, por outros motivos se afastem
derrotadas antes que sintamos seus males

*

praeter enim quam quod morbis cum corporis aegret,
advenit id quod eam de rebus saepe futuris
macerat inque metu male habet curisque fatigat
praeteritisque male admissis peccata remordent.
adde furorem animi proprium atque oblivia rerum,
adde quod in nigras lethargi mergitur undas.

    Nil igitur mors est ad nos neque pertinet hilum,   830
quandoquidem natura animi mortalis habetur.
et velut anteacto nil tempore sensimus aegri,
ad confligendum venientibus undique Poenis,
omnia cum belli trepido concussa tumultu
horrida contremuere sub altis aetheris oris,
in dubioque fuere utrorum ad regna cadendum
omnibus humanis esset terraque marique,
sic, ubi non erimus, cum corporis atque animai
discidium fuerit quibus e sumus uniter apti,
scilicet haud nobis quicquam, qui non erimus tum,   840
accidere omnino poterit sensumque movere,
non si terra mari miscebitur et mare caelo.
et si iam nostro sentit de corpore postquam
distractast animi natura animaeque potestas,
nil tamen est ad nos qui comptu coniugioque
corporis atque animae consistimus uniter apti.
nec, si materiem nostram collegerit aetas
post obitum rursumque redegerit ut sita nunc est
atque iterum nobis fuerint data lumina vitae,
pertineat quicquam tamen ad nos id quoque factum,   850
interrupta semel cum sit repetentia nostri.
et nunc nil ad nos de nobis attinet, ante
qui fuimus, <nil> iam de illis nos adficit angor.
nam cum respicias immensi temporis omne
praeteritum spatium, tum motus materiai

★212

Pois, então, além de adoecer com morbos do corpo,
acontece de a atormentarem as coisas futuras,
e que sofra com preocupações, com o medo, ansiedade;
e, passados os feitos e os males, os erros remordem.
Some-se a isso o furor, a loucura, o esquecer-se das coisas,
some-se a letargia que a imerge nas ondas escuras.

C. *Loucura por medo da morte:* 830-1094

(a) A morte é o fim da sensação: 830-69

Nada, portanto, é a morte pra nós, nem a nós diz respeito,   830
uma vez que é mortal o ânimo por natureza.
Como nos tempos pregressos, nada sofremos dos males
dos avanços guerreiros púnicos de todo lado,
todos sofrendo com trépido estrondo causado da guerra,
horrificados, tremendo sob o éter sublime,
sem saber a qual lado viria a vitória e o império
sobre todos humanos e sobre os mares e terras,
dessa maneira, quando não existirmos e quando
o discídio de ânimo e corpo nos obliterarem,
já que então não mais seremos, não mais sofreremos,   840
nada, também, poderá comover sensações em nós mesmos,
mesmo se terra e mar, ou mar e céu se fundirem.
Mas, se, acaso, depois que, do corpo, for afastada
a natureza natureza do ânimo e da ânima ainda tiverem
sensação, isso não nos importa, pois nós consistimos
da conjunção de ânima e corpo que o ser unifica.
Nem se as eras trouxessem de volta a nossa matéria
muito tempo depois de morrermos, criando de novo
como é agora, e a nós novamente as luzes da vida
se restaurassem, pra nós nada disso faria sentido,   850
já que as lembranças passadas em nós estariam perdidas.
Já agora nada daquilo que fomos importa,
nem nos afeta a angústia que sofremos outrora.
Quando contemplas o imenso espaço de tempo passado
e os inúmeros modos, conformações da matéria

multimodi quam sint, facile hoc accredere possis,
semina saepe in eodem, ut nunc sunt, ordine posta
haec eadem, quibus e nunc nos sumus, ante fuisse. [865]
nec memori tamen id quimus reprehendere mente; [858]
inter enim iectast vitai pausa vageque 860[859]
deerrarunt passim motus ab sensibus omnes. [860]
debet enim, misere si forte aegreque futurumst, [861]
ipse quoque esse in eo tum tempore, cui male possit [862]
accidere. id quoniam mors eximit, esseque probet [863]
illum cui possint incommoda conciliari, 865[864]
scire licet nobis nihil esse in morte timendum
nec miserum fieri qui non est posse, neque hilum
differre an nullo fuerit iam tempore natus,
mortalem vitam mors cum inmortalis ademit.

    Proinde ubi se videas hominem indignarier ipsum, 870
post mortem fore ut aut putescat corpore posto
aut flammis interfiat malisve ferarum,
scire licet non sincerum sonere atque subesse
caecum aliquem cordi stimulum, quamvis neget ipse
credere se quemquam sibi sensum in morte futurum.
non, ut opinor, enim dat quod promittit et unde,
nec radicitus e vita se tollit et eicit,
sed facit esse sui quiddam super inscius ipse.
vivus enim sibi cum proponit quisque futurum,
corpus uti volucres lacerent in morte feraeque, 880
ipse sui miseret; neque enim se dividit illim
nec removet satis a proiecto corpore et illum
se fingit sensuque suo contaminat adstans.
hinc indignatur se mortalem esse creatum
nec videt in vera nullum fore morte alium se,
qui possit vivus sibi se lugere peremptum
stansque iacentem <se> lacerari urive dolere.
nam si in morte malumst malis morsuque ferarum
tractari, non invenio qui non sit acerbum
ignibus impositum calidis torrescere flammis 890

fácil será acreditar que as sementes das coisas, outrora,
estas que formam agora aquilo que somos, já foram
colocadas em ordem idêntica à forma que temos. [865]
Nem isso tudo podemos, porém, trazer à memória: [858]
já que interpôs-se uma pausa de vida e erraram vagando 860[859]
os movimentos dos sentidos por todos os lados. [860]
E se acaso houver no futuro dor ou tristeza, [861]
deve também haver alguém nesse mesmo período [862]
para sofrê-los. Como a morte o proíbe, eximindo [863]
da existência o que concentraria os incômodos, dores, 865[864]
nós podemos saber que nada é temível na morte
e que não pode ser mísero quem não existe, e até mesmo
nada difere se ainda não tivesse nascido
ou se a vida mortal pela morte imortal foi tolhida.

(b) Ilusões devidas à assunção da sobrevivência: 870-930

Por conseguinte se vires um homem sofrer indignado 870
por no pós-morte apodrecer-lhe o cadáver deixado
ou consumir-se nas chamas, ou pelos dentes das feras,
podes saber que ele não é sincero e que estímulo cego
pende sobre seu peito, ainda que negue que creia
que haverá qualquer sensação para si no pós-morte.
Pois, como penso, não garante o que foi prometido,
nem as razões: não se arranca da vida pelas raízes
mas, sem saber, supõe que algo de si inda sobra.
Quando, contudo, cada ser vivo antepõe sua morte
já prevendo que as aves e feras laceram seu corpo, 880
ele de si se apieda, mas sem separar-se do morto,
nem afastar-se o bastante do cadáver prostrado,
como se estivesse a seu lado e ainda sentisse.
Deixa-o revoltado o ter sido criado mortal, e
já não vê que na morte real não terá outro ele
que poderá, inda vivo, de pé, ao seu lado, de luto,
condoer-se de si a queimar ou ser dilacerado.
Pois se é um mal que na morte a mordida ou molares das feras
nos estraçalhem, não sei como pode não ser-nos terrível
sermos cremados com o corpo lançado em tórridas chamas, 890

aut in melle situm suffocari atque rigere
frigore, cum summo gelidi cubat aequore saxi,
urgerive superne obtritum pondere terrae.
    'Iam iam non domus accipiet te laeta, neque uxor
optima, nec dulces occurrent oscula nati
praeripere et tacita pectus dulcedine tangent.
non poteris factis florentibus esse, tuisque
praesidium. misero misere' aiunt 'omnia ademit
una dies infesta tibi tot praemia vitae.'
illud in his rebus non addunt 'nec tibi earum   900
iam desiderium rerum super insidet una.'
quod bene si videant animo dictisque sequantur,
dissoluant animi magno se angore metuque.
'tu quidem ut es leto sopitus, sic eris aevi
quod superest cunctis privatu' doloribus aegris.
at nos horrifico cinefactum te prope busto
insatiabiliter deflevimus, aeternumque
nulla dies nobis maerorem e pectore demet.'
illud ab hoc igitur quaerendum est, quid sit amari
tanto opere, ad somnum si res redit atque quietem,   910
cur quisquam aeterno possit tabescere luctu.
    Hoc etiam faciunt ubi discubuere tenentque
pocula saepe homines et inumbrant ora coronis,
ex animo ut dicant: 'brevis hic est fructus homullis;
iam fuerit neque post umquam revocare licebit.'
tamquam in morte mali cum primis hoc sit eorum,
quod sitis exurat miseros atque arida torrat,
aut aliae cuius desiderium insideat rei.
nec sibi enim quisquam tum se vitamque requirit,
cum pariter mens et corpus sopita quiescunt.   920
nam licet aeternum per nos sic esse soporem,
nec desiderium nostri nos adficit ullum.
et tamen haudquaquam nostros tunc illa per artus
longe ab sensiferis primordia motibus errant,
cum correptus homo ex somno se colligit ipse.
multo igitur mortem minus ad nos esse putandumst,
si minus esse potest quam quod nihil esse videmus;

ou sufocados imersos em mel ou no frio congelados
quando nos deitam no plano topo da gélida rocha,
ou esmagados pelo grave peso da terra.
 "Não mais te acolherá casa alegre ou esposa
ótima, nem verás teus filhos correndo a roubar-te
beijos, ternura tácita, doce, que toca teu peito.
Nunca mais verás florescerem com prósperos feitos
os cuidados com os teus. Ó, pobre," dirão, "um nefasto e
único dia arrancou-te os frutos todos da vida."
Isto, contudo, não acrescentam: "Nem dessas coisas   900
tu sentirás jamais nenhuma saudade ou desejo".
Se isso bem entendessem, e a cabeça seguisse as palavras,
afastariam do ânimo todo medo e angústia.
"Tu, de fato, assim, dormindo o sono da morte,
sempre estarás, privado de toda dor e doença.
Nós, ao redor do terrífico busto pulverizado
te velamos insaciáveis, e nosso eterno
sofrimento dia algum tirará destes peitos."
Deve-se lhe perguntar pra que tanto amargor se
toda a questão se reduz ao sono e à quietude perene: 910
quem poderia, assim, em luto eterno agastar-se?
 Isto dizem também alguns, quando jazem nos leitos,
segurando copos, coroas umbrando suas faces,
vindo do ânimo: "Breve é tal fruição para os pobres
homens: logo se vai, jamais a teremos de novo".
Como se na morte esses fossem os males piores:
sede queimando-os, e árida carestia os secando,
ou que os assaltaria o desejo de alguma outra coisa.
Nem a si nem à vida ninguém reclama, de fato,
quando igualmente o corpo e a mente repousam no sono.   920
Quanto a nós, poderá o sono, assim, ser eterno,
pois nenhum desejo, por fim, nos afeta na morte.
Mas, durante o sono, os primórdios de forma nenhuma
vagam pra longe demais dos sensíferos motos nos membros,
pois, arrancado do sono, o homem recobra a si mesmo.
Deve-se considerar que, pra nós, a morte é bem menos,
se é que pode existir algo a menos daquilo que é nada,

maior enim turbae disiectus materiai
consequitur leto nec quisquam expergitus exstat,
frigida quem semel est vitai pausa secuta. 930

    Denique si vocem rerum natura repente
mittat et hoc alicui nostrum sic increpet ipsa
'quid tibi tanto operest, mortalis, quod nimis aegris
luctibus indulges? quid mortem congemis ac fles?
nam si grata fuit tibi vita anteacta priorque
et non omnia pertusum congesta quasi in vas
commoda perfluxere atque ingrata interiere,
cur non ut plenus vitae conviva recedis
aequo animoque capis securam, stulte, quietem?
sin ea quae fructus cumque es periere profusa 940
vitaque in offensast, cur amplius addere quaeris,
rursum quod pereat male et ingratum occidat omne,
non potius vitae finem facis atque laboris?
nam tibi praeterea quod machiner inveniamque,
quod placeat, nil est: eadem sunt omnia semper.
si tibi non annis corpus iam marcet et artus
confecti languent, eadem tamen omnia restant,
omnia si perges vivendo vincere saecla,
atque etiam potius, si numquam sis moriturus;'
quid respondemus, nisi iustam intendere litem 950
naturam et veram verbis exponere causam?
grandior hic vero si iam seniorque queratur   [955]
atque obitum lamentetur miser amplius aequo,   [952]
non merito inclamet magis et voce increpet acri?   [953]
'aufer abhinc lacrimas, baratre, et compesce querellas.   955[954]
omnia perfunctus vitai praemia marces.
sed quia semper aves quod abest, praesentia temnis,
imperfecta tibi elapsast ingrataque vita
et nec opinanti mors ad caput adstitit ante
quam satur ac plenus possis discedere rerum. 960
nunc aliena tua tamen aetate omnia mitte
aequo animoque agedum †magnis† concede: necessest.'

pois maior dispersão de matéria se segue na morte
do que no sono, e dela ninguém desperta e levanta
quando tenha chegado a gélida pausa da vida.   930

(c') O desejo de prolongar a vida: 931-77 e 1024-52

Se, de repente, a natureza das coisas lançasse
sua voz e ela mesma a qualquer um de nós censurasse:
"Ó, mortal, por que sofres tanto com a morte e indulges
tanto em lamentos e lutos, por que tanta lágrima e grito?
Pois, se a vida que levaste te foi agradável
se as alegrias não se te escaparam tal como num vaso
cheio de furos e pereceram não aproveitadas,
como um conviva feliz, satisfeito, por que não te vais da
vida e, tranquilo, abraças a calma segura, idiota?
Mas, se as coisas de que desfrutaste se desperdiçaram,   940
se é uma ofensa a vida, pra que querer mais um pouco,
já que tudo acaba mal e se vai, e perece,
não é melhor pores fim aos labores, às penas, à vida?
Pois o que mais eu possa inventar, maquinar, que te agrade
não existe: tudo é agora tal como foi sempre.
Se teu corpo ainda não pesa dos anos, se os membros
inda não minguam exaustos, as coisas estão como dantes,
mesmo se vivesses mais tempo que todas as vidas,
tudo daria no mesmo, até mesmo se nunca morresses."
Que responder, senão que o processo é justo, e a causa   950
da natureza é exposta com veras e fortes palavras?
Se, por acaso, alguém já muito mais velho deplora   [955]
e, miserável, lamenta a morte mais que devia,   [952]
não terá mais direito de censurar com voz acre?   [953]
"Leva daqui as lágrimas, frouxo, e deixa de queixas,   955[954]
tendo fruído de todos prazeres da vida, definhas,
mas como sempre desejas o ausente, e o presente desprezas,
imperfeita gastou-se pra ti, e ingrata, tua vida;
sem que queiras, a morte se põe a teu lado e te afaga
antes que saias da vida feliz, satisfeito com as coisas.   960
Vai, abandona todas as coisas alheias à idade
tua, e cede, com ânimo calmo, o lugar aos que ficam."

iure, ut opinor, agat, iure increpet inciletque.
cedit enim rerum novitate extrusa vetustas
semper, et ex aliis aliud reparare necessest;
nec quisquam in barathrum nec Tartara deditur atra.
materies opus est ut crescant postera saecla;
quae tamen omnia te vita perfuncta sequentur;
nec minus ergo ante haec quam tu cecidere, cadentque.
sic alid ex alio numquam desistet oriri   970
vitaque mancipio nulli datur, omnibus usu.
respice item quam nil ad nos anteacta vetustas
temporis aeterni fuerit, quam nascimur ante.
hoc igitur speculum nobis natura futuri
temporis exponit post mortem denique nostram.
numquid ibi horribile apparet, num triste videtur
quicquam, non omni somno securius exstat?

    Atque ea nimirum quaecumque Acherunte profundo
prodita sunt esse, in vita sunt omnia nobis.
nec miser impendens magnum timet aere saxum   980
Tantalus, ut famast, cassa formidine torpens;
sed magis in vita divum metus urget inanis
mortalis casumque timent quem cuique ferat fors.
nec Tityon volucres ineunt Acherunte iacentem
nec quod sub magno scrutentur pectore quicquam
perpetuam aetatem possunt reperire profecto.
quamlibet immani proiectu corporis exstet,
qui non sola novem dispessis iugera membris
obtineat, sed qui terrai totius orbem,
non tamen aeternum poterit perferre dolorem   990
nec praebere cibum proprio de corpore semper.
sed Tityos nobis hic est, in amore iacentem
quem volucres lacerant atque exest anxius angor
aut alia quavis scindunt cuppedine curae.
Sisyphus in vita quoque nobis ante oculos est
qui petere a populo fascis saevasque secures
imbibit et semper victus tristisque recedit.

Com justiça, penso, agiria: justas censuras.
Pois a velhice sempre cede, assolada do novo,
sempre, e uma coisa se reconstrói a partir de uma outra.
Não se desce ao profundo do tártaro atroz, aos infernos.
Pois é preciso matéria para que os pósteros cresçam;
estes, também, a ti seguirão, ao fim de suas vidas,
Logo cairão, não menos que os de antes de ti já caíram:
algo nunca deixará de nascer de outra coisa,   970
nunca ninguém tem posse da vida, somente usufruto.
Veja, também, como as eras passadas do tempo infindável
de antes de nós foram nada – de antes de termos nascido,
essas também a natura nos mostra tal como um espelho
que nos revela o tempo vindouro depois de morrermos.
Mas o que tem de horrível nisso, o que de tão triste,
não é mais calmo morrer do que todo tipo de sono?

(d) Mitos de punição após a morte: 978-1023

Não te admires: todas as coisas que dizem que habitam
o Aqueronte profundo estão todas na vida conosco.
Nem a enorme pedra teme pendente nos ares   980
mísero Tântalo,[213] como dizem, tomado de medo:
mas é na vida que o medo dos deuses aos homens fulmina,
esses que temem da fortuna sua queda, seus golpes.
Nem no Aqueronte os abutres achegam-se a Tício[214] esticado,
nem o que encontrar por sobre o peito tão vasto
podem achar por todos os tempos com que se alimentem;
não importa qual seja a extensão enorme do corpo,
mesmo que com os membros cubra não só nove jeiras,
caso até mesmo cobrisse o orbe inteiro da terra,
nem assim dor eterna ele poderia sofrer, nem   990
oferecer para sempre alimento com o seu corpo.
Tício, porém, para nós é aquele prostrado de amores,
esse que abutres devastam, ou seja, a angústia ansiosa,
ou qualquer coisa que rasgue com dores, desejos perenes.[215]
Sísifo, em vida, diante dos olhos também é aquele
que do povo procura beber os cetros selvagens,
mas amiúde retira-se sempre triste e vencido.[216]

nam petere imperium quod inanest nec datur umquam,
atque in eo semper durum sufferre laborem,
hoc est adverso nixantem trudere monte   1000
saxum quod tamen <e> summo iam vertice rusum
volvitur et plani raptim petit aequora campi.
deinde animi ingratam naturam pascere semper
atque explere bonis rebus satiareque numquam,
quod faciunt nobis annorum tempora, circum
cum redeunt fetusque ferunt variosque lepores,
nec tamen explemur vitai fructibus umquam,
hoc, ut opinor, id est, aevo florente puellas
quod memorant laticem pertusum congerere in vas,
quod tamen expleri nulla ratione potestur.   1010
Cerberus et Furiae iam vero et lucis egestas,
Tartarus horriferos eructans faucibus aestus,
qui neque sunt usquam nec possunt esse profecto.
sed metus in vita poenarum pro male factis
est insignibus insignis, scelerisque luella,
carcer et horribilis de saxo iactu' deorsum,
verbera carnifices robur pix lammina taedae;
quae tamen etsi absunt, at mens sibi conscia factis
praemetuens adhibet stimulos torretque flagellis,
nec videt interea qui terminus esse malorum   1020
possit nec quae sit poenarum denique finis
atque eadem metuit magis haec ne in morte gravescant.
hic Acherusia fit stultorum denique vita.

   Hoc etiam tibi tute interdum dicere possis
'lumina sis oculis etiam bonus Ancu' reliquit
qui melior multis quam tu fuit, improbe, rebus.
inde alii multi reges rerumque potentes
occiderunt, magnis qui gentibus imperitarunt.
ille quoque ipse, viam qui quondam per mare magnum
stravit iterque dedit legionibus ire per altum   1030
ac pedibus salsas docuit super ire lucunas
et contempsit equis insultans murmura ponti,

Pois a busca do império inane que nunca se mostra
a nenhuma pessoa e por isso a dor dos labores
incessantes é o mesmo que o monte escalar com a rocha   1000
que, quando quase chegando no vértice, mais uma vez se
precipita rolando de volta até o plano terreno.
E nutrir a ingrata natura do ânimo sempre,
para preenchê-la com bens mas sem nunca alcançar saciedade,
tal como as estações do ano fazem conosco
quando sempre retornam e trazem os frutos e agrados,
sem que jamais satisfaçam-nos com as benesses da vida,
isto, penso, é o que fazem as moças de idade florente
essas que tentam encher um vaso furado com água[217]
dizem, mas que, de modo algum jamais realizam.   1010
Cérbero e Fúrias, bem como a carência completa das luzes,
Tártaro em erupção, com fauces horríveis de chamas,
estes não há, nem jamais, de modo algum, são possíveis.
Mas na vida os medos imensos de imensos castigos
pelas nossas faltas, para expiar nossos crimes:
cárcere, horrível queda forçada do alto da rocha,
vergas, algozes, tronco, piche, tochas, fogueira;
mesmo se ausentes, a mente, contudo, ciente dos feitos,
terrificada se exibe os estímulos: fogo, flagelos,
sem perceber qual seria o possível termo pros males,   1020
qual seria por fim o limite das penas, e ainda
mais angustia-se achando que agravam-se após sua morte.
Tal é a vida infernal que se plasmam pra si os estultos.

(c") O desejo de prolongar a vida: 931-77 e 1024-52

Isto também poderás a ti mesmo dizer vez por outra:
"Mesmo o bom Anco[218] já não vê mais a luz em seus olhos,
ele que foi melhor do que tu em tantas coisas, inútil.
Muitos outros reis desde então e incontáveis potentes
que comandaram dos povos impérios enormes morreram.
Mesmo aquele que outrora uma estrada lançou sobre os mares,
pras legiões criando um caminho por sobre o oceano,   1030
e ensinou a cruzarem descalços lagoas salgadas
com despeito, insultando, montado, os rugidos das águas

lumine adempto animam moribundo corpore fudit.
Scipiadas, belli fulmen, Carthaginis horror,
ossa dedit terrae proinde ac famul infimus esset.
adde repertores doctrinarum atque leporum,
adde Heliconiadum comites; quorum unus Homerus
sceptra potitus eadem aliis sopitu' quietest.
denique Democritum postquam matura vetustas
admonuit memores motus languescere mentis, 1040
sponte sua leto caput obvius obtulit ipse.
ipse Epicurus obit decurso lumine vitae,
qui genus humanum ingenio superavit et omnis
restinxit, stellas exortus ut aetherius sol.
tu vero dubitabis et indignabere obire?
mortua cui vita est prope iam vivo atque videnti,
qui somno partem maiorem conteris aevi
et viligans stertis nec somnia cernere cessas
sollicitamque geris cassa formidine mentem
nec reperire potes tibi quid sit saepe mali, cum 1050
ebrius urgeris multis miser undique curis
atque animi incerto fluitans errore vagaris.'

    Si possent homines, proinde ac sentire videntur
pondus inesse animo quod se gravitate fatiget,
e quibus id fiat causis quoque noscere et unde
tanta mali tamquam moles in pectore constet,
haud ita vitam agerent, ut nunc plerumque videmus
quid sibi quisque velit nescire et quaerere semper
commutare locum quasi onus deponere possit.
exit saepe foras magnis ex aedibus ille, 1060
esse domi quem pertaesumst, subitoque <revertit>,
quippe foris nilo melius qui sentiat esse.
currit agens mannos ad villam praecipitanter,
auxilium tectis quasi ferre ardentibus instans;
oscitat extemplo, tetigit cum limina villae,
aut abit in somnum gravis atque oblivia quaerit,
aut etiam properans urbem petit atque revisit.

moribundo, verteu sua ânima, findas as luzes.²¹⁹
Cipião, da guerra o fulgor, horror de Cartago,
deu à terra seus ossos tal como o mais ínfimo escravo.
Junte-se a eles os descobridores do conhecimento e
dos prazeres, amigos das Musas, Homero entre eles,
mesmo com cetro, dormiu o sono de todos os outros.
Ora: depois que a Demócrito a velha maturidade
advertiu que já feneciam sua mente e memória, 1040
tranquilamente ele mesmo ofertou para a morte a cabeça.
Mesmo Epicuro morreu no apagar das luzes da vida,
ele que a todos os homens superou em engenho,
ofuscando a todos tal como o sol às estrelas.
Tu, realmente, indignado, duvidas da vinda da morte?
tu, pra quem, vivo e vendo, a vida é o mesmo que a morte,
tu, que exaures em sono a parte maior de teu tempo,
roncas enquanto acordado e não cessas de ter só teus sonhos,
com a mente ansiosa repleta de medos vazios,
nem consegues saber quais causas te trazem os males, 1050
quando, pobre e ébrio, atormentam-te muitos receios,
e na errância incerta do ânimo vagas, flutuas."

(e) A causa da infelicidade na vida: 1053-75

Caso pudessem os homens, mesmo o peso sentindo
no ânimo, que com a sua gravidade o fadiga,
reconhecer as causas e a origem dos males tão grandes
que, tal como se fossem fardos, oprimem seus peitos,
não levariam a vida da forma que muitos agora
vemos viver: sem saber o que querem e sempre queixosos,
nunca no mesmo lugar, como quem busca alívio do peso.
Este que sai da grande mansão com frequência por ter se 1060
entediado com a própria morada, de súbito volta
quando percebe não ter nada bom pra fora das portas.
Corre domando ginetes e precipitando-se à vila,
como apressando-se em salvaguardar os seus tetos em chamas;
prontamente boceja ao chegar nos portões de sua vila,
cai de pronto em sono pesado buscando o oblívio,
ou apressa-se a retornar e rever a cidade.

hoc se quisque modo fugit, at quem scilicet, ut fit,
effugere haud potis est: ingratis haeret et odit
propterea, morbi quia causam non tenet aeger; 1070
quam bene si videat, iam rebus quisque relictis
naturam primum studeat cognoscere rerum,
temporis aeterni quoniam, non unius horae,
ambigitur status, in quo sit mortalibus omnis
aetas, post mortem quae restat cumque manenda.

    Denique tanto opere in dubiis trepidare periclis
quae mala nos subigit vitai tanta cupido?
certa equidem finis vitae mortalibus adstat
nec devitari letum pote quin obeamus.
praeterea versamur ibidem atque insumus usque 1080
nec nova vivendo procuditur ulla voluptas.
sed dum abest quod avemus, id exsuperare videtur
cetera; post aliud, cum contigit illud, avemus
et sitis aequa tenet vitai semper hiantis.
posteraque in dubiost fortunam quam vehat aetas,
quidve ferat nobis casus quive exitus instet.
nec prorsum vitam ducendo demimus hilum
tempore de mortis nec delibare valemus,
quo minus esse diu possimus forte perempti.
proinde licet quod vis vivendo condere saecla; 1090
mors aeterna tamen nilo minus illa manebit,
nec minus ille diu iam non erit, ex hodierno
lumine qui finem vitai fecit, et ille,
mensibus atque annis qui multis occidit ante.

Cada um, dessa forma, foge de si, mas, de fato,
como não pode, permanece em si mesmo, se odeia,
pois, doente, não vê qual a causa de sua doença.　　　　　　1070
Caso a encontrasse, e, então, deixasse o restante de lado,
buscaria de pronto aprender a natura das coisas,
já que se trata do tempo perene e não de uma hora:
esse é o estado em que todos mortais, por todas as eras,
deveremos permanecer, que nos resta pós-morte.

(f) Conclusão: não há motivo para agarrar-se à vida ou para o medo da morte: 1076-94

Finalmente, que malvado desejo da vida
nos constrange a tanto tremer de temor e perigo?
Certamente há limite certeiro da vida aos mortais, e
não é possível evitar que encontremos a face da morte.
E, além disso, giramos pra sempre em volta do mesmo,　　　1080
nem um novo prazer nenhum é forjado com a vida.
Quando se ausenta o que nós desejamos, a tudo supera;
quando obtemos aquilo, já outro é o nosso desejo;
sempre a mesma sede da vida nos toma, sedentos.
Dúbia é a fortuna que nos traz o tempo vindouro.
Que nos fará o acaso? Que fim terá nossa vida?
Nem, além disso, ao prolongar a vida, tiramos
nada do tempo da morte, nem minoramos em nada
pra que tenhamos, talvez, um pouco menos de morte.
Podes, vivendo, sobrepujar gerações, quantas queiras,　　　1090
mesmo assim a morte eterna estará à tua espreita;
não será morto por menos tempo aquele que hoje
viu a luz da vida apagar para si do que aquele
que já deixou esta vida há inúmeros meses ou anos.

Titi Lucreti Cari De Rerum Natura – Liber Quartus

Livro IV

Avia Pieridum peragro loca nullius ante
trita solo. iuvat integros accedere fontis
atque haurire, iuvatque novos decerpere flores
insignemque meo capiti petere inde coronam,
unde prius nulli velarint tempora musae;
primum quod magnis doceo de rebus et artis
religionum animum nodis exsolvere pergo,
deinde quod obscura de re tam lucida pango
carmina, musaeo contingens cuncta lepore.
id quoque enim non ab nulla ratione videtur.   10
nam veluti pueris absinthia taetra medentes
cum dare conantur, prius oras pocula circum
contingunt mellis dulci flavoque liquore,
ut puerorum aetas improvida ludificetur
labrorum tenus, interea perpotet amarum
absinthi laticem deceptaque non capiatur,
sed potius tali facto recreata valescat,
sic ego nunc, quoniam haec ratio plerumque videtur
tristior esse quibus non est tractata, retroque
volgus abhorret ab hac, volui tibi suaviloquenti   20
carmine Pierio rationem exponere nostram
et quasi musaeo dulci contingere melle,
si tibi forte animum tali ratione tenere
versibus in nostris possem, dum percipis omnem
naturam rerum ac persentis utilitatem.

    Atque animi quoniam docui natura quid esset
et quibus e rebus cum corpore compta vigeret
quove modo distracta rediret in ordia prima,
nunc agere incipiam tibi, quod vehementer ad has res
attinet, esse ea quae rerum simulacra vocamus;   30
quae, quasi membranae summo de corpore rerum

Introdução — missão de Lucrécio: 1-25

Corro os espaços das Musas Piérides, inda intocados
por quaisquer outros pés. Agrada alcançar fontes frescas,
delas o líquido haurir, e agrada colher novas flores,
delas buscar pra minha cabeça uma insigne coroa
onde jamais as Musas ornaram a têmpora a outrem;
pois, primeiro, eu ensino de coisas e artes maiores,
tento livrar o espírito da sujeição religiosa,
pois, também, com assuntos tão obscuros ilustro
versos tão lúcidos, todos contendo o charme das Musas.
Isso contudo não sem nenhuma razão eu conduzo;   10
como quando às crianças os médicos tétrico absinto
tentam administrar, primeiro em volta da taça
passam na borda o líquido mel, tão doce e dourado,
para que possa a idade infantil insensata enganar-se
até os lábios, de tal maneira que beba o amargo
líquido absinto, assim, conduzida, mas não enganada,
possa então a criança convalescer, recobrada;
E eu assim, já que tal razão para muitos parece
desagradável, aos nunca por ela tocados, e afasta-se
horrorizado o vulgo, quis com um suaviloquente   20
piério poema expor essa nossa filosofia[220]
e, como se contivesse mel adoçado das musas,
te segurar o espírito com aquilo que exponho
em nossos versos até que exaurisses com perspicácia
toda a natura das coisas e dela tire proveito.[221]

A. *Existência e natureza dos simulacros:* 26-215

(a) Sua existência: 26-109

Como já ensinei[222] sobre o ânimo e sua natura
e de que coisas floresce composta junta com o corpo
ou como voltam, dissolvidos, à ordem primeva,
começarei agora a dizer-te o que é mui pertinente:
que há o que chamamos de simulacros[223] das coisas: 30
estes, como se fossem membranas a se descolarem

dereptae, volitant ultroque citroque per auras,
atque eadem nobis vigilantibus obvia mentis
terrificant atque in somnis, cum saepe figuras
contuimur miras simulacraque luce carentum,
quae nos horrifice languentis saepe sopore
excierunt, ne forte animas Acherunte reamur
effugere aut umbras inter vivos volitare
neve aliquid nostri post mortem posse relinqui,
cum corpus simul atque animi natura perempta 40
in sua discessum dederint primordia quaeque.
dico igitur rerum effigias tenuisque figuras
mittier ab rebus summo de corpore eorum;
id licet hinc quamvis hebeti cognoscere corde.
    [Sed quoniam docui cunctarum exordia rerum
qualia sint et quam variis distantia formis
sponte sua volitent aeterno percita motu
quoque modo possit res ex his quaeque creari,
nunc agere incipiam tibi quod vehementer ad has res
attinet, esse ea quae rerum simulacra vocamus, 50
quae quasi membranae vel cortex nominitandast,
quod speciem ac formam similem gerit eius imago,
cuius cumque cluet de corpore fusa vagari.]
    Principio quoniam mittunt in rebus apertis
corpora res multae, partim diffusa solute,
robora ceu fumum mittunt ignesque vaporem,
et partim contexta magis condensaque, ut olim
cum teretes ponunt tunicas aestate cicadae,
et vituli cum membranas de corpore summo
nascentes mittunt, et item cum lubrica serpens 60
exuit in spinis vestem; nam saepe videmus
illorum spoliis vepris volitantibus auctas.
quae quoniam fiunt, tenuis quoque debet imago
ab rebus mitti summo de corpore rerum.
nam cur illa cadant magis ab rebusque recedant
quam quae tenvia sunt, hiscendist nulla potestas;
praesertim cum sint in summis corpora rebus
multa minuta, iaci quae possint ordine eodem

da superfície das coisas, voejam por todos os lados
pelas auras, e a nós, com a mente em vigília, amedrontam,
adormecidos também, quando sempre avistamos figuras
maravilhosas e simulacros daqueles que já não
veem a luz, e que então nos espantam e arrancam do sono;
não pensemos, contudo, que as ânimas fogem do fundo
do Aqueronte ou que as sombras voejam por entre os viventes,
ou ainda que algo de nós viveria pós-morte,
já que a natura do ânimo e o corpo juntos perecem, 40
cada um dissolvido de novo de volta aos primórdios.
Digo, então, que as efígies das coisas e as tênues figuras
são projetadas pra fora das superfícies dos corpos.
Isso se deve saber até mesmo por mente obtusa.
[Já que mostrei de que tipos são os primórdios das coisas[224]
e com quais variadas formas em muito diferem,
que eles volitam por conta própria e em moto perpétuo,
e de que modo as coisas podem criar-se por eles,
começarei[225] agora a dizer-te o que é mui pertinente:
que há o que chamamos de simulacros das coisas: 50
esses são como se fossem membranas, ou cascas, digamos,
pois a imagem carrega uma idêntica forma ou aspecto
com relação ao corpo de onde desprende vagante.]
Como, a princípio, muitas coisas, de modo evidente
lançam partículas, ora de modo solto e difuso,
como as toras emitem o fumo, e a chama, os calores,
ora de modo mais condensado e compacto, por vezes
como no verão as cigarras as túnicas leves,
ou ainda quando os vitelos nascentes emitem
da superfície do corpo a membrana, ou a lúbrica serpe 60
deixa a veste no arbusto, e assim, volta e meia, enxergamos
enriquecido o espinhal com seus voejantes espólios.
Já que essas coisas se passam, deve também tênue imagem
se desprender da superfície de todas as coisas.
Não faz sentido dizer que essas coisas podem soltar-se
mais facilmente que as outras coisas que sejam mais tênues.
Principalmente uma vez que na superfície das coisas
haja muitos corpúsculos que poderão desprender-se

quo fuerint et formai servare figuram,
et multo citius, quanto minus indupediri
pauca queunt et <quae> sunt prima fronte locata.
nam certe iacere ac largiri multa videmus,
non solum ex alto penitusque, ut diximus ante,
verum de summis ipsum quoque saepe colorem.
et vulgo faciunt id lutea russaque vela
et ferrugina, cum magnis intenta theatris
per malos vulgata trabesque trementia flutant.
namque ibi consessum caveai subter et omnem
scaenai speciem, †patrum matrumque deorum†
inficiunt coguntque suo fluitare colore.
et quanto circum mage sunt inclusa theatri
moenia, tam magis haec intus perfusa lepore
omnia corrident correpta luce diei.
ergo lintea de summo cum corpore fucum
mittunt, effigias quoque debent mittere tenvis
res quaeque, ex summo quoniam iaculantur utraque.
sunt igitur iam formarum vestigia certa
quae vulgo volitant subtili praedita filo
nec singillatim possunt secreta videri.
praeterea omnis odor fumus vapor atque aliae res
consimiles ideo diffusae <e> rebus abundant,
ex alto quia dum veniunt extrinsecus ortae,
scinduntur per iter flexum, nec recta viarum
ostia sunt qua contendant exire coortae.
at contra tenuis summi membrana coloris
cum iacitur, nil est quod eam discerpere possit,
in promptu quoniam est in prima fronte locata.
postremo speculis in aqua splendoreque in omni
quaecumque apparent nobis simulacra, necessest,
quandoquidem simili specie sunt praedita rerum,
ex <ea> imaginibus missis consistere eorum.
[nam cur illa cadant magis ab rebusque recedant
quam quae tenvia sunt, hiscendist nulla potestas.]
sunt igitur tenues formarum illis similesque
effigiae, singillatim quas cernere nemo

na mesma ordem que antes estavam, guardando o contorno
de sua forma, e muito mais rápido, já que bem pouco   70
há que os impeça, e que estejam posicionados à frente.
Certamente nós vemos muitas coisas lançarem
e difundirem, não só de seu imo profundo, tal como
antes dissemos, mas da superfície, também, suas cores.
Isso é o que vulgarmente fazem os toldos vermelhos,
amarelados ou cor de ferrugem, quando, estendidos
sobre os grandes teatros, ondulam nos mastros e traves,
que, por baixo, a plateia sentada, ornamento do palco,
todas estátuas dos deuses, senhores, matronas, nobreza[226]
tingem e inundam-nos todos com sua cor flutuante.   80
Quanto mais cerrado o muro[227] circunde o teatro,
mais, dentro dele, tudo sorri, infundido do charme
projetado a partir das luzes do dia filtradas.
Se, portanto, essas telas, da superfície do corpo
cores emitem, também o restante das coisas imagens
tênues liberam, em ambos os casos, da superfície.
Por conseguinte, há definidos traços das formas
que voejam com textura sutil e não podem
ser percebidos separados ou singularmente.[228]
E, além disso, todos odores, vapores, fumaças,   90
e outros congêneres difusamente escapam das coisas
já que brotam de onde nasceram, do fundo das coisas,
cindem-se num tortuoso caminho, sem retas saídas
pelas quais lograssem sair de maneira compacta.
Mas, ao contrário, uma vez que da superfície a membrana
tênue da cor se desprende, nada há que possa rasgá-la,
pois está prontamente na externa porção alocada.
Todos os simulacros, enfim, que a nós aparecem
n'água ou no espelho ou em tudo de resplandecente, devemos –
já que são semelhantes às coisas das quais se desprendem –   100
conceder que se são feitos de imagens lançadas das coisas.
[Não faz sentido dizer que essas coisas podem soltar-se
mais facilmente do que as outras coisas que sejam mais tênues.][229]
Há, portanto, tênues efígies das formas das coisas
semelhantes a elas, que, separadas, não dão-se

cum possit, tamen assiduo crebroque repulsu
reiectae reddunt speculorum ex aequore visum,
nec ratione alia servari posse videntur,
tanto opere ut similes reddantur cuique figurae.

    Nunc age quam tenui natura constet imago   110
percipe. et in primis, quoniam primordia tantum
sunt infra nostros sensus tantoque minora
quam quae primum oculi coeptant non posse tueri,
nunc tamen id quoque uti confirmem, exordia rerum
cunctarum quam sint subtilia percipe paucis.
primum animalia sunt iam partim tantula, quorum
tertia pars nulla possit ratione videri.
horum intestinum quodvis quale esse putandumst?
quid cordis globus aut oculi? quid membra? quid artus?
quantula sunt? quid praeterea primordia quaeque   120
unde anima atque animi constet natura necessumst?
nonne vides quam sint subtilia quamque minuta?
praeterea quaecumque suo de corpore odorem
expirant acrem, panaces absinthia taetra
habrotonique graves et tristia centaurea,
quorum unum quidvis leviter si forte duobus

              ★

quin potius noscas rerum simulacra vagari
multa modis multis nulla vi cassaque sensu?

    Sed ne forte putes ea demum sola vagari,
quaecumque ab rebus rerum simulacra recedunt,   130
sunt etiam quae sponte sua gignuntur et ipsa
constituuntur in hoc caelo qui dicitur aer,
quae multis formata modis sublime feruntur;   [135]
ut nubis facile interdum concrescere in alto   [133]
cernimus et mundi speciem violare serenam   135[134]
aera mulcentis motu. nam saepe Gigantum
ora volare videntur et umbram ducere late,

à nossa vista, mas dado seu fluxo assíduo, devolvem
da superfície do espelho uma idêntica imagem das coisas,
pois, de outra forma, não poderiam manter a imagem
tão semelhante tal como a que vem refletida no espelho.[230]

(b) Fineza de textura: 110-28

Vamos, agora, e percebe quão tênue é a natura da imagem.   110
Primeiramente, já que os primórdios estão muito abaixo
do limiar dos sentidos e são tão menores que as coisas
que por primeiro desaparecem à vista dos olhos,
dessa maneira, então, eu confirmo com poucas palavras:
veja quão sutis devem ser os princípios das coisas.
Inicialmente, há animais que são tão pequenos
que, divididos em três, uma parte sequer é visível.
Como se poderá conceber o intestino de um deles?
Globo ocular, ou cardíaco? Quais os seus membros ou juntas?
Quão pequeninos serão? Então, que dizer dos primórdios   120
pelos quais a ânima e o ânimo devem formar-se?
Pois não vês como são sutis e quão diminutos?
Mais ainda: tudo o que de seu corpo desprende
acres odores (panaceia, tétrico absinto,
forte abrótono ou triste centáurea), se a algum desses,
levemente, talvez, com os dedos das mãos <pressionares>
★[231]
deves saber que inúmeros simulacros das coisas
vagam de muitas maneiras, sem força, sem ser percebidos?

(c) Formação espontânea: 129-42

Mas não penses, talvez, finalmente, que vagam somente
os simulacros das coisas que se desprendem das coisas: 130
há, de outro modo, aqueles que por sua própria vontade
são gerados, tal como neste céu, nestes ares,[232]
que, formatados de muitos modos se vão no sublime,   [135]
como quando vemos às vezes as nuvens crescerem   [133]
nas alturas, manchando o aspecto sereno do mundo   135[134]
acalmando os ares com seu movimento. Amiúde
faces gigantes parecem voar e lançar larga sombra,

interdum magni montes avulsaque saxa
montibus anteire et solem succedere praeter,
inde alios trahere atque inducere belua nimbos. 140
nec speciem mutare suam liquentia cessant
et cuiusque modi formarum vertere in oras.

Nunc ea quam facili et celeri ratione genantur
perpetuoque fluant ab rebus lapsaque cedant
★
semper enim summum quicquid de rebus abundat
quod iaculentur. et hoc alias cum pervenit in res,
transit, ut in primis vitrum. sed ubi aspera saxa
aut in materiam ligni pervenit, ibi iam
scinditur ut nullum simulacrum reddere possit.
at cum splendida quae constant opposta fuerunt 150
densaque, ut in primis speculum est, nil accidit horum.
nam neque, uti vitrum, possunt transire, neque autem
scindi; quam meminit levor praestare salutem.
quapropter fit ut hinc nobis simulacra redundent.
et quamvis subito quovis in tempore quamque
rem contra speculum ponas, apparet imago;
perpetuo fluere ut noscas e corpore summo
texturas rerum tenuis tenuisque figuras.
ergo multa brevi spatio simulacra genuntur,
ut merito celer his rebus dicatur origo. 160
et quasi multa brevi spatio summittere debet
lumina sol ut perpetuo sint omnia plena,
sic ab rebus item simili ratione necessest
temporis in puncto rerum simulacra ferantur
multa modis multis in cunctas undique partis;
quandoquidem speculum quocumque obvertimus oris,
res ibi respondent simili forma atque colore.
praeterea modo cum fuerit liquidissima caeli
tempestas, perquam subito fit turbida foede,
undique uti tenebras omnis Acherunta rearis 170
liquisse et magnas caeli complesse cavernas,

e, por vezes, magnos montes ou pedras avulsas
que se desprendem dos montes de modo que o sol já se ofusca;
logo uma besta enorme parece arrastar outros nimbos.   140
E, sendo líquidos, não deixarão de alterar sua forma
nem se alterar para ter ainda outras, de todos os tipos.

(d) Rapidez de formação: 143-75

Mas, agora, quão fácil e célere o modo em que nascem,
e, dispersos das coisas, fluem perpetuamente,

★233

Algo, pois, sempre, da superfície das coisas abunda,
e atravessa, quando chega até outras coisas,
especialmente no vidro, mas quando às ásperas rochas,
ou na matéria do lenho, nesses, então, se divide,
de tal maneira que nenhum simulacro retorna.
Mas quando coisas que sejam resplandecentes e densas   150
se lhe interpõem, por exemplo, um espelho, isso não acontece.
Pois nem podem atravessar, como fazem com o vidro,
nem dividir-se: o polimento mantém a saúde.
Dessa maneira acontece que os simulacros retornam.
Não importa se por muito tempo ou rapidamente
alguma coisa coloques no espelho, a imagem aparece,
para que saibas que fluem pra sempre da casca das coisas
as texturas das coisas, tênues, e tênues figuras.
Muitos simulacros nascem, portanto, num breve
tempo, e decerto se pode dizer que é veloz sua origem.   160
E, uma vez que um breve tempo pro sol é o bastante
para emitir muita luz, pra que tudo se cubra pra sempre,
da mesma forma e razão semelhante, é mister que das coisas
os simulacros das coisas num átimo sejam lançados,
muitos, de muitos modos, e para todas as partes,
visto que não importa pra onde apontes o espelho,
com mesma forma e cor para lá correspondem as coisas.
Mesmo quando o céu se encontra límpido e claro,
torna-se turbulento, de súbito, aspecto terrível,
como se do Aqueronte visses todas as trevas   170
vindo para preencher as vastas cavernas celestes,

usque adeo taetra nimborum nocte coorta
inpendent atrae formidinis ora superne;
quorum quantula pars sit imago dicere nemost
qui possit neque eam rationem reddere dictis.

    Nunc age, quam celeri motu simulacra ferantur
et quae mobilitas ollis tranantibus auras
reddita sit, longo spatio ut brevis hora teratur,
in quem quaeque locum diverso numine tendunt,
suavidicis potius quam multis versibus edam; 180
parvus ut est cycni melior canor, ille gruum quam
clamor in aetheriis dispersus nubibus austri.
principio persaepe levis res atque minutis
corporibus factas celeris licet esse videre.
in quo iam genere est solis lux et vapor eius
propterea quia sunt e primis facta minutis
quae quasi cuduntur perque aeris intervallum
non dubitant transire sequenti concita plaga.
suppeditatur enim confestim lumine lumen
et quasi protelo stimulatur fulgere fulgur. 190
quapropter simulacra pari ratione necessest
immemorabile per spatium transcurrere posse
temporis in puncto, primum quod parvola causa
est procul a tergo quae provehat atque propellat,
quod superest, ubi tam volucri levitate ferantur;
deinde quod usque adeo textura praedita rara
mittuntur, facile ut quasvis penetrare queant res
et quasi permanare per aeris intervallum.
praeterea si quae penitus corpuscula rerum
ex altoque foras mittuntur, solis uti lux 200
ac vapor, haec puncto cernuntur lapsa diei
per totum caeli spatium diffundere sese
perque volare mare ac terras caelumque rigare,
quid quae sunt igitur iam prima fronte parata,
cum iaciuntur et emissum res nulla moratur?
quone vides citius debere et longius ire

com a noite invocada de nuvens, tão tétrica, tomba
sobre nós, das alturas, a face obscura do medo.[234]
Dessas, que mínima parte é a imagem, ninguém poderia
afirmar, ou dessa questão com palavras dar conta.[235]

(e) Velocidade do movimento: 176-215

Vamos, agora, com que rapidez de moto viajam
os simulacros vejamos, quão agilmente nos ares,
de tal forma que em única hora percorrem espaços
longos, não importando por qual impulso ou pra onde,
proclamarei – não com muitas palavras – com dulcidiscurso   180
como é mais belo o curto canto do cisne que aquela
grita dos grous, levada pelo Austro às nuvens etéreas.[236]
Em princípio, se sabe, amiúde, que as coisas compostas
por diminutas e leves partículas são mais velozes.
Nesse gênero enquadram-se a luz e os calores solares,
já que são compostos de diminutos primórdios
que, como se percutidos, sem hesitar, atravessam
o intervalo dos ares, levados por golpes dos outros.
Rapidamente, portanto, luz a luz se sucede e
como se vinculados, fulgor ao fulgor estimula.   190
Dessa maneira, é necessário que os simulacros
possam transcorrer uma indizível distância em
breve instante, primeiro porque uma mínima causa
há que, por trás, os impulsione e carregue adiante,
e, em seguida, por que tão fina leveza os propague.
Já que, então, são levados com rarefeita textura,
facilmente penetram qualquer superfície das coisas
como se perfluíssem nos intervalos dos ares.
E, além disso, se tais princípios das coisas se lançam
das profundezas do imo, pra fora, tal como os calores   200
e a luz do sol, que, num átimo, quando emanados, são vistos
se difundir por todo o espaço do céu e do dia,
e voejar irrigando os mares, os céus e as terras,
que dizer, portanto, daqueles parados na frente,
que, uma vez emitidos, nada encontram que os obste?
Pois não vês que devem ir mais rápido e longe

multiplexque loci spatium transcurrere eodem
tempore quo solis pervulgant lumina caelum?
hoc etiam in primis specimen verum esse videtur,
quam celeri motu rerum simulacra ferantur, 210
quod simul ac primum sub diu splendor aquai
ponitur, extemplo caelo stellante serena
sidera respondent in aqua radiantia mundi.
iamne vides igitur quam puncto tempore imago
aetheris ex oris in terrarum accidat oras?

    Quare etiam atque etiam mira fateare necessest
*
corpora quae feriant oculos visumque lacessant.
perpetuoque fluunt certis ab rebus odores;
frigus ut a fluviis, calor ab sole, aestus ab undis
aequoris exesor moerorum litora circum. 220
nec variae cessant voces volitare per auras.
denique in os salsi venit umor saepe saporis,
cum mare versamur propter, dilutaque contra
cum tuimur misceri absinthia, tangit amaror.
usque adeo omnibus ab rebus res quaeque fluenter
fertur et in cunctas dimittitur undique partis
nec mora nec requies interdatur ulla fluendi,
perpetuo quoniam sentimus, et omnia semper
cernere odorari licet et sentire sonare.
praeterea quoniam manibus tractata figura 230
in tenebris quaedam cognoscitur esse eadem quae
cernitur in luce et claro candore, necessest
consimili causa tactum visumque moveri.
nunc igitur si quadratum temptamus et id nos
commovet in tenebris, in luci quae poterit res

e transcorrer um multíplice[237] espaço num mesmo intervalo
temporal que o que dizem que as luzes do sol são capazes?
Isto também nos parece um exemplo da velocidade
dos simulacros das coisas levados por célere moto: 210
quando se olha pro céu através de um espelho nas águas
de imediato os astros serenos do céu estrelado
correspondem na água, como os luzeiros do mundo.
Já não vês, então, que a imagem, num ínfimo tempo,
cai, vem das orlas do éter, e chega nas orlas terrestres?

B. *Sensação e pensamento*: 216-822

(a) Visão e fenômenos ligados a ela: 216-378

i. *Visão causada pelos simulacros, como outras sensações são causadas pelas efluências:* 216-38

  Pois, inda e ainda, é mister confessar que é mirífico o modo
★[238]
os primórdios que os olhos nos ferem e a visão proporcionam.
Constantemente, de certas coisas refluem odores,
como o frio dos rios, calor do sol e das ondas
do oceano o vapor que corrói as muralhas litóreas: 220
várias vozes não cessam de voejar pelas auras.
Finalmente, nos vem o salgado sabor da umidade
quando na borda do mar passeamos, e quando assistimos
preparação da mistura de absinto, o amargor nos atinge.
Tanto é assim que de todas as coisas um fluxo se solta
e se dispersa em todas as partes, por todos os lados,
nem demora e nem descanso se dá a tal fluxo,
já que sem cessar o sentimos: de tudo podemos
perceber o odor e de tudo o rumor percebemos.[239]
Mais ainda: se alguma forma nós manipularmos   230
na escuridão, devemos saber que se trata da mesma
que se percebe na luz e no claro candor, e portanto
é necessário que ao tato e à visão mova causa semelha.
Se tateamos, portanto, algo quadrado no escuro e
dessa forma pareça, na luz, o que então aparece

accidere ad speciem quadrata, nisi eius imago?
esse in imaginibus quapropter causa videtur
cernundi neque posse sine his res ulla videri.

Nunc ea quae dico rerum simulacra feruntur
undique et in cunctas iaciuntur didita partis. 240
verum nos oculis quia solis cernere quimus,
propterea fit uti, speciem quo vertimus, omnes
res ibi eam contra feriant forma atque colore
et quantum quaeque ab nobis res absit, imago
efficit ut videamus et internoscere curat.
nam cum mittitur, extemplo protrudit agitque
aera qui inter se cumque est oculosque locatus,
isque ita per nostras acies perlabitur omnis
et quasi perterget pupillas atque ita transit,
propterea fit uti videamus quam procul absit 250[251]
res quaeque. et quanto plus aeris ante agitatur [250]
et nostros oculos perterget longior aura,
tam procul esse magis res quaeque remota videtur.
scilicet haec summe celeri ratione geruntur,
quale sit ut videamus et una quam procul absit.
illud in his rebus minime mirabile habendumst,
cur, ea quae feriant oculos simulacra videri
singula cum nequeant, res ipsae perspiciantur.
ventus enim quoque paulatim cum verberat et cum
acre fluit frigus, non privam quamque solemus 260[261]
particulam venti sentire et frigoris eius, [260]
sed magis unorsum, fierique perinde videmus
corpore tum plagas in nostro tamquam aliquae res
verberet atque sui det sensum corporis extra.
praeterea lapidem digito cum tundimus, ipsum
tangimus extremum saxi summumque colorem,
nec sentimus eum tactu, verum magis ipsam
duritiem penitus saxi sentimus in alto.

sendo quadrado a nossa vista, senão sua imagem?[240]
E é por isso que a causa da vista parece fundada
nas imagens, nem pode-se ver coisa alguma sem elas.

ii. *Alguns problemas relacionados com os simulacros:* 239-69

    Ora, aqueles que chamo de simulacros das coisas
são lançados pra todos os lados e todas as partes.   240
Mas como só os nossos olhos permitem-nos ver qualquer coisa,
dessa forma ocorre que, pra qualquer lado que olhemos,
tudo que ali se encontrar fere os olhos com cor e figura.
E qual seja a distância em que a coisa se encontre afastada
é a imagem que faz com que a nós se conheça e se veja.
Pois, assim que lançada, de imediato ela empurra
o ar que se localiza entre ela, a imagem, e os olhos:
todo esse ar, então, vem banhar as nossas pupilas,
gentilmente desliza até que nos olhos penetra.[241]
E é assim que se dá que saibamos quão longe se encontra   250[251]
cada objeto. E quanto mais ar diante dos olhos   [250]
haja agitando-se e mais longamente nos banhe as pupilas,
mais distante e afastado parecerá o objeto.
Mas tais coisas se passam com velocidade assombrosa,
tanto que ao vermos a coisa, vem junto o saber da distância.
Quanto a isso não é nada espantoso se aqueles
simulacros que ferem os olhos não possam ser vistos
um a um, uma vez que distingue-se todo o objeto.
Como, pois, aos poucos o vento verbera, e o acre
frio infiltra-se em nós, não se pode sentir isoladas   260[261]
as partículas frias, nem as que formam o vento,   [260]
antes, sentimos o todo, e, disso parecem-nos golpes
sobre os corpos, tal como se fosse ainda outra coisa
que nos açoitasse, tal como se um corpo de fora.
Mais: se tamborilamos uma pedra com o dedo
o que tocamos é a cor da superfície da pedra,
não é a cor que sentimos com o tato, mas, antes, dureza
é o que se dá a perceber, e que vem do profundo da rocha.

Nunc age, cur ultra speculum videatur imago
percipe; nam certe penitus semota videtur. 270
quod genus illa foris quae vere transpiciuntur,
ianua cum per se transpectum praebet apertum,
multa facitque foris ex aedibus ut videantur.
is quoque enim duplici gemmoque fit aere visus.
primus enim citra postis tum cernitur aer,
inde fores ipsae dextra laevaque sequuntur,
post extraria lux oculos perterget et aer
alter et illa foris quae vere transpiciuntur.
sic ubi se primum speculi proiecit imago,
dum venit ad nostras acies, protrudit agitque 280
aera qui inter se cumquest oculosque locatus,
et facit ut prius hunc omnem sentire queamus
quam speculum, sed ubi speculum quoque sensimus ipsum,
continuo a nobis in idem quae fertur imago
pervenit et nostros oculos reiecta revisit
atque alium prae se propellens aera volvit
et facit ut prius hunc quam se videamus, eoque
distare ab speculo tantum semota videtur.
quare etiam atque etiam minime mirarier est par,

★

illis quae reddunt speculorum ex aequore visum, 290
aeribus binis quoniam res confit utraque.
nunc ea quae nobis membrorum dextera pars est,
in speculis fit ut in laeva videatur eo quod
planitiem ad speculi veniens cum offendit imago,
non convertitur incolumis, sed recta retrorsum
sic eliditur, ut siquis, prius arida quam sit
cretea persona, adlidat pilaeve trabive,
atque ea continuo rectam si fronte figuram
servet et elisam retro sese exprimat ipsa. [323]
fiet ut, ante oculus fuerit qui dexter, ut idem 300[324]
nunc sit laevus, et e laevo sit mutua dexter.
fit quoque de speculo in speculum ut tradatur imago,
quinque etiam <aut> sex ut fieri simulacra süerint,

iii. *Problemas relacionados aos espelhos*: 269-323

    Vamos, então, e percebe por que uma imagem é vista
para além do espelho; decerto parece afastada.   270
Mesmo se dá com as coisas que transparecem de fora
por uma porta, que, quando aberta, permite entrevê-las –
faz que o de fora da casa se veja por quem está dentro –
e essa visão se dá, também, por dúplices ares.
Primeiramente, discerne-se o ar de antes da porta,
e depois, a destra e a sinistra da porta ela mesma,
segue-se a luz externa que cobre as pupilas, e então o
outro ar e as coisas que transparecem de fora.
Quando, assim, a partir do espelho, a imagem se lança
para chegar até as nossas retinas, empurra   280
o ar que porventura se encontre entre si e nossos olhos,
faz com que percebamos o ar antes mesmo que o espelho.
Mas, ao percebemos também o espelho em si mesmo,
continuamente a imagem de nós que é levada até ele
chega, e, rebatida, aos nossos olhos retorna,
propelindo e empurrando diante de si outros ares,
faz com que vejamos a estes antes de si e a
mesma distância a partir do espelho percorre de novo.
Pois, inda e ainda, minimamente espantoso seria
★242

quanto com as coisas trazidas pelo polido do espelho,   290
já que em ambos os casos, se trata de ares binários.
Mais: a parte dos membros que para nós é a direita,
quando no espelho, parece à esquerda, e isso acontece
pois a imagem, ao vir ao encontro do plano do espelho,
não fica incólume, mas retorna para trás invertida,
como se dá com uma máscara em gesso que, antes de seca,
lances contra uma trave ou um poste, e que, imediatamente,
conservando a forma da frente, invertesse a figura,
reproduzindo as mesmas feições no sentido contrário.[243]   [323][244]
Dessa forma o que antes era o olho direito   300[324]
é agora o esquerdo, e o esquerdo fica à direita.
Dá-se, também, que de espelho em espelho uma imagem viaje,
de tal modo que vemos cinco ou seis simulacros.

nam quaecumque retro parte interiore latebunt,
inde tamen, quamvis torte penitusque remota, 305[329]
omnia per flexos aditus educta licebit
pluribus haec speculis videantur in aedibus esse.
usque adeo speculo in speculum translucet imago,
et cum laeva data est, fit rursum ut dextera fiat,
inde retro rursum redit et convertit eodem. 310[334]
quin etiam quaecumque latuscula sunt speculorum
assimili lateris flexura praedita nostri,
dextera ea propter nobis simulacra remittunt,
aut quia de speculo in speculum transfertur imago,
inde ad nos elisa bis advolat, aut etiam quod 315[339]
circum agitur, cum venit, imago propterea quod
flexa figura docet speculi convertier ad nos.
indugredi porro pariter simulacra pedemque
ponere nobiscum credas gestumque imitari
propterea quia, de speculi qua parte recedas, 320[344]
continuo nequeunt illinc simulacra reverti;
omnia quandoquidem cogit natura referri
ac resilire ab rebus ad aequos reddita flexus. [347]

    Splendida porro oculi fugitant vitantque tueri, [299]
sol etiam caecat, contra si tendere pergas, 325[300]
propterea quia vis magnast ipsius et alte
aera per purum graviter simulacra feruntur
et feriunt oculos turbantia composituras,
praeterea splendor quicumque est acer adurit
saepe oculos ideo quod semina possidet ignis 330[305]
multa, dolorem oculis quae gignunt insinuando.
lurida praeterea fiunt quaecumque tuentur
arquati, quia luroris de corpore eorum
semina multa fluunt simulacris obvia rerum,
multaque sunt oculis in eorum denique mixta, 335[310]
quae contage sua palloribus omnia pingunt.
    E tenebris autem quae sunt in luce tuemur
propterea quia, cum propior caliginis aer

Tudo que esteja escondido na parte de dentro da casa,
mesmo em torto caminho, bastante afastado da vista, 305[329]
por passagens complexas será por inteiro trazido,
e, por muitos espelhos, veremos presente na casa.
Dessa maneira de espelho em espelho transluz a imagem:
quando à esquerda se dá, já passa a estar à direita,
novamente retorna pra trás e converte-se à esquerda. 310[334]
Mais ainda: todos espelhos que tenham facetas
com uma curva parecida com nossos flancos
por conta dela devolvem simulacros direitos,
ou porque a imagem se transporta de espelho em espelho,
dado que a nós voeja em duplo reflexo, ou ainda 315[339]
pelo fato de a imagem inverter-se ao chegar porque a forma
curva do espelho ensina a imagem a girar no retorno.[245]
Se te parece, além disso, que os simulacros avançam
da mesma forma que nós, imitam o gesto e a pisada,
é por que quando te afastas de qualquer parte do espelho 320[344]
de imediato não podem mais dali refletir-se,
já que a natura obriga que todos eles retornem
refletidos com os mesmos ângulos com que chegaram. [347]

iv. *Algumas particularidades da visão*: 324-78

    Vamos adiante: os olhos fogem das coisas brilhantes. [299]
Cega também o sol, se tentares talvez encará-lo 325[300]
já que é enorme seu próprio poder e que seus simulacros
caem do alto do límpido ar com um peso tamanho e
ferem os olhos, perturbando a composta textura.
Mais: tudo aquilo que brilha atroz amiúde nos queima os
olhos mormente por ter em si as sementes de fogo 330[305]
tantas que geram a dor nos olhos no instante em que adentram.
Tudo que é visto por aqueles que têm icterícia
fica amarelo, pois as sementes que vêm de seus corpos,
amareladas, encontram os simulacros das coisas,
muitas também há nos olhos deles, e ali se misturam, 335[310]
e, por contágio, então, com tal palidez tudo tingem.
    Vemos, das trevas, as coisas que estão sob a luz porque quando
o atro ar da caligem nos chega e penetra nos olhos

ater init oculos prior et possedit apertos,
insequitur candens confestim lucidus aer 340[315]
qui quasi purgat eos ac nigras discutit umbras
aeris illius. nam multis partibus hic est
mobilior multisque minutior et mage pollens.
qui simul atque vias oculorum luce replevit
atque patefecit quas ante obsederat aer 345[320]
<ater>, continuo rerum simulacra sequuntur [321]
quae sita sunt in luce, lacessuntque ut videamus. [322]
quod contra facere in tenebris e luce nequimus
propterea quia posterior caliginis aer
crassior insequitur qui cuncta foramina complet 350
obsiditque vias oculorum, ne simulacra
possint ullarum rerum coniecta movere.
 Quadratasque procul turris cum cernimus urbis,
propterea fit uti videantur saepe rutundae,
angulus obtusus quia longe cernitur omnis
sive etiam potius non cernitur ac perit eius
plaga nec ad nostras acies perlabitur ictus,
aera per multum quia dum simulacra feruntur,
cogit hebescere eum crebris offensibus aer.
hoc ubi suffugit sensum simul angulus omnis, 360
fit quasi ut ad tornum saxorum structa tuantur,
non tamen ut coram quae sunt vereque rutunda,
sed quasi adumbratim paulum simulata videntur.
 Vmbra videtur item nobis in sole moveri
et vestigia nostra sequi gestumque imitari;
aera si credis privatum lumine posse
indugredi, motus hominum gestumque sequentem.
nam nil esse potest aliud nisi lumine cassus
aer id quod nos umbram perhibere süemus.
nimirum quia terra locis ex ordine certis 370
lumine privatur solis quacumque meantes
officimus, repletur item quod liquimus eius,
propterea fit uti videatur, quae fuit umbra
corporis, e regione eadem nos usque secuta.
semper enim nova se radiorum lumina fundunt

antes que a luz e os possui abertos primeiro, então segue
rapidamente o candente e lúcido ar luminoso 340[315]
e este como que os purga e afasta as sombras escuras
do ar de antes. Muitas vezes, este é mais ágil,
muito mais diminuto e bem mais potente que aquele.
Logo que ele preenche de luz as vias dos olhos
e reabre aquelas que antes o ar negro cerrara, 345[320]
de imediato seguem os simulacros das coisas [321]
que se encontravam na luz e permitem aos olhos a vista. [322]
Não nos é dado, ao contrário, da luz enxergar o que é escuro
pois, quando o ar da caligem, mais crasso, vem em seguida,
este que preenche as passagens todas e cerra 350
todas as vias dos olhos, faz com que os simulacros
vindo de qualquer objeto não possam mover-se.

    Quando vemos ao longe as torres quadradas da urbe
amiúde acontece que nos pareçam rotundas,
já que de longe todos os ângulos ficam obtusos,
ou até mesmo não são percebidos, seus golpes perecem
sem que sejam capazes de chegar às retinas,
pois os simulacros são levados por muito
ar, e esse ar os torna suaves com golpes frequentes.
Dessa forma, todo ângulo foge aos sentidos 360
e as estruturas de pedra parecem passadas no torno,
não como aquelas que são redondas de fato de perto,
mas porque aparecem a nós um pouco adumbradas.

    Sob o sol nos parece, também, que a sombra se move
e que segue os nossos passos e os gestos imita,
caso acredites que, privado de luz, o ar possa
avançar, seguindo os motos e gestos dos homens.
Pois o que nós costumamos chamar de sombra não pode
ser outra coisa senão o ar desprovido de luzes.
Não admira, pois em certos locais, pouco a pouco, a 370
terra se priva de luz, onde quer que a obstemos, moventes;
logo dela se enche de novo tão logo partimos.
Vê-se, por isso, que aquela que foi a sombra do corpo
vindo daquele local nos persegue pra todos os lados.
Sempre, portanto, os novos raios de luz se difundem,

primaque dispereunt, quasi in ignem lana trahatur.
propterea facile et spoliatur lumine terra
et repletur item nigrasque sibi abluit umbras.

    Nec tamen hic oculos falli concedimus hilum.
nam quocumque loco sit lux atque umbra tueri 380
illorum est; eadem vero sint lumina necne,
umbraque quae fuit hic eadem nunc transeat illuc,
an potius fiat paulo quod diximus ante,
hoc animi demum ratio discernere debet,
nec possunt oculi naturam noscere rerum.
proinde animi vitium hoc oculis adfingere noli.
qua vehimur navi, fertur, cum stare videtur;
quae manet in statione, ea praeter creditur ire.
et fugere ad puppim colles campique videntur
quos agimus praeter navem velisque volamus. 390
sidera cessare aetheriis adfixa cavernis
cuncta videntur, et assiduo sunt omnia motu,
quandoquidem longos obitus exorta revisunt,
cum permensa suo sunt caelum corpore claro.
solque pari ratione manere et luna videtur
in statione, ea quae ferri res indicat ipsa.
exstantisque procul medio de gurgite montis
classibus inter quos liber patet exitus ingens,
insula coniunctis tamen ex his una videtur.
atria versari et circumcursare columnae 400
usque adeo fit uti pueris videantur, ubi ipsi
desierunt verti, vix ut iam credere possint
non supra sese ruere omnia tecta minari.
iamque rubrum tremulis iubar ignibus erigere alte
cum coeptat natura supraque extollere montis,
quos tibi tum supra sol montis esse videtur
comminus ipse suo contingens fervidus igni,
vix absunt nobis missus bis mille sagittae,
vix etiam cursus quingentos saepe veruti.
inter eos solemque iacent immania ponti 410

vão-se os primeiros, tal como fiássemos lã sobre o fogo.
Por conseguinte, a terra é privada de luz facilmente, e
dela, logo, se enche, afastando as sombras escuras.

(b) Falsas inferências da mente: 379-468

Nem sobre isso admitimos que em nada falham os olhos.
Pois é deles saber onde ficam a luz e a sombra; 380
mas se se trata da mesma luz ou se é outra, ou se a sombra
é a mesma que foi há pouco ou é outra que passa,
ou se talvez o que ocorre é como o que há pouco dissemos,
só à razão do ânimo cabe tal discernimento,
pois os olhos sozinhos não veem a natura das coisas.
Não atribuas, portanto, as falhas do ânimo aos olhos.
Vai o navio que nos leva, mas parece parado;
e o que está estacionado, ao contrário, nós cremos que vai-se.
Montes e campos parecem fugir, afastando-se à popa,
quando nós passamos por eles, as velas voando. 390
Todos os astros parecem fixos nos cavos do éter,
mas são sempre levados em movimento constante,
já que, depois de nascidos, voltam a ver seu ocaso,
longe, após mensurarem o céu com seus lúcidos corpos.
Dessa maneira o sol e a lua parecem parados
e estacionados, mas movem-se: os fatos por si o indicam.
Montes erguendo-se ao longe do meio do abismo dos mares
entre os quais há passagem livre e enorme às esquadras
fazem-nos crer que estariam unidos como única ilha.
Átrios parecem virar ao redor, e girantes colunas 400
é o que parece aos meninos, quando, ao fim, eles cessam
de girar eles mesmos, e mal podem crer que dos tetos
tudo minaz de fato não cai sobre as suas cabeças.
Quando o astro rubro com trêmulas chamas, no alto, a natura
põe-se a elevar e erigir por detrás das altas montanhas,
de tal modo que o sol te parece tocar esses montes
encostando bem perto, férvido, com sua chama,
como se mal se afastasse à distância de duas mil flechas,
como se mesmo estivesse a quinhentos lances de dardos,
entre eles e o sol jaz a imensidão do oceano 410

aequora substrata aetheriis ingentibus oris,
interiectaque sunt terrarum milia multa
quae variae retinent gentes et saecla ferarum.
at collectus aquae digitum non altior unum,
qui lapides inter sistit per strata viarum,
despectum praebet sub terras impete tanto,
a terris quantum caeli patet altus hiatus;
nubila despicere et caelum ut videare videre <et>
corpora mirande sub terras abdita caelo.
denique ubi in medio nobis equus acer obhaesit   420
flumine et in rapidas amnis despeximus undas,
stantis equi corpus transversum ferre videtur
vis et in adversum flumen contrudere raptim,
et quocumque oculos traiecimus omnia ferri
et fluere assimili nobis ratione videntur.
porticus aequali quamvis est denique ductu
stansque in perpetuum paribus suffulta columnis,
longa tamen parte ab summa cum tota videtur,
paulatim trahit angusti fastigia coni,
tecta solo iungens atque omnia dextera laevis   430
donec in obscurum coni conduxit acumen.
in pelago nautis ex undis ortus in undis
sol fit uti videatur obire et condere lumen;
quippe ubi nil aliud nisi aquam caelumque tuentur;
ne leviter credas labefactari undique sensus.
at maris ignaris in portu clauda videntur
navigia aplustris fractis obnitier undis.
nam quaecumque supra rorem salis edita pars est
remorum, recta est, et recta superne guberna.
quae demersa liquore obeunt, refracta videntur   440
omnia converti sursumque supina reverti
et reflexa prope in summo fluitare liquore.
raraque per caelum cum venti nubila portant
tempore nocturno, tum splendida signa videntur
labier adversum nimbos atque ire superne
longe aliam in partem ac vera ratione feruntur.
at si forte oculo manus uni subdita subter

espraiando-se sob as ingentes orlas do éter,
e entrelocadas estão também milhares de terras
que diversas gentes e raças de feras abrigam.
Mais: uma poça d'água não mais profunda que um dedo,
que entre as pedras se forma no substrato das vias,
mostra a visão sob as terras com tanta profundidade,
que na terra aparece dos céus a vasta abertura:
tal que pareces perceber o céu e as nuvens
e sob as terras mirificamente os corpos celestes.
Mais: quando para no meio do rio vigoroso cavalo   420
e observamos as rápidas ondas no fluido riacho, o
corpo do equino, parado, parece ser transportado
por uma força que o arrasta de súbito contra a corrente,
e não importa pra onde lancemos os olhos, a nós as
coisas todas parecem fluir da mesma maneira.
Mais: o pórtico, embora até o final se sustente
sobre as colunas iguais, paralelas, da ponta até a outra,
quando é visto em toda a extensão, da parte de cima,
pouco a pouco contrai-se, como se cone pontudo,
tetos jungindo-se ao solo, tudo direito à esquerda   430
té que tudo se vai à ponta obscura do cone.
No oceano, aos nautas, parece das ondas nascido o
sol e parece nas ondas se pôr, escondendo suas luzes,
quando, de fato, eles veem nada além de céu e oceano:
pois não creias, leviano, que em tudo nos faltam os sentidos.
Aos ignaros dos mares, parecem no porto os navios
mal-apoiados nas ondas, com aplustres[246] quebrados,
mas toda a parte dos remos que está sobre a espuma salina
é retilínea, e reto também é o remo no alto:
tudo o que fica submerso nas águas parece quebrado,   440
convertido e revirado, oblíquo, pra cima, e
flui refletido quase na superfície das águas.
Quando os ventos à noite transportam as nuvens dispersas
pelos céus, então os esplêndidos astros parecem
deslizar por detrás dos nimbos, trilhando as alturas
para longe da sua direção verdadeira.
Se, por acaso, colocando a mão sobre um olho

pressit eum, quodam sensu fit uti videantur
omnia quae tuimur fieri tum bina tuendo,
bina lucernarum florentia lumina flammis 450
binaque per totas aedes geminare supellex
et duplices hominum facies et corpora bina.
denique cum suavi devinxit membra sopore
somnus et in summa corpus iacet omne quiete,
tum vigilare tamen nobis et membra movere
nostra videmur, et in noctis caligine caeca
cernere censemus solem lumenque diurnum,
conclusoque loco caelum mare flumina montis
mutare et campos pedibus transire videmur,
et sonitus audire, severa silentia noctis 460
undique cum constent, et reddere dicta tacentes.
cetera de genere hoc mirande multa videmus,
quae violare fidem quasi sensibus omnia quaerunt,
nequiquam, quoniam pars horum maxima fallit
propter opinatus animi quos addimus ipsi,
pro visis ut sint quae non sunt sensibu' visa.
nam nil aegrius est quam res secernere apertas
ab dubiis, animus quas ab se protinus addit.

    Denique nil sciri siquis putat, id quoque nescit
an sciri possit, quoniam nil scire fatetur. 470
hunc igitur contra mittam contendere causam,
qui capite ipse sua in statuit vestigia sese.
et tamen hoc quoque uti concedam scire, at id ipsum
quaeram, cum in rebus veri nil viderit ante,
unde sciat quid sit scire et nescire vicissim,
notitiam veri quae res falsique crearit
et dubium certo quae res differre probarit.
invenies primis ab sensibus esse creatam
notitiem veri neque sensus posse refelli.
nam maiore fide debet reperirier illud, 480
sponte sua veris quod possit vincere falsa.
quid maiore fide porro quam sensus haberi

o pressionarmos, um certo sentido fará que pareça
que tudo aquilo que olhamos se torne binário ao olharmos:
das lucernas as florescentes luzes à chama, 450
pela a casa, também duplica-se toda a mobília:
dúplices todas as faces também, e os corpos dos homens.
E, finalmente, quando aos membros o sono derrota em
doce torpor e o corpo jaz em profunda quietude,
cremos estar acordados, e os membros parecem mover-se,
e na cega caligem escura da noite pensamos
discernir o sol e as luzes diurnas, e ainda
que encerrados no quarto, o céu, os mares e os montes
nos parecem mover-se, e cremos vagar pelos campos,
sons escutar, embora o severo silêncio da noite 460
tudo domine, e, calados, nos cremos falando palavras.
Vemos muitas outras coisas assim admiráveis,
que procuram como que violar nossa crença
nos sentidos: tudo em vão. Quase todas enganam
pela opinião, que no ânimo acumulamos;
coisas não vistas pelos sentidos são tidas por vistas.
Nada é mais difícil que separar coisas claras
das duvidosas, essas que o ânimo ajunta de pronto.

(c) Ceticismo e infalibilidade dos sentidos: 469-521

Mas aquele que pensa que nada se sabe não sabe
se isso se sabe, já que confessa que nada ele sabe. 470
Quanto a esse, portanto, eu deixo a disputa de lado,
já que ao invés de com os pés, caminha por sobre a cabeça.
Caso eu conceda que isso ele sabe também, eu pergunto:
se jamais pôde ver algo vero antes nas coisas,
como saberá o que se pode saber e o que não, e o
que criaria o conceito de verdadeiro e de falso, e o
que propicia a distinção do certo e do dúbio.
Descobrirás primeiro que o conceito de vero
vem dos sentidos e que eles não podem ser enganados.
Pois o que deve acolher maior fé e certeza é aquilo 480
que por conta própria permite a vitória à verdade.
Que poderá ter mais fé, afinal, do que os nossos sentidos?

debet? an ab sensu falso ratio orta valebit
dicere eos contra, quae tota ab sensibus orta est?
qui nisi sunt veri, ratio quoque falsa fit omnis.
an poterunt oculos aures reprehendere, an auris
tactus? an hunc porro tactum sapor arguet oris,
an confutabunt nares oculive revincent?
non, ut opinor, ita est. nam sorsum cuique potestas
divisast, sua vis cuiquest, ideoque necesse est   490
et quod molle sit et gelidum fervensve seorsum
et sorsum varios rerum sentire colores
et quaecumque coloribu' sint coniuncta videre.
sorsus item sapor oris habet vim, sorsus odores
nascuntur, sorsum sonitus, ideoque necesse est
non possint alios alii convincere sensus.
nec porro poterunt ipsi reprehendere sese,
aequa fides quoniam debebit semper haberi.
proinde quod in quoquest his visum tempore, verumst.
et si non poterit ratio dissolvere causam,   500
cur ea quae fuerint iuxtim quadrata, procul sint
visa rutunda, tamen praestat rationis egentem
reddere mendose causas utriusque figurae,
quam manibus manifesta suis emittere quoquam
et violare fidem primam et convellere tota
fundamenta quibus nixatur vita salusque.
non modo enim ratio ruat omnis, vita quoque ipsa
concidat extemplo, nisi credere sensibus ausis
praecipitesque locos vitare et cetera quae sint
in genere hoc fugienda, sequi contraria quae sint.   510
illa tibi est igitur verborum copia cassa
omnis quae contra sensus instructa paratast.
denique ut in fabrica, si pravast regula prima,
normaque si fallax rectis regionibus exit,
et libella aliqua si ex parti claudicat hilum,
omnia mendose fieri atque obstipa necesse est
prava cubantia prona supina atque absona tecta,
iam ruere ut quaedam videantur velle, ruantque
prodita iudiciis fallacibus omnia primis,

Pode depor a razão decorrente de falso sentido
contra os sentidos, se ela toda provém dos sentidos?
Se eles não são verdadeiros, toda razão será falsa.
Podem acaso os ouvidos refutar nossos olhos?
Ou o tato aos ouvidos? O gosto ao tato desmente?
Refutarão as narinas? Ou são os olhos que vencem?
Não é assim, como penso. Cada sentido sua força
separada e potência, possui. E é necessário 490
que, por um lado, o que é mole, gélido ou quente sintamos
separados do sentido das díspares cores
que enxergamos junto a tudo que a elas concerne.
Tem potência à parte o gosto da boca, e os odores
nascem à parte, e à parte os sons. E é necessário
que não possam os sentidos convencer uns aos outros.
Mais ainda: não podem repreender-se uns aos outros,
já que sempre devem gozar de igual confiança.
Vero será o que quer que a cada momento percebam.
E se a razão não puder discernir o motivo que causa 500
que as coisas próximas, sendo quadradas, redondas pareçam,
é melhor aceitar da razão a carência, explicando
falsamente as causas das aludidas figuras,
que deixar escapar das mãos as coisas patentes
e violar a crença primeira, abalar fundamentos
inteiramente, nos quais se apoiam a vida e a saúde.
Não somente a razão ruiria: a vida, de todo,
entraria em colapso, ao não crermos em nossos sentidos
para evitar precipícios e outros locais desse tipo
de que se deve fugir, e seguir os caminhos contrários. 510
Por conseguinte, toda essa verborragia é vazia
quando é preparada e instruída contra os sentidos.
Na construção, afinal, se primeiro a régua é faltosa,
se o esquadro é falaz e abandona as retas corretas,
se o nível alhures claudica, por pouco que seja,
tudo, por certo, fica torto e errado, malfeito,
pende pra frente ou pra trás em dissonância profunda,
certos pedaços parecem querer desabar e desabam,
todos traídos pelos juízos primeiros, falazes:

sic igitur ratio tibi rerum prava necessest 520
falsaque sit, falsis quaecumque ab sensibus ortast.

    Nunc alii sensus quo pacto quisque suam rem
sentiat, haudquaquam ratio scruposa relicta est.

    Principio auditur sonus et vox omnis, in auris
insinuata suo pepulere ubi corpore sensum.
corpoream quoque enim <vocem> constare fatendumst
et sonitum, quoniam possunt impellere sensus.
praeterea radit vox fauces saepe facitque
asperiora foras gradiens arteria clamor.
quippe per angustum turba maiore coorta 530
ire foras ubi coeperunt primordia vocum,
scilicet expletis quoque ianua raditur oris
haud igitur dubiumst quin voces verbaque constent
corporeis e principiis, ut laedere possint.
nec te fallit item quia corporis auferat et quid
detrahat ex hominum nervis ac viribus ipsis
perpetuus sermo nigrai noctis ad umbram
aurorae perductus ab exoriente nitore,
praesertim si cum summost clamore profusus.
ergo corpoream vocem constare necessest, 540
multa loquens quoniam amittit de corpore partem.
asperitas autem vocis fit ab asperitate [551]
principiorum et item levor levore creatur. [552]
nec simili penetrant auris primordia forma, [542]
cum tuba depresso graviter sub murmure mugit 545[543]
et reboat raucum retro cita barbara bombum,
et †validis necti tortis† ex Heliconis
cum liquidam tollunt lugubri voce querellam.
    Hasce igitur penitus voces cum corpore nostro
exprimimus rectoque foras emittimus ore, 550[548]
mobilis articulat verborum daedala lingua [549]
formaturaque labrorum pro parte figurat. [550]

dessa maneira é mister que a razão para ti seja falsa 520
e tortuosa, sempre que advinda de falsos sentidos.

(d) Os outros sentidos: 522-721

De que maneira, vejamos, os outros sentidos percebem
em seu domínio: a razão não se mostra em nada escarpada.

i. *Audição, sons e fala*: 524-614

Primeiramente, ouvem-se todos os sons e as vozes,
quando adentram os ouvidos e atingem o nosso sentido.
Deve-se admitir que a voz e os sons são corpóreos,
já que são capazes de abalar o sentido.
E, além disso, a voz arranha a garganta, e por vezes
gritos causam aspereza ao sair de nossa traqueia.
Quando pela passagem estreita a turba gerada 530
de primórdios de voz procura atirar-se pra fora,
certo é que, estranguladas, rasgam as orlas da boca.[247]
Não há dúvida, então, que as palavras e vozes são feitas
de princípios corpóreos, já que causam feridas.
Nem te escapa, da mesma forma, o tanto de corpo
que é levado e tirado dos nervos e forças dos homens
com o discurso perpétuo que vai da noite obscura
té as bordas da aurora oriente, principalmente
se conduzido à exaustão, com sumo clamor proferido.
É necessário, portanto, aceitar que a voz é corpórea, 540
já que, ao muito falar-se, perde-se parte do corpo.
Pois a aspereza da voz é criada pela aspereza [551]
dos primórdios, e a leveza provém da leveza. [552]
Não penetram os ouvidos da mesma maneira os primórdios: [542]
muge a tuba gravemente em murmúrio depresso, 545[543]
bárbara, ecoa de volta com rouco e grave ruído;
das torrentes potentes do Hélicon cisnes emitem[248]
límpidas lamentações com lúgubres vozes e cantos.
Quando, portanto, exprimimos as vozes do fundo do corpo
e as emitimos diretamente pra fora da boca, a 550 [548]
língua dedálea articula com mobilidade as palavras, [549]
com a forma dos lábios também fazendo sua parte. [550]

hoc ubi non longum spatiumst unde illa profecta
perveniat vox quaeque, necessest verba quoque ipsa
plane exaudiri discernique articulatim.
servat enim formaturam servatque figuram.
at si interpositum spatium sit longius aequo,
aera per multum confundi verba necessest
et conturbari vocem, dum transvolat auras.
ergo fit, sonitum ut possis sentire neque illam 560
internoscere, verborum sententia quae sit:
usque adeo confusa venit vox inque pedita.
praeterea verbum saepe unum perciet auris
omnibus in populo, missum praeconis ab ore.
in multas igitur voces vox una repente
diffugit, in privas quoniam se dividit auris
obsignans formam verbis clarumque sonorem.
at quae pars vocum non auris incidit ipsas,
praeterlata perit frustra diffusa per auras.
pars solidis adlisa locis reiecta sonorem 570
reddit et interdum frustratur imagine verbi.
quae bene cum videas, rationem reddere possis
tute tibi atque aliis, quo pacto per loca sola
saxa paris formas verborum ex ordine reddant,
palantis comites cum montis inter opacos
quaerimus et magna dispersos voce ciemus.
sex etiam aut septem loca vidi reddere voces,
unam cum iaceres: ita colles collibus ipsi
verba repulsantes iterabant dicta referre.
haec loca capripedes satyros nymphasque tenere 580
finitimi fingunt et faunos esse loquuntur
quorum noctivago strepitu ludoque iocanti
adfirmant vulgo taciturna silentia rumpi;
chordarumque sonos fieri dulcisque querellas,
tibia quas fundit digitis pulsata canentum;
et genus agricolum late sentiscere, cum Pan
pinea semiferi capitis velamina quassans
unco saepe labro calamos percurrit hiantis,
fistula silvestrem ne cesset fundere musam.

Dessa forma, quando não longo é o espaço de onde
cada expressão se profere, também é mister que as palavras
claramente articulem-se, sejam ouvidas, distintas.
Pois conservam a forma e conservam também a figura.
Mas, se, ao contrário, for longo demais o espaço interposto,
ao passar por muito ar, é mister que as palavras
se confundam, e perturbe-se a fala ao voar pelas auras.
Dessa forma acontece perceberes o som, mas   560
sem entender as palavras, ou o que diz a sentença,
de tão confusa que vem a expressão, de tão impedida.
E, além disso, amiúde a palavra, às orelhas de muitos,
única, chega, lançada da boca de um só pregoeiro.
Pois uma voz, de repente, se torna múltiplas vozes
já que divide-se e chega a numerosos ouvidos,
consignando a forma e o claro som às palavras.
Mais: as partes das vozes que não atingem ouvidos
passam ao largo e vão-se, em vão, difundidas nas auras.
Outras partes, chocando-se em sólidos locos, devolvem o   570
som, vez ou outra enganam com falsas imagens de vozes.
Quando bem entenderes tais coisas, seguramente a
ti e a outrem podes dar conta do fato de as rochas
em locais vastos nos darem, em ordem, palavras dobradas,
quando os companheiros vagantes nos montes obscuros
procuramos, dispersos, gritando em alto volume.
Seis ou sete vozes já vi os locais devolverem
quando lanças uma, assim montes aos montes respondem
reiterando as palavras lançadas, trazendo de volta.
Tais regiões por caprípedes sátiros, ninfas, ou faunos   580
ser habitadas alegam vizinhos, afirmam que existem,
esses que, dizem, com seu notívago estrépito brincam,
rompem o taciturno silêncio: nisso acreditam;
e sobrevêm das cordas os sons e os doces lamentos
que eles derramam ao tocar com seus dedos a tíbia.
Isso é o que o povo do campo diz escutar claramente
quando Pã, semifera, agitando o píneo velame
sobre a cabeça, corre entre os cálamos, lábio curvado,
pra que sua flauta espalhe sem trégua a Musa silvestre.

cetera de genere hoc monstra ac portenta loquuntur, 590
ne loca deserta ab divis quoque forte putentur
sola tenere. ideo iactant miracula dictis
aut aliqua ratione alia ducuntur, ut omne
humanum genus est avidum nimis auricularum.

    Quod superest, non est mirandum qua ratione,
per loca quae nequeunt oculi res cernere apertas,
haec loca per voces veniant aurisque lacessant.
colloquium clausis foribus quoque saepe videmus,
nimirum quia vox per flexa foramina rerum
incolumis transire potest, simulacra renutant. 600
perscinduntur enim, nisi recta foramina tranant,
qualia sunt vitri, species qua transvolat omnis.
praeterea partis in cunctas dividitur vox,
ex aliis aliae quoniam gignuntur, ubi una
dissiluit semel in multas exopta, quasi ignis
saepe solet scintilla suos se spargere in ignis.
ergo replentur loca vocibus abdita retro,
omnia quae circum fervunt sonituque cientur.
at simulacra viis derectis omnia tendunt
ut sunt missa semel; quapropter cernere nemo 610
saepe supra potis est, at voces accipere extra.
et tamen ipsa quoque haec, dum transit clausa <domorum>
vox obtunditur atque auris contusa penetrat
et sonitum potius quam verba audire videmur.

    Nec, qui sentimus sucum, lingua atque palatum
plusculum habent in se rationis plus operaeve.
principio sucum sentimus in ore, cibum cum
mandendo exprimimus, ceu plenam spongiam aquai
siquis forte manu premere ac siccare coëpit.
inde quod exprimimus per caulas omne palati 620
diditur et rarae per flexa foramina linguae.
hoc ubi levia sunt manantis corpora suci,
suaviter attingunt et suaviter omnia tractant
umida linguai circum sudantia templa.

Outros portentos miríficos do mesmo tipo difundem 590
pra que não se pense que habitam locais olvidados
por divindades e abandonados. Jactam-se em ditos
maravilhosos, ou são levados por outros motivos,
já que toda a espécie humana é carente de ouvidos.[249]
    Não te espantes, de resto, por qual razão ou motivo
pelos locais em que os olhos não podem ver coisas tão claras
por tais locais as vozes podem alcançar os ouvidos.
Percebemos, também, as conversas por portas fechadas,
nada demais, pois a voz pelos poros tortuosos das coisas
pode cruzar incólume, mas simulacros retornam. 600
Pois dispersam-se, exceto se cruzem os poros diretos —
tal como são os do vidro, por onde as imagens transpassam.
Mais ainda: a voz se divide em múltiplas partes,
pois algumas se geram de outras, quando uma se rompe
de uma vez, gerando outras muitas, tal como com as chamas
que da centelha isoladas se soltam, e o fogos se soltam.
Mesmo isolados, os locais se preenchem de vozes
estimuladas pelos sons, fervilhando por tudo.
Os simulacros, contudo, caminham por via direta,
do ponto de onde se lançam; por tal razão ninguém pode 610
enxergar sobre os muros, mas ouvem-se as vozes de fora.
Mas esta mesma, também, quando cruza passagens fechadas,
se enfraquece e penetra mais confusa os ouvidos,
e parecemos, portanto, ouvir mais o som que as palavras.

ii. *Paladar*: 615-72

    Nem a língua e o palato, com os quais nós sentimos o gosto,
têm necessidade de explicação ou trabalho.
Primeiramente, o gosto sentimos na boca, à medida em
que o alimento espremermos ao mastigar, como a esponja
cheia de água apertamos com a mão e assim a secamos.
Isso que comprimimos se espalha pelas papilas[250] 620
e pelos tortuosos canais da língua porosa.
Quando são lisos os corpos dos sucos que emanam, suaves,
suavemente tocam e suavemente percorrem
tudo ao redor dos espaços suantes da úmida língua.

at contra pungunt sensum lacerantque coorta,
quanto quaeque magis sunt asperitate repleta.
deinde voluptas est e suco fine palati;
cum vero deorsum per fauces praecipitavit,
nulla voluptas est, dum diditur omnis in artus.
nec refert quicquam quo victu corpus alatur, 630
dummodo quod capias concoctum didere possis
artubus et stomachi umidulum servare tenorem.

    Nunc aliis alius qui sit cibus ut videamus
expediam, quareve, aliis quod triste et amarumst,
hoc tamen esse aliis possit perdulce videri.
tantaque <in> his rebus distantia differitasquest,
ut quod ali cibus est aliis fuat acre venenum.
†est itaque ut† serpens, hominis quae tacta salivis
disperit ac sese mandendo conficit ipsa.
praeterea nobis veratrum est acre venenum, 640
at capris adipes et cotomicibus auget.
id quibus ut fiat rebus cognoscere possis,
principio meminisse decet quae diximus ante,
semina multimodis in rebus mixta teneri.
porro omnes quaecumque cibum capiunt animantes,
ut sunt dissimiles extrinsecus et generatim
extima membrorum circumcaesura coercet,
proinde et seminibus constant variante figura.
semina cum porro distent, differre necessest
intervalla viasque, foramina quae perhibemus. 650
omnibus in membris et in ore ipsoque palato.
esse minora igitur quaedam maioraque debent,
esse triquetra aliis, <aliis> quadrata necessest,
multa rutunda, modis multis multangula quaedam.
namque figurarum ratio ut motusque reposcunt,
proinde foraminibus debent differre figurae,
et variare viae proinde ac textura coercet.
hoc ubi quod suave est aliis aliis fit amarum,
illi, cui suave est, levissima corpora debent
contractabiliter caulas intrare palati, 660
at contra quibus est eadem res intus acerba,

Mas, ao contrário, dilaceram e ferem o sentido
quanto mais sejam os corpos repletos de asperidade.
E o prazer do sabor se limita aos confins do palato;
pois quando precipita-se para além da garganta,
vai-se o prazer, o alimento reparte-se todo nos membros.
Com qual vívere o corpo se nutre, não faz diferença, 630
caso o que comas possas digerir e pros membros
possas mandar, conservando o estômago úmido e pleno.

     Veja-se, agora, por que a cada espécie convém um repasto
e por que o que pra algumas é desagradável e amargo
pode, contudo, parecer mais que doce pra outras.
Nessa questão há tamanha divergência e distância
que o que pra um é alimento, pra outros é um acre veneno.
Há, tal se diz, uma serpe que morre, se acaso tocada
por humana saliva; se mata mordendo a si mesma.
Mais: para nós o heléboro é um terrível veneno, 640
mas alimenta e engorda as codornizes e cabras.
Para que possas saber a razão dessas coisas, primeiro
é importante trazer à memória o que antes dissemos:
as sementes das coisas misturam-se em muitas maneiras.
E, além disso, todos os seres consomem alimentos
tão diferentes quanto eles mesmos são em sua forma,
como variam as raças no corte externo dos membros,
por consistirem de sementes de várias figuras.
Mais: já que distam as sementes, é mister diferirem
os intervalos e vias, esses que chamam-se poros, 650
tanto os de todos os membros, quanto os da boca e palato.
Devem, portanto, alguns ser menores, e outros, maiores,
uns triangulares, e outros é força que sejam quadrados,
muitos rotundos, e outros ainda multiangulados.
Desse modo, assim como as formas e motos diferem,
devem também diferir os poros quanto às figuras,
e variar os caminhos que suas texturas demandam.
Já que pra uns uma coisa é suave e, pra outros, amarga,
para quem é suave, os corpos levíssimos devem
agradavelmente adentrar nos canais do palato, 660
mas, ao contrário, àqueles pra quem o sabor é acerbo,

aspera nimirum penetrant hamataque fauces.
nunc facile est ex his rebus cognoscere quaeque.
quippe ubi cui febris bili superante coorta est
aut alia ratione aliquast vis excita morbi,
perturbatur ibi iam totum corpus et omnes
commutantur ibi positurae principiorum;
fit prius ad sensum <ut> quae corpora conveniebant
nunc non conveniant, et cetera sint magis apta,
quae penetrata queunt sensum progignere acerbum. 670
utraque enim sunt in mellis commixta sapore;
id quod iam supera tibi saepe ostendimus ante.

    Nunc age quo pacto naris adiectus odoris
tangat agam. primum res multas esse necessest
unde fluens volvat varius se fluctus odorum,
et fluere et mitti vulgo spargique putandumst;
verum aliis alius magis est animantibus aptus
dissimilis propter formas. ideoque per auras
mellis apes quamvis longe ducuntur odore,
vulturiique cadaveribus. tum fissa ferarum 680
ungula quo tulerit gressum promissa canum vis
ducit, et humanum longe praesentit odorem
Romulidarum arcis servator candidus anser.
sic aliis alius nidor datus ad sua quemque
pabula ducit et a taetro resilire veneno
cogit, eoque modo servantur saecla ferarum.
    Hic odor ipse igitur, naris quicumque lacessit,
est alio ut possit permitti longius alter.
sed tamen haud quisquam tam longe fertur eorum
quam sonitus, quam vox, mitto iam dicere quam res 690
quae feriunt oculorum acies visumque lacessunt.
errabundus enim tarde venit ac perit ante
paulatim facilis distractus in aeris auras;
ex alto primum quia vix emittitur ex re:
nam penitus fluere atque recedere rebus odores
significat quod fracta magis redolere videntur

certo é que corpos rugosos e ásperos tomam as fauces.
Fácil será, a partir dessas coisas, saber o restante.
Quando a alguém a febre ataca, a bile excedendo,
ou por outro motivo, outra força excita a doença,
todo o corpo já se perturba, e são alteradas
todas as posições dos primórdios das coisas no corpo;
dá-se, primeiro, que os corpos que antes convinham ao gosto
já não convêm, e outros agora parecem mais aptos,
esses que, ao entrar, gerarão o sentido do acerbo. 670
Ambos sabores, pois, no mel, estão misturados,
como amiúde já demonstramos antes, acima.

iii. *Olfato*: 673-705

Vamos, agora: direi de que modo os odores nos chegam
às narinas. Primeiro, é mister que inúmeras coisas
haja de onde o vário fluxo de odores reflua,
e que saibamos que sejam lançados e fluam, se espalhem;
fato é que alguns para alguns animais são mais agradáveis,
já que têm formas dissímiles. E, assim, pelos ares,
mesmo distantes, abelhas conduzem-se ao mel pelo olfato,
e os urubus aos cadáveres. Para onde forem as feras 680
com sua bífida pata a força dos cães os envia
e de longe pressentem o odor dos humanos os guardas
da cidadela dos filhos de Rômulo: os cândidos gansos.
Dessa forma, cada cheiro conduz cada espécie
a seu repasto e afasta do temível veneno,
dessa forma preservam-se as espécies das feras.

Mas esse mesmo odor, aquele que chega às narinas,
em alguns casos se lança mais longe que outros odores.
Mas não são todos eles que são transportados tão longe
quanto o som ou a voz, sem falar até mesmo das coisas 690
que nos ferem as pupilas dos olhos e a vista acarretam.
Pois, errabundo, nos chega tardio e, antes, perece
pouco a pouco e fácil dissolve nas auras dos ares.
Primeiramente, por virem do imo das coisas, mal saem:
das profundezas das coisas, odores afluem, rescendem,
isso se prova pois tudo, ao quebrar-se, esmagar-se, parece

omnia, quod contrita, quod igni collabefacta:
deinde videre licet maioribus esse creatum
principiis quam vox, quoniam per saxea saepta
non penetrat, qua vox vulgo sonitusque feruntur. 700
quare etiam quod olet non tam facile esse videbis
investigare in qua sit regione locatum.
refrigescit enim cunctando plaga per auras
nec calida ad sensum decurrunt nuntia rerum.
errant saepe canes itaque et vestigia quaerunt.

    Nec tamen hoc solis in odoribus atque saporum
in generest, sed item species rerum atque colores
non ita conveniunt ad sensus omnibus omnes,
ut non sint aliis quaedam magis acria visu.
quin etiam gallum, noctem explaudentibus alis 710
auroram clara consuetum voce vocare,
noenu queunt rabidi contra constare leones
inque tueri: ita continuo meminere fugai,
nimirum quia sunt gallorum in corpore quaedam
semina, quae cum sunt oculis immissa leonum,
pupillas interfodiunt acremque dolorem
praebent, ut nequeant contra durare feroces;
cum tamen haec nostras acies nil laedere possint,
aut quia non penetrant aut quod penetrantibus illis
exitus ex oculis liber datur, in remorando 720
laedere ne possint ex ulla lumina parte.

    Nunc age quae moveant animum res accipe, et unde
quae veniunt veniant in mentem percipe paucis.
principio hoc dico, rerum simulacra vagari
multa modis multis in cunctas undique partis
tenvia, quae facile inter se iunguntur in auris,
obvia cum veniunt, ut aranea bratteaque auri.

mais liberar seu cheiro, ou quando derrete-se em chamas.
E os odores compõem-se de princípios maiores
do que os da voz, uma vez que através dos sáxeos septos
não penetram, por onde a voz e o som atravessam.   700
Por tal motivo verás que o que cheira não tão facilmente
pode ser rastreado quanto ao seu paradeiro.
Pois o golpe se esfria ao tentar prosseguir pelas auras,
nem os anúncios das coisas, cálidos, correm ao sentido,
como amiúde os cães errabundos procuram vestígios.

iv. *Uma digressão*: 706-21

Nem, contudo, isso dá-se somente quanto aos odores
ou aos sabores, mas também as formas e cores
não igualmente convêm aos sentidos todos em todos,
de tal modo que algumas são mais terríveis à vista.
Dessa forma, ao galo, que afasta com as asas a noite,   710
acostumado a chamar a alvorada com a voz invocante,
sevo leão não consegue encarar e mirar frente a frente;
dessa forma, continuamente se lembra da fuga.
Não admira, pois há nos corpos dos galos primórdios
que, quando aos olhos dos leões se projetam, lhes ferem
as pupilas, causando-lhes dores acerbas, de modo
que não podem suportar, apesar de ferozes.
Se esses primórdios não podem lesar nossos olhos, contudo,
é porque não os penetram, ou mesmo se penetrarem,
dá-se livre saída dos olhos, e, mesmo se ficam,   720
não poderão nos lesar os luzeiros em parte nenhuma.

(e) O pensamento: 722-822

i. *Os processos do pensamento*: 722-48

Vamos, agora, e aprende que coisas ao ânimo excitam:
brevemente exporei como chegam à mente e de onde.
Digo, primeiro, que muitos simulacros das coisas
vagam de muitas maneiras por tudo e pra todas as partes
tênues, de modo que facilmente se unem nas auras
quando se encontram, qual teias de aranha e folhas de ouro.

quippe etenim multo magis haec sunt tenvia textu
quam quae percipiunt oculos visumque lacessunt,
corporis haec quoniam penetrant per rara cientque 730
tenvem animi naturam intus sensumque lacessunt.
Centauros itaque et Scyllarum membra videmus
Cerbereasque canum facies simulacraque eorum
quorum morte obita tellus amplectitur ossa;
omne genus quoniam passim simulacra feruntur,
partim sponte sua quae fiunt aere in ipso,
partim quae variis ab rebus cumque recedunt
et quae confiunt ex horum facta figuris.
nam certe ex vivo Centauri non fit imago,
nulla fuit quoniam talis natura animantis, 740
verum ubi equi atque hominis casu convenit imago,
haerescit facile extemplo, quod diximus ante,
propter subtilem naturam et tenvia texta.
cetera de genere hoc eadem ratione creantur.
quae cum mobiliter summa levitate feruntur,
ut prius ostendi, facile uno commovet ictu
quaelibet una animum nobis subtilis imago;
tenvis enim mens est et mire mobilis ipsa.

    Haec fieri ut memoro, facile hinc cognoscere possis.
quatenus hoc simile est illi, quod mente videmus 750
atque oculis, simili fieri ratione necesse est.
nunc igitur docui quoniam me forte leonem
cernere per simulacra, oculos quaecumque lacessunt,
scire licet mentem simili ratione moveri
per simulacra leonum <et> cetera quae videt aeque
nec minus atque oculi, nisi quod mage tenvia cernit.
nec ratione alia, cum somnus membra profudit,
mens animi vigilat, nisi quod simulacra lacessunt
haec eadem nostros animos quae cum vigilamus
usque adeo, certe ut videamur cernere eum quem 760
relicta vita iam mors et terra potitast.
hoc ideo fieri cogit natura, quod omnes

Pois, de fato, possuem textura muito mais tênue
do que os primórdios que os olhos percebem e lesam o sentido,
já que penetram pelos poros do corpo e atiçam 730
tênue natura do ânimo, lesam o sentido profundo.
É assim que nós vemos centauros e os membros das Cilas,
faces cerbéreas dos cães também, simulacros daqueles
que a morte levou, cujos ossos a terra entrelaça;
já que todo tipo de simulacro vagueia,
espontaneamente alguns pelos ares criados,
outros, contudo, rescendem provindo de múltiplas coisas,
outros, ainda, são feitos do encontro de mais de uma forma.
Claro que a imagem de um centauro não vem de algo vivo,
já que jamais existiu tal natura num ser animado, 740
mas quando acaso se encontra a imagem do homem e do equino,
de imediato se ligam, tal como já antes dissemos,
em razão da natura sutil e da tênue textura.
Pela mesma razão, outras coisas assim são criadas.
Quando eles, então, são levados com grande leveza,
como antes mostrei, facilmente, de um único golpe,
uma única imagem sutil nosso ânimo fere;
pois a mente é tênue, e tem grande mobilidade.

ii. *Visões mentais e os sonhos*: 749-76

    Que isso se dá como eu digo, podes saber facilmente.
Já que um se parece com o outro, o que vemos com a mente 750
e com os olhos, devem ser feitos da mesma maneira.
Por conseguinte, como ensinei que, digamos, eu vejo
um leão pelos seus simulacros, e alguns vêm aos olhos,
deve-se reconhecer que da mesma maneira é movida a
mente por simulacros dos leões e de outros,
igualmente, não menos que os olhos, mas inda mais tênues.
Dessa maneira, quando o sono se infunde nos membros
fica a mente em vigília, e o nosso ânimo excitam
esses mesmos simulacros que enquanto despertos,
de tal modo, os que a vida deixaram, parece que vemos, 760
esses que a morte e a terra já dominaram outrora.
É a natura que faz com que isso se dê, porque todos

corporis offecti sensus per membra quiescunt
nec possunt falsum veris convincere rebus.
praeterea meminisse iacet languetque sopore
nec dissentit eum mortis letique potitum
iam pridem, quem mens vivum se cernere credit.
quod superest, non est mirum simulacra moveri
bracchiaque in numerum iactare et cetera membra.
nam fit ut in somnis facere hoc videatur imago; 770
quippe ubi prima perit alioque est altera nata
inde statu, prior hic gestum mutasse videtur.
scilicet id fieri celeri ratione putandumst:
tanta est mobilitas et rerum copia tanta
tantaque sensibili quovis est tempore in uno
copia particularum, ut possit suppeditare.

    Multaque in his rebus quaeruntur multaque nobis
clarandumst, plane si res exponere avemus.
quaeritur in primis quare, quod cuique libido
venerit, extemplo mens cogitet eius id ipsum. 780
anne voluntatem nostram simulacra tuentur
et simul ac volumus nobis occurrit imago,
si mare, si terram cordist, si denique caelum?
conventus hominum pompam convivia pugnas,
omnia sub verbone creat natura paratque?
cum praesertim aliis eadem in regione locoque
longe dissimilis animus res cogitet omnis.
quid porro, in numerum procedere cum simulacra
cernimus in somnis et mollia membra movere,
mollia mobiliter cum alternis bracchia mittunt 790
et repetunt ollis gestum pede convenienti?
scilicet arte madent simulacra et docta vagantur,
nocturno facere ut possint in tempore ludos.
an magis illud erit verum? quia tempore in uno,
quod sentimus, id est, cum vox emittitur una,
tempora multa latent, ratio quae comperit esse,
propterea fit uti quovis in tempore quaeque

os sentidos do corpo, impedidos, nos membros repousam,
nem distinguem o falso das coisas que são verdadeiras.
E, além disso, a memória jaz, elanguesce de sono,
sem revidar que aquele que a mente crê que está vivo
já há muito tempo se foi aos domínios da morte.
Não te espantes, no mais, se os simulacros se movem,
nem que alternados balancem os braços e os membros restantes.
Pois acontece, no sono, que a imagem pareça fazê-lo; 770
já que a primeira perece mas outra já nasce em sequência
de outra maneira, e a primeira parece mudar o seu gesto.
Certo é pensar que rapidamente isso tudo se passa:
grande é sua mobilidade e plural é a cópia das coisas,
e tamanha é a cópia, em qualquer instante sensível,
de partículas que pra esse fim servem de suprimento.[251]

iii. *Problemas relacionados aos pensamentos e sonhos*: 777-822

Quanto a essas coisas há muito a inquirir-se, e a nós inda há muito
a esclarecer, se queremos de fato explicar todas elas.
Primeiramente se inquire por que, quando vem o desejo
de alguma coisa, de imediato a mente a cogita. 780
Os simulacros acaso observam a nossa vontade,
e, assim que queremos, a imagem a nós vem correndo,
quer se trate do mar, ou da terra, ou do céu, finalmente?
Assembleias de homens, cortejos, convívios, batalhas,
tudo, assim que falamos, prepara e cria a natura?
Mesmo quando ânimos de outros em mesmo local reunidos
pensam em todos os tipos de coisas bastante diversas?
Ou se avistamos, ainda, os simulacros, no sono,
a mover os membros suaves de forma alternada,
sim, suaves e ágeis, quando alternam os braços 790
e repetem seus gestos com os pés em acordo com eles?
Os simulacros decerto são versados nas artes:
doutos, vagam à noite e nos oferecem suas danças.
Ou não seria mais verdadeiro que num instante
que percebemos, ou seja, quando uma voz se projeta,
muitos instantes se escondem:[252] a razão descobre que existem,
e, portanto, acontece que em qualquer um dos instantes

praesto sint simulacra locis in quisque parata:
tanta est mobilitas et rerum copia tanta.
hoc, ubi prima perit alioque est altera nata 800
inde statu, prior hic gestum mutasse videtur.
et quia tenvia sunt, nisi quae contendit, acute
cernere non potis est animus; proinde omnia quae sunt
praeterea pereunt, nisi <si ad> quae se ipse paravit.
ipse parat sese porro speratque futurum
ut videat quod consequitur rem quamque; fit ergo.
nonne vides oculos etiam, cum tenvia quae sunt
[praeterea pereunt, nisi quae ex se ipse paravit]
cernere coeperunt, contendere se atque parare,
nec sine eo fieri posse ut cernamus acute? 810
et tamen in rebus quoque apertis noscere possis,
si non advertas animum, proinde esse quasi omni
tempore semotum fuerit longeque remotum.
cur igitur mirumst, animus si cetera perdit
praeterquam quibus est in rebus deditus ipse?
deinde adopinamur de signis maxima parvis
ac nos in fraudem induimus frustraminis ipsi.
    Fit quoque ut interdum non suppeditetur imago
eiusdem generis, sed femina quae fuit ante,
in manibus vir uti factus videatur adesse, 820
aut alia ex alia facies aetasque sequatur.
quod ne miremur sopor atque oblivia curant. [826]

    Illud in his rebus vitium vementer avemus [822]
te fugere, errorem vitareque praemetuenter, [823]
lumina ne facias oculorum clara creata, 825[824]
prospicere ut possimus, et ut proferre queamus [825]
proceros passus, ideo fastigia posse
surarum ac feminum pedibus fundata plicari,
bracchia tum porro validis ex apta lacertis

os simulacros estejam em toda a parte dispostos:
grande é sua mobilidade, e plural é a cópia das coisas,
já que um primeiro perece, mas outro nasce em sequência 800
de outra maneira, e o primeiro parece mudar o seu gesto.[253]
Como são tênues, apenas aqueles nos quais se concentra
o ânimo pode discernir, e, portanto, perece
tudo, exceto aquilo ao que o ânimo está preparado.
Ele prepara-se, e mais, espera a visão do futuro a
fim de ver o que a tudo se segue: e assim acontece.
Mais: acaso não vês como os olhos, tentando ver coisas

★

tênues, concentram-se, preparando-se, tal que sem isso
não conseguimos ver tais coisas com agudeza? 810
Isso verás até mesmo com coisas mais evidentes,
caso não vertas o ânimo a elas, parecem distantes
como se afastadas no tempo e remotas, ao longe.
Por conseguinte, por que se admirar se o ânimo perde
tudo exceto as coisas às quais ele mesmo se entrega?
E depois supomos as máximas coisas de indícios
magros, nos induzimos em fraude e a nós mesmos frustramos.
    Dá-se, também, que, às vezes, surge uma a imagem de outro
gênero, e aquela que nos parecia mulher em princípio
nos parece então transformar-se na forma de um homem, 820
ou até mesmo de face ou idade se segue uma outra.
Mas o sono e o olvido garantem um mínimo espanto. [826]

C. *Algumas funções do corpo consideradas em conexão com a psicologia*: 823-1057

(a) Refutação da posição teológica: 823-57

    Quanto a essas coisas veementemente queremos que a um vício [822]
possas fugir e um erro evitar com prévia cautela: [823]
não consideres que foram as claras luzes dos olhos   825 [824]
feitas a fim que vejamos, ou que os próceros passos [825]
para avançarmos, tal que as extremidades das pernas
ou das patas, plantados nos pés, consigam dobrar-se,
nem que os braços bem fixados nos válidos ombros

esse manusque datas utraque <ex> parte ministras, 830
ut facere ad vitam possemus quae foret usus.
cetera de genere hoc inter quaecumque pretantur
omnia perversa praepostera sunt ratione,
nil ideo quoniam natumst in corpore ut uti
possemus, sed quod natumst id procreat usum.
nec fuit ante videre oculorum lumina nata
nec dictis orare prius quam lingua creatast,
sed potius longe linguae praecessit origo
sermonem multoque creatae sunt prius aures
quam sonus est auditus, et omnia denique membra 840
ante fuere, ut opinor, eorum quam foret usus.
haud igitur potuere utendi crescere causa.
at contra conferre manu certamina pugnae
et lacerare artus foedareque membra cruore
ante fuit multo quam lucida tela volarent,
et vulnus vitare prius natura coegit
quam daret obiectum parmai laeva per artem.
scilicet et fessum corpus mandare quieti
multo antiquius est quam lecti mollia strata,
et sedare sitim prius est quam pocula natum. 850
haec igitur possent utendi cognita causa
credier, ex usu quae sunt vitaque reperta.
illa quidem sorsum sunt omnia quae prius ipsa
nata dedere suae post notitiam utilitatis.
quo genere in primis sensus et membra videmus;
quare etiam atque etiam procul est ut credere possis
utilitatis ob officium potuisse creari.

Illud item non est mirandum, corporis ipsa
quod natura cibum quaerit cuiusque animantis.
quippe etenim fluere atque recedere corpora rebus 860
multa modis multis docui, sed plurima debent
ex animalibu'. <quae> quia sunt exercita motu,
multaque per sudorem ex alto pressa feruntur,
multa per os exhalantur, cum languida anhelant,

foram criados, com ambas as mãos, a fim de servir-nos 830
pra que pudéssemos tudo fazer do que a vida exigisse.
Todas as outras interpretações desse tipo
são prepósteras e em razões perversas fundadas,
antes, nada é nascido pro nosso uso, no corpo,
mas, ao contrário, o órgão que nasce é que cria seu uso.
Antes das luzes dos olhos nascerem, visão não havia,
nem usar as palavras antes da língua[254] criada,
mas em muito a origem da língua precede a linguagem,
muito antes do som e do ouvir é que foram criados
nossos ouvidos, e, finalmente, todos os membros 840
penso, antes vieram a ser que as funções ou os usos.
Não vieram a ser, portanto, por causa do uso.
Mas, ao contrário, acorrer com as mãos aos certames da guerra,
membros dilacerar, afundá-los em sangue cruento,
muito antes surgiram que o voo dos lúcidos dardos,
e a natureza bem antes a evitar violência
nos ensinou do que a bloquear com um escudo à sinistra.
Certamente, mandar ao descanso o corpo cansado é
algo bem mais antigo que os moles estrados do leito
e sedar a sede vem antes de os copos surgirem. 850
Essas coisas podem ter ser sido criadas por causa
de sua utilidade, inventadas pros usos da vida.
Mas se destacam todas as coisas que antes nasceram
para depois nos dar a noção[255] de sua utilidade.
Nessa classe, principalmente se veem os sentidos
e os membros, pois inda e ainda estão longe de crermos
que eles pudessem criar-se por conta do ofício do uso.

(b) Comida: 858-76

Isto, também, não é causa de espanto: a própria natura
corporal de todo vivente procura alimento.
Já mostrei que muitos corpos fluem e abandonam 860
todas as coisas, de muitas maneiras, mas, principalmente,
quanto aos animais, se exercem o seu movimento,
muito pelo suor é espremido pra fora e se perde,
muito se esvai pela boca, pela anelante fadiga.

his igitur rebus rarescit corpus et omnis
subruitur natura; dolor quam consequitur rem.
propterea capitur cibus ut suffulciat artus
et recreet viris interdatus atque patentem
per membra ac venas ut amorem obturet edendi.
umor item discedit in omnia quae loca cumque 870
poscunt umorem; glomerataque multa vaporis
corpora, quae stomacho praebent incendia nostro,
dissipat adveniens liquor ac restinguit ut ignem,
urere ne possit calor amplius aridus artus.
sic igitur tibi anhela sitis de corpore nostro
abluitur, sic expletur ieiuna cupido.

   Nunc qui fiat uti passus proferre queamus,
cum volumus, varieque datum sit membra movere,
et quae res tantum hoc oneris protrudere nostri
corporis insüerit, dicam: tu percipe dicta. 880
dico animo nostro primum simulacra meandi
accidere atque animum pulsare, ut diximus ante.
inde voluntas fit; neque enim facere incipit ullam
rem quisquam, <quam> mens providit quid velit ante.
id quod providet, illius rei constat imago.
ergo animus cum sese ita commovet ut velit ire
inque gredi, ferit extemplo quae in corpore toto
per membra atque artus animai dissita vis est.
et facilest factu, quoniam coniuncta tenetur.
inde ea proporro corpus ferit, atque ita tota 890
paulatim moles protruditur atque movetur.
praeterea tum rarescit quoque corpus et aer
(scilicet ut debet qui semper mobilis exstat)
per patefacta venit penetratque foramina largus
et dispargitur ad partis ita quasque minutas
corporis. hic igitur rebus fit utrimque duabus,
corpus ut, ac navis velis ventoque, feratur.
nec tamen illud in his rebus mirabile constat,
tantula quod tantum corpus corpuscula possunt

Rarefazem-se, assim, os corpos, e toda a natura
arruína-se, e então, resultado: aparecem as dores.
Logo, portanto, se toma o alimento, de modo que os membros
se revigorem, e, já espalhado, preencha os espaços
que o desejo da fome cavou pelos membros e veias.
Dessa forma, o humor percorre todos espaços   870
que procuram humor, e as partículas aglomeradas
do calor, que pros nossos estômagos trazem incêndios,
são dissipadas por esse líquido, extintas, de modo
que esse calor não mais afogueie os áridos membros.
Dessa maneira, a sede anelante dos corpos se esvai
dessa maneira, também, o desejo da fome se aplaca.

(c) Movimento e o ato da vontade: 877-906

Veja-se agora como se dá que possamos dar passos
quando quisermos, de várias maneiras mover nossos membros,
e que força é capaz de propelir esse enorme
peso de nossos corpos, direi: atenção às palavras!   880
Digo, primeiro, que os simulacros do moto se achegam
ao nosso ânimo e logo o afetam, como dissemos.
Disso se faz a vontade; pois não se faz coisa alguma
antes que a mente anteveja aquilo que causa o desejo.
Isso que ela antevê consiste de imagem da coisa.
Por conseguinte, quando o ânimo é impelido a
ir e mover-se, em todo o corpo percute e, de pronto,
nele a força da ânima espalha-se em todos os membros.
Fácil se faz, uma vez que ele é conjunto com ela.
Ela então o corpo percute, e assim toda a massa   890
pouco a pouco é impelida adiante e, portanto, se move.
Por conseguinte, então, rarefaz-se o corpo, e os ares
(que sem dúvida devem, sendo eles mesmos bem ágeis)
vêm e penetram os poros abertos, espalham-se ao largo
de todas partes, mesmo as mais diminutas, dos corpos.
Por tais dois motivos, portanto, dá-se que o corpo
seja levado, tal como um navio, com velas ao vento.
Nem seria admirável, portanto, que isso aconteça:
tão minúsculos corpos levam um corpo tão grande

contorquere et onus totum convertere nostrum.　　　　　　900
quippe etenim ventus subtili corpore tenvis
trudit agens magnam magno molimine navem
et manus ima regit quantovis impete euntem
atque gubernaclum contorquet quolibet unum,
multaque per trocleas et tympana pondere magno
commovet atque levi sustollit machina nisu.

    Nunc quibus ille modis somnus per membra quietem
irriget atque animi curas e pectore solvat,
suavidicis potius quam multis versibus edam;
parvus ut est cycni melior canor, ille gruum quam　　　　910
clamor in aetheriis dispersus nubibus austri.
tu mihi da tenuis auris animumque sagacem,
ne fieri negites quae dicam posse retroque
vera repulsanti discedas pectore dicta,
tutemet in culpa cum sis neque cernere possis.
principio somnus fit ubi est distracta per artus
vis animae partimque foras eiecta recessit
et partim contrusa magis concessit in altum.
dissoluuntur enim tum demum membra fluuntque.
nam dubium non est, animai quin opera sit　　　　　　　920
sensus hic in nobis, quem cum sopor impedit esse,
tum nobis animam perturbatam esse putandumst
eiectamque foras; non omnem; namque iaceret
aeterno corpus perfusum frigore leti.
quippe ubi nulla latens animai pars remaneret
in membris, cinere ut multa latet obrutus ignis,
unde reconflari sensus per membra repente
posset, ut ex igni caeco consurgere flamma?
    Sed quibus haec rebus novitas confiat et unde
perturbari anima et corpus languescere possit,　　　　　930
expediam: tu fac ne ventis verba profundam.
principio externa corpus de parte necessum est,
aeriis quoniam vicinum tangitur auris,
tundier atque eius crebro pulsarier ictu,

a se mover e arrastam todo o peso do corpo. 900
Já que até mesmo um tênue vento com corpo tão leve
pode empurrar um grande navio de porte imponente
e o governa uma única mão, não importa quão ágil,
para qualquer direção a conduz e dirige um só leme, e
muito, através de roldanas e rodas, com máximo peso,
pode uma única máquina erguer com esforço pequeno.

(d) Sono: 907-61

De que maneiras, agora, o sono derrama nos membros
a quietude e dissolve no ânimo agruras do peito,
com versos suaviloquentes, mas não numerosos, proclamo,
como o curto canto do cisne é melhor que o barulho 910
alto dos grous espalhado nas nuvens etéreas do Austro.
Tu, me empresta as tênues orelhas e o ânimo astuto,
pra que não negues que as coisas que digo se fazem, ou mesmo
vás repelir com teu peito contrário os meus veros ditames
caso, sendo tua culpa, o discernimento te falte.
Primeiramente, o sono se faz quando espalha-se aos membros
força da ânima; em parte lançada pra fora se afasta, em
parte recrudescida desloca-se ao fundo do corpo.
Nesse momento, por fim, os membros se soltam e fluem.
Pois não há dúvida que a ânima é responsável por dar as 920
sensações ao corpo; e quando o sono a impede,
deve-se considerar que a ânima está perturbada
e é lançada pra fora; não toda: caso assim fosse,
mergulharia o corpo pra sempre na gélida morte.
Pois se nenhuma parte da ânima permanecesse
em nossos membros tal como a brasa enganosa nas cinzas,
donde se reacenderia a sensação de repente,
tal como a chama ressurge a partir do fogo escondido?
Mas por quais motivos tal novidade se faça,
como pode a ânima ser perturbada e o corpo 930
amolecer, eu direi: não deixes meus verbos aos ventos.
Em princípio, é mister que a parte externa do corpo,
uma vez que é tocada ao redor pelas auras dos ares,
por seus golpes frequentes seja ferida e surrada;

proptereaque fere res omnes aut corio sunt
aut etiam conchis aut callo aut cortice tectae.
interiorem etiam partem spirantibus aer
verberat hic idem, cum ducitur atque reflatur.
quare utrimque secus cum corpus vapulet et cum
perveniant plagae per parva foramina nobis 940
corporis ad primas partis elementaque prima,
fit quasi paulatim nobis per membra ruina.
conturbantur enim positurae principiorum
corporis atque animi. fit uti pars inde animai
eiciatur et introrsum pars abdita cedat,
pars etiam distracta per artus non queat esse
coniuncta inter se neque motu mutua fungi;
inter enim saepit coetus natura viasque;
ergo sensus abit mutatis motibus alte.
et quoniam non est quasi quod suffulciat artus, 950
debile fit corpus languescuntque omnia membra,
bracchia palpebraeque cadunt poplitesque cubanti
saepe tamen summittuntur virisque resolvunt.
deinde cibum sequitur somnus, quia, quae facit aer,
haec eadem cibus, in venas dum diditur omnis,
efficit. et multo sopor ille gravissimus exstat
quem satur aut lassus capias, quia plurima tum se
corpora conturbant, magno contusa labore.
fit ratione eadem coniectus partim animai
altior atque foras eiectus largior eius, 960
et divisior inter se ac distractior intust.

    Et quo quisque fere studio devinctus adhaeret
aut quibus in rebus multum sumus ante morati
atque in ea ratione fuit contenta magis mens,
in somnis eadem plerumque videmur obire;
causidici causas agere et componere leges,
induperatores pugnare ac proelia obire,
nautae contractum cum ventis degere duellum,
nos agere hoc autem et naturam quaerere rerum

é por isso que quase todos os corpos se cobrem
ou por couro ou por conchas, ou mesmo por cascas ou calos.
E esse mesmo ar, quando adentra os corpos que inspiram
pela respiração reverbera da mesma maneira.
Pois, uma vez que de ambos os lados golpeie-se o corpo, e
chagas perpassem por diminutos poros e alcancem 940
primas partes dos corpos e os elementos primevos,
pouco a pouco, nos membros se faz como se uma ruína.
Pois, então, se conturbam as posições dos princípios
de nossos corpos e do ânimo: da ânima, parte se ejeta,
outra parte recede escondida pra dentro, enquanto outra
parte, dispersa nos membros, não mais consegue juntar-se
nem performar ou compor entre si movimentos conjuntos,
pois a natura intercepta e bloqueia os contatos e vias.
As sensações se afastam ao longe, mudados os motos.
Como não há nada que possa amparar a estrutura, 950
torna-se débil o corpo e amolecem todos os membros,
caem os braços e pálpebras, e, mesmo quando deitados,
dobram-se os nossos joelhos, e as forças se vão, dissolutas.
Se ao alimento o sono se segue, é que, tal como os ares,
causa o mesmo efeito quando penetra nas veias.
Mostra-se muito mais pesado o sono que toma a
quem esteja cheio ou cansado, pois muito mais corpos
são perturbados, por imenso labor abatidos.
Nesses casos, dá-se injeção da ânima em parte
mais profundamente, e pra fora, a ejeção mais ao longe 960
e, por dentro, ela fica mais dividida e disjunta.

(e) Sonhos: 962-1036

Quase todos nós, tomados de certo interesse
ou de algo em que antes tenhamos nos demorado,
e que por essa razão nossa mente se tenha alegrado,
essas coisas vemos num sonho amiúde surgirem;
causas conduzem os advogados ou leis consideram,
os generais as pugnas e bélicos prélios conduzem,
nautas percebem-se em plenos confrontos e lutas com ventos,
nós perseguimos buscando, contudo, a natura das coisas

semper et inventam patriis exponere chartis. 970
cetera sic studia atque artis plerumque videntur
in somnis animos hominum frustrata tenere.
et quicumque dies multos ex ordine ludis
assiduas dederunt operas, plerumque videmus,
cum iam destiterunt ea sensibus usurpare,
relicuas tamen esse vias in mente patentis,
qua possint eadem rerum simulacra venire.
per multos itaque illa dies eadem obversantur
ante oculos, etiam vigilantes ut videantur
cernere saltantis et mollia membra moventis 980
et citharae liquidum carmen chordasque loquentis
auribus accipere et consessum cernere eundem
scaenaique simul varios splendere decores.
usque adeo magni refert studium atque voluptas,
et quibus in rebus consuerint esse operati
non homines solum sed vero animalia cuncta.
quippe videbis equos fortis, cum membra iacebunt,
in somnis sudare tamen spirareque semper
et quasi de palma summas contendere viris
aut quasi carceribus patefactis †saepe quiete†. 990
venantumque canes in molli saepe quiete [999]
iactant crura tamen subito vocesque repente [991]
mittunt et crebro redducunt naribus auras,
ut vestigia si teneant inventa ferarum,
expergefactique sequuntur inania saepe 995[994]
cervorum simulacra, fugae quasi dedita cernant,
donec discussis redeant erroribus ad se.
at consueta domi catulorum blanda propago
discutere et corpus de terra corripere instant, 999[998]
[iactant crura tamen subito vocesque repente 1000
mittunt et crebro redducunt naribus auras
ut vestigia si teneant inventa ferarum,
expergefactique sequuntur inania saepe]
proinde quasi ignotas facies atque ora tuantur.
et quo quaeque magis sunt aspera seminiorum,
tam magis in somnis eadem saevire necessust.

sempre e, assim que encontradas, grafamos em pátrios escritos.   970
A maioria das artes e ocupações nos parecem
ocupar em vão, no sono, os ânimos nossos.
Todo aquele que, muitos dias, seguidamente,
der atenção assídua a espetáculos, em muitos casos,
vemos, assim que cessem de usurpar os sentidos,
que permanecem pra ele vias patentes na mente
por onde entram os mesmos simulacros das coisas.
Dessa forma, por muitos dias, percebem-se as mesmas
coisas diante dos olhos, tal que, mesmo acordados
veem-se membros elegantes saltando e dançando,   980
ouve-se o líquido canto da lira e as cordas loquazes
ao atingirem ouvidos, o mesmo agrupar de pessoas
vê-se, e as mesmas decorações do teatro refulgem.
Tal é a grande importância do empenho, prazer e das coisas
com as quais estão acostumados, pois dizem respeito
não aos homens apenas, mas a todas espécies.
Certo, verás até fortes equinos, mesmo prostrados,
em seus sonhos suando e continuamente ofegando,
como se concentrassem as forças para a vitória, ou
como se, com seus cárceres escancarados, fugissem.[256]   990
Cães de caça, também, em sono suave e tranquilo   [999]
suas patas agitam e súbito lançam latidos,   [991]
com os focinhos não poucas vezes farejam os ares,
como se tivessem achado os vestígios de feras,
e, acordados, com muita insistência perseguem vazios   995[994]
simulacros de cervos, como se os vissem em fuga,
té que retornem a si, dissipada a ilusão e o engano.
E a doméstica e branda raça dos cachorrinhos
treme e sacode afastando do chão o corpo, tal como   999[998]

★[257]

se avistasse desconhecidas faces e rostos.   1000
Quanto mais ásperas sejam de cada espécie as sementes,
mais em sonhos apresentam fúria selvagem.

at variae fugiunt volucres pinnisque repente
sollicitant divum nocturno tempore lucos,
accipitres somno in leni si proelia pugnas
edere sunt persectantes visaeque volantes. 1010
porro hominum mentes, magnis quae motibus edunt
magna, itidem saepe in somnis faciuntque geruntque,
reges expugnant, capiuntur, proelia miscent,
tollunt clamorem, quasi si iugulentur, ibidem.
multi depugnant gemitusque doloribus edunt
et quasi pantherae morsu saevive leonis
mandantur magnis clamoribus omnia complent.
multi de magnis per somnum rebu' loquuntur
indicioque sui facti persaepe fuere.
multi mortem obeunt. multi, de montibus altis 1020
ut qui praecipitent ad terram corpore toto,
exterruntur et ex somno quasi mentibu' capti
vix ad se redeunt permoti corporis aestu.
flumen item sitiens aut fontem propter amoenum
assidet et totum prope faucibus occupat amnem.
puri saepe lacum propter si ac dolia curta
somno devincti credunt se extollere vestem,
totius umorem saccatum corpori' fundunt,
cum Babylonica magnifico splendore rigantur.
tum quibus aetatis freta primitus insinuatur 1030
semen, ubi ipsa dies membris matura creavit,
conveniunt simulacra foris e corpore quoque
nuntia praeclari vultus pulchrique coloris,
qui ciet irritans loca turgida semine multo,
ut quasi transactis saepe omnibu' rebu' profundant
fluminis ingentis fluctus vestemque cruentent.

    Sollicitatur id <in> nobis, quod diximus ante,
semen, adulta aetas cum primum roborat artus.
namque alias aliud res commovet atque lacessit;
ex homine humanum semen ciet una hominis vis. 1040
quod simul atque suis eiectum sedibus exit,

Várias raças volantes, de repente, com as asas
causam perturbação noturna nos bosques divinos,
caso em leve sono percebam abutres voando
contra elas, em perseguição, dando prélios e pugnas. 1010
Mais: as mentes dos homens, as quais, com grandes esforços
geram os feitos mais altos, sempre em seus sonhos atuam:
reis estraçalham, são dominados, em prélios se engajam,
lançam clamores, tal como se ali as gargantas rasgassem.
Muitos batalham, emitem gemidos causados por dores
como se um selvagem leão ou pantera os mordesse,
dilacerando-os, preenchem o espaço com grandes clamores.
Muitos, no sono, discursam e grandes feitos relatam,
em alguns casos, dos próprios crimes fornecem indícios.
Muitos encontram a morte. Muitos de altas montanhas 1020
como se lançassem-se à terra com todo seu corpo
aterrorizam-se e, como se ainda dementes, do sono
saem com dificuldade, de tão afetados nos corpos.
Dessa forma, junto do rio o sedente se assenta
ou da amena fonte, tentando engolir todo o fluxo.
Mesmo os mais limpos, se creem que estão, vencidos do sono,
próximos de uma latrina ou de vaso, abaixam as calças
e derramam o humor filtrado de todo seu corpo,
aos lençóis babilônios, riquíssimos, todos manchando.
Para aqueles aos quais a semente primeiro aparece à 1030
flor da idade, e assim que madura, dispõe-se nos membros,
os simulacros de fora se agregam, de todos os corpos,
claras promessas de tenras cores das peles e faces,
excitando os túrgidos membros repletos de sêmen;
como se a transação estivesse acabada, esparramam
longas ingentes torrentes que as vestes poluem e sujam.

(f) A origem física do amor: 1037-57

Tal semente, que já comentamos, agita-se dentro
desde que a idade adulta nos traz o vigor para os membros.
Como, pois, uma coisa excita e impele outras coisas,
entre os homens só estímulo humano produz a semente. 1040
Logo, assim que expulsa de sua sede, atravessa

per membra atque artus decedit corpore toto
in loca conveniens nervorum certa cietque
continuo partis genitalis corporis ipsas.
irritata tument loca semine fitque voluntas
eicere id quo se contendit dira libido,
[incitat irritans loca turgida semine multo]
idque petit corpus, mens unde est saucia amore.
namque omnes plerumque cadunt in vulnus et illam
emicat in partem sanguis unde icimur ictu, 1050
et si comminus est, hostem ruber occupat umor.
sic igitur Veneris qui telis accipit ictus,
sive puer membris muliebribus hunc iaculatur
seu mulier toto iactans e corpore amorem,
unde feritur, eo tendit gestitque coire
et iacere umorem in corpus de corpore ductum.
namque voluptatem praesagit muta cupido.

Haec Venus est nobis; hinc autemst nomen amoris,
hinc illaec primum Veneris dulcedinis in cor
stillavit gutta et successit frigida cura. 1060
nam si abest quod ames, praesto simulacra tamen sunt
illius et nomen dulce obversatur ad auris.
sed fugitare decet simulacra et pabula amoris
absterrere sibi atque alio convertere mentem
et iacere umorem collectum in corpora quaeque
nec retinere, semel conversum unius amore,
et servare sibi curam certumque dolorem.
ulcus enim vivescit et inveterascit alendo
inque dies gliscit furor atque aerumna gravescit,
si non prima novis conturbes vulnera plagis 1070
vulgivagaque vagus Venere ante recentia cures
aut alio possis animi traducere motus.

todos os membros provindo de todas as partes do corpo
para afluir em determinados locais e em seguida
finalmente excita nos corpos as genitálias.
Tais regiões, incitadas do esperma,[258] intumescem e desejam
só lançar para onde impeliu a dira libido,
[excitando os túrgidos membros repletos de sêmen]
e o corpo procura o que causa o amor lacerante.
Quase sempre se cai para o lado em que somos feridos,
jorra o sangue na direção em que o golpe nos fere, 1050
e, se o inimigo está perto, cobre-se em sangue cruento.
Dessa forma, aquele que atinge a flecha de Vênus,
seja um rapaz com membros femíneos o autor desse golpe,
ou a mulher exalando amor por todos os poros,
seja quem for, então, deseja se unir, e se inclina
pronto a jorrar nesse corpo o produto de seu próprio corpo,
pois de todo prazer um mudo cupido é presságio.

D. *Ataque às paixões do amor*: 1058-287

(a) Seu caráter: 1058-72

Tal é Vênus pra nós, e o nome do amor provém dela
no coração, vindo dela, primeiro se instila uma gota
doce de amor, mas depois a sucede a fria ansiedade. 1060
Pois se se ausenta quem amas, seus simulacros vêm logo,
e o doce nome atravessa os ares, povoa as orelhas.
Mas é prudente afastar-se dos simulacros e chamas
que alimentam o amor, exilar-se, afastá-los da mente
e lançar esse humor reprimido em corpos diversos
sem o reter e em um único amor concentrar todo o empenho
pois assim conservas apenas as penas severas.
Tal ferida enrijece e, se alimentada, floresce,
incha o furor dia a dia e os sofrimentos mais pesam,
caso as primeiras feridas não cales com golpes mais novos, 1070
ou não os cures, recentes, com vulgivagagem de Vênus,
ou caso possas transpor para alhures do ânimo o moto.

Nec Veneris fructu caret is qui vitat amorem,
sed potius quae sunt sine poena commoda sumit.
nam certe purast sanis magis inde voluptas
quam miseris. etenim potiundi tempore in ipso
fluctuat incertis erroribus ardor amantum
nec constat quid primum oculis manibusque fruantur.
quod petiere, premunt arte faciuntque dolorem
corporis et dentis inlidunt saepe labellis   1080
osculaque adfligunt, quia non est pura voluptas
et stimuli subsunt qui instigant laedere id ipsum
quodcumque est, rabies unde illaec germina surgunt.
sed leviter poenas frangit Venus inter amorem
blandaque refrenat morsus admixta voluptas.
namque in eo spes est, unde est ardoris origo,
restingui quoque posse ab eodem corpore flammam.
quod fieri contra totum natura repugnat;
unaque res haec est, cuius quam plurima habemus,
tam magis ardescit dira cuppedine pectus.   1090
nam cibus atque umor membris assumitur intus;
quae quoniam certas possunt obsidere partis,
hoc facile expletur laticum frugumque cupido.
ex hominis vero facie pulchroque colore
nil datur in corpus praeter simulacra fruendum
tenvia; quae vento spes raptat saepe misella.
ut bibere in somnis sitiens cum quaerit et umor
non datur, ardorem qui membris stinguere possit,
sed laticum simulacra petit frustraque laborat
in medioque sitit torrenti flumine potans,   1100
sic in amore Venus simulacris ludit amantis
nec satiare queunt spectando corpora coram
nec manibus quicquam teneris abradere membris
possunt errantes incerti corpore toto.
denique cum membris collatis flore fruuntur
aetatis, iam cum praesagit gaudia corpus
atque in eost Venus ut muliebria conserat arva,
adfigunt avide corpus iunguntque salivas

(b) Sua insaciabilidade: 1073-120

Quem evita o amor não se priva do fruto de Vênus,
antes, prefere escolher alegrias isentas de pena.
Pois, é certo, o prazer é mais puro aos homens saudáveis
que aos miseráveis. Então, no momento preciso do enlace,
todo ardor dos amantes flui em errâncias incertas,
nem se dão conta de quem goza antes, as mãos ou os olhos.
O que desejam apertam tão firme que ferem os corpos,
com frequência cravam os dentes nos leves beicinhos, 1080
e batalham com beijos, pois seu prazer é impuro,
as ferroadas invisas instigam a ferir até mesmo
tudo o que cause que surjam sementes da fúria e da raiva.
Mas levemente Vênus acalma a dor dos amores
e a branda volúpia mesclada às mordidas a freia.
Há esperança que nesse corpo que o ardor origina
possa também ali extinguir-se a chama gerada.
Mas a natura rejeita que isso ocorra ao contrário:
essa é a única coisa que, quanto mais possuímos,
mais nosso peito se inflama de ardor e de diro desejo. 1090
Como alimentos e líquidos são absorvidos nos membros,
já que no corpo ocupam partes determinadas,
fácil é satisfazer o desejo por água e comida.
Mas quanto à face do homem, sua cor atraente, nos corpos
nada se dá a fruir a não ser os sutis simulacros,
que a esperança sofrida amiúde dissolve nos ventos.
Como, em sonho, o sedento procura beber, mas a água
que poderia extinguir o ardor dos seus membros não acha,
tenta tocar simulacros de água, são vãos seus labores,
mesmo sentado, bebendo, no meio do rio em torrente, 1100
Vênus, assim, ilude os amantes com simulacros,
com a vista não conseguem saciar os seus corpos,
nem arrancar coisa alguma com as mãos desses membros tão tenros
podem, enquanto vagam, incertos, por sobre esse corpo.
Quando, finalmente, com membros colados desfrutam
da flor da idade, e o corpo já pressente os prazeres,
quando Vênus semeia o corpo e campo femíneo,
avidamente seus corpos enlaçam, conjugam saliva

oris et inspirant pressantes dentibus ora,
nequiquam, quoniam nil inde abradere possunt   1110
nec penetrare et abire in corpus corpore toto;
nam facere interdum velle et certare videntur:
usque adeo cupide in Veneris compagibus haerent,
membra voluptatis dum vi labefacta liquescunt.
tandem ubi se erupit nervis collecta cupido,
parva fit ardoris violenti pausa parumper.
inde redit rabies eadem et furor ille revisit,
cum sibi quid cupiant ipsi contingere quaerunt,
nec reperire malum id possunt quae machina vincat:
usque adeo incerti tabescunt vulnere caeco.   1120

    Adde quod absumunt viris pereuntque labore,
adde quod alterius sub nutu degitur aetas.
labitur interea res et Babylonica fiunt,
languent officia atque aegrotat fama vacillans.
†unguenta† et pulchra in pedibus Sicyonia rident
scilicet et grandes viridi cum luce zmaragdi
auro includuntur teriturque thalassina vestis
assidue et Veneris sudorem exercita potat.
et bene parta patrum fiunt anademata, mitrae,
interdum in pallam atque Alidensia Ciaque vertunt.   1130
eximia veste et victu convivia, ludi,
pocula crebra, unguenta coronae serta parantur,
nequiquam, quoniam medio de fonte leporum
surgit amari aliquid quod in ipsis floribus angat,
aut cum conscius ipse animus se forte remordet
desidiose agere aetatem lustrisque perire,
aut quod in ambiguo verbum iaculata reliquit
quod cupido adfixum cordi vivescit ut ignis,
aut nimium iactare oculos aliumve tueri
quod putat in vultuque videt vestigia risus.   1140

    Atque in amore mala haec proprio summeque secundo

em suas bocas, arfantes, mordendo seus dentes e lábios:
tudo em vão, já que nada conseguem arrancar um ao outro,   1110
nem adentrar para sempre e perder-se no corpo do outro;
pois, me parece, é isso que querem com esses embates:
isso se vê quando lançam-se aos cúpidos laços de Vênus,
té que dissolvem, pelo prazer liquefeitos os membros.
Quando jorra, por fim, o cupido oprimido nos nervos
faz-se por breve instante uma pausa ao ardor violento;
logo, porém mesma raiva retorna, o furor revisita,
eles mesmos procuram saber o que é que desejam
mas não conseguem saber que instrumento derrota seus males:
dessa maneira, definham, incertos, por cega ferida.   1120

(c) Suas más consequências: 1121-40

Mais ainda: eles perdem suas forças e morrem de esforço.
Mais ainda: desgastam a vida sob jugo de um outro.
Dilapidam-se os bens por babilônios tapetes,
negligenciam deveres, vacila e adoece sua fama.
Riem nos pés as belas sandálias de Sícion, perfumes,[259]
e, é certo, esmeraldas enormes de luz esverdeada
são adornadas de ouro, e a veste marinha[260] desgasta
continuamente, de tanto beber os suores de Vênus.
O patrimônio bem ganho dos pais se transforma em tiaras
e diademas, e, às vezes, vestidos de Céos e Alindes.[261]   1130
Com provisões e aparatos exímios são dados banquetes,
jogos, repletos de taças, coroas, perfumes, guirlandas;
tudo em vão, pois do meio da fonte de toda a volúpia
surge algo amargo que, mesmo entre as flores, traz dor e angústia,
ou, talvez, quando o ânimo mesmo, cônscio, remorde
o desperdício da juventude, o marasmo e indolência,
ou, porque, tendo partido, ela lança palavras ambíguas
que afixadas no cor desejante alimentam as chamas,
ou porque olhos vagam demais, e ela os dá a um outro,
e ele então pensa encontrar em seu rosto um vestígio de riso.   1140

(d) Suas desilusões: 1141-91

Esses males encontram-se mesmo no amor favorável,

inveniuntur: in adverso vero atque inopi sunt,
prendere quae possis oculorum lumine operto,
innumerabilia; ut melius vigilare sit ante,
qua docui ratione, cavereque ne inliciaris.
nam vitare, plagas in amoris ne iaciamur,
non ita difficile est quam captum retibus ipsis
exire et validos Veneris perrumpere nodos.
et tamen implicitus quoque possis inque peditus
effugere infestum, nisi tute tibi obvius obstes 1150
et praetermittas animi vitia omnia primum
aut quae corpori' sunt eius, quam praepetis ac vis.
nam faciunt homines plerumque cupidine caeci
et tribuunt ea quae non sunt his commoda vere.
multimodis igitur pravas turpisque videmus
esse in deliciis summoque in honore vigere.
atque alios alii irrident Veneremque süadent
ut placent, quoniam foedo adflictentur amore,
nec sua respiciunt miseri mala maxima saepe.
nigra melichrus est, immunda et fetida acosmos, 1160
caesia Palladium, nervosa et lignea dorcas,
parvula, pumilio, chariton mia, tota merum sal,
magna atque immanis cataplexis plenaque honoris.
balba loqui non quit, traulizi, muta pudens est:
at flagrans odiosa loquacula Lampadium fit.
ischnon eromenion tum fit, cum vivere non quit
prae macie; rhadine verost iam mortua tussi.
at tumida et mammosa Ceres est ipsa ab Iaccho,
simula Silena ac Saturast, labeosa philema.
cetera de genere hoc longum est si dicere coner. 1170
sed tamen esto iam quantovis oris honore,
cui Veneris membris vis omnibus exoriatur:
nempe aliae quoque sunt; nempe hac sine viximus ante;
nempe eadem facit, et scimus facere, omnia turpi,
et miseram taetris se suffit odoribus ipsa
quam famulae longe fugitant furtimque cachinnant.
at lacrimans exclusus amator limina saepe
floribus et sertis operit postisque superbos

bem-sucedido: mas quando o amor é adverso e difícil,
esses consegues ver até mesmo de olhos fechados,
inumeráveis; de tal maneira que sempre mais vale
a precaução, como já ensinei: que não caias na rede.
Pois evitar que caiamos nas chagas do amor é mais fácil,
do que sair, depois de preso, das redes que enlaçam
e romper os potentes e válidos laços de Vênus.
Mesmo implicado e impedido, a fuga é sempre possível,
da armadilha, a não ser que a ti mesmo obstáculo sejas, 1150
ao relevar toda falta do ânimo, antes, e todas
as do corpo, pois, acima de tudo, a desejas.
A maioria dos homens se deixa cegar por cupido
e atribui às amadas bons atributos não veros.
Dessa forma vemos as depravadas e torpes
serem amadas e tidas por homens em mais alta conta.
Zombam alguns de outros persuadindo que aplaquem
Vênus, pois foram acometidos de amor vergonhoso,
mas não percebem amiúde a própria miséria suprema.
Negra é "melíflua"; "natural" é a fétida e imunda; 1160
olhos claros, "Atena"; dura e nervuda, "gazela";
pequenininha ou anã, "uma graça", "toda temperos";
grande, gigante é "portento", "com majestade no porte".
Gaga, mal fala, "é língua presa"; muda, é "pudica";
se afiada, odiosa e loquaz, é uma "tocha inflamada".
"Um mignonzinho" é aquela tão magra que que mal sobrevive;
"frágil" a outra que quase sucumbe de tanto que tosse,
Túrgida toda, e mamuda, é "Ceres prenhe de Baco";
"sátira" é a nariguda, ou "silena"; a beiçuda é "beijoca",
longo demais é tentar falar mais desse tipo de coisa. 1170
Que ela seja, contudo, tão bela quanto possível,
e uma força de Vênus exale de todos os membros:
certo é que outras existem – certo, antes dela vivemos;
certo é que faz tudo igual ao que fazem as torpes, sabemos,
e ela própria, coitada, exala odores atrozes,
tanto que as servas fogem pra longe e escondidas, gargalham.
E, lacrimante, o amante excluído, amiúde, nas portas
pousa guirlandas e flores e, junto aos altos batentes,

unguit amaracino et foribus miser oscula figit;
quem si, iam admissum, venientem offenderit aura 1180
una modo, causas abeundi quaerat honestas,
et meditata diu cadat alte sumpta querella,
stultitiaque ibi se damnet, tribuisse quod illi
plus videat quam mortali concedere par est.
nec Veneres nostras hoc fallit; quo magis ipsae
omnia summo opere hos vitae postscaenia celant
quos retinere volunt adstrictosque esse in amore,
nequiquam, quoniam tu animo tamen omnia possis
protrahere in lucem atque omnis inquirere risus
et, si bello animost et non odiosa, vicissim 1190
praetermittere <et> humanis concedere rebus.

    Nec mulier semper ficto suspirat amore
quae complexa viri corpus cum corpore iungit
et tenet assuctis umectans oscula labris.
nam facit ex animo saepe et communia quaerens
gaudia sollicitat spatium decurrere amoris.
nec ratione alia volucres armenta feraeque
et pecudes et equae maribus subsidere possent,
si non, ipsa quod illarum subat ardet abundans
natura et Venerem salientum laeta retractat. 1200
nonne vides etiam quos mutua saepe voluptas
vinxit, ut in vinclis communibus excrucientur?
in triviis cum saepe canes, discedere aventes
diversi cupide summis ex viribu' tendunt, [1210]
cum interea validis Veneris compagibus haerent; 1205[1204]
quod facerent numquam nisi mutua gaudia nossent [1205]
quae iacere in fraudem possent vinctosque tenere. [1206]
quare etiam atque etiam, ut dico, est communi' voluptas. [1207]

    Et commiscendo cum semine forte virilem [1208]
femina vim vicit subita vi corripuitque, 1210[1209]
tum similes matrum materno semine fiunt,

mísero, unge-os com manjerona e os cobre de beijos;
mas, se o deixassem entrar, submetido aos primeiros odores,   1180
com um apenas, pretextos de fuga não lhe faltariam,
e deixaria pra trás os queixumes de amor preciosos,
com maldições à própria estultícia por ter creditado
a uma única mais do que é razoável a todas.
Nem nossas Vênus quanto a isso se enganam, mas buscam
tanto quanto possível esconder os seus bastidores
dos que elas querem reter e enredar na trama amorosa;
tudo em vão, pois podes, por força do ânimo, tudo
iluminar e inquirir os motivos de todo esse riso:
se for bela no ânimo, e não odiosa, ao contrário,   1190
pode-se então relevar, perdoar essas coisas humanas.

(e) O amor genuíno: 1192-208

Mas a mulher nem sempre suspira de amor simulado
quando, abraçada corpo com corpo, junge-se ao homem
e o aperta com beijos molhados, sugando-lhe os lábios.
Pois o faz de seu ânimo sempre, buscando prazeres
compartilhados, o incita ao transcurso do espaço amoroso.
Nem por outra razão o gado, as aves e feras
e os rebanhos e éguas se entregariam aos machos
se a natureza delas também não ardesse, abundante,
para aceitar relutante e alegre o prazer dos que as cobrem.   1200
E não vês aqueles jungidos em mútua volúpia,
como em cadeias comuns amiúde torturam-se e sofrem?
Como nas encruzilhadas os cães, desejando soltar-se,
ávidos, cada um para um lado se lança, com força,   [1210]
quando com laços bem firmes de Vênus encontram-se atados.   1205[1204]
Isso nunca fariam faltando recíprocos gozos   [1205]
que os empurrem ao dolo ou que possam mantê-los atados.   [1206]
Pois, inda e ainda, tal como já disse: o prazer é comum.   [1207]

(f) Considerações fisiológicas: 1209-32

E, misturando as sementes, se acaso a mulher sobrepõe-se   [1208]
e supera com súbita força a força do homem   1210 [1209]
graças ao sêmen, tornam-se os filhos semelhos às mães[262]

ut patribus patrio sed quos utriusque figurae
esse vides, iuxtim miscentis vulta parentum,
corpore de patrio et materno sanguine crescunt,
semina cum Veneris stimulis excita per artus
obvia conflixit conspirans mutuus ardor,
et neque utrum superavit eorum nec superatumst.
fit quoque ut interdum similes exsistere avorum
possint et referant proavorum saepe figuras
propterea quia multa modis primordia multis   1220
mixta suo celant in corpore saepe parentes,
quae patribus patres tradunt a stirpe profecta;
inde Venus varia producit sorte figuras
maiorumque refert vultus vocesque comasque;
quandoquidem nilo magis haec <de> semine certo
fiunt quam facies et corpora membraque nobis.
et muliebre oritur patrio de semine saeclum
matemoque mares exsistunt corpore creti.
semper enim partus duplici de semine constat,
atque utri similest magis id quodcumque creatur,   1230
eius habet plus parte aequa; quod cernere possis,
sive virum suboles sivest muliebris origo.

    Nec divina satum genitalem numina cuiquam
absterrent, pater a gnatis ne dulcibus umquam
appelletur et ut sterili Venere exigat aevum;
quod plerumque putant et multo sanguine maesti
conspergunt aras adolentque altaria donis,
ut gravidas reddant uxores semine largo.
nequiquam divum numen sortisque fatigant.
nam steriles nimium crasso sunt semine partim   1240
et liquido praeter iustum tenuique vicissim.
tenve locis quia non potis est adfigere adhaesum,
liquitur extemplo et revocatum cedit abortu.
crassius his porro quoniam concretius aequo
mittitur, aut non tam prolixo provolat ictu
aut penetrare locos aeque nequit aut penetratum

ou aos pais, caso o sêmen paterno. No caso de veres
filhos com forma de ambos os pais, com feições misturadas,
é porque crescem do corpo do pai e do sangue materno,
e as sementes, excitadas por Vênus, nos membros,
vão confluir e encontrar-se, pois conspira ardor mútuo,
de tal modo que não superam ou são superadas.
Pode também ocorrer que aos avós eles sejam semelhos:
ou até mesmo que lembrem as formas de ancestres daqueles
quando de muitas maneiras muitos primórdios se mesclam   1220
e se escondem nos corpos dos pais, que trazem, amiúde,
esses primórdios, de pai em pai, de estirpe primeva.
Vênus, então, produz as feições de várias maneiras:
lembram os seus ascendentes as faces, as vozes, cabelos,
já que essas coisas são feitas com sementes precisas,
tanto quanto as nossas faces, corpos e membros.
A geração feminina provém das pátrias sementes
tal como os machos vêm a ser do corpo materno.
Pois todo o parto procede sempre de dupla semente,
e a qualquer um dos dois com que mais se pareça o nascido   1230
desse possui uma parte maior; o que pode ser visto,
quando percebes máscula ou feminina a progênie.

(g) Esterilidade e suas curas: 1233-77

Numes divinos a fecundação genital não impedem
de uma doce cria que chame o pai por seu nome
nem pra sempre determinam uma Vênus estéril.
Muitos, contudo, pensam assim e sangue abundante,
tristes, aspergem nas aras e adulam com dons os altares,
pra que a esposa engravide, agora com farta semente:
mas, em vão fatigam orác'los e os numes divinos.
Pois se são inférteis, a causa é a semente mais grossa   1240
ou mais líquida e tênue do que seria esperado.
Tênue, aderindo aos locais adequados, não pode manter-se
parte de imediato, dando lugar ao aborto.
Mas para aqueles de sêmen muito grosso ou concreto,
ao ser lançado não voa longe o bastante, prolixo
ou não consegue adentrar os locais adequados, ou mesmo

aegre admiscetur muliebri semine semen.
nam multum harmoniae Veneris differre videntur.
atque alias alii complent magis ex aliisque
succipiunt aliae pondus magis inque gravescunt. 1250
et multae steriles Hymenaeis ante fuerunt
pluribus et nactae post sunt tamen unde puellos
suscipere et partu possent ditescere dulci.
et quibus ante domi fecundae saepe nequissent
uxores parere, inventast illis quoque compar
natura, ut possent gnatis munire senectam.
usque adeo magni refert, ut semina possint
seminibus commisceri genitaliter apta,
crassaque conveniant liquidis et liquida crassis.
atque in eo refert quo victu vita colatur; 1260
namque aliis rebus concrescunt semina membris
atque aliis extenvantur tabentque vicissim.
et quibus ipsa modis tractetur blanda voluptas,
id quoque permagni refert; nam more ferarum
quadrupedumque magis ritu plerumque putantur
concipere uxores, quia sic loca sumere possunt,
pectoribus positis, sublatis semina lumbis.
nec molles opu' sunt motus uxoribus hilum.
nam mulier prohibet se concipere atque repugnat,
clunibus ipsa viri Venerem si laeta retractat 1270
atque exossato ciet omni pectore fluctus;
eicit enim sulcum recta regione viaque
vomeris atque locis avertit seminis ictum.
idque sua causa consuerunt scorta moveri,
ne complerentur crebro gravidaeque iacerent
et simul ipsa viris Venus ut concinnior esset;
coniugibus quod nil nostris opus esse videtur.

Nec divinitus interdum Venerisque sagittis
deteriore fit ut forma muliercula ametur.
nam facit ipsa suis interdum femina factis 1280
morigerisque modis et munde corpore culto,
ut facile insuescat <te> secum degere vitam.

tendo adentrado, mal gruda ao femíneo sêmen o sêmen.
As harmonias de Vênus, contudo, parecem diversas.
Uns a algumas completam mais facilmente, e de outros
outras conseguem preencher-se mais fácil e assim engravidam.   1250
Muitas mulheres estéreis, depois de alguns casamentos,
finalmente encontraram parceiro com quem conseguiram
filhos, enriquecendo, portanto, com doce linhagem.
E para alguns cuja esposa não pôde parir em seu teto,
mesmo fecundas, a eles também se apresenta natura
conveniente a fim de munirem a velhice com filhos.
Dessa maneira é de suma importância que possam as sementes
a outras sementes unir-se de forma adequada ao criar-se
e que o que é grosso se junte ao que é líquido, o líquido ao grosso.
Quanto a isso, importam as viandas que aviam a vida,   1260
pois, com algumas, nos membros o sêmen engrossa, e, com outras,
por outro lado, extenua-se, afina, e, então, apodrece.
E de que modos se tratam os próprios brandos prazeres
é de enorme importância; pois, ao costume das feras
e dos quadrúpedes, muitos pensam que assim as esposas
mais facilmente concebem, as sementes encontram caminho,
mais facilmente com seios pra baixo e quadris levantados.
Nem é bom que as esposas se movam de modo lascivo.
Pois a mulher proíbe a fecundação e a repugna
quando se afasta da Vênus do homem com as ancas, fogosa,   1270
e convida o fluxo ao mover, sinuosos, os seios.
Tira, assim, da via correta o sulco do arado,
de tal modo afastando das partes o jato de sêmen.
As prostitutas costumam mover-se dessa maneira
sempre no seu metiê, para assim não engravidarem
e ao mesmo tempo ofertar uma Vênus mais prazerosa,
o que em nada parece adequado às nossas esposas.

(h) Hábito e amor: 1278-87

Nem, por vezes, por conta dos deuses ou flechas de Vênus
é que se acaba amando uma moça de traços não belos.
Pois, às vezes, essa própria mulher, com seus atos   1280
e seu jeito querido e os cuidados gentis com seu corpo,
pode causar que acostumes levar tua vida com ela.

quod superest, consuetudo concinnat amorem;
nam leviter quamvis quod crebro tunditur ictu,
vincitur in longo spatio tamen atque labascit.
nonne vides etiam guttas in saxa cadentis
umoris longo in spatio pertundere saxa?

Mais importante de tudo: o costume cultiva os amores:
o golpeado por golpe frequente, ainda que leve,
é vencido no longo prazo, e acaba cedendo.
Pois não vês que as gotas cadentes de água na pedra
findo um longo espaço de tempo, por fim, a perfuram?

Titi Lucreti Cari De Rerum Natura – Liber Quintus

Livro V

Qvis potis est dignum pollenti pectore carmen
condere pro rerum maiestate hisque repertis?
quisve valet verbis tantum qui fingere laudes
pro meritis eius possit qui talia nobis
pectore parta suo quaesita<que> praemia liquit?
nemo, ut opinor, erit mortali corpore cretus.
nam si, ut ipsa petit maiestas cognita rerum,
dicendum est, deus ille fuit, deus, inclute Memmi,
qui princeps vitae rationem invenit eam quae
nunc appellatur sapientia, quique per artem   10
fluctibus e tantis vitam tantisque tenebris
in tam tranquillo et tam clara luce locavit.
confer enim divina aliorum antiqua reperta.
namque Ceres fertur fruges Liberque liquoris
vitigeni laticem mortalibus instituisse;
cum tamen his posset sine rebus vita manere,
ut fama est aliquas etiam nunc vivere gentis.
at bene non poterat sine puro pectore vivi;
quo magis hic merito nobis deus esse videtur,
ex quo nunc etiam per magnas didita gentis   20
dulcia permulcent animos solacia vitae.
Herculis antistare autem si facta putabis,
longius a vera multo ratione ferere.
quid Nemeaeus enim nobis nunc magnus hiatus
ille leonis obesset et horrens Arcadius sus?
denique quid Cretae taurus Lemaeaque pestis
hydra venenatis posset vallata colubris?
quidve tripectora tergemini vis Geryonai

          ★

tanto opere officerent nobis Stymphala colentes,   [30]
et Diomedis equi spirantes naribus ignem   30[29]
Thracis Bistoniasque plagas atque Ismara propter?
aureaque Hesperidum servans fulgentia mala,
asper, acerba tuens, immani corpore serpens

Introdução

1. Elogio a Epicuro: 1-54

Quem com peito potente pode criar um poema
digno da majestade das coisas e tais descobertas?
Quem com palavras tão fortes pode compor os louvores
correspondentes aos méritos dele que, com o seu peito,
prêmios tais nos deixou a partir de seus conhecimentos?
Dentre todos os mortais, ninguém, como penso.
Pois se, como sugere a grandeza dos próprios achados,
certo é que deus ele foi – um deus, ó ínclito Mêmio,
ele que antes descobriu os princípios da vida
que hoje chamamos sabedoria, e que, com sua arte,　　　　　　　　10
nossas vidas, das altas ondas e trevas imensas,
conduziu à mais tranquila das luzes, mais clara.
Comparemos com outros antigos achados divinos:
diz-se que Ceres os grãos e que Líber o suco das vinhas,
instituíram, a nós, os mortais, pro nosso desfrute,
mesmo que possamos a vida levar sem tais coisas,
como se diz por aí que alguns povos ainda hoje vivem.
Sem um puro peito, viver não seria possível;
com mais razão nos parece que tenha natura divina
ele que, com o que propaga, por entre os povos imensos　　　　20
amolece os ânimos com as mais doces palavras.
Mas caso penses que os feitos de Hércules são mais notórios,
muito mais longe te afastas da razão verdadeira.
Pois que mal causaria pra nós a mandíbula enorme
do leão da Nemeia ou do horrendo javardo da Arcádia?
Que poderiam o touro de Creta e a peste de Lerna,
hidra guarnecida de venenosas serpentes?
E Gerião, o que poderia com tríplice peito

*

Que trabalhos trariam aquelas que o Estínfalo habitam?　　　　[30]
E os cavalos do trácio Diomedes, com fogo nas ventas,　　　　30 [29]
junto das praias Bistônias, ao lado do Ísmaro monte?[263]
Ou guardião das Hespérides áureas, fulgentes maçãs,
áspera, olhar penetrante, serpente de corpo gigante,

arboris amplexus stirpem quid denique obesset
propter Atlanteum litus pelagique severa,
quo neque noster adit quisquam nec barbarus audet?
cetera de genere hoc quae sunt portenta perempta,
si non victa forent, quid tandem viva nocerent?
nil, ut opinor: ita ad satiatem terra ferarum
nunc etiam scatit et trepido terrore repleta est   40
per nemora ac montis magnos silvasque profundas;
quae loca vitandi plerumque est nostra potestas,
at nisi purgatumst pectus, quae proelia nobis
atque pericula tumst ingratis insinuandum?
quantae tum scindunt hominem cuppedinis acres
sollicitum curae quantique perinde timores?
quidve superbia spurcitia ac petulantia? quantas
efficiunt clades? quid luxus desidiaeque?
haec igitur qui cuncta subegerit ex animoque
expulerit dictis, non armis, nonne decebit   50
hunc hominem numero divum dignarier esse?
cum bene praesertim multa ac divinitus ipsis
immortalibu' de divis dare dicta süerit
atque omnem rerum naturam pandere dictis.

    Cuius ego ingressus vestigia dum rationes
persequor ac doceo dictis, quo quaeque creata
foedere sint, in eo quam sit durare necessum
nec validas valeant aevi rescindere leges,
quo genere in primis animi natura reperta est
nativo primum consistere corpore creta   60
nec posse incolumem magnum durare per aevum,
sed simulacra solere in somnis fallere mentem,
cernere cum videamur eum quem vita reliquit;
quod superest, nunc huc rationis detulit ordo,
ut mihi mortali consistere corpore mundum
nativumque simul ratio reddunda sit esse;
et quibus ille modis congressus materiai
fundarit terram caelum mare sidera solem

abraçada a uma árvore, o que poderia causar-nos,
perto da costa de Atlas e do severo oceano,
onde nenhum de nós ou dos bárbaros ousa achegar-se?
Todos os outros monstros do tipo de que ele livrou-se,
se não tivesse vencido, vivos, que mal nos fariam?
Mal nenhum, como penso: a terra, ainda prenhe de feras,
as vomita e é repleta de tantos terríveis terrores, 40
dentro dos bosques, magnos montes e selvas profundas,
que, no geral, são lugares perfeitamente evitáveis.
Caso o nosso peito não seja purgado, que lutas,
que perigos se nos insinuariam malgrado a vontade?
E que cuidados e acres desejos arrasam os homens,
perturbadores, e daí tão profundos temores?
Mais: a soberba, imundície, insolência? Quão grandes derrotas
nos proporcionam? E, mais ainda, o luxo, a desídia?
Todas essas coisas que soube vencer com palavras
e expulsar-nos dos ânimos, sem arma alguma, tal homem 50
não deveria ser considerado como um dos deuses?
Principalmente pois muito nos disse e divinamente
a respeito das próprias imortais divindades
e revelou com palavras toda a natura das coisas.

2. Resumo do livro: 55-90

Sigo por sobre os seus vestígios enquanto persigo
suas razões e as ensino em palavras e as regras que regem
tudo que fora criado, por quanto tempo persiste,
nem sobrepuja e rescinde as leis potentes do tempo.
Primeiramente, a natura do ânimo soube-se feita
e criada primeiro, e que consta de um corpo nativo 60
e que não pode passar incólume em tempo longevo,
e que são simulacros que enganam a mente nos sonhos,
quando parece que vemos aqueles que a vida deixaram.
Quanto ao restante, trouxe-me aqui o meu argumento,
para que eu diga que o mundo consiste de corpo que morre,
e a razão também prova: o mundo também é nascido.
E de quais modos tal união de matéria congrega e
cria a terra, o céu, o mar, o sol, as estrelas,

lunaique globum; tum quae tellure animantes
exstiterint, et quae nullo sint tempore natae; 70
quove modo genus humanum variante loquella
coeperit inter se vesci per nomina rerum;
et quibus ille modis divum metus insinuarit
pectora, terrarum qui in orbi sancta tuetur
fana lacus lucos aras simulacraque divum,
praeterea solis cursus lunaeque meatus
expediam qua vi flectat natura gubernans;
ne forte haec inter caelum terramque reamur
libera sponte sua cursus lustrare perennis
morigera ad fruges augendas atque animantis, 80
neve aliqua divum volvi ratione putemus.
nam bene qui didicere deos securum agere aevum,
si tamen interea mirantur qua ratione
quaeque geri possint, praesertim rebus in illis
quae supera caput aetheriis cernuntur in oris,
rursus in antiquas referuntur religiones
et dominos acris adsciscunt, omnia posse
quos miseri credunt, ignari quid queat esse,
quid nequeat, finita potestas denique cuique
quanam sit ratione atque alte terminus haerens. 90

Quod superest, ne te in promissis plura moremur,
principio maria ac terras caelumque tuere;
quorum naturam triplicem, tria corpora, Memmi,
tris species tam dissimilis, tria talia texta,
una dies dabit exitio, multosque per annos
sustentata ruet moles et machina mundi.
nec me animi fallit quam res nova miraque menti
accidat exitium caeli terraeque futurum,
et quam difficile id mihi sit pervincere dictis;
ut fit ubi insolitam rem apportes auribus ante 100

globo lunar; e depois, quais espécies viventes da terra
emergiram; mais, quais espécies nunca nasceram, 70
e de que modo o gênero humano passou a fruir de
línguas várias entre si, pra dar nomes às coisas;
e de que modo aquele medo dos deuses adentra
peitos, a fim que se vejam por todo o orbe das terras
templos e lagos, grutas, altares e estátuas[264] dos deuses.
E eu mostrarei, quanto ao curso do sol, movimentos das luas,
por uma força, a natura é capaz de guiar os seus fluxos,
pra que não pensemos que entre o céu e a terra
podem ilustrar o curso perene por própria vontade,
nem que submetem-se ao crescimento de bichos e plantas, 80
nem que volvem por alguma razão dos divinos.
Pois os que bem aprenderam que os deuses levam uma vida
impassível, se por acaso admiram-se às vezes
dos motivos de tudo poder se gerir, e mormente
quanto às coisas que veem ocorrer nas orlas do éter,
voltam às velhas religiões e de novo admitem
ásperos amos que têm poder sobre todas as coisas –
míseros, creem, ignaros de tudo que pode gerar-se
e o que não pode, finito o poder de todas as coisas
e da razão por que tenha a bem fincada fronteira.[265] 90

A. *Nosso mundo*: 91-508

(a') O mundo teve início e terá fim: 91-109, 235-415

Quanto ao restante, que eu não te segure mais com promessas.
Primeiramente, contempla os mares, o céu e as terras,
vê sua natura tríplice, três os seus corpos, ó Mêmio,
três os aspectos díspares, três as suas texturas:
único dia trará seu fim; após muitos anos
sustentadas, ruirão a máquina e a massa do mundo.
Nem me escapa ao ânimo o quanto uma coisa tão nova a
mente perturbe: o exício futuro do céu e da terra,
e pra mim quão difícil é convencer com palavras.
Tal como ocorre quando algo insólito trazes diante 100

nec tamen hanc possis oculorum subdere visu
nec iacere indu manus, via qua munita fidei
proxima fert humanum in pectus templaque mentis.
sed tamen effabor. dictis dabit ipsa fidem res
forsitan et graviter terrarum motibus ortis
omnia conquassari in parvo tempore cernes.
quod procul a nobis flectat fortuna gubernans,
et ratio potius quam res persuadeat ipsa
succidere horrisono posse omnia victa fragore.

    Qua prius aggrediar quam de re fundere fata   110
sanctius et multo certa ratione magis quam
Pythia quae tripode a Phoebi lauroque profatur,
multa tibi expediam doctis solacia dictis;
religione refrenatus ne forte rearis
terras et solem et caelum, mare sidera lunam,
corpore divino debere aeterna manere,
proptereaque putes ritu par esse Gigantum
pendere eos poenas immani pro scelere omnis
qui ratione sua disturbent moenia mundi
praeciarumque velint caeli restinguere solem   120
immortalia mortali sermone notantes;
quae procul usque adeo divino a numine distent,
inque deum numero quae sint indigna videri,
notitiam potius praebere ut posse putentur
quid sit vitali motu sensuque remotum.
quippe etenim non est, cum quovis corpore ut esse
posse animi natura putetur consiliumque;
sicut in aethere non arbor, non aequore salso
nubes esse queunt neque pisces vivere in arvis
nec cruor in lignis neque saxis sucus inesse.   130
certum ac dispositumst ubi quicquid crescat et insit.
sic animi natura nequit sine corpore oriri
sola neque a nervis et sanguine longius esse.
quod si posset enim, multo prius ipsa animi vis
in capite aut umeris aut imis calcibus esse

dos ouvidos sem que se possa trazer para a vista,
nem ao tangível das mãos, a mais sólida via da crença
para ganhar os peitos humanos e os templos da mente.
Falo, contudo. A coisa em si dará fé às palavras
se, por acaso, com graves motos nascidos da terra
vires subitamente todas as coisas tremendo.
Que isso a fortuna regente de tudo mantenha à distância, e
possa a razão nos persuadir, muito mais do que os fatos,
que tudo pode, vencido, acabar num horríssono estrondo.

(b) Digressão como refutação à posição teológica: 110-234

Antes, contudo, que eu chegue a derramar os destinos   110
quanto às questões de maneira mais santa e, então, anuncie
certas respostas com mais razão até do que a pítia,
que do tripé e do louro de Febo profetizava,[266]
pra que a religião não te freie, talvez, e não penses
que terra e sol, o céu, o mar, as estrelas, a lua
sejam eternos por conta de terem um corpo divino,
ou que, tal como entre os Gigantes, aches que é justo
sejam suspensos em penas afeitas aos crimes imanes
todos que, com sua razão, as muralhas do mundo perturbem
ou que nos céus desejem extinguir o sol resplendente,   120
demarcando imortais com palavras mortais; entretanto,
distam tais coisas tão longe pra além dos numes divinos,
que são indignas de serem contadas no grupo dos deuses
e que, ao contrário, podem nos revelar o conceito
do que é privado dos motos vitais e também dos sentidos.
Pois, inda mais, não se pode, com qualquer corpo que seja,
crer que a natura do ânimo e a inteligência se ligam.
Tal como a árvore no éter, ou nuvens no salso oceano[267]
não poderiam existir, nem peixes nos campos, ou sangue
pode haver no lenho, nem seiva no meio da rocha.   130
Pois é determinado onde tudo cresça e exista.
Dessa forma não pode a natura do ânimo, só, sem
corpo, nascer, nem estar afastada do sangue e dos nervos.
Pois, se pudesse, a força do ânimo, antes ainda,
se instalaria nos ombros, cabeça, pés, calcanhares,

posset et innasci quavis in parte soleret,
tandem in eodem homine atque in eodem vase manere.
quod quoniam nostro quoque constat corpore certum
dispositumque videtur ubi esse et crescere possit
seorsum anima atque animus, tanto magis infitiandum 140
totum posse extra corpus formamque animalem
putribus in glebis terrarum aut solis <in> igni
aut in aqua durare aut altis aetheris oris.
haud igitur constant divino praedita sensu,
quandoquidem nequeunt vitaliter esse animata.

    Illud item non est ut possis credere, sedis
esse deum sanctas in mundi partibus ullis,
tenvis enim natura deum longeque remota
sensibus ab nostris animi vix mente videtur;
quae quoniam manuum tactum suffugit et ictum, 150
tactile nil nobis quod sit contingere debet.
tangere enim non quit quod tangi non licet ipsum.
quare etiam sedes quoque nostris sedibus esse
dissimiles debent, tenues de corpore eorum;
quae tibi posterius largo sermone probabo.

    Dicere porro hominum causa voluisse parare
praeclaram mundi naturam propterequae
allaudabile opus divum laudare decere
aeternumque putare atque immortale futurum
nec fas esse, deum quod sit ratione vetusta 160
gentibus humanis fundatum perpetuo aevo,
sollicitare suis ulla vi ex sedibus umquam
nec verbis vexare et ab imo evertere summa,
cetera de genere hoc adfingere et addere, Memmi,
desiperest. quid enim immortalibus atque beatis
gratia nostra queat largirier emolumenti,
ut nostra quicquam causa gerere aggrediantur?
quidve novi potuit tanto post ante quietos
inlicere ut cuperent vitam mutare priorem?
nam gaudere novis rebus debere videtur 170
cui veteres obsunt; sed cui nil accidit aegri
tempore in anteacto, cum pulchre degeret aevum,

soeria nascer em parte qualquer que quisesse,
e evitaria ficar no mesmo homem ou vaso.
Já que, se sabe, é determinado e preciso, no corpo
onde podem crescer e existir separados do resto
a conjunção ânima-ânimo; tanto mais deve negar-se   140
que ela possa, inteira, ter forma animada, sem corpo,
e nas pútridas glebas das terras ou chamas solares
perdurar, ou nas águas, nas altas orlas do éter.[268]
Por conseguinte não podem ter sentido divino,
já que não podem ser animados com sopro da vida.

    Nisso, também, é certo que não podes crer que haja sedes
consagradas dos deuses em parte alguma do mundo.
Pois a natura dos deuses é tênue e tão afastada
dos sentidos mortais que mal pode a mente apreendê-la;
já que foge ao tato das mãos, do sentido do toque,   150
não se consegue encostar em nada que nos seja tátil.
Pois não se pode tocar o que não se toca em si mesmo.
Dessa maneira, também, diferentes das nossas, suas sedes
devem ser, já que tênues serão, tal como seus corpos;
isso, adiante, a ti provarei em longo discurso.[269]

    Mais ainda: dizer que quiseram, por causa dos homens,
preparar a preclara natura do mundo, e, além disso,
que se deve louvar o louvável trabalho dos deuses,
considerar que convém que seja eterna, imutável,
ou que não se pode à razão divina vetusta,   160
o fundamento das gentes humanas pras eras eternas,
abalar jamais a partir de suas sedes, por força,
ou perturbar com palavras, ou revirá-la do avesso,
ou imaginar outras coisas do gênero, ó Mêmio,
é estupidez. Pois aos imortais, em beatitude,
nossa graça o que pode? Em que lhes acresce ou agrada?
O que os faria mover qualquer palha em nosso interesse?
Qual novidade tão grande, após tanto tempo quietos,
poderia instigar o desejo de vida mudada?
Pois parece que àquele que com coisas novas se alegra   170
as mais antigas chateiam; mas, para quem nada antes
houve de triste, pois sempre teve uma vida agradável,

quid potuit novitatis amorem accendere tali?
quidve mali fuerat nobis non esse creatis?
an, credo, in tenebris vita ac maerore iacebat,
donec diluxit rerum genitalis origo?
natus enim debet quicumque est velle manere
in vita, donec retinebit blanda voluptas.
qui numquam vero vitae gustavit amorem
nec fuit in numero, quid obest non esse creatum? 180
exemplum porro gignundis rebus et ipsa
notities hominum divis unde insita primum est,
quid vellent facere ut scirent animoque viderent,
quove modost umquam vis cognita principiorum
quidque inter sese permutato ordine possent,
si non ipsa dedit specimen natura creandi?
namque ita multa modis multis primordia rerum
ex infinito iam tempore percita plagis
ponderibusque suis consuerunt concita ferri
omnimodisque coire atque omnia pertemptare, 190
quaecumque inter se possent congressa creare,
ut non sit mirum si in talis disposituras
deciderunt quoque et in talis venere meatus,
qualibus haec rerum geritur nunc summa novando.

    Quod <si> iam rerum ignorem primordia quae sint,
hoc tamen ex ipsis caeli rationibus ausim
confirmare aliisque ex rebus reddere multis,
nequaquam nobis divinitus esse paratam
naturam rerum: tanta stat praedita culpa.
principio quantum caeli tegit impetus ingens, 200
inde avidam partem montes silvaeque ferarum
possedere, tenent rupes vastaeque paludes
et mare quod late terrarum distinet oras.
inde duas porro prope partis fervidus ardor
assiduusque geli casus mortalibus aufert.
quod superest arvi, tamen id natura sua vi
sentibus obducat, ni vis humana resistat
vitai causa valido consueta bidenti
ingemere et terram pressis proscindere aratris.

qual novidade seria capaz de acender tal desejo?
Mal haveria pra nós em jamais termos sido criados?
Sim, se a vida de antes fosse só dores e trevas,
té que por fim reluziu a origem de todas as coisas.
Pois a todos que nascem é dado o desejo da vida
sempre enquanto puder preservar os brandos prazeres.
Mas, ao que nunca provou o amor verdadeiro da vida
ou não nasceu, em que lhe fere o jamais ter nascido?   180
Mais: donde foi inculcada nos deuses a ideia[270] dos homens,
ou o exemplo primeiro de como criarem as coisas,
tal que soubessem no ânimo e vissem o que eles fariam,
ou de que modo souberam dos princípios, sua força,
e do que podem criar, uma vez permutadas suas ordens,
se não fosse a natura ela mesma a prover o modelo?
Muitos primórdios das coisas, assim, de muitas maneiras,[271]
por todo espaço, por todo o sempre percussos por golpes,[272]
e por seu peso, acostumam-se a ser levados, movidos,[273]
e se juntar de muitas maneiras, e todas as formas[274]   190
tentam, aquelas que possam criar, entre si, com seus choques,
de tal modo que não te espantes que nessas posturas
tenham caído e que tenham tomado tais movimentos
pelos quais agora a soma das coisas renovam.[275]

 Pois se acaso ignoro quais são os primórdios das coisas,
isso, contudo, eu ouso afirmar das razões dos celestes
e provar a partir de muitas coisas restantes,
que de nenhuma forma divina se preparara
a natureza das coisas, já que possui grandes falhas.[276]
Primeiramente, quanto do céu toca o ímpeto imenso,   200
ávida parte os montes e as selvas das feras cobriram,
e possuem também o mar, as rochas e pântanos vastos
mais o mar, que distantes separa as orlas das terras.
Dessa extensão, a nós mortais duas partes nos rouba o
férvido ardor, assim como a assídua queda da neve.
Quanto ao que resta do campo, a natura, com próprios recursos
enche de espinhos, mas os humanos à força resistem
para viver, habituando-se ao peso da enxada, gementes,
e a sulcar a terra sob o peso do arado.

si non fecundas vertentes vomere glebas 210
terraique solum subigentes cimus ad ortus,
sponte sua nequeant liquidas exsistere in auras;
et tamen interdum magno quaesita labore
cum iam per terras frondent atque omnia florent,
aut nimiis torret fervoribus aetherius sol
aut subiti peremunt imbres gelidaeque pruinae,
flabraque ventorum violento turbine vexant.
praeterea genus horriferum natura ferarum
humanae genti infestum terraque marique
cur alit atque auget? cur anni tempora morbos 220
apportant? quare mors immatura vagatur?
tum porro puer, ut saevis proiectus ab undis
navita, nudus humi iacet, infans, indigus omni
vitali auxilio, cum primum in luminis oras
nixibus ex alvo matris natura profudit,
vagituque locum lugubri complet, ut aequumst
cui tantum in vita restet transire malorum.
at variae crescunt pecudes armenta feraeque
nec crepitacillis opus est nec cuiquam adhibendast
almae nutricis blanda atque infracta loquella 230
nec varias quaerunt vestis pro tempore caeli,
denique non armis opus est, non moenibus altis,
qui sua tutentur, quando omnibus omnia large
tellus ipsa parit naturaque daedala rerum.

    Principio quoniam terrai corpus et umor
aurarumque leves animae calidique vapores,
e quibus haec rerum consistere summa videtur,
omnia nativo ac mortali corpore constant,
debet eodem omnis mundi natura putari.
quippe etenim quorum partis et membra videmus 240
corpore nativo ac mortalibus esse figuris,
haec eadem ferme mortalia cernimus esse
et nativa simul. quapropter maxima mundi
cum videam membra ac partis consumpta regigni,

Se não vertemos as glebas fecundas por meio do arado, 210
nem movemos o solo da terra rumo à superfície,
nada por si subiria visando às líquidas auras.
Entretanto, amiúde, mesmo com grande trabalho,
quando tudo por sobre as terras floresce, frondoso,
ou sob o sol no éter torra, fervendo em excesso,
ou se esvai sob a fria geada e as súbitas chuvas,
ou, espiral violenta, os flagelos dos ventos atacam.
Mais: por que a espécie das feras horríveis infensas
à gente humana por terra e por mar a natura alimenta
e prolifera? Por que o tempo e os anos aportam 220
enfermidades? Por que imatura morte nos ronda?
Mais: a criança, tal como o nauta lançado nas ondas
sevas do mar, inda nua, infante, jaz sobre o solo,
desprovida de auxílio vital, tão logo que às luzes
a natura a projeta em labores do útero mátrio,
enche o espaço com lúgubre choro, como se espera
dos que terão que passar por tão grandes males na vida.
Mas os rebanhos vários crescem, e espécies de feras,
não necessitam pequenos chocalhos, nem do uso de brandas
palavrinhas infantilizadas das almas nutrizes, 230
nem exigem roupas diversas de acordo com o tempo,
nem, finalmente, precisam de armas ou altas muralhas,
pelas quais seus bens se conservem, pois tudo, pra todos,
dá a própria terra, e a natura dedálea das coisas.

(a'') O mundo teve início e terá fim: 91-109, 235-415

Primeiramente, uma vez que o humor e o corpo da terra
e das auras os leves sopros, e os quentes vapores
de que parece que consiste a soma das coisas,
todos são providos de corpo que nasce e que morre,
deve-se crer que igual é toda a natura do mundo.
Pois, se vemos as coisas cujas partes e membros 240
de figuras mortais e corpo nativo são feitas,
essas também percebemos sempre serem nativas
e igualmente mortais. Dessa forma, se vemos que os membros
e as partes do mundo consomem-se e se regeneram,

scire licet caeli quoque item terraeque fuisse
principiale aliquod tempus clademque futuram.
    Illud in his rebus ne corripuisse rearis
me mihi, quod terram atque ignem mortalia sumpsi
esse neque umorem dubitavi aurasque perire
atque eadem gigni rursusque augescere dixi,   250
principio pars terrai nonnulla, perusta
solibus assiduis, multa pulsata pedum vi,
pulveris exhalat nebulam nubisque volantis
quas validi toto dispergunt aere venti.
pars etiam glebarum ad diluviem revocatur
imbribus et ripas radentia flumina rodunt.
praeterea pro parte sua, quodcumque alit auget,
redditur; et quoniam dubio procul esse videtur
omniparens eadem rerum commune sepulcrum,
ergo terra tibi libatur et aucta recrescit.   260
    Quod superest, umore novo mare flumina fontis
semper abundare et latices manare perennis
nil opus est verbis: magnus decursus aquarum
undique declarat. sed primum quicquid aquai
tollitur in summaque fit ut nil umor abundet,
partim quod validi verrentes aequora venti
deminuunt radiisque retexens aetherius sol,
partim quod subter per terras diditur omnis.
percolatur enim virus retroque remanat
materies umoris et ad caput amnibus omnis   270
convenit, inde super terras fluit agmine dulci
qua via secta semel liquido pede detulit undas.
    Aera nunc igitur dicam qui corpore toto
innumerabiliter privas mutatur in horas.
semper enim, quodcumque fluit de rebus, id omne
aeris in magnum fertur mare; qui nisi contra
corpora retribuat rebus recreetque fluentis,
omnia iam resoluta forent et in aera versa.
haud igitur cessat gigni de rebus et in res
reccidere, assidue quoniam fluere omnia constat.   280
    Largus item liquidi fons luminis, aetherius sol,

deve-se considerar que o céu e a terra, igualmente,
foram outrora criados, e, um dia, serão destruídos.
    Quanto a essas coisas, não creias que esteja trapaceando
em meu favor, assumindo mortais a terra e o fogo
sem que eu duvide que perecem o humor e as auras
ao propor que, também, de novo se geram e crescem.   250
Primeiramente, não pouca parte da terra, abrasada
sob o sol assíduo, com a força dos pés percutida,
névoa exala de rara poeira, e nuvens volantes,
que os válidos ventos dispersam por todos os ares.
Parte, também, das glebas é reinvocada ao dilúvio
pelas chuvas, e os rios, arrastando, corroem as margens.
E, além disso, proporcionalmente, o que quer que ela nutra
ou alimente, retorna. Além disso, se não se duvida,
que ela parece ser mãe e sepulcro de todas as coisas,
vês que a terra se gasta, e, por fim, restaurada, recresce.   260
    Quanto ao restante, que o mar, os rios e as fontes abundam
sempre em novo humor, e que as águas emanam perenes
não é mister discursar: o grande decurso das águas
isso declara por tudo. Pois tanto de água é tirado
do total pra impedir que haja humor excessivo,
parte quando o válido vento varrendo o oceano
o diminui, assim como o etéreo sol com seus raios,
parte ao se distribuir para dentro de todas as terras.
Filtra-se toda a impureza, e de volta reflui a matéria
líquida, e nas cabeceiras de todos os rios se concentra   270
donde, então, sobre as terras recorre em doce corrente,
pelo caminho outrora traçado, em líquidas ondas.
    Falo, agora, dos ares, então, que, em todo seu corpo
de inumeráveis maneiras se altera, de hora pra hora.
Sempre tudo que flui de todas as coisas retorna
ao mar grande dos ares, e, a não ser que, ao contrário,
não devolvesse os corpos às coisas, preenchendo-as, fluentes,
todas as coisas já se esgotariam, em ar convertidas.
Por conseguinte, não cessa de ser gerado das coisas
nelas reincidindo, pois tudo é pra sempre fluente.   280
    Igualmente, a larga fonte de líquida luz, o

irrigat assidue caelum candore recenti
suppeditatque novo confestim lumine lumen.
nam primum quicquid fulgoris disperit ei,
quocumque accidit, id licet hinc cognoscere possis,
quod simul ac primum nubes succedere soli
coepere et radios inter quasi rumpere lucis,
extemplo inferior pars horum disperit omnis
terraque inumbratur qua nimbi cumque feruntur;
ut noscas splendore novo res semper egere 290
et primum iactum fulgoris quemque perire
nec ratione alia res posse in sole videri,
perpetuo ni suppeditet lucis caput ipsum.
quin etiam nocturna tibi, terrestria quae sunt,
lumina, pendentes lychni claraeque coruscis
fulguribus pingues multa caligine taedae
consimili properant ratione, ardore ministro,
suppeditare novum lumen, tremere ignibus instant,
instant, nec loca lux inter quasi rupta relinquit.
usque adeo properanter ab omnibus ignibus ei 300
exitium celeri celatur origine flammae.
sic igitur solem lunam stellasque putandum
ex alio atque alio lucem iactare subortu
et primum quicquid flammarum perdere semper;
inviolabilia haec ne credas forte vigere.

 Denique non lapides quoque vinci cernis ab aevo,
non altas turris ruere et putrescere saxa,
non delubra deum simulacraque fessa fatisci,
nec sanctum numen fati protollere finis
posse neque adversus naturae foedera niti? 310
denique non monumenta virum dilapsa videmus
quaerere proporro sibi sene senescere credas,
non ruere avulsos silices a montibus altis
nec validas aevi viris perferre patique
finiti? neque enim caderent avulsa repente,
ex infinito quae tempore pertolerassent
omnia tormenta aetatis privata fragore.

 Denique iam tuere hoc, circum supraque quod omnem

sol etéreo, preenche o céu com candor sempre novo
e, sem demora, sustenta a luz ao suprir novas luzes.
Pois, onde quer que venha a cair da luz qualquer raio,
lá ele desaparece. Isso permite explicar-te:
logo que as nuvens começam a cobrir o sol em seu curso,
agem como se interrompessem a luz entre os raios,
e, de imediato, desaparecem os raios abaixo,
e se enegrece a terra por onde passam os nimbos;
isso para que saibas que todas as coisas carecem   290
de nova luz, e que todos os raios fulgentes perecem
e que de outra maneira as coisas não podem ser vistas
sob o sol pra sempre, a não ser que renovem-se as fontes.
Pensa, então, nas luzes noturnas de origem terrestre:
lamparinas pendentes e claras tochas oleosas
bruxuleantes com brilhos mesclados a muita fuligem,
por semelhante razão, com auxílio do ardor, propiciam
renovação à luz nova, tremem com os fogos e instam,
instam, e assim a luz não se apaga, não se interrompe.
De tal modo se apressam que o fim de todos os fogos   300
é ocultado por célere origem de mais outras chamas.
Dessa maneira se deve pensar que sol, lua, estrelas,
lançam a luz de diversos suprimentos constantes
e o que quer que exista primeiro das chamas se perde, a
menos que acredites que contem com força inviolável.

    Finalmente, não vês que as pedras também são vencidas
pelas eras, ruem as altas torres e as rochas
e os templos dos deuses e estátuas desgastam-se, cansam,
e os santos numes não podem protelar os limites
do destino ou contrariar as leis da natura?   310
Finalmente, não vemos os templos dos homens ruírem
e perguntarem se crês que também, além disso, envelhecem,[277]
e não vemos a rocha arrancada rolando dos montes
incapaz de aguentar o tempo, até mesmo finito?
Não cairiam, então, de repente, precipitadas
das montanhas caso tivessem aguentado os ataques
do tempo infindo sem se abalar com os tormentos dos anos.

    Ora, observa esse céu, que, ao redor e por cima de tudo

continet amplexu terram: si procreat ex se
omnia, quod quidam memorant, recipitque perempta, 320
totum nativo ac mortali corpore constat.
nam quodcumque alias ex se res auget alitque,
deminui debet, recreari cum recipit res.
    Praeterea si nulla fuit genitalis origo
terrarum et caeli semperque aeterna fuere,
cur supera bellum Thebanum et funera Troiae
non alias alii quoque res cecinere poetae?
quo tot facta virum totiens cecidere neque usquam
aeternis famae monumentis insita florent?
verum, ut opinor, habet novitatem summa recensque 330
naturast mundi neque pridem exordia cepit.
quare etiam quaedam nunc artes expoliuntur,
nunc etiam augescunt; nunc addita navigiis sunt
multa, modo organici melicos peperere sonores.
denique natura haec rerum ratioque repertast
nuper, et hanc primus cum primis ipse repertus
nunc ego sum in patrias qui possim vertere voces.
quod si forte fuisse antehac eadem omnia credis,
sed periisse hominum torrenti saecla vapore,
aut cecidisse urbis magno vexamine mundi, 340
aut ex imbribus assiduis exisse rapaces
per terras amnis atque oppida coperuisse,
tanto quique magis victus fateare necessest
exitium quoque terrarum caelique futurum.
nam cum res tantis morbis tantisque periclis
temptarentur, ibi si tristior incubuisset
causa, darent late cladem magnasque ruinas.
nec ratione alia mortales esse videmur,
inter nos nisi quod morbis aegrescimus isdem
atque illi quos a vita natura removit. 350
    Praeterea quaecumque manent aeterna necessust
aut, quia sunt solido cum corpore, respuere ictus
nec penetrare pati sibi quicquam quod queat artas
dissociare intus partis, ut materiai
corpora sunt quorum naturam ostendimus ante,

num abraço retém a terra, e se todas as coisas
cria de si, tal como alguns dizem, e recebe o que morre, 320
consta que é todo composto de corpo mortal e nativo.
Pois, tudo aquilo que aumenta e alimenta de si outras coisas
deve minguar, mas se recriar quando as coisas recebe.
    Mais ainda: se não existisse origem alguma
para as terras e céu, mas sempre fossem eternos,
qual a razão de pra além das guerras de Troia e de Tebas
outros poetas não terem cantado também outras gestas?
Onde outras vezes caíram tantos feitos dos homens
sem jamais se inscreverem em perene memória da fama?
Como penso, em verdade, a soma das coisas é nova, 330
é recente a natura do mundo, os exórdios são jovens.
Por tal razão inda agora as artes se aperfeiçoam,
crescem ainda agora, muito se acresce aos navios,
músicos compuseram há pouco melífluos cantares.
Essa razão e natura das coisas, por fim, é recente
descoberta, e fui eu mesmo o primeiro a encontrá-la,
sou o primeiro a poder traduzi-la na língua paterna.
Caso creias que antes tudo já existira,
e que as raças dos homens se foram com tórrido sopro,
ou que num grande desastre global as cidades tombaram, 340
ou que com chuvas assíduas os ávidos rios avançaram
sobre as terras, as cidadelas cobrindo e arrastando,
mais ainda deves aceitar a derrota,
pois que devem perecer o céu e as terras.
Quando as coisas por tão grandes perigos e males
fossem testadas, se acaso incidisse uma causa mais dura
sobre elas, decerto haveria desastre e ruína.
Não de outra forma revela-se a nossa mortalidade
quando entre nós sujeitamo-nos sempre às mesmas doenças
que acometem os que a natureza remove da vida. 350
    E, além disso, é mister que todas as coisas eternas,[278]
caso sejam de sólido corpo, rebatam os golpes
sem deixar penetrar em si o que quer que as internas
partes possa dissolver de sua firme unidade:
tal como antes mostramos que ocorre com os corpos primevos.

aut ideo durare aetatem posse per omnem,
plagarum quia sunt expertia, sicut inane est
quod manet intactum neque ab ictu fungitur hilum,
aut etiam quia nulla loci sit copia circum,
quo quasi res possint discedere dissoluique, 360
sicut summarum summa est aeterna, neque extra
qui locus est quo dissiliant neque corpora sunt quae
possint incidere et valida dissolvere plaga.
at neque, uti docui, solido cum corpore mundi
naturast, quoniam admixtumst in rebus inane,
nec tamen est ut inane, neque autem corpora desunt,
ex infinito quae possint forte coorta
corruere hanc rerum violento turbine summam
aut aliam quamvis cladem importare pericli,
nec porro natura loci spatiumque profundi 370
deficit, exspargi quo possint moenia mundi,
aut alia quavis possunt vi pulsa perire.
haud igitur leti praeclusa est ianua caelo
nec soli terraeque neque altis aequoris undis,
sed patet immani et vasto respectat hiatu.
quare etiam nativa necessumst confiteare
haec eadem; neque enim, mortali corpore quae sunt,
ex infinito iam tempore adhuc potuissent
immensi validas aevi contemnere viris.

    Denique tantopere inter se cum maxima mundi 380
pugnent membra, pio nequaquam concita bello,
nonne vides aliquam longi certaminis ollis
posse dari finem? vel cum sol et vapor omnis
omnibus epotis umoribus exsuperarint:
quod facere intendunt, neque adhuc conata patrarunt:
tantum suppeditant amnes ultraque minantur
omnia diluviare ex alto gurgite ponti,
nequiquam, quoniam verrentes aequora venti
deminuunt radiisque retexens aetherius sol,
et siccare prius confidunt omnia posse 390
quam liquor incepti possit contingere finem.
tantum spirantes aequo certamine bellum

Ou é mister que perdurem por todas as eras eternas,
já que são imunes às chagas, tal como o inane,
que permanece intacto, a salvo de todos os golpes;
ou porque não haja ao redor espaço restante
para onde as coisas pudessem fugir, dissolver-se;
dessa forma é eterna a soma das somas, nem fora   360
há mais espaço que os corpos ocupem, nem nada haveria
que pudesse dispersá-la com válido golpe.
Mas, conforme ensinei, não é de sólido corpo
a natura do mundo, uma vez que há inane nas coisas,
nem é tal como o inane, nem faltam-lhe corpos que possam,
por acaso se unindo, vindo de espaços infindos,
em turbilhão violento arrasar toda a soma das coisas,
ou aportar qualquer outro perigo ou outro desastre,
nem, além disso, carece de espaço vasto ou profundo   370
para onde possam se arrastar as muralhas do mundo,
ou, por outra força qualquer abaladas, pereçam.
Por conseguinte, a imêmore porta da morte não fecha
nem para céu ou terra ou sol ou vagas das ondas:
antes, mira-os, inerte, com fauces enormes abertas.
É necessário aceitar, por esses motivos, que tudo
teve uma origem, já que, sendo mortais os seus corpos,
não poderiam, até agora, do tempo infinito
confrontar as válidas forças das eras imensas.

    Finalmente, quando os máximos membros do mundo   380
lutam em guerra sacrílega em tudo e com tal violência,
podes, acaso, ver um fim pro seu longo certame,
quando talvez o sol e todo o calor engolirem
todo o líquido, assim superando-o com seca perene?
Isso tentaram fazer, sem jamais conseguir seu intento,
tão grande estoque de rios compensa e ameaça em retorno
tudo diluviar com as águas do alto oceano;
tudo em vão, já que os ventos varrentes empurram os mares,
os diminuem, assim como o etéreo sol com seus raios,[279]
ambos confiam que podem tudo secar, antes mesmo   390
que consiga a água atingir o final da empreitada.
Ambos em mesmo certame, pela guerra inspirados,

magnis <inter se> de rebus cernere certant,
cum semel interea fuerit superantior ignis
et semel, ut fama est, umor regnarit in arvis.
ignis enim superat et lambens multa perussit,
avia cum Phaethonta rapax vis solis equorum
aethere raptavit toto terrasque per omnis.
at pater omnipotens ira tum percitus acri
magnanimum Phaethonta repenti fulminis ictu   400
deturbavit equis in terram, Solque cadenti
obvius aeternam succepit lampada mundi
disiectosque redegit equos iunxitque trementis,
inde suum per iter recreavit cuncta gubernans,
scilicet ut veteres Graium cecinere poetae.
quod procul a vera nimis est ratione repulsum.
ignis enim superare potest ubi materiai
ex infinito sunt corpora plura coorta;
inde cadunt vires aliqua ratione revictae,
aut pereunt res exustae torrentibus auris.   410
umor item quondam coepit superare coortus,
ut fama est, hominum multas quando obruit urbis.
inde ubi vis aliqua ratione aversa recessit,
ex infinito fuerat quaecumque coorta,
constiterunt imbres et flumina vim minuerunt.

    Sed quibus ille modis coniectus materiai
fundarit terram et caelum pontique profunda,
solis lunai cursus, ex ordine ponam.
nam certe neque consilio primordia rerum
ordine se suo quaeque sagaci mente locarunt   420
nec quos quaeque darent motus pepigere profecto,
sed quia multa modis multis primordia rerum
ex infinito iam tempore percita plagis
ponderibusque suis consuerunt concita ferri
omnimodisque coire atque omnia pertemptare
quaecumque inter se possent congressa creare,
propterea fit uti magnum vulgata per aevum

entre si duelam por coisas de imensa importância:
diz-se, uma vez foi mais forte o ígneo princípio, vencendo,
outra vez foi o líquido humor que reinou pelos campos.
Ígneo fogo triunfante muito queimou com sua língua,
quando a potência indomável dos cavalos de Hélio
leva Faetonte por ar e por éter, por todas as terras.
Mas o pai onipotente, tomado de ira selvagem
com o seu súbito raio acossa o imane Faetonte   400
joga por terra os cavalos, e o Sol, encontrando-o cadente
toma de volta pra si a lâmpada eterna do mundo,
e reúne os cavalos perdidos, jungindo-os, trementes,
e, retomando o caminho, a todas as coisas traz bênçãos,
disso cantaram os doutos poetas mais velhos dos gregos.[280]
Isso, porém, está longe de toda razão verdadeira.
Pode o fogo, contudo, vencer quando sua matéria
muitos corpos reúne provindos do espaço infinito;
caem, porém, suas forças vencidas por outros motivos,
ou perecem as coisas queimadas por tórridos ventos.   410
Dessa forma, outrora, o humor começou, reunido,
a superar, como dizem, e arrasar muitas urbes humanas.
Mas, por motivo qualquer, revertida a potência, recua
tudo que havia reunido provindo do espaço infinito,
cessam as chuvas e os rios mitigam a força violenta.

(c) A formação do mundo: 416-508

E de quais modos tal união de matéria conjuga,[281]
cria a terra, o céu, o mar com sua profundidade,[282]
curso do sol e da lua, demonstrarei pela ordem.
Pois, decerto, nem por desígnio os primórdios das coisas
se colocaram em ordem pela sagaz providência,   420
nem decidiram quais movimentos perseguiriam,[283]
muitos desses primórdios, assim, de muitas maneiras,[284]
por todo espaço, por todo o sempre percussos por golpes,[285]
e por seu peso, acostumam-se a ser levados, movidos,
e se juntar de muitas maneiras, e todas as formas
tentam, entre si, as que possam criar com seus choques;
dessa forma, se dá que, ao longo das eras imensas,

omne genus coetus et motus experiundo
tandem conveniant ea quae convecta repente
magnarum rerum fiunt exordia saepe, 430
terrai maris et caeli generisque animantum.
    Hic neque tum solis rota cerni lumine largo
altivolans poterat nec magni sidera mundi
nec mare nec caelum nec denique terra neque aer
nec similis nostris rebus res ulla videri,
sed nova tempestas quaedam molesque coorta
omnigenis e principiis, discordia quorum [440]
intervalla vias conexus pondera plagas [441]
concursus motus turbabat proelia miscens, [442]
propter dissimilis formas variasque figuras [443]440
quod non omnia sic poterant coniuncta manere [444]
nec motus inter sese dare convenientis. [445]
diffugere inde loci partes coepere paresque [437]
cum paribus iungi res et discludere mundum [438]
membraque dividere et magnas disponere partis, 445[439]
hoc est, a terris altum secernere caelum,
et sorsum mare, uti secreto umore pateret,
sorsus item puri secretique aetheris ignes.
    Quippe etenim primum terrai corpora quaeque,
propterea quod erant gravia et perplexa, coibant 450
in medio atque imas capiebant omnia sedis;
quae quanto magis inter se perplexa coibant,
tam magis expressere ea quae mare sidera solem
lunamque efficerent et magni moenia mundi.
omnia enim magis haec e levibus atque rutundis
seminibus multoque minoribu' sunt elementis
quam tellus. ideo per rara foramina terrae
partibus erumpens primus se sustulit aether
ignifer et multos secum levis abstulit ignis,
non alia longe ratione ac saepe videmus, 460
aurea cum primum gemmantis rore per herbas
matutina rubent radiati lumina solis
exhalantque lacus nebulam fluviique perennes,
ipsaque ut interdum tellus fumare videtur;

pela experiência de todo tipo de moto e congresso[286]
finalmente juntam-se: aqueles que, por acaso,[287]
ao se encontrarem darão os inícios às mais grandiosas 430
coisas: mares e terras e céus e as espécies viventes.
    Nem se podia avistar, aqui, a altivolante
roda do sol, e nem as estrelas do mundo gigante,
nem o mar, nem o céu, nem o ar, e, por fim, nem a terra,
nem coisa alguma podia-se ver semelhante ao que temos
mas uma nova tormenta, uma espécie de massa formada
de princípios de todos os tipos, em luta discorde, [440]
cujos intervalos e vias e pesos e choques,[288] [441]
motos e conexões batalhavam ao se imiscuírem [442]
em virtude das formas dissímiles, várias figuras [443]440
que não podiam permanecer dessa forma, conjuntas, [444]
nem promover entre si movimentos convenientes. [445]
Donde passaram a se dispersar as partes e coisas [437]
com outras coisas parelhas juntar-se, o que o mundo desvela, [438]
ao dividirem-se os membros,[289] dispondo-se as magnas partes, 445[439]
isto é, demarcando da terra os céus elevados,
separando-se o mar, tal que o humor ficasse afastado,
separando-se, igual, os fogos[290] do límpido éter.
    Pois, em princípio, todos os corpos primevos da terra
sendo pesados e em si bastante conexos, tendiam 450
para o meio, e todos tomavam as sedes mais baixas;
quanto mais entre si se tornavam conexos, tendiam
mais a exprimir os corpos que formam o mar e as estrelas,
sol, a lua e também as grandes muralhas do mundo.[291]
Todos esses, pois, têm sementes mais leves, redondas,
muito menores do que os elementos que formam a terra.
Pois, irrompendo das partes da terra através de seus poros
rarefeitos, primeiro surgiu o ignífero éter
e consigo levou muitas leves chamas candentes,
não de maneira muito afastada daquela em que vemos 460
sempre a áurea luz matutina do sol radiante
enrubescer sobre as ervas coroadas de orvalho,
lagos e rios sempifluentes a névoa exalando,
tanto que a terra ela mesma parece estar fumegante;

omnia quae sursum cum conciliantur in alto,
corpore concreto subtexunt nubila caelum.
sic igitur tum se levis ac diffusilis aether
corpore concreto circumdatus undique <flexit>
et late diffusus in omnis undique partis
omnia sic avido complexu cetera saepsit. 470
hunc exordia sunt solis lunaeque secuta,
interutrasque globi quorum vertuntur in auris;
quae neque terra sibi adscivit nec maximus aether,
quod neque tam fuerunt gravia ut depressa sederent,
nec levia ut possent per summas labier oras,
et tamen interutrasque ita sunt ut corpora viva
versent et partes ut mundi totius exstent;
quod genus in nobis quaedam licet in statione
membra manere, tamen cum sint ea quae moveantur.
his igitur rebus retractis terra repente, 480
maxima qua nunc se ponti plaga caerula tendit,
succidit et salso suffudit gurgite fossas.
inque dies quanto circum magis aetheris aestus
et radii solis cogebant undique terram
verberibus crebris extrema ad limina in artum,
in medio ut propulsa suo condensa coiret,
tam magis expressus salsus de corpore sudor
augebat mare manando camposque natantis,
et tanto magis illa foras elapsa volabant
corpora multa vaporis et aeris altaque caeli 490
densabant procul a terris fulgentia templa.
sidebant campi, crescebant montibus altis
ascensus; neque enim poterant subsidere saxa
nec pariter tantundem omnes succumbere partes.
    Sic igitur terrae concreto corpore pondus
constitit atque omnis mundi quasi limus in imum
confluxit gravis et subsedit funditus ut faex;
inde mare inde aer inde aether ignifer ipse
corporibus liquidis sunt omnia pura relicta,
et leviora aliis alia, et liquidissimus aether 500
atque levissimus aerias super influit auras,

quando isso tudo, afastado, reúne-se, enfim, nas alturas
como um véu o céu cobrem as nuvens com corpo concreto.
Dessa maneira, outrora, o éter leve e difuso
já com corpo concreto ao redor de tudo curvou-se
difundiu-se amplamente por todos os lados e partes,
todo o restante cercando, assim, em ávido abraço.   470
Seguem-se a isso, então, as origens do sol e da lua,
cujos globos giram nas auras intermediárias,
pois nem a terra os recebe e nem o máximo éter,
já que não foram pesados a ponto de às sedes baixarem,
nem tão leves que deslizassem às mais altas orlas;
nesse entremeio, portanto, são como corpos viventes,
movem-se e, dessa forma, tornam-se parte do mundo,
tal como em nós alguns membros ficam imóveis enquanto
outros membros há que ao mesmo tempo se movem.
Logo que ambos, subitamente, apartaram-se, a terra,   480
onde corre o vasto espaço cerúleo dos mares,
rebaixou-se e inundou o abismo com fossas salinas.
Dia após dia, quanto mais o férvido éter
junto com os raios do sol, por tudo, moldavam a terra
com frequentes golpes em seus contornos externos,
de tal modo a torná-la, assim, mais densa em seu meio,
tanto mais exalava de si os humores salinos;
com tal suor ampliava os mares e os campos natantes;
quanto mais emanava esses muitos corpos, voavam,
corpos do ar e vapores do éter, assim adensavam   490
longe da terra os altos, fulgentes templos celestes.
Assentavam-se os campos, dos altos montes os picos
aumentavam, pois muitas rochas não diminuíam
já que nem todas as partes podiam baixar igualmente.

    Dessa maneira, com corpo concreto, o peso da terra
sedimentou-se, e quase toda a lama do mundo
confluiu ao mais fundo e sedimentou-se em resíduos.
Logo o mar, logo o ar, logo o éter ignífero mesmo,
com seus fluidos corpos ficaram isolados de tudo,
cada um mais leve que o outro; o éter, que é tanto   500
o mais fluido e mais leve reflui sobre as auras aéreas,

nec liquidum corpus turbantibus aeris auris
commiscet; sinit haec violentis omnia verti
turbinibus, sinit incertis turbare procellis,
ipse suos ignis certo fert impete labens.
nam modice fluere atque uno posse aethera nisu
significat Pontos, mare certo quod fluit aestu
unum labendi conservans usque tenorem.

    Motibus astrorum nunc quae sit causa canamus.
principio magnus caeli si vertitur orbis, 510
ex utraque polum parti premere aera nobis
dicendum est extraque tenere et claudere utrimque;
inde alium supra fluere atque intendere eodem
quo volvenda micant aeterni sidera mundi;
aut alium subter, contra qui subvehat orbem,
ut fluvios versare rotas atque haustra videmus.
est etiam quoque uti possit caelum omne manere
in statione, tamen cum lucida signa ferantur;
sive quod inclusi rapidi sunt aetheris aestus
quaerentesque viam circum versantur et ignis 520
passim per caeli volvunt summania templa;
sive aliunde fluens alicunde extrinsecus aer
versat agens ignis; sive ipsi serpere possunt
quo cuiusque cibus vocat atque invitat euntis,
flammea per caelum pascentis corpora passim.
nam quid in hoc mundo sit eorum ponere certum
difficile est; sed quid possit fiatque per omne
in variis mundis varia ratione creatis,
id doceo plurisque sequor disponere causas,
motibus astrorum quae possint esse per omne; 530
e quibus una tamen sit et hic quoque causa necessest
quae vegeat motum signis; sed quae sit earum
praecipere haudquaquamst pedetemptim progredientis.
    Terraque ut in media mundi regione quiescat,
evanescere paulatim et decrescere pondus

nem mistura seu líquido corpo com os ares violentos,
deixa que todo o restante submeta-se às trombas dos ventos,
deixa que os turbilhões em procelas a tudo perturbe
quando desliza e carrega seus fogos com ímpeto certo.
Que o éter possa fluir com impulso constante
prova o Mar Negro, esse que flui com corrente imutável
conservando o ritmo, sempre, enquanto desliza.[292]

B. *Os corpos celestes: astronomia*: 509-770

Quais são as causas dos motos dos astros agora cantemos.
Primeiramente, se o grande orbe do céu rotaciona   510
de cada lado nos polos devemos dizer que há pressão dos
ares, que o seguram por fora prendendo os dois polos;
outra corrente sopra por cima igualmente até onde
brilham as revolventes estrelas do mundo perpétuo,
ou outra ainda, por baixo, que subverta o sentido
como vemos os rios movendo as aletas das rodas.
É possível, também, que o céu todo fique parado,
mas as estrelas, luminosos signos, se movam:
seja porque as correntes velozes do éter estejam
dentro e se movam buscando um caminho ao redor, e os fogos[293]   520
frequentemente circulam os templos noturnos celestes,
ou porque o ar que vem de fora, de outros lugares
leva consigo esses astros, ou serpenteia ele mesmo,
para onde quer que alimento os invoque[294] ou atice seus fogos,
alimentando amiúde nos céus os seus corpos de fogos.
Qual dessas coisas se dá nesse mundo, contudo, é difícil
esclarecer com certeza, mas o que pode decerto
e acontece por todos os vários mundos criados
entre formas distintas, isso ensino e persigo
causas que possam de todo dar conta dos motos dos astros,   530
uma das quais deve haver pra nós, a causa que explique
em nosso mundo os motos dos astros; dentre elas, qual seja,
de modo algum se descobre, senão com vagar progredindo.

Para que a terra esteja em repouso no centro do mundo,
é necessário que aos poucos se desvaneça, e seu peso

convenit, atque aliam naturam subter habere
ex ineunte aevo coniunctam atque uniter aptam
partibus aeriis mundi quibus insita vivit.
propterea non est oneri neque deprimit auras;
ut sua cuique homini nullo sunt pondere membra 540
nec caput est oneri collo nec denique totum
corporis in pedibus pondus sentimus inesse;
at quaecumque foris veniunt impostaque nobis
pondera sunt laedunt, permulto saepe minora.
usque adeo magni refert quid quaeque queat res.
sic igitur tellus non est aliena repente
allata atque auris aliunde obiecta alienis,
sed pariter prima concepta ab origine mundi
certaque pars eius, quasi nobis membra videntur.
praeterea grandi tonitru concussa repente 550
terra supra quae se sunt concutit omnia motu;
quod facere haud ulla posset ratione, nisi esset
partibus aeriis mundi caeloque revincta.
nam communibus inter se radicibus haerent
ex ineunte aevo coniuncta atque uniter apta.
nonne vides etiam quam magno pondere nobis
sustineat corpus tenuissima vis animai
propterea quia tam coniuncta atque uniter apta est?
denique iam saltu pernici tollere corpus
quid potis est nisi vis animae quae membra gubernat? 560
iamne vides quantum tenuis natura valere
possit, ubi est coniuncta gravi cum corpore, ut aer
coniunctus terris et nobis est animi vis?

    Nec nimio solis maior rota nec minor ardor
esse potest, nostris quam sensibus esse videtur.
nam quibus e spatiis cumque ignes lumina possunt
adicere et calidum membris adflare vaporem,
nil illa his intervallis de corpore libant
flammarum, nil ad speciem est contractior ignis.
proinde, calor quoniam solis lumenque profusum 570[573]
perveniunt nostros ad sensus et loca fulgent, [570]
forma quoque hinc solis debet filumque videri, [571]

vá decrescendo, e possua por baixo uma outra natura
desde o início das eras, conjunta e unida bem firme
com as partes aéreas do mundo, onde tem sua vida.
Dessa maneira, não pesa no ar e nem o comprime,
da mesma forma que a cada um dos homens seus membros não pesam: 540
nem a cabeça é um fardo ao pescoço e nem, finalmente
sobre os pés não sentimos todo o peso do corpo,
mas qualquer coisa que venha de fora e em nós seja posta
fere-nos com o seu peso, mesmo se coisas mais leves.
Tal é a grande importância do que é capaz cada coisa.
Logo, a terra não é algo alheio trazido do nada
repentinamente atirada sobre ares alheios,
antes, é concebida igualmente desde a nascença,
parte fundamental do mundo, tal qual nossos membros.
Quando, de súbito o golpe de um grande trovão a atinge, 550
com o seu moto a terra chacoalha tudo de cima,
o que ela não poderia de modo nenhum, caso fosse
desvinculada das partes celestes e aéreas do mundo,
pois com raízes comuns entre si estão imiscuídas[295]
desde o início das eras, conjuntas e unidas bem firme.[296]
Por acaso não vês quão grande é o peso do corpo
que a tenuíssima força da ânima sói sustentar, pois
ambas, é certo, se encontram conjuntas e unidas bem firme?
Mais: o que poderia suster o corpo num salto,
salvo a força da ânima, que os nossos membros governa? 560
Já não vês o quanto pode uma tênue natura
quando é conjunta a um corpo pesado, tal como é o caso
da conjunção entre ar e terra, entre ânimo e corpo?
    Nem maiores ou menores a roda do sol ou
o seu calor podem ser do que nossos sentidos percebem.
Pois de quaisquer distâncias que os fogos nos lancem suas luzes
e em nossos membros calidamente insuflem vapores:
nada perdem do corpo de suas chamas por causa
dos intervalos e em nada contrai-se a visão desses fogos.
Como o calor do sol e sua luz profusa os sentidos 570 [573]
nossos atingem e, assim fulgurando, iluminam o espaço, [570]
deve-se ver daqui a forma do sol e sua massa [571]

nil adeo ut possis plus aut minus addere vere. [572]
[perveniunt nostros ad sensus et loca fulgent]
lunaque sive notho fertur loca lumine lustrans
sive suam proprio iactat de corpore lucem,
quidquid id est, nilo fertur maiore figura
quam, nostris oculis qua cernimus, esse videtur.
nam prius omnia, quae longe semota tuemur
aera per multum, specie confusa videntur 580
quam minui filum. quapropter luna necesse est,
quandoquidem claram speciem certamque figuram
praebet, ut est oris extremis cumque notata,
quantaque quantast, hinc nobis videatur in alto.
postremo quoscumque vides hinc aetheris ignis;
quandoquidem quoscumque in terris cernimus <ignis>,
dum tremor <et> clarus dum cernitur ardor eorum,
perparvum quiddam interdum mutare videntur
alteram utram in partem filum, quo longius absunt;
scire licet perquam pauxillo posse minores 590[594]
esse vel exigua maiores parte brevique. [595]

    Illud item non est mirandum, qua ratione [590]
tantulus ille queat tantum sol mittere lumen, [591]
quod maria ac terras omnis caelumque rigando [592]
compleat et calido perfundat cuncta vapore. 595[593]
[quanta quoquest tanta hinc nobis videatur in alto]
nam licet hinc mundi patefactum totius unum
largifluum fontem scatere atque erumpere lumen,
ex omni mundo quia sic elementa vaporis
undique conveniunt et sic coniectus eorum 600
confluit, ex uno capite hic ut profluat ardor.
nonne vides etiam quam late parvus aquai
prata riget fons interdum campisque redundet?
est etiam quoque uti non magno solis ab igni
aera percipiat calidis fervoribus ardor,
opportunus ita est si forte et idoneus aer,
ut queat accendi parvis ardoribus ictus;
quod genus interdum segetes stipulamque videmus
accidere ex una scintilla incendia passim.

de tal modo que em nada se altere pra mais ou pra menos. [572]
[nossos sentidos atingem e assim iluminam o espaço.]²⁹⁷
Quanto à lua, quer ilumine os espaços com lume
emprestado enquanto desliza, quer seja do próprio
corpo, de qualquer forma, em nada se altera o tamanho
quanto ao tamanho que a nós aparece ao olharmos pra ela.
Tudo, de início, que olhamos que esteja bem longe, afastado,
muito ar intervindo, nos mostra aparência difusa, 580
como se diminuído. E é necessário que a lua,
na medida em que mostra clara aparência e figura
determinada, quando notamos suas orlas externas,
tenha o tamanho que seja o mesmo que vemos ao longe.
Finalmente, todos os fogos que vês lá no éter,
tanto quanto os fogos que vemos na terra, contanto
que percebamos o ardor e seu tremor tremulante,
não parecem mudar em quase nada o tamanho
num sentido ou noutro, conforme se encontrem afastados;
dessa forma, devemos saber que não podem maiores 590 [594]
nem um pouquinho ser, ou menores, um tanto que seja.²⁹⁸ [595]

    Isto também não é de se admirar: por que causa [590]
pode um sol diminuto emitir um lume tão grande [591]
que, regando todo o céu, os mares e as terras, [592]
tudo preencha e banhe com cálido ardor luminoso. 595[593]
[tenha o tamanho que seja o mesmo que vemos no alto.]²⁹⁹
Pode ser que, a partir desse ponto, então se revele
sobre o mundo inteiro como largíflua fonte
luminosa, que irrompe e emana, pois os princípios
de calor viriam de todos os lados, fluindo 600
como se o ardor brotasse de uma nascente.
Pois não vês que a parva fonte d'água se alastra e
rega os prados até que se inundem todos os campos?
É possível também que de um fogo solar não tão grande
cálido ardor com fervores se apodere dos ares
caso ar oportuno à disposição exista a
fim de que possa acender-se com golpes de parvos ardores;
da mesma forma se vê, vez por outra, a colheita e a palha
incendiarem por causa de apenas uma fagulha.

forsitan et rosea sol alte lampade lucens 610
possideat multum caecis fervoribus ignem
circum se, nullo qui sit fulgore notatus,
aestifer ut tantum radiorum exaugeat ictum.
    Nec ratio solis simplex <et> recta patescit,
quo pacto aestivis e partibus aegocerotis
brumalis adeat flexus atque inde revertens
canceris ut vertat metas ad solstitialis,
lunaque mensibus id spatium videatur obire,
annua sol in quo consumit tempora cursu.
non, inquam, simplex his rebus reddita causast. 620
nam fieri vel cum primis id posse videtur,
Democriti quod sancta viri sententia ponit,
quanto quaeque magis sint terram sidera propter,
tanto posse minus cum caeli turbine ferri.
evanescere enim rapidas illius et acris
imminui subter viris, ideoque relinqui
paulatim solem cum posterioribu' signis,
inferior multo quod sit quam fervida signa.
et magis hoc lunam: quanto demissior eius
cursus abest procul a caelo terrisque propinquat, 630
tanto posse minus cum signis tendere cursum.
flaccidiore etiam quanto iam turbine fertur
inferior quam sol, tanto magis omnia signa
hanc adipiscuntur circum praeterque feruntur.
propterea fit ut haec ad signum quodque reverti
mobilius videatur, ad hanc quia signa revisunt.
fit quoque ut e mundi tranversis partibus aer
alternis certo fluere alter tempore possit,
qui queat aestivis solem detrudere signis
brumalis usque ad flexus gelidumque rigorem, 640
et qui reiciat gelidis a frigoris umbris
aestiferas usque in partis et fervida signa.
et ratione pari lunam stellasque putandumst,
quae volvunt magnos in magnis orbibus annos,
aeribus posse alternis e partibus ire.
nonne vides etiam diversis nubila ventis

Ou talvez o sol com a lâmpada rósea luzindo 610
nas alturas possua fogo de ardência invisível
ao redor, com seu fulgor jamais percebido,
que, portador de calor, incendeie a potência dos raios.
    Não é possível achar a razão clara e simples que explique a
causa de o sol, quando vem da região estival, dirigir-se
para o trópico invernal, o de Capricórnio,
e, retornando, dirija-se a Câncer, marcando o solstício,
nem por que a lua percorra em um único mês o espaço
que o sol percorre durante o tempo de um ano.
Não, eu repito, não há razão clara e simples que explique. 620
Primeiramente, parece que pode ser que aconteça,
como o indica Demócrito, de sagradas sentenças:
quanto mais os astros estejam perto da terra,
menos serão arrastados pelas turbinas celestes.
Pois desvanecem suas ferozes e rápidas forças
e decrescem abaixo, por isso o sol é deixado
pouco a pouco afastado com as mais distantes estrelas,
pois está muito mais baixo no céu do que os tórridos astros.
Quanto à lua, é pior, já que quanto mais baixo seu curso,
fica mais longe do céu e mais se aproxima da terra, 630
menos consegue manter seu curso parelho ao dos astros.
Quanto mais fraco o turbilhão pelo qual é movida
como está mais abaixo que o sol, tanto mais as estrelas
ao redor a alcançam e acabam passando adiante.
Dá-se, pois, que parece que a cada signo retorna
mais velozmente, mas são os signos que a ela retornam.
Pode também ser o caso que, vindo de lados do mundo
alternados, o ar, em tempo preciso, apresente
fluxos distintos: um que o sol afaste dos signos
estivais até os rigores dos signos de inverno, 640
outro que, para longe das gélidas sombras o afaste
em direção às partes estivais e aos seus signos.
E, por razão semelhante, deve-se considerar que a
lua e as estrelas[300] que evoluem em órbitas longas
longos anos podem mover-se em rotas alternas.
Pois não vês que as nuvens, com ventos contrários, percorrem

diversas ire in partis inferna supernis?
qui minus illa queant per magnos aetheris orbis
aestibus inter se diversis sidera ferri?
    At nox obruit ingenti caligine terras, 650
aut ubi de longo cursu sol ultima caeli
impulit atque suos efflavit languidus ignis
concussos itere et labefactos aere multo,
aut quia sub terras cursum convertere cogit
vis eadem, supra quae terras pertulit orbem.
    Tempore item certo roseam Matuta per oras
aetheris auroram differt et lumina pandit,
aut quia sol idem, sub terras ille revertens,
anticipat caelum radiis accendere temptans,
aut quia conveniunt ignes et semina multa 660
confluere ardoris consuerunt tempore certo,
quae faciunt solis nova semper lumina gigni;
quod genus Idaeis fama est e montibus altis
dispersos ignis orienti lumine cerni,
inde coire globum quasi in unum et conficere orbem.
nec tamen illud in his rebus mirabile debet
esse, quod haec ignis tam certo tempore possunt
semina confluere et solis reparare nitorem.
multa videmus enim, certo quae tempore fiunt
omnibus in rebus, florescunt tempore certo 670
arbusta et certo dimittunt tempore florem.
nec minus in certo dentis cadere imperat aetas
tempore et impubem molli pubescere veste
et pariter mollem malis demittere barbam.
fulmina postremo nix imbres nubila venti
non nimis incertis fiunt in partibus anni.
namque ubi sic fuerunt causarum exordia prima
atque ita res mundi cecidere ab origine prima,
conseque quoque iam redeunt ex ordine certo.
    Crescere itemque dies licet et tabescere noctes, 680
et minui luces, cum sumant augmina noctes,
aut quia sol idem sub terras atque superne
imparibus currens anfractibus aetheris oras

direções contrárias, opondo-se as altas e as baixas?
Por que razão não seriam os astros, em órbitas longas,
carregados por correntes contrárias, opostas?
    Cobre a terra, então, a noite com trevas imensas, 650
ou porque o sol, completando seu longo curso celeste,
lânguido exala seus últimos fogos, vencido da rota
e exaurido pelas grandes massas dos ares,
ou porque reverte o curso por baixo da terra
pela mesma força que o transportara por cima.
    E, num tempo preciso, dissemina Matuta[301] a
rósea aurora pelo éter e as luzes revela,
ou porque o mesmo sol, em seu retorno de baixo,
corre, avança ao céu começando a acender os seus raios
ou porque os fogos reúnem-se, e muitas sementes costumam 660
acumular-se, formando o calor em um tempo preciso,
para fazer com que a nova luz do sol sempre volte.
Isso é o que diz-se que ocorre nos altos montes do Ida,
donde se vê que os fogos dispersos da luz oriente
juntam-se e formam como um único globo, um só orbe.
Nem quanto a isso devemos nos admirar de que possam
essas sementes de fogo, num tempo tão determinado,
confluir e restituir ao sol o seu brilho.
Pois muitas coisas nós vemos que ocorrem, em muitos domínios
com precisão temporal. Em tempo preciso florescem 670
os arbustos e em tempo preciso perdem as flores.
Nem menos certo é o tempo em que a idade faz dentes caírem,
faz também que o impúbere vista-se em mole vestido,
dessa forma, o queixo projeta uma barba suave.
Raios, por fim, e a neve, chuva, nuvens e vento
acontecem em épocas mais ou menos precisas.
Pois, como foram assim, desde o início, os princípios das causas,
e assim acontece desde a origem primeira:
seus retornos ocorrem em ordem determinada.
    Pode, também, o dia crescer e a noite afinar-se, 680
diminuírem as luzes conforme aumentem as noites,
ou porque o mesmo sol, sob a terra e acima, passeia
desigualmente e reparte as orlas do éter curvado,

partit et in partis non aequas dividit orbem,
et quod ab alterutra detraxit parte, reponit
eius in adversa tanto plus parte relatus,
donec ad id signum caeli pervenit, ubi anni
nodus nocturnas exaequat lucibus umbras.
nam medio cursu flatus aquilonis et austri
distinet aequato caelum discrimine metas   690
propter signiferi posituram totius orbis,
annua sol in quo concludit tempora serpens,
obliquo terras et caelum lumine lustrans;
ut ratio declarat eorum qui loca caeli
omnia dispositis signis ornata notarunt.
aut quia crassior est certis in partibus aer,
sub terris ideo tremulum iubar haesitat ignis
nec penetrare potest facile atque emergere ad ortus.
propterea noctes hiberno tempore longae
cessant, dum veniat radiatum insigne diei.   700
aut etiam, quia sic alternis partibus anni
tardius et citius consuerunt confluere ignes
qui faciunt solem certa de surgere parte.
propterea fit uti videantur dicere verum

★

   Lima potest solis radiis percussa nitere
inque dies magis <id> lumen convertere nobis
ad speciem, quantum solis secedit ab orbi,
donique eum contra pleno bene lumine fulsit
atque oriens obitus eius super edita vidit;
inde minutatim retro quasi condere lumen   710
debet item, quanto propius iam solis ad ignem
labitur ex alia signorum parte per orbem;
ut faciunt, lunam qui fingunt esse pilai
consimilem cursusque viam sub sole tenere.
est etiam quare proprio cum lumine possit
volvier et varias splendoris reddere formas.
corpus enim licet esse aliud quod fertur et una
labitur omnimodis occursans officiensque
nec potis est cerni, quia cassum lumine fertur.

dividindo o orbe desigualmente nas partes,
do que retira de uma parte, repõe para a outra
parte o mesmo tanto que foi retirado, ao mover-se,
té que alcance o signo[302] do céu em que o nexo do ano
faça igualarem as sombras noturnas e as luzes do dia.
Pois, no meio do curso dos ventos do sul e do norte, o
céu discrimina igualmente em distância ambas as metas,[303] 690
pela posição de todo o signífero orbe[304]
onde o sol serpenteia e conclui o tempo de um ano,
iluminando com luzes oblíquas o céu e a terra,
como o ensinam os mapas[305] daqueles que demarcaram
as regiões do céu, anotando-os com todos os signos.
Ou porque em certas regiões o ar talvez seja mais grosso,
tanto que, sob a terra, o fogo, trêmulo, hesite,
sem que possa penetrar facilmente, nascendo.
É por isso que as noites demoram-se, longas, no inverno,
té que apareça, por fim, o raiar insigne do dia. 700
Ou então porque, assim, em partes alternas do ano,
soem juntar-se mais tarde ou mais cedo as sementes do fogo
que, de parte precisa, fazem que o sol possa erguer-se.
Por tal motivo se dá que parecem dizer a verdade.

★[306]

Pode a lua brilhar atingida por raios solares
e verter cada dia mais sua luz para a nossa
vista, conforme do orbe solar ela possa afastar-se,
té que possa luzir contra ele com luz bem intensa,
e, ao nascer, ao céu levantando, vê-lo se pondo.
Deve voltar, então, pouco a pouco, tal como escondesse 710
sua luz, quanto mais se aproxime das chamas solares
ao deslizar a partir de outra parte pelo orbe dos signos,
como presumem aqueles que fazem da lua uma bola
que sob o sol mantém semelhante sempre o seu curso.
É possível, também, que com luz própria ela gire
e produza formas variadas de esplêndido brilho.
Pode ser que haja outro corpo que seja levado
e, juntamente com ela, deslize, se oponha e obstrua
de vários modos, mas, carente de luz, não o vemos.

versarique potest, globus ut, si forte, pilai 720
dimidia ex parti candenti lumine tinctus,
versandoque globum variantis edere formas,
donique eam partem, quaecumque est ignibus aucta,
ad speciem vertit nobis oculosque patentis;
inde minutatim retro contorquet et aufert
luciferam partem glomeraminis atque pilai;
ut Babylonica Chaldaeum doctrina refutans
astrologorum artem contra convincere tendit,
proinde quasi id fieri nequeat quod pugnat uterque
aut minus hoc illo sit cur amplectier ausis. 730
denique cur nequeat semper nova luna creari
ordine formarum certo certisque figuris
inque dies privos aborisci quaeque creata
atque alia illius reparari in parte locoque,
difficilest ratione docere et vincere verbis,
ordine cum <possint> tam certo multa creari.
it ver et Venus, et Veneris praenuntius ante
pennatus graditur, Zephyri vestigia propter
Flora quibus mater praespargens ante viai
cuncta coloribus egregiis et odoribus opplet. 740
inde loci sequitur calor aridus et comes una
pulverulenta Ceres <et> etesia flabra aquilonum.
inde autumnus adit, graditur simul Euhius Euan.
inde aliae tempestates Ventique sequuntur,
altitonans Volturnus et auster fulmine pollens.
tandem bruma nives adfert pigrumque rigorem
reddit; hiemps sequitur crepitans hanc dentibus algu.
quo minus est mirum si certo tempore luna
gignitur et certo deletur tempore rursus,
cum fieri possint tam certo tempore multa. 750

    Solis item quoque defectus lunaeque latebras
pluribus e causis fieri tibi posse putandumst.
nam cur luna queat terram secludere solis
lumine et a terris altum caput obstruere ei,
obiciens caecum radiis ardentibus orbem,
tempore eodem aliud facere id non posse putetur

Pode girar em torno de si qual fosse uma bola, 720
numa metade tingida com luzes incandescentes,
e, ao girar em seu globo, produz variadas figuras,
té que a parte mais tocada das chamas nos mostra
ao vertê-la na direção dos nossos olhares.
Pouco a pouco torcendo o eixo, leva pra longe
da nossa vista a parte luciferina[307] da esfera,
como diz a doutrina dos caldeus babilônios,[308]
que, ao refutar os astrólogos,[309] tenta provar o contrário,
como se não pudesse se dar o que ambos propugnam,
e uma só posição tivesse que ser abraçada. 730
Finalmente, por que a lua não poderia
sempre nova criar-se com ordem certa das formas
e figuras, e dia após dia morrer a nascida,
sendo uma outra criada no lugar da que foi-se,
é difícil convencer com razão e palavras,
já que muitas coisas assim são criadas, em ordem.
Vai primavera com Vênus, e antes, o núncio venéreo
com sua asas;[310] os passos de Zéfiro[311] Flora persegue,
mãe, e para eles abre os caminhos e espalha em
todos os cantos cores egrégias e muitos perfumes. 740
Vem, a seguir, o calor escaldante e junto com ele
Ceres erguendo poeira[312] e as etésias[313] rajadas do norte,
logo, então, vem o outono e, com ele, evoé, Dioniso.
Seguem-se as outras estações e, então, outros ventos,
altitonante Volturno[314] e Austro do raio potente,
chega, por fim, a bruma[315] e a neve renova os rigores.
Segue-se, enfim, o inverno, seus dentes batendo de frio.
Menos é de admirar-se que a lua, em tempo preciso
seja gerada e em tempo preciso pereça de novo
quando tanta coisa acontece em tempo preciso. 750
    Igualmente, os eclipses do sol e os sumiços da lua
devem-se considerar possíveis por múltiplas causas.
Como pode a lua esconder-nos as luzes solares
e obstruir sua luz com sua altiva cabeça
interpondo seu orbe cego aos raios ardentes,
ao mesmo tempo, por que não se pode pensar que outro corpo

corpus quod cassum labatur lumine semper?
solque suos etiam dimittere languidus ignis
tempore cur certo nequeat recreareque lumen,
cum loca praeteriit flammis infesta per auras, 760
quae faciunt ignis interstingui atque perire?
et cur terra queat lunam spoliare vicissim
lumine et oppressum solem super ipsa tenere,
menstrua dum rigidas coni perlabitur umbras;
tempore eodem aliud nequeat succurrere lunae
corpus vel supra solis perlabier orbem,
quod radios interrumpat lumenque profusum?
et tamen ipsa suo si fulget luna nitore,
cur nequeat certa mundi languescere parte,
dum loca luminibus propriis inimica per exit? 770
[menstrua dum rigidas coni perlabitur umbras]

    Quod superest, quoniam magni per caerula mundi
qua fieri quicquid posset ratione resolvi,
solis uti varios cursus lunaeque meatus
noscere possemus quae vis et causa cieret,
quove modo <possent> offecto lumine obire
et neque opinantis tenebris obducere terras,
cum quasi conivent et aperto lumine rursum
omnia convisunt clara loca candida luce,
nunc redeo ad mundi novitatem et mollia terrae 780
arva, novo fetu quid primum in luminis oras
tollere et incertis crerint committere ventis.
    Principio genus herbarum viridemque nitorem
terra dedit circum collis camposque per omnis,
florida fulserunt viridanti prata colore,
arboribusque datumst variis exinde per auras
crescendi magnum immissis certamen habenis.
ut pluma atque pili primum saetaeque creantur
quadrupedum membris et corpore pennipotentum,

faça isso, sempre carente de luz, deslizando?
Não poderia, também, o sol lânguido, em tempo preciso
extinguir seus fogos e então recriar suas luzes
quando atravessa nos ares locais impropícios às chamas   760
que são capazes de extinguir e apagar os seus fogos?
Mais, e por que pode a terra, por sua vez, espoliar a
lua de luz, oprimindo o sol ao ficar sobre ele
quando desliza, mensal, por trás das sombras do cone?
Ao mesmo tempo, não pode outro corpo correr sob a lua
ou sobre o orbe solar deslizar, de modo que possa
interromper os raios e a luz profusa emitida?
Se, também, com brilho próprio, a lua refulge
por que motivo não pode em partes precisas do mundo
enfraquecer quando cruza locais à sua luz inimigos   770
[quando desliza, mensal, por trás das sombras do cone?][316]

C. *A terra:* 772-1457

(a) O começo da vida: 772-924

Quanto ao restante, uma vez que já revelei de que modo
tudo pode se dar nesse grande mundo cerúleo,
tal que possamos conhecer os percursos solares
e os movimentos da lua, que causas e forças impelem,
e de que modo perecem, ofuscadas as luzes,
nem de que modo podem ofuscar a incrédula terra
como se piscassem e, então, com olhos abertos
vissem de novo os claros locais com cândidas luzes,
volto à infância do mundo e aos suaves campos da terra,   780
qual foi a coisa por eles primeiro criada e trazida às
orlas da luz e qual dedicaram aos ventos incertos.
No princípio a espécie das ervas, folhagens brilhantes
deu-nos a terra por todas colinas e campos, e os prados
fulguraram, floridos, com coloração verdejante e
deu-se às árvores várias crescerem tranquilas nos ares
sem qualquer freio a vencê-las num tão importante certame.
Da mesma forma que são primeiro criados os pelos,
plumas e cerdas nos membros quadrúpedes e aves potentes,

sic nova tum tellus herbas virgultaque primum 790
sustulit, inde loci mortalia saecla creavit
multa modis multis varia ratione coorta,
nam neque de caelo cecidisse animalia possunt
nec terrestria de salsis exisse lacunis.
linquitur ut merito maternum nomen adepta
terra sit, e terra quoniam sunt cuncta creata.
multaque nunc etiam exsistunt animalia terris
imbribus et calido solis concreta vapore;
quo minus est mirum si tum sunt plura coorta
et maiora, nova tellure atque aethere adulta. 800
principio genus alituum variaeque volucres
ova relinquebant exclusae tempore verno,
folliculos ut nunc teretes aestate cicadae
linquunt sponte sua victum vitamque petentes.
tum tibi terra dedit primum mortalia saecla.
multus enim calor atque umor superabat in arvis.
hoc ubi quaeque loci regio opportuna dabatur,
crescebant uteri terram radicibus apti;
quos ubi tempore maturo patefecerat aetas
infantum fugiens umorem aurasque petessens, 810
convertebat ibi natura foramina terrae
et sucum venis cogebat fundere apertis
consimilem lactis, sicut nunc femina quaeque
cum peperit, dulci repletur lacte, quod omnis
impetus in mammas convertitur ille alimenti.
terra cibum pueris, vestem vapor, herba cubile
praebebat multa et molli lanugine abundans.
at novitas mundi nec frigora dura ciebat
nec nimios aestus nec magnis viribus auras.
omnia enim pariter crescunt et robora sumunt. 820
    Quare etiam atque etiam maternum nomen adepta
terra tenet merito, quoniam genus ipsa creavit
humanum atque animal prope certo tempore fudit
omne quod in magnis bacchatur montibu' passim,
aeriasque simul volucris variantibu' formis.
sed quia finem aliquam pariendi debet habere,

desse modo a jovem terra primeiro os arbustos 790
e ervas criou, donde pôde criar as espécies mortais[317]
muito variadas, de muitas maneiras e modos nascidas.[318]
Pois caindo do céu os animais não vieram
nem os terrestres surgiram das lagoas salinas.
Disso resulta que o nome de mãe a terra merece
já que todas as coisas são criadas da terra.
Muitos animais, até hoje, surgem da terra,
pelas chuvas e calor solar fomentados,
menos se deve admirar, portanto, se muitos nasceram,
e maiores, criados no início da terra e do éter. 800
Primeiramente, a espécie alada e as aves diversas
ovos deixavam, chocando no tempo da primavera,
como hoje em dia no verão abandonam as cigarras
cascas arredondadas, em busca de vida e alimento.
Foi assim que as primeiras espécies mortais se geraram
pela terra: abundava calor e humor pelos campos.
Onde quer que desse local, região oportuna,
úteros[319] enraizavam na terra, a ela ligados,
que, no tempo maduro, quando a idade da infância
os revelava, fugindo do humor e os ares buscando 810
para eles vertia a natura os poros da terra,
e ela forçava a emanar um suco por veias abertas,
tal como o leite, tal qual as mulheres, depois de parirem,
enchem-se com doce leite que, com ímpeto forte,
todo nos seios converte-se em poderoso alimento.
Dava a terra às crianças sustento, o calor, vestimenta, a
erva, uma cama macia, forrada em penugem abundante.
Mas a infância do mundo nem o frio rigoroso,
nem o calor excessivo trazia, nem ventos intensos,
tudo cresce e atinge o vigor da mesma maneira. 820
  Pois, inda e ainda, repito, que é com merecimento
que chamamos a terra de mãe, pois criou ela mesma
todo o gênero humano e todos, em tempo preciso,
os animais que, aqui e ali, baqueiam[320] nos montes
juntos dos aéreos volantes de formas diversas.
Já que, contudo, o parir devia ter um limite,

destitit, ut mulier spatio defessa vetusto.
mutat enim mundi naturam totius aetas
ex alioque alius status excipere omnia debet,
nec manet ulla sui similis res: omnia migrant, 830
omnia commutat natura et vertere cogit.
namque aliud putrescit et aevo debile languet,
porro aliud succrescit et <e> contemptibus exit.
sic igitur mundi naturam totius aetas
mutat et ex alio terram status excipit alter,
quod tulit ut nequeat, possit quod non tulit ante.
    Multaque tum tellus etiam portenta creare
conatast mira facie membrisque coorta,
androgynem, interutrasque nec utrum, utrimque remotum,
orba pedum partim, manuum viduata vicissim, 840
muta sine ore etiam, sine vultu caeca reperta,
vinctaque membrorum per totum corpus adhaesu,
nec facere ut possent quicquam nec cedere quoquam
nec vitare malum nec sumere quod foret usus.
cetera de genere hoc monstra ac portenta creabat,
nequiquam, quoniam natura absterruit auctum
nec potuere cupitum aetatis tangere florem
nec reperire cibum nec iungi per Veneris res.
multa videmus enim rebus concurrere debere,
ut propagando possint procudere saecla; 850
pabula primum ut sint, genitalia deinde per artus
semina qua possint membris manare remissis;
feminaque ut maribus coniungi possit, habere
mutua qui mutent inter se gaudia uterque.
    Multaque tum interiisse animantum saecla necessest
nec potuisse propagando procudere prolem.
nam quaecumque vides vesci vitalibus auris,
aut dolus aut virtus aut denique mobilitas est
ex ineunte aevo genus id tutata reservans.
multaque sunt, nobis ex utilitate sua quae 860
commendata manent, tutelae tradita nostrae.
principio genus acre leonum saevaque saecla
tutatast virtus, vulpis dolus et fuga cervos.

ela cessou, tal como a mulher com idade avançada.
Pois o tempo muda a natura de tudo no mundo,
um estado após outro conquista todas as coisas,
tudo muda, nada fica igual a si mesmo   830
tudo a natura transforma e a tudo constrange que mude.
É assim que algo apodrece, a idade enfraquece,
logo algo cresce e desponta do espaço que antes vagava.
Muda, assim, o tempo a natura de tudo no mundo,
um estado após outro a terra toda conquista,[321]
e ela, o que pôde, não pode, e pode o que antes não pôde.

    Muitos portentos e monstros, então a terra tentava
produzir, nascidos com faces e membros estranhos,
tal como o andrógino, meio caminho entre um sexo e o outro,
corpos em parte sem pés ou roubados das mãos, ao contrário,   840
mudos por falta de boca, cegos por falta de olhos,
incapazes por terem seus membros colados ao corpo,
tal que nada pudessem fazer ou mover-se pra onde
fosse, nem evitar o mal nem pegar nada útil.
Outros monstros desse tipo e portentos criava,
mas, em vão, pois natura impedia o seu crescimento,
nem a almejada flor da idade atingiam, também não
encontravam alimento, nem se uniam em Vênus.
Vemos, porém, que muito deve ocorrer pra que as coisas
possam propagar gerações ao se reproduzirem: 850
deve, primeiro, haver alimento, e então, pelos membros
elementos seminais que possam emanar: a
fim de que a mulher se conjugue com o homem, precisam
possuir o que mova os gozos comuns um pro outro.

    Muitas raças de animais encontraram seu fim sem
ter propagado sua progenitura ao se reproduzirem.[322]
Todo animal que vês desfrutar das auras da vida
ou o dolo, ou virtude, ou ainda, sua mobilidade
foi o que desde o início preservou essa espécie.
Muitos há que, por serem úteis a nós, subsistem: 860
nós é que os perpetuamos, trazidos à nossa tutela.
Raça feroz do leão e as espécies selvagens, preserva a
força; às raposas, o dolo; aos cervos, a velocidade.

at levisomna canum fido cum pectore corda
et genus omne quod est veterino semine partum
lanigeraeque simul pecudes et bucera saecla
omnia sunt hominum tutelae tradita, Memmi.
nam cupide fugere feras pacemque secuta
sunt et larga suo sine pabula parta labore,
quae damus utilitatis eorum praemia causa. 870
at quis nil horum tribuit natura, nec ipsa
sponte sua possent ut vivere nec dare nobis
utilitatem aliquam quare pateremur eorum
praesidio nostro pasci genus esseque tutum,
scilicet haec aliis praedae lucroque iacebant
indupedita suis fatalibus omnia vinclis,
donec ad interitum genus id natura redegit.

    Sed neque Centauri fuerunt, nec tempore in ullo
esse queunt duplici natura et corpore bino
ex alienigenis membris compacta, potestas 880
hinc illinc partis ut sat par esse potissit.
id licet hinc quamvis hebeti cognoscere corde.
principio circum tribus actis impiger annis
floret equus, puer haudquaquam; nam saepe etiam nunc
ubera mammarum in somnis lactantia quaeret.
post ubi equum validae vires aetate senecta
membraque deficiunt fugienti languida vita,
tum demum puerili aevo florente iuventas
occipit et molli vestit lanugine malas.
ne forte ex homine et veterino semine equorum 890
confieri credas Centauros posse neque esse,
aut rabidis canibus succinctas semimarinis
corporibus Scyllas et cetera de genere horum,
inter se quorum discordia membra videmus;
quae neque florescunt pariter nec robora sumunt
corporibus neque proiciunt aetate senecta
nec simili Venere ardescunt nec moribus unis
conveniunt, neque sunt eadem iucunda per artus.
quippe videre licet pinguescere saepte cicuta
barbigeras ptecudes, homini quae est acre venenum. 900

A levíssona raça dos cães, fiel em seu peito,
ou qualquer outra nascida do sêmen das bestas de carga,
e também os rebanhos lanígeros ou os de chifres,
Mêmio, todos têm por abrigo a tutela do homem.
Mas seu desejo é fugir das feras, a paz perseguindo e
largos pastos que obtiveram sem próprio esforço,
que lhes damos como prêmio por serem-nos úteis. 870
Mas aos que nada a natura cedeu ou não podem, sozinhos,
sobreviver e nem ser-nos de alguma utilidade,
pela qual nos esforçaríamos dando-lhes tudo:
proteção, alimento, tranquilidade, cuidado,
saibas, esses caíram presa e espólio de outros,
ameaçados pelos laços do próprio destino,
té que a natura levasse à extinção sua raça e espécie.

    Mais, os centauros nunca existiram, e em época alguma
pode haver corpos binários, compostos de dupla natura,
feitos de membros de espécies distintas, com capacidades 880
semelhantes provindas de uma ou de outra das partes.
Isso se deve saber até mesmo por mente obtusa.[323]
Pra começar, um cavalo incansável em apenas três anos
já está maduro, um bebê, de maneira nenhuma, e ainda,
mesmo nos sonhos procura seu leite nas mamas maternas.
Pois, quando as válidas forças equinas, chegada a velhice
enfraquecem nos membros, fugindo-lhes lânguida vida,
esse é o momento em que a juventude supera a puerícia
e, com suave penugem, o rosto humano se cobre.
Pois não penses, talvez, que, a partir de sementes humanas 890
e das equestres possam nascer e existir os Centauros
ou as Cilas, atadas com rábidos cães e com corpos
semimarinos, ou outras espécies de monstros do tipo,
cujos membros vemos que entre si não concordam.
Pois nem ao mesmo tempo florescem, atingem o vigor, nem
ao mesmo tempo lhes chega a senescência a seus corpos
nem são queimados por símile Vênus, nem mesmos costumes
compartilham, nem mesmas coisas são úteis aos corpos.
Vê-se, amiúde que engordam as barbígeras bestas
com a cicuta, que para o homem é um acre veneno. 900

flamma quidem <vero> cum corpora fulva leonum
tam soleat torrere atque urere quam genus omne
visceris in terris quodcumque et sanguinis exstet,
qui fieri potuit, triplici cum corpore ut una,
prima leo, postrema draco, media ipsa, Chimaera
ore foras acrem flaret de corpore flammam ?
quare etiam tellure nova caeloque recenti
talia qui fingit potuisse animalia gigni,
nixus in hoc uno novitatis nomine inani,
multa licet simili ratione effutiat ore, 910
aurea tum dicat per terras flumina vulgo
fluxisse et gemmis florere arbusta süesse
aut hominem tanto membrorum esse impete natum,
trans maria alta pedum nisus ut ponere posset
et manibus totum circum se vertere caelum.
nam quod multa fuere in terris semina rerum
tempore quo primum tellus animalia fudit,
nil tamen est signi mixtas potuisse creari
inter se pecudes compactaque membra animantum,
propterea quia quae de terris nunc quoque abundant 920
herbarum genera ac fruges arbustaque laeta
non tamen inter se possunt complexa creari,
sed res quaeque suo ritu procedit et omnes
foedere naturae certo discrimina servant.

 At genus humanum multo fuit illud in arvis
durius, ut decuit, tellus quod dura creasset,
et maioribus et solidis magis ossibus intus
fundatum, validis aptum per viscera nervis,
nec facile ex aestu nec frigore quod caperetur
nec novitate cibi nec labi corporis ulla. 930
multaque per caelum solis volventia lustra
vulgivago vitam tractabant more ferarum.
nec robustus erat curvi moderator aratri
quisquam, nec scibat ferro molirier arva
nec nova defodere in terram virgulta neque altis

Como a chama queima e torra não só o fulvo
corpo dos leões mas também todo tipo de ser que
tenha víscera e sangue que exista por tudo na terra
como haveria a Quimera, com tríplice corpo, embora
uno, na frente leão, atrás um dragão, e, no meio,
bode, exalando da boca acre flama de dentro do corpo?
Mais uma vez, aqueles que fingem que, vindo da terra
nova e do céu recente, tais animais se gerassem
e se apoiam somente no nome vão: juventude,[324]
devem, igualmente soltar da boca inúmeras coisas: 910
que haveria rios de ouro fluindo na terra,
e que os arbustos floresceriam com gemas preciosas,
ou que teria nascido um homem com membros tão grandes,
que poderia com os pés alcançar o fundo do mar e
com suas mãos poderia verter todo o circo celeste.
Pois existiram, na terra, muitas sementes das coisas
quando ela, em tempo primevo, gerou as espécies
mas isso não significa que pudesse criá-las
mistas entre animais arranjados com membros de outros;
pois, o que ainda hoje abunda provindo da terra,   920
as espécies de ervas, os frutos, arbustos propícios,
entre si, misturados, não podem também ser criados:
cada coisa procede segundo seu rito, devendo
conservar as diferenças por leis da natura.

(b) O homem primitivo: 925-1010

Mas o gênero humano era muito mais duro nos campos
do que hoje, como era esperado; dura era a terra
que os criou, com ossos maiores, mais sólidos, carne,
vísceras todas atadas por válidos nervos, de modo a
não facilmente o calor ou o frio os poderem atingir, nem
alimento inusual ou defeito no corpo.   930
E, com muitos períodos solares no céu revolvendo,
o homem levava sua vida vagando qual besta selvagem.
Nem havia qualquer condutor robusto do arado[325]
curvo, nem se sabia afofar os campos com ferro,
nem plantar novas mudas na terra, nem mesmo das altas

arboribus veteres decidere falcibu' ramos.
quod sol atque imbres dederant, quod terra crearat
sponte sua, satis id placabat pectora donum.
glandiferas inter curabant corpora quercus
plerumque; et quae nunc hiberno tempore cernis 940
arbita puniceo fieri matura colore,
plurima tum tellus etiam maiora ferebat.
multaque praeterea novitas tum florida mundi
pabula dura tulit, miseris mortalibus ampla.
at sedare sitim fluvii fontesque vocabant,
ut nunc montibus e magnis decursus aquai
claricitat late sitientia saecla ferarum.
denique nota vagis silvestria templa tenebant
nympharum, quibus e scibant umori' fluenta
lubrica proluvie larga lavere umida saxa, 950
umida saxa, super viridi stillantia musco,
et partim plano scatere atque erumpere campo.
necdum res igni scibant tractare neque uti
pellibus et spoliis corpus vestire ferarum,
sed nemora atque cavos montis silvasque colebant
et frutices inter condebant squalida membra
verbera ventorum vitare imbrisque coacti.
nec commune bonum poterant spectare neque ullis
moribus inter se scibant nec legibus uti.
quod cuique obtulerat praedae fortuna, ferebat 960
sponte sua sibi quisque valere et vivere doctus.
et Venus in silvis iungebat corpora amantum;
conciliabat enim vel mutua quamque cupido
vel violenta viri vis atque impensa libido
vel pretium, glandes atque arbita vel pira lecta.
et manuum mira freti virtute pedumque
consectabantur silvestria saecla ferarum
missilibus saxis et magno pondere clavae; [975]
multaque vincebant, vitabant pauca latebris; [968]
saetigerisque pares subus silvestria membra 970[969]
nuda dabant terrae nocturno tempore capti, [970]
circum se foliis ac frondibus involventes. [971]

árvores com uma foice podar os ramos mais velhos.
O que o sol e as chuvas lhes davam, o que a terra criava
por conta própria, o bastante lhes era de dom para o peito.
Entre carvalhos glandíferos tinham sustento pro corpo
frequentemente, e os frutos que vemos no tempo do inverno   940
hoje ainda, morangos silvestres vermelhos maduros,
muitos a terra então produzia, e ainda maiores.
Mais: nessa época a novidade florida do mundo
rude alimento trazia aos pobres mortais, e bastante.
Rios e fontes chamavam para aplacarem a sede,
como hoje em dia o decurso da água das altas montanhas
chama bem alto e de longe as sedentas raças das feras.
Ocupavam, por fim, os templos silvestres das ninfas
que conheceram vagantes, donde sabiam que humores
lúbricos, largos, fluindo, lavavam a úmidas rochas,   950
úmidas rochas, sim, gotejando no musgo virente
e sabiam que irrompem e inundam as planas campinas.
Nem também sabiam tratar coisa alguma com fogo,
nem vestir seus corpos com peles e espólios de feras,
mas habitavam os bosques e selvas, cavernas nos montes
e escondiam seus membros esquálidos entre as folhagens
para evitar os reverberantes ventos e a chuva.
Nem poderiam esperar bem comum nem havia costumes
que partilhassem: ignoravam as leis e seu uso.
Tudo que a cada um a fortuna trouxesse, levava,   960
pois cada um aprendeu a viver com seus próprios recursos.
E nas selvas Vênus jungia os corpos amantes;
cada mulher se tomava, fosse por mútuo desejo,
ou pela verve violenta do homem, libido excessiva,
ou por presentes: morangos, castanhas ou peras diletas.
Mais, confiando na enorme virtude das mãos e das pernas,
perseguiam as raças silvestres das feras lançando
pedras, ou mesmo com o enorme peso das clavas.   [975]
A maioria venciam, de algumas fugiam. Nas sombras,   [968]
como os suínos peludos, tais homens os membros silvestres, 970 [969]
nus, à terra entregavam, quando a noite os tomava,   [970]
envolvendo-se em cobertura de ramos e folhas.   [971]

nec plangore diem magno solemque per agros [972]
quaerebant pavidi palantes noctis in umbris, [973]
sed taciti respectabant somnoque sepulti, 975[974]
dum rosea face sol inferret lumina caelo.
a parvis quod enim consuerant cernere semper
alterno tenebras et lucem tempore gigni,
non erat ut fieri posset mirarier umquam
nec diffidere ne terras aeterna teneret 980
nox in perpetuum detracto lumine solis.
sed magis illud erat curae, quod saecla ferarum
infestam miseris faciebant saepe quietem.
eiectique domo fugiebant saxea tecta
spumigeri suis adventu validique leonis
atque intempesta cedebant nocte paventes
hospitibus saevis instrata cubilia fronde.

    Nec nimio tum plus quam nunc mortalia saecla
dulcia linquebant lamentis lumina vitae.
unus enim tum quisque magis deprensus eorum 990
pabula viva feris praebebat, dentibus haustus,
et nemora ac montis gemitu silvasque replebat
viva videns vivo sepeliri viscera busto.
at quos effugium servarat corpore adeso,
posterius tremulas super ulcera taetra tenentes
palmas horriferis accibant vocibus Orcum,
donique eos vita privarant vermina saeva
expertis opis, ignaros quid vulnera vellent.
at non multa virum sub signis milia ducta
una dies dabat exitio nec turbida ponti 1000
aequora lidebant navis ad saxa virosque,
sed temere incassum frustra mare saepe coortum
saevibat leviterque minas ponebat inanis,
nec poterat quemquam placidi pellacia ponti
subdola pellicere in fraudem ridentibus undis.
improba navigii ratio tum caeca iacebat.
tum penuria deinde cibi languentia leto
membra dabat, contra nunc rerum copia mersat.
illi imprudentes ipsi sibi saepe venenum

Nem buscavam clamando o astro solar e o dia [972]
amedrontados vagando sem rumo nas noites umbrosas, [973]
mas, sepultados em sono, em silêncio aguardavam que a face 975[974]
arroseada do sol lhes trouxesse do céu suas luzes.
 Como, pois, costumavam desde pequenos a sempre
discernir as trevas e a luz em tempo alternado,
não ocorria jamais que fossem tomados de espanto,
ou que temessem que a terra um dia fosse adumbrada em   980
noite eterna, a luz do sol pra sempre roubada.
Muito maior era a preocupação de que espécies das feras
fossem tornar o descanso um perigo pros míseros homens.
Arrancados de casa, fugiam dos tetos rochosos
com a chegada de porcos selvagens, leões valorosos:
apavorados, saíam no meio da noite, deixando
aos cruéis inimigos o leito coberto de folhas.
As espécies dos homens, antes, não mais do que agora,
com lamentos deixavam as doces luzes da vida.
Mais amiúde outrora alguns deles, arrebatados   990
pelos dentes das feras viravam comida ainda vivos,
e com gemidos enchiam-se as selvas, montes e bosques,[326]
vendo as vísceras vivas tornadas um túmulo vivo.
Os que a fuga salvara, com corpo deixado em pedaços,
posteriormente, trêmulas mãos sobre as úlceras podres,
invocavam o Orco infernal com gritos horríveis,
té que dores selvagens por fim lhes tiravam a vida,
sem salvação, sem saber de que modo curar as feridas.
Não havia estandarte levando milhares de homens
para o exício num único dia, nem túrbidas vagas   1000
em alto mar arrastavam navios e homens às rochas,
mas, sem propósito, em vão, sem razão é que o mar levantava em
grande fúria, e logo depunha suas vãs ameaças,
nem seduções enganosas do oceano semblante-suave
poderiam atrair à fraude com ondas ridentes.
Péssima arte da navegação inda cega jazia.
A escassez de alimento conduzia até a morte os
lânguidos membros; hoje, ao contrário, a abundância é que os mata.
Eles mesmos, imprudentes, se davam veneno

vergebant, nunc dant <aliis> sollertius ipsi. 1010

    Inde casas postquam ac pellis ignemque pararunt,
et mulier coniuncta viro concessit in unum
★
cognita sunt, prolemque ex se videre creatam,
tum genus humanum primum mollescere coepit.
ignis enim curavit ut alsia corpora frigus
non ita iam possent caeli sub tegmine ferre,
et Venus imminuit viris puerique parentum
blanditiis facile ingenium fregere superbum.
tunc et amicitiem coeperunt iungere aventes
finitimi inter se nec laedere nec violari, 1020
et pueros commendarunt muliebreque saeclum,
vocibus et gestu cum balbe significarent
imbecillorum esse aequum misererier omnis.
nec tamen omnimodis poterat concordia gigni,
sed bona magnaque pars servabat foedera caste;
aut genus humanum iam tum foret omne peremptum
nec potuisset adhuc perducere saecla propago.
    At varios linguae sonitus natura subegit
mittere et utilitas expressit nomina rerum,
non alia longe ratione atque ipsa videtur 1030
protrahere ad gestum pueros infantia linguae,
cum facit ut digito quae sint praesentia monstrent.
sentit enim vis quisque suas quoad possit abuti.
cornua nata prius vitulo quam frontibus exstent,
illis iratus petit atque infestus inurget.
at catuli pantherarum scymnique leonum
unguibus ac pedibus iam tum morsuque repugnant,
vix etiam cum sunt dentes unguesque creati.
alituum porro genus alis omne videmus
fidere et a pinnis tremulum petere auxiliatum. 1040
proinde putare aliquem tum nomina distribuisse
rebus et inde homines didicisse vocabula prima,
desiperest. nam cur hic posset cuncta notare

com frequência, mas hoje, mais sábios, dão para os outros.³²⁷   1010

(c) Os inícios da civilização: 1011-457

Foi depois disso que conseguiram casas e peles,
fogo, também a união da mulher a um único homem
★³²⁸
quando viram a prole deles mesmos criada,
foi então que mais fraco ficou o gênero humano.
Pois o fogo tornou os seus corpos sensíveis ao frio e
já não o mais suportavam sob o teto celeste;
Vênus abrandou suas forças e, com suas blandícias,
facilmente as crianças quebravam o mando paterno.
Os vizinhos passaram a juntar-se, amistosos nos laços;
para evitar que sofressem entre si qualquer violência,   1020
por proteção se entregavam os filhos e suas mulheres
e estipularam com gritos balbuciantes e gestos
que cada um deveria ter pena dos mais indefesos.
A concórdia não podia surgir todo o tempo;
grande parte, contudo, conservava seus pactos
castamente, se não o gênero humano ali mesmo
já se teria extinguido, sem propagar-se até hoje.

Foi a natura que fez com que os vários sons da linguagem
fossem emitidos, e o uso encontrou os nomes das coisas;
não de forma tão diferente é que vemos infantes   1030
inda sem língua serem movidos ao uso dos gestos
quando apontam com o dedo as coisas que veem presentes.
Cada um percebe até onde usar suas forças.
Antes que os chifres do vitelo despontem da fronte,
quando irritado, com eles avança e ataca com força.
Os filhotinhos de leões e panteras, com garras
e também com mordidas e patas encenam batalhas
mesmo que ainda mal tenham nascido os dentes e as unhas.
Mais ainda: vemos que todo o gênero alado
pede auxílio trêmulo às penas e fia-se nelas.   1040
Mais ainda: pensar que alguém deu os nomes pras coisas
e que todos daí aprenderam as primeiras palavras
é delirante. Por que só ele usaria as palavras

vocibus et varios sonitus emittere linguae,
tempore eodem alii facere id non quisse putentur?
praeterea si non alii quoque vocibus usi
inter se fuerant, unde insita notities est
utilitatis et unde data est huic prima potestas,
quid vellet facere ut sciret animoque videret?
cogere item pluris unus victosque domare 1050
non poterat, rerum ut perdiscere nomina vellent.
nec ratione docere ulla suadereque surdis,
quid sit opus facto, facilest; neque enim paterentur
nec ratione ulla sibi ferrent amplius auris
vocis inauditos sonitus obtundere frustra.
postremo quid in hac mirabile tantoperest re,
si genus humanum, cui vox et lingua vigeret,
pro vario sensu varia res voce notaret?
cum pecudes mutae, cum denique saecla ferarum
dissimilis soleant voces variasque ciere, 1060
cum metus aut dolor est et cum iam gaudia gliscunt.
quippe etenim licet id rebus cognoscere apertis.
irritata canum cum primum magna Molossum
mollia ricta fremunt duros nudantia dentis,
longe alio sonitu rabie restricta minantur
et cum iam latrant et vocibus omnia complent.
at catulos blande cum lingua lambere temptant
aut ubi eos iactant pedibus morsuque petentes
suspensis teneros imitantur dentibus haustus,
longe alio pacto gannitu vocis adulant 1070
et cum deserti baubantur in aedibus aut cum
plorantes fugiunt summisso corpore plagas.
denique non hinnitus item differre videtur,
inter equas ubi equus florenti aetate iuvencus
pinnigeri saevit calcaribus ictus amoris
et fremitum patulis sub naribus edit ad arma,
et cum sic alias concussis artubus hinnit?
postremo genus alituum variaeque volucres,
accipitres atque ossifragae mergique marinis
fluctibus in salso victum vitamque petentes, 1080

para as coisas, sabendo emitir todos sons de uma língua,
sem que ao mesmo tempo os outros fossem capazes?
Se os outros também não podiam usar as palavras
entre si, de onde, então, encontraram o conceito
de seu uso, e de onde essa capacidade primeira
pra um apenas no ânimo ver e saber o que ele
deveria fazer. Assim, um a todos não pode   1050
coagir que, vencidos, aprendam os nomes das coisas.
De maneira nenhuma seria fácil aos surdos
persuadi-los quanto ao que fazer, não seriam capazes
nem aguentariam de modo algum que os ouvidos
fossem tocados em vão por palavras e sons inauditos.
Finalmente, o que haveria de tão admirável
se o gênero humano, potente em sua voz e sua língua,
indicasse com voz variada os sentidos e as coisas?
Mesmo os mudos rebanhos, mesmo as espécies das feras
soem emitir variados sons de maneiras diversas,   1060
quando há medo ou dor ou já lhes cresce a alegria.
Isso se deve, portanto, aprender com evidências e fatos:
quando os enormes lábios dos cães molossos, molengas,
põem-se a fremer em fúria e desnudam-se, duros, os dentes,
ameaçam com raiva restrita com som bem distinto
do que o som do latido com voz que preenche o espaço,
mas, quando passam a lamber os filhotes com língua mais branda,
ou quando os lançam pra longe com as patas e fingem mordidas,
tenros, gentis, suspendem o ataque com os dentes abertos,
os adulam com um gemido bem diferente   1070
de seus uivos de quando sozinhos em casa, ou de quando
fogem ganindo, seu corpo curvado submisso a pancadas.
Igualmente, por fim, os relinchos não são diferentes
quando um cavalo na flor da idade enlouquece entre as éguas,
golpeado da espora do alado cupido, ou se ronca
quando com as narinas abertas freme na luta,[329]
ou, talvez, se relincha[330] por ter abalados os membros?
Finalmente, o gênero alado e as aves diversas,
os falcões, os abutres, gaivotas marinhas, buscando
sobre as ondas salinas sua vida e alimento,   1080

longe alias alio iaciunt in tempore voces
et cum de victu certant praedaeque repugnant.
et partim mutant cum tempestatibus una
raucisonos cantus, comicum ut saecla vetusta
corvorumque greges ubi aquam dicuntur et imbris
poscere et interdum ventos aurasque vocare.
ergo si varii sensus animalia cogunt,
muta tamen cum sint, varias emittere voces,
quanto mortalis magis aequumst tum potuisse
dissimilis alia atque alia res voce notare! 1090
    Illud in his rebus tacitus ne forte requiras,
fulmen detulit in terram mortalibus ignem
primitus, inde omnis flammarum diditur ardor.
multa videmus enim caelestibus incita flammis
fulgere, cum caeli donavit plaga vapore.
et ramosa tamen cum ventis pulsa vacillans
aestuat in ramos incumbens arboris arbor,
exprimitur validis extritus viribus ignis,
emicat interdum flammai fervidus ardor,
mutua dum inter se rami stirpesque teruntur. 1100
quorum utrumque dedisse potest mortalibus ignem.
inde cibum coquere ac flammae mollire vapore
sol docuit, quoniam mitescere multa videbant
verberibus radiorum atque aestu victa per agros.
    Inque dies magis hi victum vitamque priorem
commutare novis monstrabant rebus et igni
ingenio qui praestabant et corde vigebant.
condere coeperunt urbis arcemque locare
praesidium reges ipsi sibi perfugiumque,
et pecus atque agros divisere atque dedere 1110
pro facie cuiusque et viribus ingenioque;
nam facies multum valuit viresque vigebant.
posterius res inventast aurumque repertum,
quod facile et validis et pulchris dempsit honorem;
divitioris enim sectam plerumque sequuntur
quamlibet et fortes et pulchro corpore creti.
quod siquis vera vitam ratione gubernet,

noutros tempos lançam vozes muito distintas
do que quando se batem com as presas, futuro alimento.
Parte deles, conforme muda a estação, juntamente
muda seu canto rouco, tal como as gralhas vetustas,
mais os bandos de corvos, que invocam as chuvas e as águas
e, vez e outra, parecem chamar os ventos e as auras.
Por conseguinte, se as sensações diversas coagem
os animais, mesmo mudos, a emitir várias vozes,
muito mais justo é que os mortais então conseguissem
designar as coisas distintas com vozes diversas. 1090

 Para que, em silêncio, não guardes pergunta nenhuma,
digo: foi o relâmpago que aos mortais trouxe o fogo,
donde espalhou-se, depois, o ardor de todas as chamas.
Muitas coisas vemos queimar, incitadas por chamas
vindas do céu, que nos trouxe o calor com seu golpe brilhante.
Quando os ventos impelem a árvore, o ramo vacila,
logo se inclina por sobre outra árvore, os ramos se aquecem,
e com a grande força do atrito um fogo é gerado,
brilha, então, por vezes, o férvido ardor de uma chama,
já que entre si os troncos e ramos se chocam com força. 1100
Ambas as causas podem explicar o achado do fogo.
Mais: o sol ensinou a cozer alimentos, torná-los
mais suaves com o calor das chamas, pois viam
coisas ficarem mais brandas com raios do sol pelos campos.

 Dia após dia os que eram mais engenhosos e sábios
pelo uso do fogo e hábitos novos, aos outros
ensinavam a mudar sua vida e subsistência.
Reis começaram a fundar as cidades e os altos castelos
para que tivessem segurança e refúgio,
e começaram a dividir os rebanhos e campos 1110
pelos homens de acordo com sua beleza e engenho;
pois a beleza muito valia, e a força era honrosa.
Posteriormente inventou-se a posse e a riqueza do ouro,
o que tirou, facilmente, dos belos e ricos a honra,
pois, maior parte das vezes, seguem costumes e jeito
dos mais ricos, não importando se fortes ou belos.
Mas, se alguém governa sua vida do modo correto,

divitiae grandes homini sunt vivere parce
aequo animo; neque enim est umquam penuria parvi.
at claros homines voluerunt se atque potentis, 1120
ut fundamento stabili fortuna maneret
et placidam possent opulenti degere vitam,
nequiquam, quoniam ad summum succedere honorem
certantes iter infestum fecere viai,
et tamen e summo, quasi fulmen, deicit ictos
invidia interdum contemptim in Tartara taetra;
invidia quoniam, ceu fulmine, summa vaporant [1131]
plerumque et quae sunt aliis magis edita cumque; [1132]
ut satius multo iam sit parere quietum [1127]
quam regere imperio res velle et regna tenere. 1130[1128]
proinde sine incassum defessi sanguine sudent, [1129]
angustum per iter luctantes ambitionis; [1130]
quandoquidem sapiunt alieno ex ore petuntque
res ex auditis potius quam sensibus ipsis,
nec magis id nunc est neque erit mox quam fuit ante.
    Ergo regibus occisis subversa iacebat
pristina maiestas soliorum et sceptra superba,
et capitis summi praeclarum insigne cruentum
sub pedibus vulgi magnum lugebat honorem;
nam cupide conculcatur nimis ante metutum. 1140
res itaque ad summam faecem turbasque redibat,
imperium sibi cum ac summatum quisque petebat.
inde magistratum partim docuere creare
iuraque constituere, ut vellent legibus uti.
nam genus humanum, defessum vi colere aevum,
ex inimicitiis languebat; quo magis ipsum
sponte sua cecidit sub leges artaque iura.
acrius ex ira quod enim se quisque parabat
ulcisci quam nunc concessumst legibus aequis,
hanc ob rem est homines pertaesum vi colere aevum. 1150
inde metus maculat poenarum praemia vitae.
circumretit enim vis atque iniuria quemque
atque, unde exortast, ad eum plerumque revertit,
nec facilest placidam ac pacatam degere vitam

grande riqueza pro homem é viver frugal e tranquilo
no ânimo, pois nunca há carestia de frugalidade.
Mas os homens quiseram ser famosos, potentes, 1120
pra que a fortuna repousasse em sólida base
e que, opulentos, pudessem ter uma plácida vida;
tudo em vão: buscando aceder à honra mais alta
transformaram o caminho em estrada de grande perigo,
e, portanto, do topo, como um relâmpago, a inveja
com desprezo lançava-os com golpes ao Tártaro horrível:
como a inveja, e também o relâmpago, queimam nos cimos [1131]
mais amiúde, atingindo o que seja mais alto que o resto, [1132]
obedecer calmamente é muito melhor do que reinos [1127]
conquistar e querer governar sobre todas as coisas. 1130 [1128]
Deixa, portanto, que suem, vencidos, em vão, o seu sangue [1129]
pelo caminho estreito de sua ambição guerreando. [1130]
Como são sábios apenas por boca dos outros e buscam
coisas pelo que ouvem bem mais do que pelos sentidos,
isso hoje é nada e nunca será e nunca foi antes.

    Pois, então, com a morte dos reis, jazia acabada a
prístina majestade dos tronos, o cetro soberbo,
e a insígnia famosa em suas cabeças sangrando
lamentava sua honra perdida sob jugo do povo, o
que antes temiam, agora, alegres, pisoteavam. 1140
Tudo, assim, retornava à confusão e às turbas,
todos buscavam o império pra si, o domínio supremo.
Foi então que alguns criaram as magistraturas,
constituíram leis, pra que as normas fossem usadas.
Pois o gênero humano, cansado de cólera e ódio,
inimizades deixava de lado por própria vontade,
de tal modo que submeteu-se às leis e à ordem.
Pois, uma vez que todos se davam a vingar-se de forma
mui violenta, mais do que hoje aceitam as leis, por
isso os homens passaram ao ódio da vida violenta. 1150
Medo das penas então afastava os prêmios da vida.
A violência e injúria enredam aquele que as lança,
e normalmente a quem as lançou, a esse retornam.
Não é fácil viver uma vida plácida, calma

qui violat factis communia foedera pacis.
etsi fallit enim divum genus humanumque,
perpetuo tamen id fore clam diffidere debet;
quippe ubi se multi per somnia saepe loquentes
aut morbo delirantes protraxe ferantur
et celata <diu> in medium peccata dedisse. 1160
  Nunc quae causa deum per magnas numina gentis
pervulgant et ararum compleverit urbis
suscipiendaque curarit sollemnia sacra,
quae nunc in magnis florent sacra rebu' locisque,
unde etiam nunc est mortalibus insitus horror
qui delubra deum nova toto suscitat orbi
terrarum et festis cogit celebrare diebus,
non ita difficilest rationem reddere verbis.
quippe etenim iam tum divum mortalia saecla
egregias animo facies vigilante videbant 1170
et magis in somnis mirando corporis auctu.
his igitur sensum tribuebant propterea quod
membra movere videbantur vocesque superbas
mittere pro facie praeclara et viribus amplis.
aetemamque dabant vitam, quia semper eorum
suppeditabatur facies et forma manebat,
et tamen omnino quod tantis viribus auctos
non temere ulla vi convinci posse putabant.
fortunisque ideo longe praestare putabant,
quod mortis timor haud quemquam vexaret eorum, 1180
et simul in somnis quia multa et mira videbant
efficere et nullum capere ipsos inde laborem.
praeterea caeli rationes ordine certo
et varia annorum cernebant tempora verti
nec poterant quibus id fieret cognoscere causis.
ergo perfugium sibi habebant omnia divis
tradere et illorum nutu facere omnia flecti.
in caeloque deum sedis et templa locarunt,
per caelum volvi quia nox et luna videtur,
luna dies et nox et noctis signa severa 1190
noctivagaeque faces caeli flammaeque volantes,

ao que viola os pactos comuns de uma paz conquistada.
Mesmo que escape tanto dos deuses quanto dos homens,
deve temer se o que esconde será pra sempre segredo,
pois há muitos que, por vezes, falando dormindo,
ou delirando em alguma doença, traíram-se, dizem,
revelando à luz os pecados há tempo escondidos.   1160
    Qual foi a causa que fez com que os numes divinos ganhassem
tanto culto por povos imensos, enchendo de altares,
tal que se realizassem sagrados cultos solenes,
cultos que agora florescem sobre locais importantes,
donde aos mortais nasceu o medo profundo que sentem,
esse que faz com que criem templos novos por todo
o orbe e faz que celebrem os deuses em dias festivos,
não é difícil em palavras propor a razão que o explique.
Já então as espécies mortais enxergavam as divinas
faces egrégias no ânimo, enquanto velavam, atentas,   1170
mais ainda: em sonho, com corpos enormes, incríveis.
Atribuíam sentimentos a eles, portanto,
pois moviam os membros e pareciam lançar as
vozes soberbas, enormes, de acordo com as faces e forças.
Davam-lhes vida eterna, pois sempre sua face mantinha
fluxo constante[331] e sua forma mantinha-se idêntica sempre.
Eles pensavam que, sendo os deuses tão poderosos,
não poderiam ser vencidos por força nenhuma.
Eles pensavam também que eram muito mais afortunados,
já que o temor de morrer jamais tocaria algum deles;   1180
mais: nos sonhos, os viam fazendo coisas incríveis,
muitas, e ainda sem submeter-se a pena ou esforço.
Mais ainda: percebiam que, em ordem precisa
sucediam-se as estações e os estados celestes,
mas não sabiam quais as causas de tais ocorrências.
Por tal motivo tiveram refúgio em pensar que tais coisas
eram trazidas pelos deuses com meros acenos.
Criam no céu os locais das sedes e templos dos deuses
pois no céu se viam a lua e a noite volvendo,
lua, dia e noite e os signos severos da noite   1190
e as notívagas tochas do céu e os fogos volantes,

nubila sol imbres nix venti fulmina grando
et rapidi fremitus et murmura magna minarum.
    O genus infelix humanum, talia divis
cum tribuit facta atque iras adiunxit acerbas!
quantos tum gemitus ipsi sibi, quantaque nobis
vulnera, quas lacrimas peperere minoribu' nostris!
nec pietas ullast velatum saepe videri
vertier ad lapidem atque omnis accedere ad aras
nec procumbere humi prostratum et pandere palmas   1200
ante deum delubra nec aras sanguine multo
spargere quadrupedum nec votis nectere vota,
sed mage pacata posse omnia mente tueri.
nam cum suspicimus magni caelestia mundi
templa super stellisque micantibus aethera fixum,
et venit in mentem solis lunaeque viarum,
tunc aliis oppressa malis in pectora cura
illa quoque expergefactum caput erigere infit,
nequae forte deum nobis immensa potestas
sit, vario motu quae candida sidera verset.   1210
temptat enim dubiam mentem rationis egestas,
ecquaenam fuerit mundi genitalis origo,
et simul ecquae sit finis, quoad moenia mundi
solliciti motus hunc possint ferre laborem,
an divinitus aeterna donata salute
perpetuo possint aevi labentia tractu
immensi validas aevi contemnere viris.
praeterea cui non animus formidine divum
contrahitur, cui non correpunt membra pavore,
fulminis horribili cum plaga torrida tellus   1220
contremit et magnum percurrunt murmura caelum?
non populi gentesque tremunt, regesque superbi
corripiunt divum percussi membra timore,
nequid ob admissum foede dictumve superbe
poenarum grave sit solvendi tempus adactum?
summa etiam cum vis violenti per mare venti
induperatorem classis super aequora verrit
cum validis pariter legionibus atque elephantis,

nuvens, sol, chuva, neve, vento, raio e granizo,
rápido estrondo, enormes murmúrios de ameaça celeste.
　　Ó infeliz raça humana, que tais potências aos deuses
atribuiu, e ajuntou a elas as iras acerbas!
Quantos gemidos, então, eles mesmos pra si, quantas chagas
para nós, quantas lágrimas aos nossos pequenos futuros!
Não há nenhuma piedade em ter sua cabeça velada[332]
em direção a uma pedra, correndo a todos altares
nem deitar-se prostrado no chão, com palmas abertas   1200
em direção aos templos dos deuses, com sangue abundante
de um quadrúpede altares banhar, ligar voto com voto,
mas é melhor observar a tudo com mente pacata.
Quando fitamos os templos celestes do mundo gigante
e o éter bem fixo por sobre as estrelas brilhantes,
vêm-nos à mente os caminhos e vias do sol e da lua,
e uma angústia no peito oprimido por outros problemas;
tendo, assim, despertado, levanta a cabeça, indicando
que talvez exista imensa potência divina
que, em vários motos, faça verter os cândidos astros.   1210
Se empobrecida, a razão traz estado de dúvida à mente,
que se pergunta se houve uma origem, início pro mundo,
e, ao mesmo tempo, se terá fim, até quando as muralhas
do nosso mundo aguentarão o desgaste dos motos
ou se, dotadas de uma saúde divina perene,
chegariam ao fim, deslizando no extenso das eras,[333]
e enfrentariam as válidas forças das eras imensas.[334]
Mais ainda: a quem o ânimo não se contrai por
medo dos deuses, pelos membros de quem não percorre
quando a tórrida chaga do horrível relâmpago a terra   1220
faz tremer e percorrem os céus os enormes murmúrios?
Pois não tremem os povos e gentes, os reis orgulhosos,
com os seus membros tomados de medo dos atos divinos
de que por conta de crime confesso ou palavra soberba
tenha chegado o tempo pesado da pena esperada?
Quando, também, no mar, a força violenta do vento
varre nas águas o comandante da esquadra, e com ele,
as legiões igualmente potentes, os seus elefantes,

non divum pacem votis adit ac prece quaesit
ventorum pavidus paces animasque secundas, 1230
nequiquam, quoniam violento turbine saepe
correptus nilo fertur minus ad vada leti?
usque adeo res humanas vis abdita quaedam
obterit et pulchros fascis saevasque securis
proculcare ac ludibrio sibi habere videtur.
denique sub pedibus tellus cum tota vacillat
concussaeque cadunt urbes dubiaeque minantur,
quid mirum si se temnunt mortalia saecla
atque potestates magnas mirasque relinquunt
in rebus viris divum, quae cuncta gubernent? 1240

     Quod superest, aes atque aurum ferrumque repertumst
et simul argenti pondus plumbique potestas,
ignis ubi ingentis silvas ardore cremarat
montibus in magnis, seu caeli fulmine misso,
sive quod inter se bellum silvestre gerentes
hostibus intulerant ignem formidinis ergo,
sive quod inducti terrae bonitate volebant
pandere agros pinguis et pascua reddere rura,
sive feras interficere et ditescere praeda.
nam fovea atque igni prius est venarier ortum 1250
quam saepire plagis saltum canibusque ciere.
quidquid id est, quacumque e causa flammeus ardor
horribili sonitu silvas exederat altis
a radicibus et terram percoxerat igni,
manabat venis ferventibus in loca terrae
concava conveniens argenti rivus et auri,
aeris item et plumbi. quae cum concreta videbant
posterius claro in terra splendere colore
tollebant nitido capti levique lepore,
et simili formata videbant esse figura 1260
atque lacunarum fuerant vestigia cuique.
tum penetrabat eos posse haec liquefacta calore
quamlibet in formam et faciem decurrere rerum
et prorsum quamvis in acuta ac tenvia posse
mucronum duci fastigia procudendo,

não recorre aos votos de paz aos deuses, à prece,
para obter, com a brisa benévola, o fim de seus medos? 1230
Mas, em vão, pois com muita frequência, arrastado por força
de um turbilhão, é levado sem dó às valas da morte,
tanto uma força oculta oblitera as coisas humanas
e parece ter gosto em esmigalhar sob os pés os
belos feixes grandiosos e os selvagens machados.[335]
Finalmente, quando a terra toda vacila
sob seus pés e ameaçam cair as incertas cidades,
não é de se admirar que as raças mortais se desprezem,
dando lugar para as admiráveis magnas potências
atribuídas aos deuses, para que tudo governem? 1240

    Quanto ao restante, se descobriram o cobre, ouro, ferro
e com eles o peso da prata e a potência do chumbo
quando o fogo abrasado cremou as selvas enormes
nas majestosas montanhas, ou pelo raio celeste,
ou porque entre si, ao fazerem guerras silvestres
fogo levaram pra causar medo em seus inimigos,
ou porque, incitados pela bondade da terra
desejaram abrir os campos, torná-los pastagens,
ou matar as feras, enriquecendo com presas,
pois caçar com buracos e fogo era mais usual que a 1250
arte da caça com redes e o uso de auxílio canino.
Seja por causa que for, as chamas ardentes tomaram
com um barulho terrível as selvas até as raízes
fundas, e os fogos cozinharam a terra, de onde
emanavam por veias até os côncavos locos
rios ferventes que convergiam, de ouro e de prata,
e também de cobre e de chumbo. Depois, sobre a terra
quando sólidos, brilham com claro esplendor de suas cores,
e os homens, tomados por sua beleza brilhante,
os recolhiam e perceberam que tinham as formas 1260
semelhantes às dos invólucros cavos da terra.
E os penetrou a ideia de que, com o calor, poderiam
liquefazê-los na forma que bem entendessem, em seguida
martelando podiam forjá-los em pontas agudas
tão afiadas quanto quisessem, em lâminas finas

ut sibi tela parent, silvasque ut caedere possint
materiemque dolare et levia radere tigna
et terebrare etiam ac pertundere perque forare.
nec minus argento facere haec auroque parabant
quam validi primum violentis viribus aeris, 1270
nequiquam, quoniam cedebat victa potestas,
nec poterant pariter durum sufferre laborem.
nam fuit in pretio magis <aes> aurumque iacebat
propter inutilitatem hebeti mucrone retusum.
nunc iacet aes, aurum in summum successit honorem.
sic volvenda aetas commutat tempora rerum:
quod fuit in pretio, fit nullo denique honore;
porro aliud succedit et <e> contemptibus exit
inque dies magis appetitur floretque repertum
laudibus et miro est mortalis inter honore. 1280

    Nunc tibi quo pacto ferri natura reperta
sit facilest ipsi per te cognoscere, Memmi.
arma antiqua manus ungues dentesque fuerunt
et lapides et item silvarum fragmina rami,
et flamma atque ignes, postquam sunt cognita primum.
posterius ferri vis est aerisque reperta.
et prior aeris erat quam ferri cognitus usus,
quo facilis magis est natura et copia maior.
aere solum terrae tractabant, aereque belli
miscebant fluctus et vulnera vasta serebant 1290
et pecus atque agros adimebant. nam facile ollis
omnia cedebant armatis nuda et inerma.
inde minutatim processit ferreus ensis
versaque in opprobrium species est falcis ahenae,
et ferro coepere solum proscindere terrae
exaequataque sunt creperi certamina belli.

    Et prius est armatum in equi conscendere costas
et moderarier hunc frenis dextraque vigere
quam biiugo curru belli temptare pericla.
et biiugos prius est quam bis coniungere binos 1300
et quam falciferos armatum escendere currus.
inde boves lucas turrito corpore, taetras,

pra que fizessem armas e as selvas com elas cortassem,
e a madeira aplainar, alisar os troncos e galhos,
e trespassá-los com golpes, furar e abrir cavidades.
Não o faziam antes menos com ouro ou com prata
do que com as violentas forças do cobre[336] potente; 1270
mas, em vão, uma vez que cedia, vencida, sua força
incapaz de suportar o labor igualmente.
Cobre, então, era mais estimado, e o ouro jazia
desprezado por conta do inútil da lâmina cega.
Ouro é que se honra hoje em dia, e jaz o cobre em desprezo.
Dessa forma a época inverte o auge das coisas:
o que era apreciado se torna de honra nenhuma;
algo então o sucede, deixando o desprezo em que estava,
cada vez mais apetece, e, após divulgado, floresce,
ganha muitos louvores e honra admirável entre os homens. 1280

  Como então a natura do ferro foi descoberta,
Mêmio, poderás saber com facilidade.
Antigamente, as unhas, dentes, mãos eram armas,
pedras e também fragmentos de ramos das selvas,
fogo e chama, também, quando foram então descobertos.
Posteriormente encontrou-se a força do ferro e do bronze,
o uso do bronze encontrou-se antes do uso do ferro
pois sua natura é mais fácil e existe em maior abundância.
Solos da terra com bronze tratavam, e à guerra, com bronze,
se lançavam, e semeavam vastas feridas 1290
arrebatavam rebanhos e campos. Fácil lhes era:
tudo que fosse desnudo e inerme cedia aos armados.
Pouco a pouco vieram espadas de ferro;
foice aênea, então, tornou-se motivo de escárnio
e começou-se a talhar o solo da terra com ferro,
igualando-se, enfim, os dúbios certames da guerra.

  Antes era o costume que armados montassem cavalos
e os conduzissem com freios enquanto lutavam com a destra
antes que descobrissem os perigos da guerra com bigas;
que, depois duplicaram jungindo mais dois: as quadrigas, 1300
té que montassem armados nos carros repletos de foices.
Posteriormente os fenícios ensinaram as bestas

anguimanus, belli docuerunt vulnera Poeni
sufferre et magnas Martis turbare catervas.
sic alid ex alio peperit discordia tristis,
horribile humanis quod gentibus esset in armis,
inque dies belli terroribus addidit augmen.

    Temptarunt etiam tauros in moenere belli
expertique sues saevos sunt mittere in hostis.
et validos partim prae se misere leones   1310
cum doctoribus armatis saevisque magistris
qui moderarier his possent vinclisque tenere,
nequiquam, quoniam permixta caede calentes
turbabant saevi nullo discrimine turmas,
terrificas capitum quatientes undique cristas,
nec poterant equites fremitu perterrita equorum
pectora mulcere et frenis convertere in hostis.
irritata leae iaciebant corpora saltu
undique et adversum venientibus ora petebant
et nec opinantis a tergo deripiebant   1320
deplexaeque dabant in terram vulnere victos,
morsibus adfixae validis atque unguibus uncis.
iactabantque suos tauri pedibusque terebant
et latera ac ventris hauribant subter equorum
comibus et terram minitanti mente ruebant.
et validis socios caedebant dentibus apri
tela infracta suo tingentes sanguine saevi,
[in se fracta suo tinguentes sanguine tela]
permixtasque dabant equitum peditumque ruinas.
nam transversa feros exibant dentis adactus   1330
iumenta aut pedibus ventos erecta petebant,
nequiquam, quoniam ab nervis succisa videres
concidere atque gravi terram consternere casu.
siquos ante domi domitos satis esse putabant,
effervescere cernebant in rebus agundis
vulneribus clamore fuga terrore tumultu,
nec poterant ullam partem redducere eorum;
diffugiebat enim varium genus omne ferarum;
ut nunc saepe boves lucae ferro male mactae

membro-serpentes da Lucânia, de corpo de torre,
a sofrer golpes e a devastar as batalhas de Marte.[337]
Foi assim que a discórdia gerou uma coisa após outra
tal que a gente humana se desse, terrível, às armas
dia após dia trazendo incremento aos terrores da guerra.

    Touros tentaram levar pro serviço da guerra, e selvagens
javalis foram experimento contra inimigos.
Mais: à frente alguns mandavam leões poderosos   1310
com condutores severos e domadores armados
pra moderá-los e mantê-los acorrentados;
tudo em vão: pois no calor da carnagem confusa,[338]
tudo turbavam, selvagens, sem distinguir os dois lados,
e tremendo as terríficas cristas por sobre as cabeças,[339]
os cavaleiros não aplacavam o terror que no peito
dos cavalos queimava, nem os domavam na luta.
Incitadas, leoas lançavam os corpos em saltos,
por todo lado atacavam os que apareciam, no rosto,
os que baixavam a guarda atacavam por trás, pelas costas   1320
e, agarrando-os, lançavam por terra, com as presas ferindo,
atracavam-se com potentes mordidas e garras.
Touros arremessavam os seus e os pisoteavam,
e as laterais e os ventres equinos chifravam por baixo
os arrastando de forma tenebrosa por terra.
Os javalis com seus dentes potentes matavam aliados,
com próprio sangue tingiam as armas com que eram feridos
[armas quebradas em si com seu próprio sangue tingiam]
semeando ruína entre aqueles no chão e os montados.
Fuga da força dos dentes ferozes tentavam com esquiva   1330
os jumentos, ou atacavam o vento com as patas;
tudo em vão: os verias caídos com nervos cortados,
consternando a terra com estrondo pesado da queda.
Os que, domésticos, se pensava domesticados,
eram vistos efervescentes em meio às batalhas
pelas feridas, clamores, fuga, terror e tumulto,
e não conseguiam fazer recuar nenhum deles.
Todas espécies de feras variadas corriam por tudo
como hoje em dia os bois da Lucânia,[340] feridos do ferro,

diffugiunt, fera facta suis cum multa dedere. 1340
si fuit ut facerent. sed vix adducor ut, ante
quam commune malum fieret foedumque, futurum [1343]
non quierint animo praesentire atque videre; [1342]
et magis id possis factum contendere in omni,
in variis mundis varia ratione creatis,
quam certo atque uno terrarum quolibet orbi.
sed facere id non tam vincendi spe voluerunt,
quam dare quod gemerent hostes, ipsique perire,
qui numero diffidebant armisque vacabant.
    Nexilis ante fuit vestis quam textile tegmen. 1350
textile post ferrumst, quia ferro tela paratur,
nec ratione alia possunt tam levia gigni
insilia ac fusi radii scapique sonantes.
et facere ante viros lanam natura coegit
quam muliebre genus; nam longe praestat in arte
et sollertius est multo genus omne virile;
agricolae donec vitio vertere severi,
ut muliebribus id manibus concedere vellent
atque ipsi pariter durum sufferre laborem
atque opere in duro durarent membra manusque. 1360
    At specimen sationis et insitionis origo
ipsa fuit rerum primum natura creatrix,
arboribus quoniam bacae glandesque caducae
tempestiva dabant pullorum examina subter;
unde etiam libitumst stirpis committere ramis
et nova defodere in terram virgulta per agros.
inde aliam atque aliam culturam dulcis agelli
temptabant fructusque feros mansuescere terra
cernebant indulgendo blandeque colendo.
inque dies magis in montem succedere silvas 1370
cogebant infraque locum concedere cultis,
prata lacus rivos segetes vinetaque laeta
collibus et campis ut haberent, atque olearum
caerula distinguens inter plaga currere posset
per tumulos et convallis camposque profusa;
ut nunc esse vides vario distincta lepore

fogem, depois de ter dado aos seus as feridas ferozes.　　　　1340
Se isso mesmo fizeram. Mal sou levado a pensar que
antes que tal mal comum e desastre se dessem, tivessem　　[1343]
considerado no ânimo, ou mesmo previsto, ou sentido.　　　[1342]
Tu poderias defender como isso passou-se
noutros vários mundos, criados de formas distintas
do que em um único determinado orbe das terras.
Mas o quiseram fazer não tanto pela esperança
de vencer, mas pra que o inimigo sofresse, e eles mesmos
perecessem, pois faltavam-lhes número e armas.
　　　　Houve, primeiro, uma veste cosida, e depois o tecido,　　1350
e o tecido depois do ferro: o tear é de ferro,
pois não há modo de fabricar essas peças tão leves,
como rocas e fusos, telas e pentes sonantes.
Antes o trabalho da lã era coisa dos homens
mais que das mulheres; natura os dotou de mais arte,
já que muito mais engenhosa é a espécie dos homens,
té que os agricultores severos verteram em vício
e decidiram deixar o tear para as mãos das mulheres
pra que eles próprios pudessem sofrer o duro labor e
com trabalho endurecer suas mãos e seus membros.　　　　1360
　　　　Ora, o modelo para o plantio e a origem do enxerto
foi na verdade a própria natura, criadora das coisas
visto que as bagas e glandes caídas das árvores davam em
tempo adequado, a seus pés, origem a enxames de brotos;
donde, então, passaram a enxertar os galhos em troncos
e, também, pelos campos, plantar novas mudas na terra.
Pois então uma e outra cultura nas doces campinas
iam tentando, e os frutos ferozes viram amansar-se
sobre a terra, pelo cuidado e o brando cultivo.
Dia após dia afastavam as selvas pro lado dos montes　　　1370
e forçavam os espaços abaixo a ceder ao cultivo,
pra que tivessem em campos e montes os prados, os lagos,
rios, plantações, os vinhedos alegres, cerúleas olivas
numa linha distinta pudessem correr entre eles,
em profusão por entre planícies, vales e montes.
Vês inda hoje a paisagem diversa com graças distintas

omnia, quae pomis intersita dulcibus ornant
arbustisque tenent felicibus obsita circum.

    At liquidas avium voces imitarier ore
ante fuit multo quam levia carmina cantu 1380
concelebrare homines possent aurisque iuvare.
et zephyri, cava per calamorum, sibila primum
agrestis docuere cavas inflare cicutas.
inde minutatim dulcis didicere querellas,
tibia quas fundit digitis pulsata canentum,
avia per nemora ac silvas saltusque reperta,
per loca pastorum deserta atque otia dia.
[sic unumquicquid paulatim protrahit aetas
in medium ratioque in luminis erigit oras.]
haec animos ollis mulcebant atque iuvabant 1390
cum satiate cibi; nam tum sunt omnia cordi.
saepe itaque inter se prostrati in gramine molli
propter aquae rivum sub ramis arboris altae
non magnis opibus iucunde corpora habebant,
praesertim cum tempestas ridebat et anni
tempora pingebant viridantis floribus herbas.
tum ioca, tum sermo, tum dulces esse cachinni
consuerant. agrestis enim tum musa vigebat;
tum caput atque umeros plexis redimire coronis
floribus et foliis lascivia laeta monebat, 1400
atque extra numerum procedere membra moventis
duriter et duro terram pede pellere matrem;
unde oriebantur risus dulcesque cachinni,
omnia quod nova tum magis haec et mira vigebant.
et vigilantibus hinc aderant solacia somno,
ducere multimodis voces et flectere cantus
et supera calamos unco percurrere labro;
unde etiam vigiles nunc haec accepta tuentur
et numerum servare genus didicere, neque hilo
maiorem interea capiunt dulcedini' fructum 1410
quam silvestre genus capiebat terrigenarum.
nam quod adest praesto, nisi quid cognovimus ante
suavius, in primis placet et pollere videtur,

que ornam os homens com frutos doces por intervalos
e os flanqueia cercando ao redor com arbustos felizes.
    Ora, imitar com a boca as líquidas vozes das aves
veio bem antes que o canto leve da música e verso[341]   1380
com que os homens celebravam, agradando os ouvidos.
O sibilar de Zéfiro dentro dos cálamos cavos
ensinou os agrestes como soprarem as flautas.
Pouco a pouco, então aprenderam os doces lamentos
que eles derramam ao tocar com dedos a tíbia,[342]
descoberta nos bosques sem vias, nas selvas e fontes,
pelos pastores em áreas desertas, em ócio divino.
[É assim: aos poucos o tempo traz cada coisa
para a vista, como a razão traz às orlas do dia.][343]
Isso acalmava seus ânimos e lhes era agradável   1390
pós saciarem a fome, quando tudo é aprazível.
Sempre assim em conjunto, prostrados na relva suave,[344]
perto das margens dum rio, debaixo dos ramos mais altos,
de seus corpos cuidavam sem preocupações excessivas,
especialmente quando o clima lhes ria, e o período
do ano espargia a verdejante relva com flores.
Era o tempo dos jogos, conversas, dos risos alegres,
era esse o tempo no qual a Musa agreste vigia,
quando a cabeça e os ombros com coroas ornavam,
flores e folhas, estimulados por leda lascívia.   1400
Fora do ritmo então avançavam movendo seus membros
duramente, com pés também duros pisavam a mãe terra
donde provinham os doces risos e as altas risadas,
pois ali tudo era novo, tudo era mais admirável.
Vinha daí aos insones, então, o consolo do sono,
para guiar suas vozes de muitas maneiras, e o canto
modular, percorrendo o cálamo em lábios curvados;
os vigias a tais tradições ainda hoje preservam,
e aprenderam a conservar em sua música o ritmo,
mas não tiram daí um dulçor nem um pouco maior do   1410
que a espécie terrígena dos silvestres tirava.
Pois o que temos à disposição, a não ser que algo antes[345]
mais agradável tivéssemos visto, é-nos sempre mais forte,

posteriorque fere melior res illa reperta
perdit et immutat sensus ad pristina quaeque.
sic odium coepit glandis, sic illa relicta
strata cubilia sunt herbis et frondibus aucta.
pellis item cecidit vestis contempta ferinae;
quam reor invidia tali tunc esse repertam,
ut letum insidiis qui gessit primus obiret, 1420
et tamen inter eos distractam sanguine multo
disperiisse neque in fructum convertere quisse.
tunc igitur pelles, nunc aurum et purpura curis
exercent hominum vitam belloque fatigant;
quo magis in nobis, ut opinor, culpa resedit.
frigus enim nudos sine pellibus excruciabat
terrigenas; at nos nil laedit veste carere
purpurea atque auro signisque ingentibus apta,
dum plebeia tamen sit quae defendere possit.
ergo hominum genus incassum frustraque laborat 1430
semper et <in> curis consumit inanibus aevum,
nimirum quia non cognovit quae sit habendi
finis et omnino quoad crescat vera voluptas.
idque minutatim vitam provexit in altum
et belli magnos commovit funditus aestus.

    At vigiles mundi magnum versatile templum
sol et luna suo lustrantes lumine circum
perdocuere homines annorum tempora verti
et certa ratione geri rem atque ordine certo.

    Iam validis saepti degebant turribus aevum 1440
et divisa colebatur discretaque tellus;
tum mare velivolis florebat †propter odores†
auxilia ac socios iam pacto foedere habebant,
carminibus cum res gestas coepere poetae
tradere; nec multo priu' sunt elementa reperta.
propterea quid sit prius actum respicere aetas
nostra nequit, nisi qua ratio vestigia monstrat.

    Navigia atque agri culturas moenia leges
anna vias vestis <et> cetera de genere horum,
praemia, delicias quoque vitae funditus omnis, 1450

mais nos apraz, mas se algo melhor depois descobrimos
logo o destrói, nos altera o sentido das coisas antigas.
O ódio das glandes assim começou: deixamos pra trás as
camas e colchas guarnecidas com folhas e ervas.
Da mesma forma caíram em desprezo as peles ferinas,
essas que, creio, suscitaram inveja tamanha,
que levaram à morte os que primeiro vestiram, 1420
mas, na disputa rasgada, estragadas com sangue abundante,
já não serviam para o desfrute do morto ou do vivo.
Eram as peles então, hoje a púrpura e o ouro é que causam
preocupações aos homens, arruínam a vida com guerras:
muito mais em nós, eu penso, a culpa reside.
Pois o frio excruciava os terrígenas, nus, sem as peles,
mas a nós não nos fere a carência de púrpura ou ouro
em nossas vestes adornadas de insígnias ingentes
se tivermos alguma, plebeia, que nos abrigue.
Por conseguinte, a espécie dos homens, em vão, para nada 1430
sempre labora e consome a vida em angústias inanes,
não te espantes, já que não conheciam limite
para a posse e até onde pode crescer a volúpia.
Pouco a pouco, então, elevou a vida às alturas
e estimulou, do fundo das trevas, as vagas da guerra.
   Mais: os vigias do mundo, o sol e a lua, cruzando
com sua luz ao redor do volvente templo celeste,
ensinaram o ciclo anual de estações para os homens
e que se gerem por certa razão, em certa ordenança.
   Já levavam a vida cercados em torres potentes 1440
e cultivavam a terra dividida e partida,
floresciam então os mares com velas volantes,
já possuíam os pactos, aliados e auxílios,
quando os poetas passaram a cantar os feitos em carmes,
não muito antes foi que as letras foram inventadas.
Tal é o motivo por que não podemos saber o que antes
aconteceu, a não ser pelo que a razão nos demonstra.
   Navegação, a cultura dos campos, as leis, as muralhas,
armas, estradas e vestes, e outras coisas do tipo,
prêmios, e, também, as delícias todas da vida, 1450

carmina picturas, et daedala signa polita,
usus et impigrae simul experientia mentis
paulatim docuit pedetemptim progredientis.
sic unumquicquid paulatim protrahit aetas
in medium ratioque in luminis erigit oras.
namque alid ex alio clarescere corde videbant,
artibus ad summum donec venere cacumen.

carmes, pinturas e as estátuas dedáleas polidas:
foram a incansável experiência da mente e o uso
que ensinaram aos poucos o passo a passo do avanço.
É assim: aos poucos o tempo traz cada coisa
para a vista, como a razão traz às orlas do dia.[346]
Eles viram uma coisa após outra mais clara na mente,
té que atingiram o sumo topo, com arte e engenho.

Titi Lucreti Cari De Rerum Natura – Liber Sextus

Livro VI

Primae frugiparos fetus mortalibus aegris
dididerunt quondam praeclaro nomine Athenae
et recreaverunt vitam legesque rogarunt,
et primae dederunt solacia dulcia vitae,
cum genuere virum tali cum corde repertum,
omnia veridico qui quondam ex ore profudit;
cuius et extincti propter divina reperta
divulgata vetus iam ad caelum gloria fertur.
nam cum vidit hic ad victum quae flagitat usus
omnia iam ferme mortalibus esse parata 10
et, proquam possent, vitam consistere tutam,
divitiis homines et honore et laude potentis
adfluere atque bona gnatorum excellere fama,
nec minus esse domi cuiquam tamen anxia corda,
atque animi ingratis vitam vexare <sine ulla>
pausa atque infestis cogi saevire querellis,
intellegit ibi vitium vas efficere ipsum
omniaque illius vitio corrumpier intus
quae collata foris et commoda cumque venirent;
partim quod fluxum pertusumque esse videbat, 20
ut nulla posset ratione explerier umquam;
partim quod taetro quasi conspurcare sapore
omnia cernebat, quaecumque receperat, intus.
veridicis igitur purgavit pectora dictis
et finem statuit cuppedinis atque timoris
exposuitque bonum summum quo tendimus omnes
quid foret, atque viam monstravit, tramite parvo
qua possemus ad id recto contendere cursu,
quidve mali foret in rebus mortalibu' passim,
quod fieret naturali varieque volaret 30
seu casu seu vi, quod sic natura parasset,
et quibus e portis occurri cuique deceret,
et genus humanum frustra plerumque probavit
volvere curarum tristis in pectore fluctus.

Introdução: 1-95

1. Elogio a Epicuro: 1-42

Foi Atenas, de nome preclaro, que, aos homens sofridos
concedeu outrora o cultivo dos grãos e do milho,
instituiu as leis, renovando sua vitalidade,
trouxe também à vida o doce consolo suave,
quando gerara o homem dotado de mente brilhante
que, de sua boca verídica, então, propagou a verdade;
mesmo extinto, em razão de seu conhecimento divino,
teve a glória ancestral elevada às alturas celestes.
Pois, quando viu que todas as condições necessárias
para a vida aos mortais já estavam estabelecidas,   10
e, até onde podiam, a vida já estava segura,
e que, potentes, sobravam aos homens riqueza e louvores,
honra também, e que os filhos em boa fama exceliam,
mesmo assim não havia nenhum que no fundo do peito
não guardasse angústia, e, apesar de seu ânimo, a vida
lhes perturbava sem pausa e trazia-lhes queixas selvagens;
compreendeu que era o vaso em si mesmo que o vício trazia,
e que esse vício corrompia tudo por dentro,
não importando o que vinha de fora, mesmo benesses;
pois, em parte, parecia furado, vazando,   20
tal que de modo nenhum pudesse se encher totalmente;
e, em parte, porque percebia que tudo que entrasse
era como que conspurcado com tétrico gosto.
Com palavras verdadeiras purgou nossos peitos
e instituiu então um fim ao temor e ao desejo;
mais: expôs o sumo bem para onde tendemos
e demonstrou que havia um estreito caminho por onde
nós podemos nos esforçar para seguir via reta,
e que por vezes o mal assombra a vida dos homens
de várias formas voando, quer seja provindo do acaso,   30
ou pela força instaurado; assim preparou a natura,
e por que porta se deve sair pra enfrentar cada um deles,
demonstrou que, na maioria das vezes, em vão os
seres humanos revolvem as dores tristes no peito.

nam veluti pueri trepidant atque omnia caecis
in tenebris metuunt, sic nos in luce timemus
interdum, nilo quae sunt metuenda magis quam
quae pueri in tenebris pavitant flnguntque futura.
hunc igitur terrorem animi tenebrasque necessest
non radii solis nec lucida tela diei 40
discutiant, sed naturae species ratioque.
quo magis inceptum pergam pertexere dictis.

    Et quoniam docui mundi mortalia templa
esse <et> nativo consistere corpore caelum,
et quaecumque in eo fiunt fierique necessest,
pleraque dissolui, quae restant percipe porro;
quandoquidem semel insignem conscendere currum

*

ventorum exsistant, placentur; <ut> omnia rursum
quae furerent sint placato conversa furore,
cetera, quae fieri in terris caeloque tuentur 50
mortales, pavidis cum pendent mentibu' saepe,
et faciunt animos humilis formidine divum
depressosque premunt ad terram propterea quod
ignorantia causarum conferre deorum
cogit ad imperium res et concedere regnum.
[quorum operum causas nulla ratione videre
possunt ac fieri divino numine rentur.]
nam bene qui didicere deos securum agere aevum,
si tamen interea mirantur qua ratione
quaeque geri possint, praesertim rebus in illis 60
quae supera caput aetheriis cernuntur in oris,
rursus in antiquas referuntur religiones
et dominos acris adsciscunt, omnia posse
quos miseri credunt, ignari quid queat esse,
quid nequeat, finita potestas denique cuique
quanam sit rationi atque alte terminus haerens;
quo magis errantes caeca ratione feruntur.
quae nisi respuis ex animo longeque remittis

Pois tal como as crianças tremem de medo de tudo
entre as trevas, nós, à luz, às vezes, tememos
coisas que em nada são temíveis mais do que aquelas
que as crianças, apavoradas, supõem que há no escuro.
É necessário que a esse terror do ânimo e às trevas
não com os raios do sol nem com lúcidas lanças do dia   40
dispersemos, mas com a forma e a razão da natura.[347]

2. Resumo e propósito do livro: a natureza dos deuses: 43-95

Já que ensinei que são mortais os templos do mundo
e que o céu consiste de um corpo que tem nascimento,
como já expliquei quase tudo que nele se passa
e o que deve passar-se; percebe agora o restante,
já que de fato, uma vez ascendi ao insigne carro
★[348]
[tempestades] dos ventos surgem, acalmam-se, e tudo
que se enfurece reverte ao normal, o furor aplacado
e outras coisas que os mortais percebem passar-se   50
seja na terra ou no céu, a mente em medo suspendem,
e o pavor dos deuses deixa seus ânimos baixos,
e os impelem, oprimidos, ao chão, uma vez que a
ignorância das causas os faz transferir para os deuses
a dominância das coisas, a conceder-lhes o reino.
[cujas causas não podem ver de maneira nenhuma
e assim pensam ocorrer por nume divino potente.][349]
Pois os que bem aprenderam que os deuses levam uma vida
impassível, se por acaso admiram-se às vezes
dos motivos de tudo poder se gerir, e mormente   60
quanto às coisas que veem ocorrer nas orlas do éter,
voltam às velhas religiões e de novo admitem
ásperos amos que têm poder sobre todas as coisas –
míseros, creem, ignaros de tudo que pode gerar-se
e o que não pode, finito o poder de todas as coisas
e da razão por que tenha a bem fincada fronteira.[350]
Mais ainda: errantes, por cega razão são levados.
A não ser que do ânimo afastes tais coisas e longe

dis indigna putare alienaque pacis eorum,
delibata deum per te tibi numina sancta 70
saepe oberunt; non quo violari summa deum vis
possit, ut ex ira poenas petere imbibat acris,
sed quia tute tibi placida cum pace quietos
constitues magnos irarum volvere fluctus,
nec delubra deum placido cum pectore adibis,
nec de corpore quae sancto simulacra feruntur
in mentis hominum divinae nuntia formae,
suscipere haec animi tranquilla pace valebis.
inde videre licet qualis iam vita sequatur.
quam quidem ut a nobis ratio verissima longe 80
reiciat, quamquam sunt a me multa profecta,
multa tamen restant et sunt ornanda politis
versibus; est ratio <terrae> caelique tenenda,
sunt tempestates et fulmina clara canenda,
quid faciant et qua de causa cumque ferantur;
ne trepides caeli divisis partibus amens,
unde volans ignis pervenerit aut in utram se
verterit hinc partim, quo pacto per loca saepta
insinuarit, et hinc dominatus ut extulerit se.
[quorum operum causas nulla ratione videre 90
possunt ac fieri divino numine rentur.]
tu mihi supremae praescripta ad candida calcis
currenti spatium praemonstra, callida musa
Calliope, requies hominum divumque voluptas,
te duce ut insigni capiam cum laude coronam.

    Principio tonitru quatiuntur caerula caeli
propterea quia concurrunt sublime volantes
aetheriae nubes contra pugnantibu' ventis.
nec fit enim sonitus caeli de parte serena,

abandones pensar indigno dos deuses e alheio
a sua paz, que viola os numes sagrados dos deuses, 70
estes sempre obstarão; não porque podes violá-los,
tal que desejem buscar, pela ira, penas severas,
mas porque és tu que imaginas que, em plácida paz e quietos
põem-se a volver as enormes vagas de iras divinas,
nem com peito tranquilo alcanças os templos dos deuses,
nem simulacros que vêm de um corpo santo até os homens
para dentro da mente, núncios de formas divinas,
conseguirás receber no ânimo com paz tranquila.
Podes então perceber qual tipo de vida se segue.
Para que a razão verdadeira de nós isso afaste, 80
mesmo que eu já tenha muitas coisas exposto,
muito resta pra ser ornado com versos polidos:
deve-se abordar a razão do céu e da terra,
devem cantar-se tempestades, relâmpagos claros,
o que fazem de fato e quais serão suas causas,
para que não, trepidante de medo, o céu esquadrinhes[351]
a perguntar de onde vem o fogo volante, ou pra onde
foi, se veio de lá, de que modo insinua-se em cantos
fortificados, e como daí se retiram, potentes,[352]
[cujas causas não podem ver de maneira nenhuma 90
e assim pensam ocorrer por nume divino potente.][353]
Tu, enquanto corro em direção à chegada,
mostra o percurso adiante, Calíope, cálida Musa,
ó descanso divino, prazer dos homens e deuses,
pra que eu conquiste, tu conduzindo, a insigne coroa.[354]

A. *Fenômenos atmosféricos*: 96-534

(a) Trovão, relâmpago e raio: 96-422

i. *Trovão:* 96-159

Primeiramente, o trovão abala o cerúleo celeste
por colidirem, no alto, nuvens etéreas volantes
impelidas pela força da pugna dos ventos.
Pois o som não vem de parte serena do céu, mas

verum ubicumque magis denso sunt agmine nubes, 100
tam magis hinc magno fremitus fit murmure saepe.
praeterea neque tam condenso corpore nubes
esse queunt quam sunt lapides ac ligna, neque autem
tam tenues quam sunt nebulae fumique volantes;
nam cadere aut bruto deberent pondere pressae
ut lapides, aut ut fumus constare nequirent
nec cohibere nives gelidas et grandinis imbris.
dant etiam sonitum patuli super aequora mundi,
carbasus ut quondam magnis intenta theatris
dat crepitum malos inter iactata trabesque, 110
interdum perscissa furit petulantibus auris
et fragilis <sonitus> chartarum commeditatur.
id quoque enim genus in tonitru cognoscere possis,
aut ubi suspensam vestem chartasque volantis
verberibus venti versant planguntque per auras.
fit quoque enim interdum <ut> non tam concurrere nubes
frontibus adversis possint quam de latere ire
diverso motu radentes corpora tractim,
aridus unde auris terget sonus ille diuque
ducitur, exierunt donec regionibus artis. 120
   Hoc etiam pacto tonitru concussa videntur
omnia saepe gravi tremere et divulsa repente
maxima dissiluisse capacis moenia mundi,
cum subito validi venti collecta procella
nubibus intorsit sese conclusaque ibidem
turbine versanti magis ac magis undique nubem
cogit uti fiat spisso cava corpore circum,
post ubi comminuit vis eius et impetus acer,
tum perterricrepo sonitu dat scissa fragorem.
nec mirum, cum plena animae vensicula parva 130
saepe ita dat parvum sonitum displosa repente.
   Est etiam ratio, cum venti nubila perflant,
ut sonitus faciant, etenim ramosa videmus
nubila saepe modis multis atque aspera ferri;
scilicet ut, crebram silvam cum flamina cauri
perflant, dant sonitum frondes ramique fragorem.

onde quer que as nuvens estejam em turba mais densa, 100
sempre tanto maiores dali vêm ruídos e estrondos.
Mais: as nuvens não podem ter um corpo tão denso
quanto são os corpos das pedras e lenho, nem tênue
como são os corpos das névoas e fumos volantes;
se assim fosse, cairiam por peso brutal oprimidas,
como as pedras, ou, como o fumo, não poderiam
ter guardados em si o granizo e a gélida neve.
Fazem então um ruído sobre as planícies do mundo
como os toldos estendidos nos grandes teatros
crepitando ao lançarem-se entre mastros e traves,[355] 110
ou, às vezes, enfurecem batidas por ventos
petulantes e imitam o som dos frágeis papiros.[356]
Esse é, então, o tipo de som do trovão que tu podes
reconhecer, quando as vestes suspensas, papiros volantes
voam com rajadas de vento e nos ares se varrem.
Pode ocorrer, às vezes, que não se choquem as nuvens
de maneira frontal, mas que passem de lado, raspando
em movimento diverso os corpos de forma mais lenta,
donde vem o árido som que arranha os ouvidos
e se arrasta até que abandonem o espaço apertado. 120

 Dessa maneira, também, as coisas parecem tremer com
grave trovão e, às vezes, subitamente parecem
postas abaixo, em pedaços, as vastas muralhas do mundo,
quando a procela com válidos ventos começa a formar-se
e se insinua pra dentro das nuvens e nelas se encerra,
gira-se num turbilhão, mais e mais a nuvem impele
a se tornar mais espessa ao redor do corpo já oco,
e, depois que o ímpeto e a força do vento a enfraquecem,
arrebentada, explode em estrondo sonoro terrível.
Sem surpresa: quando alguma bexiga pequena 130
se enche de ar e explode, faz um barulho pequeno.

 Há também outro modo de os ventos fazerem ruídos
quando sopram nas nuvens. Vemos, por vezes, algumas
delas rudes, ramosas, de muitas maneiras passando;
como quando também o vento Cauro[357] atravessa
densas selvas: as folhas ressoam e os ramos se quebram.

fit quoque ut interdum validi vis incita venti
perscindat nubem perfringens impete recto.
nam quid possit ibi flatus manifesta docet res,
hic, ubi lenior est, in terra cum tamen alta 140
arbusta evolvens radicibus haurit ab imis.
sunt etiam fluctus per nubila, qui quasi murmur
dant in frangendo graviter; quod item fit in altis
fluminibus magnoque mari, cum frangitur aestus.
fit quoque, ubi e nubi in nubem vis incidit ardens
fulminis; haec multo si forte umore recepit
ignem, continuo magno clamore trucidat;
ut calidis candens ferrum e fornacibus olim
stridit, ubi in gelidum propere demersimus imbrem.
aridior porro si nubes accipit ignem, 150
uritur ingenti sonitu succensa repente;
lauricomos ut si per montis flamma vagetur
turbine ventorum comburens impete magno;
nec res ulla magis quam Phoebi Delphica laurus
terribili sonitu flamma crepitante crematur.
denique saepe geli multus fragor atque ruina
grandinis in magnis sonitum dat nubibus alte.
ventus enim cum confercit, franguntur in artum
concreti montes nimborum et grandine mixti.

    Fulgit item, nubes ignis cum semina multa 160
excussere suo concursu; ceu lapidem si
percutiat lapis aut ferrum; nam tum quoque lumen
exsilit et claras scintillas dissipat ignis.
sed tonitrum fit uti post auribus accipiamus,
fulgere quam cernant oculi, quia semper ad auris
tardius adveniunt quam visum quae moveant res.
id licet hinc etiam cognoscere, caedere si quem
ancipiti videas ferro procul arboris auctum,
ante fit ut cernas ictum quam plaga per auris
det sonitum, sic fulgorem quoque cernimus ante 170
quam tonitrum accipimus, pariter qui mittitur igni

Dá-se também, às vezes, que a força do válido vento
rasgue e destrua a nuvem, com ímpeto vindo de frente.
Como quando evidências daqui as coisas do alto
mostram, pois, mesmo mais fraco, na terra é capaz de arrancar as   140
árvores altas revolvendo as raízes no fundo.
Ondas também há nas nuvens, que emitem como um murmúrio
ao quebrarem pesadas; da mesma forma acontece
nos fundos rios e alto mar, ao baterem as vagas na praia.
Isso também acontece quando o relâmpago forte
arde de nuvem em nuvem; se úmida o fogo recebe
e de pronto com enorme clamor o trucida;
como ao sair da incandescente fornalha estridula o
ferro quando bem rápido o submergimos na água.
Mas se a nuvem, estando mais árida, o fogo recebe   150
queima, subitamente acesa, com grande ruído;
tal como vagam as chamas pelos lauríferos montes:
queimam sob a turbina dos ventos com ímpeto magno.
Nada queima com estrépito mais tenebroso que a chama
dos loureiros que há na délfica terra de Febo.
Finalmente, é grande o fragor do gelo e granizo
que produzem grandes estrondos nas nuvens acima.
Quando, pois, o vento as acomete, compactas
partem-se as montanhas de névoa, gelo e granizo.

ii. *Relâmpago:* 160-218

Fulge,[358] da mesma maneira, quando as nuvens expulsam   160
com o seu choque muitas sementes de fogo, tal como
quando pedras se chocam, ou ferro, e produzem faíscas,
cujas claras centelhas produzem e espalham o fogo.
Mas se acontece que o trovão nos alcance os ouvidos
só depois que o relâmpago chegue aos olhos, a causa
é que as coisas ouvidas chegam mais tarde que as vistas.
Isso deves saber: se tu vires alguém com machado
férreo cortando uma árvore alta à distância, verás tu
antes o golpe do que poderás ouvir o ruído:
dessa forma vemos também o relâmpago antes   170
de perceber o trovão, ainda que seja emitido

e simili causa, concursu natus eodem.
    Hoc etiam pacto volucri loca lumine tingunt
nubes et tremulo tempestas impete fulgit.
ventus ubi invasit nubem et versatus ibidem
fecit ut ante cavam docui spissescere nubem,
mobilitate sua fervescit; ut omnia motu
percalefacta vides ardescere, plumbea vero
glans etiam longo cursu volvenda liquescit.
ergo fervidus hic nubem cum perscidit atram,   180
dissipat ardoris quasi per vim expressa repente
semina quae faciunt nictantia fulgura flammae;
inde sonus sequitur qui tardius adficit auris
quam quae perveniunt oculorum ad lumina nostra.
scilicet hoc densis fit nubibus et simul alte
exstructis aliis alias super impete miro;
ne tibi sit frudi quod nos inferne videmus
quam sint lata magis quam sursum exstructa quid exstent.
contemplator enim, cum montibus assimulata
nubila portabunt venti transversa per auras,   190
aut ubi per magnos montis cumulata videbis
insuper esse aliis alia atque urgere superne
in statione locata sepultis undique ventis.
tum poteris magnas moles cognoscere eorum
speluncasque velut saxis pendentibu' structas
cernere, quas venti cum tempestate coorta
complerunt, magno indignantur murmure clausi
nubibus in caveisque ferarum more minantur;
nunc hinc nunc illinc fremitus per nubila mittunt
quaerentesque viam circum versantur et ignis   200
semina convolvunt <e> nubibus atque ita cogunt
multa rotantque cavis flammam fornacibus intus,
donec divulsa fulserunt nube corusci.
    Hac etiam fit uti de causa mobilis ille
devolet in terram liquidi color aureus ignis,
semina quod nubis ipsas permulta necessust
ignis habere; etenim cum sunt umore sine ullo,
flammeus <est> plerumque colos et splendidus ollis.

simultâneo ao fogo, com causa idêntica: o choque.
    Dessa maneira, também, as nuvens tingem o espaço
com voláteis luzes, com ímpeto fulge a tormenta.
Quando o vento invade a nuvem, e lá dentro revira,
faz, conforme ensinei, com que a nuvem ganhe espessura,
ferve em sua mobilidade, assim como percebes que tudo
arde com o moto, superaquecido, tal como uma bola
plúmbea, quando lançada num longo percurso, derrete.
Este férvido vento, então, quando rasga a atra nuvem, 180
as sementes do ardor, como se de repente tomada
por uma força, dissipa, criando fulgores brilhantes
ígneos, daí segue o som que atinge os ouvidos mais tarde
que o que chega primeiro aos luzeiros, que são nossos olhos.
Certamente, isso ocorre nas densas nuvens, que no alto
umas nas outras se empilham com extensão admirável.
Nem te enganes pelo fato de as vermos por baixo
e de nos parecerem mais largas que altas, profundas.
Antes, contempla quando os ventos levarem as nuvens
semelhantes a montes, transportadas nos ares, 190
ou quando as vires acumuladas nas magnas montanhas
uma sobre outra, urgindo, pesadas, de cima, paradas
em seus locais quando os ventos de todos os lados cessarem.
Poderás, então, conhecer suas massas enormes,
como se fossem cavernas formadas com pedras pendentes
e discernir, com a procela atiçada, as que os ventos preenchem,
enclausurados nas nuvens indignam-se e enormes estrondos
lançam, como se fossem ameaças de feras em jaulas;
dá-se ora aqui, ora ali o estrépito dentro das nuvens,
e, buscando um caminho por onde sair, dão a volta, 200
revolvendo as sementes do fogo pra fora das nuvens,
muitas, rolam a chama nas cavas fornalhas de dentro,
té que, libertos da nuvem, coruscantes refulgem.
    Essa é a causa, também, pela qual esse brilho dourado
de fogo líquido, rápido, voe descendo pra terra:
é necessário que as nuvens contenham um número grande
de sementes de fogo; de fato, sem umidade,
em geral apresentam a cor esplêndida e flâmea.

quippe etenim solis de lumine multa necessest
concipere, ut merito rubeant ignisque profundant.   210
hasce igitur cum ventus agens contrusit in unum
compressitque locum cogens, expressa profundunt
semina quae faciunt flammae fulgere colores.
fulgit item, cum rarescunt quoque nubila caeli.
nam cum ventus eas leviter diducit euntis
dissoluitque, cadant ingratis illa necessest
semina quae faciunt fulgorem. tum sine taetro
terrore et sonitu fulgit nulloque tumultu.

  Quod superest, <quali> natura praedita constent
fulmina, declarant ictus et inusta vaporis   220
signa notaeque gravis halantes sulpuris auras.
ignis enim sunt haec non venti signa neque imbris.
praeterea saepe accendunt quoque tecta domorum
et celeri flamma dominantur in aedibus ipsis.
hunc tibi subtilem cum primis ignibus ignem
constituit natura minutis mobilibusque
corporibus, cui nil omnino obsistere possit.
transit enim validum fulmen per saepta domorum,
clamor ut ac voces, transit per saxa, per aera,
et liquidum puncto facit aes in tempore et aurum,   230
curat item vasis integris vina repente
diffugiant, quia nimirum facile omnia circum
collaxat rareque facit lateramina vasis
adveniens calor eius et insinuatus in ipsum
mobiliter soluens differt primordia vini.
quod solis vapor aetatem non posse videtur
efficere usque adeo pollens fervore corusco:
tanto mobilior vis et dominantior haec est.

  Nunc ea quo pacto gignantur et impete tanto
fiant ut possint ictu discludere turris,   240
disturbare domos, avellere tigna trabesque,
et monumenta virum commoliri atque ciere,
exanimare homines, pecudes prosternere passim,

Com certeza é mister que, da luz do sol, muita coisa
possam tomar, a fim que mereçam o rubor, vertam fogo. 210
Essas, então, quando o vento conduz e aperta, comprime
pressionando a um só loco, espremidas, derramam sementes,
essas que fazem que as chamas refuljam em cores brilhantes.
Fulge, também, quando as nuvens do céu estão rarefeitas.
Pois, quando o vento as leva em seu movimento, de leve,
e as dissolve, é mister que, sem querer, as sementes
que produzem o relâmpago caiam. Portanto, refulge,
sem espanto, terror ou som algum, ou tumulto.

iii. *Raios:* 219-422

    Quanto ao restante, de qual natura o raio é dotado
mostram os golpes e os queimados sinais dos vapores, 220
marcas graves exalando enxofre nas auras.
Marcas que são de fogo, e não de vento ou de chuva.
Frequentemente, acendem também os tetos das casas,
tomam conta até dos lares com céleres chamas.
Esse fogo mais sutil do que todos os fogos
instituiu assim a natura, com corpos mais ágeis
e diminutos, e nada, nunca, lhe impede a passagem.
Pois o raio potente atravessa as paredes das casas
como os clamores e as vozes, passa por ferro e por bronze,[359]
num instante de tempo derrete o bronze e o ouro, 230
faz, igualmente, que, de súbito, intacto o vaso, o
vinho evapore, pois o calor facilmente relaxa
tudo ao redor, rarefaz a cerâmica toda do vaso
e, insinuando-se, então, com velocidade penetra
e os dissolvendo faz que dispersem os primórdios do vinho.
Isso o calor do sol, mesmo com a ajuda do tempo
não realiza, mesmo potente o fervor de seu brilho:
tão mais rápida e dominante é a força do raio.

    De que modo os raios são gerados com tanto
ímpeto, sendo capazes de abrir até fendas em torres, 240
casas devastar, arrancar suas traves e vigas,
ou até mesmo arrastar, demolir monumentos dos homens,
sua vida arrancar, abater rebanhos inteiros,

cetera de genere hoc qua vi facere omnia possint,
expediam, neque <te> in promissis plura morabor.
    Fulmina gignier e crassis alteque putandumst
nubibus exstructis; nam caelo nulla sereno
nec leviter densis mittuntur nubibus umquam.
nam dubio procul hoc fieri manifesta docet res;
quod tunc per totum concrescunt aera nubes,   250
undique uti tenebras omnis Acherunta reamur
liquisse et magnas caeli complesse cavernas.
usque adeo taetra nimborum nocte coorta
impendent atrae formidinis ora superne,
cum commoliri tempestas fulmina coeptat.
praeterea persaepe niger quoque per mare nimbus,
ut picis e caelo demissum flumen, in undas
sic cadit effertus tenebris procul et trahit atram
fulminibus gravidam tempestatem atque procellis,
ignibus ac ventis cum primis ipse repletus,   260
in terra quoque ut horrescant ac tecta requirant.
sic igitur supera nostrum caput esse putandumst
tempestatem altam. neque enim caligine tanta
obruerent terras, nisi inaedificata superne
multa forent multis exempto nubila sole;
nec tanto possent venientes opprimere imbri,
flumina abundare ut facerent camposque natare,
si non exstructis foret alte nubibus aether.
hic igitur ventis atque ignibus omnia plena
sunt; ideo passim fremitus et fulgura fiunt.   270
quippe etenim supra docui permulta vaporis
semina habere cavas nubis et multa necessest
concipere ex solis radiis ardoreque eorum.
hoc ubi ventus eas idem qui cogit in unum
forte locum quemvis, expressit multa vaporis
semina seque simul cum eo commiscuit igni,
insinuatus ibi vertex versatur in arto
et calidis acuit fulmen fornacibus intus.
nam duplici ratione accenditur, ipse sua cum
mobilitate calescit et e contagibus ignis.   280

por qual potência possam fazer esse tipo de coisa,
passo a explicar, e não demoro a cumprir a promessa.
    Deve-se então supor que os raios sejam gerados
de altas nuvens, empilhadas no alto, pois nunca
são lançados de um céu sereno ou de nuvens não densas.
Não há dúvida que isso aconteça – os fatos o mostram:
quando se congregam pelos ares as nuvens,   250
como se do Aqueronte víssemos todas as trevas
vindo para encher as vastas cavernas celestes,
com a noite invocada de nuvens, tão tétrica, tomba
sobre nós, das alturas, a face obscura do medo,[360]
quando a tempestade começa a lançar os seus raios.
Frequentemente, também, as nuvens negras nos mares
descem do céu como rios de piche e chegam às ondas
cheias de trevas de longe, e a tempestade sombria
trazem, toda carregada de raios, procelas,[361]
elas, também, mormente, cheias de fogo e de vento,   260
que até na terra se espalha o terror e se buscam abrigos.
Dessa forma, devemos pensar que, por sobre as cabeças
a tempestade avança bem alto: com sua caligem
não poderia cobrir a terra, a não ser que formassem
grande pilha de nuvens acima, o sol ocultando;
nem poderiam, com sua chegada, oprimir-nos com chuva
que faz os rios transbordarem e os campos nadarem submersos,
não houvesse no éter enormes pilhas de nuvens.
Tudo, então, aí, está cheio de ventos e fogos,
e, por isso, em todo lugar há relâmpago e estrondo.   270
Pois, como já ensinei, as nuvens ocas possuem
muitas sementes de ardor, e, por isso, é mister que recebam
muitas vindas do calor e dos raios solares.
Quando o mesmo vento que as reúne, portanto,
em um mesmo lugar, espreme pra fora as sementes
muitas, de ardor, e, ao mesmo tempo, mistura-se ao fogo,
forma-se, então, um vórtice que se insinua ali dentro
afiando o raio nos cálidos fornos das nuvens.
Pois de dúplice modo acende: ou por sua própria
mobilidade, ou se esquenta pelo contágio do fogo.   280

inde ubi percaluit venti vis <et> gravis ignis
impetus incessit, maturum tum quasi fulmen
perscindit subito nubem, ferturque coruscis
omnia luminibus lustrans loca percitus ardor.
quem gravis insequitur sonitus, displosa repente
opprimere ut caeli videantur templa superne.
inde tremor terras graviter pertemptat et altum
murmura percurrunt caelum; nam tota fere tum
tempestas concussa tremit fremitusque moventur.
quo de concussu sequitur gravis imber et uber,   290
omnis uti videatur in imbrem vertier aether
atque ita praecipitans ad diluviem revocare:
tantus discidio nubis ventique procella
mittitur, ardenti sonitus cum provolat ictu.

    Est etiam cum vis extrinsecus incita venti
incidit in calidam maturo fulmine nubem;
quam cum perscidit, extemplo cadit igneus ille
vertex quem patrio vocitamus nomine fulmen.
hoc fit idem in partis alias, quocumque tulit vis.

    Fit quoque ut interdum venti vis missa sine igni   300
igniscat tamen in spatio longoque meatu,
dum venit amittens in cursu corpora quaedam
grandia quae nequeunt pariter penetrare per auras,
atque alia ex ipso corradens aere portat
parvula quae faciunt ignem commixta volando;
non alia longe ratione ac plumbea saepe
fervida fit glans in cursu, cum multa rigoris
corpora dimittens ignem concepit in auris.

    Fit quoque ut ipsius plagae vis excitet ignem,
frigida cum venti pepulit vis missa sine igni,   310
nimirum quia, cum vementi perculit ictu,
confluere ex ipso possunt elementa vaporis
et simul ex illa quae tum res excipit ictum;
ut, lapidem ferro cum caedimus, evolat ignis,
nec, quod frigida vis ferrist, hoc setius illi
semina concurrunt calidi fulgoris ad ictum.
sic igitur quoque res accendi fulmine debet,

Quando, daí, a força do vento aquece-se, e o grave
ímpeto ígneo avança, o raio, como se pronto,
rasga de súbito a nuvem, e ardor luminoso é levado
por todo canto, tudo ilustrando com luzes e brilho.
Segue-se um grave som, de modo que os templos celestes
nos parecem explodir de repente e oprimir-nos com medo.
Donde um tremor gravemente perturba a terra e, no alto,
os estrondos correm no céu, pois, então quase toda
a tempestade, abalada, treme, e os estrépitos vagam.
Desse choque se segue uma chuva pesada e abundante, 290
tal que todo o éter, parece, transforma-se em chuva,
e, assim precipitando, invoca de novo o dilúvio:
tão poderosa é a procela de ventos que vem das nuvens
que se rasgaram quando voa o estrondo do golpe.

    Pode ocorrer, também, que a força do vento de fora
chegue a uma nuvem quente com raio todo forjado;
quando a rompe, de imediato cai esse ígneo
vórtice, que na língua pátria chamamos de raio.
Isso também acontece aonde quer que sua força conduza.

    Dá-se, também, às vezes, que a força do vento, sem fogo, 300
quando lançada, incendeia ao percorrer longo espaço.
Perde, ao vir, no percurso, alguns dos corpos maiores
que não conseguem igualmente penetrar pelos ares,
desses ares coleta alguns outros menores e os leva,
o que faz com que, misturados, voando, incendeiem.
Não de outra forma, frequentemente, uma bola de chumbo
ferve no seu percurso e, conforme muitos primórdios
frios deixa pra trás, e pega fogo nos ares.

    Dá-se, também, que a força do golpe em si mesmo produza
fogo, quando a força do vento, impelida sem fogo 310
lança seu golpe; não te espantes, pois este é potente
e, a partir dele, confluem os próprios primórdios do fogo,
e também a partir da coisa que foi golpeada;
como quando acertamos a pedra com o ferro e sai fogo,
nem por isso, embora fria a força do ferro,
correm mais lentas as sementes do ardor pelo golpe.
Dessa forma, deve também uma coisa acender-se

opportuna fuit si forte et idonea flammis.
nec temere omnino plane vis frigida venti
esse potest, ea quae tanta vi missa supernest, 320
quin, prius in cursu si non accenditur igni,
at tepefacta tamen veniat commixta calore.
    Mobilitas autem fit fulminis et gravis ictus,
et celeri ferme percurrunt fulmina lapsu,
nubibus ipsa quod omnino prius incita se vis
colligit et magnum conamen sumit eundi,
inde ubi non potuit nubes capere impetis auctum,
exprimitur vis atque ideo volat impete miro,
ut validis quae de tormentis missa feruntur.
adde quod e parvis et levibus est elementis, 330
nec facilest tali naturae obsistere quicquam;
inter enim fugit ac penetrat per rara viarum,
non igitur multis offensibus in remorando
haesitat, hanc ob rem celeri volat impete labens.
deinde, quod omnino natura pondera deorsum
omnia nituntur, cum plagast addita vero,
mobilitas duplicatur et impetus ille gravescit,
ut vementius et citius quaecumque morantur
obvia discutiat plagis itinerque sequatur.
denique quod longo venit impete, sumere debet 340
mobilitatem etiam atque etiam, quae crescit eundo
et validas auget viris et roborat ictum.
nam facit ut quae sint illius semina cumque
e regione locum quasi in unum cuncta ferantur,
omnia coniciens in eum volventia cursum.
    Forsitan ex ipso veniens trahat aere quaedam
corpora quae plagis incendunt mobilitatem.
incolumisque venit per res atque integra transit
multa, foraminibus liquidus quia transviat ignis.
multaque perfigit, cum corpora fulminis ipsa 350
corporibus rerum inciderunt, qua texta tenentur.
dissoluit porro facile aes aurumque repente
confervefacit, e parvis quia facta minute
corporibus vis est et levibus ex elementis,

com um raio, acaso seja adequada pras chamas.
Nem a força do vento pode ser totalmente
fria, pois, de cima, é lançada com tanta potência, e 320
caso não seja em seu curso, antes, acesa com o fogo,
deve chegar, ao menos, morna, ao calor misturada.
    Mas o raio tem velocidade e força no golpe,
e os raios sempre correm em célere queda,
pois já antes que saia, a força incitada nas nuvens
se concentra e é tomada então de um ímpeto enorme;
quando a nuvem já não pode aguentar esse empenho
sua força é expelida em admirável potência,
como são lançados os mísseis de catapultas.
Acrescentemos que seus elementos são leves, pequenos, 330
e que nada a tal natura fácil resiste;
foge, então, e penetra por dentro das vias porosas,
não é parado ao se demorar por conta dos muitos
choques; por isso, caindo, voa com célere impulso.
E depois, como todos os pesos, por natureza
tendem pra baixo, e, quando, a isso, adiciona-se um golpe,
é duplicada a velocidade e o impulso é mais forte,
de tal maneira que tudo que aponha-se em seu caminho
com mais força e mais rápido afasta, e segue adiante.
Como, por fim, vem com ímpeto longo, deve tomar mais 340
velocidade, inda e ainda, que cresce conforme ele avança,
aumentando sua válida força e a potência do golpe.
Faz, então, que, em linha reta, as sementes do raio
todas sejam levadas como se a um único loco
revolvendo-se todas, unidas, a um mesmo percurso.
    Pode ser que carregue do próprio ar alguns corpos
nesse caminho, que aumentem com choques sua velocidade.
Passa incólume pelas coisas e até deixa algumas
íntegras, pois o líquido fogo os poros perpassa.
Muitas coisas perfura, pois seus corpos atingem os 350
corpos das coisas, bem onde sua tessitura é mais firme.
Mais ainda: o bronze derrete e, de súbito, o ouro
faz ferver, uma vez que sua força é criada com corpos
diminutos, compostos por elementos bem leves

quae facile insinuantur et insinuata repente
dissoluunt nodos omnis et vincla relaxant.
    Autumnoque magis stellis fulgentibus apta
concutitur caeli domus undique totaque tellus,
et cum tempora se veris florentia pandunt.
frigore enim desunt ignes ventique calore   360
deficiunt neque sunt tam denso corpore nubes.
interutrasque igitur cum caeli tempora constant,
tum variae causae concurrunt fulminis omnes.
nam fretus ipse anni permiscet frigus <et> aestum,
quorum utrumque opus est fabricanda ad fulmina nubi,
ut discordia <sit> rerum magnoque tumultu
ignibus et ventis furibundus fluctuet aer.
prima caloris enim pars est postrema rigoris,
tempus id est vernum; quare pugnare necessest
dissimilis <res> inter se turbarcque mixtas.   370
et calor extremus primo cum frigore mixtus
volvitur, autumni quod fertur nomine tempus,
hic quoque confligunt hiemes aestatibus acres.
propterea <freta> sunt haec anni nominitanda,
nec mirumst, in eo si tempore plurima fiunt
fulmina tempestasque cietur turbida caelo,
ancipiti quoniam bello turbatur utrimque,
hinc flammis illinc ventis umoreque mixto.
    Hoc est igniferi naturam fulminis ipsam
perspicere et qua vi faciat rem quamque videre,   380
non Tyrrhena retro volventem carmina frustra
indicia occultae divum perquirere mentis,
unde volans ignis pervenerit aut in utram se
verterit hinc partim, quo pacto per loca saepta
insinuarit, et hinc dominatus ut extulerit se,
quidve nocere queat de caelo fulminis ictus.
quod si Iuppiter atque alii fulgentia divi
terrifico quatiunt sonitu caelestia templa
et iaciunt ignem quo cuiquest cumque voluntas,
cur quibus incautum scelus aversabile cumquest   390
non faciunt icti flammas ut fulguris halent

que facilmente insinuam-se e, tendo, então, se insinuado,
de repente dissolvem os nós e afrouxam os laços.
    Mais no outono, estação adequada às fulgentes estrelas,
é abalada inteira a casa do céu, e a terra
toda depois, e também quando vem primavera florente.
Pois, no frio faltam fogos e no calor faltam ventos   360
e também as nuvens não têm o corpo tão denso.
Nas estações do céu que se passam entre essas duas,
todas as várias causas de raios, então, acontecem.
Nessa estreita passagem do ano, frio e calor vêm
juntos, condição pra gerar o raio nas nuvens,
de maneira que haja discórdia das coisas, tumulto
e que o ar se lance com fogos e ventos em fúria.
Pois o começo do calor é do frio o ocaso:
é então primavera; deve haver luta entre as coisas
diferentes entre si, perturbadas e mistas.   370
E, em seguida, quando o fim do calor se mistura
com o frio, estação a que damos o nome de outono,
dá-se, também, que os verões e os invernos terríveis batalhem.
Esses tempos que chamamos de estreitas passagens
são os períodos nos quais acontecem muito mais raios
e se agitam no céu tempestades túrbidas, já que
de ambos os lados vacilante guerra se agita,
chamas de um lado, e de outro, um misto de humor e de vento.
    Isso é perceber a natura do ignífero raio,
ver que força ela tem sobre cada uma das coisas,   380
não desenrolando em vão os livros etruscos[362]
para encontrar os indícios ocultos das mentes divinas,
a perguntar de onde vem o fogo volante, ou pra onde
foi, tendo vindo de lá, de que modo insinua-se em cantos
fortificados, e como daí se retiram, potentes,[363]
quanto pode ferir o golpe do raio celeste.
Pois se Júpiter e outros deuses, com estrondo terrível,
com os seus raios abalam os templos fulgentes celestes,
lançam fogos para onde quer que a vontade conduza,
por qual razão a aqueles que não se guardaram de crimes   390
abomináveis fariam exalar o cheiro das chamas

pectore perfixo, documen mortalibus acre,
et potius nulla sibi turpi conscius in re
volvitur in flammis innoxius inque peditur
turbine caelesti subito correptus et igni?
cur etiam loca sola petunt frustraque laborant?
an tum bracchia consuescunt firmantque lacertos?
in terraque patris cur telum perpetiuntur
obtundi? cur ipse sinit neque parcit in hostis?
denique cur numquam caelo iacit undique puro   400
Iuppiter in terras fulmen sonitusque profundit?
an simul ac nubes successere, ipse in eas tum
descendit, prope ut hinc teli determinet ictus?
in mare qua porro mittit ratione? quid undas
arguit et liquidam molem camposque natantis?
praeterea si vult caveamus fulminis ictum,
cur dubitat facere ut possimus cernere missum?
si nec opinantis autem vult opprimere igni,
cur tonat ex illa parte, ut vitare queamus,
cur tenebras ante et fremitus et murmura concit?   410
et simul in multas partis qui credere possis
mittere? an hoc ausis numquam contendere factum,
ut fierent ictus uno sub tempore plures?
at saepest numero factum fierique necessest,
ut pluere in multis regionibus et cadere imbris,
fulmina sic uno fieri sub tempore multa.
postremo cur sancta deum delubra suasque
discutit infesto praeclaras fulmine sedis
et bene facta deum frangit simulacra suisque
demit imaginibus violento vulnere honorem?   420
altaque cur plerumque petit loca plurimaque eius
montibus in summis vestigia cernimus ignis?

    Quod superest, facilest ex his cognoscere rebus,
presteras Graii quos ab re nominitarunt,
in mare qua missi veniant ratione superne.
nam fit ut interdum tamquam demissa columna

com o golpe do raio, o peito vazado, lição a
todos mortais? Por que o que sabe não ter culpa alguma,
inocente, revolve-se em chamas e é arrebatado
subitamente pelo fogo e tormenta celeste?
E, também, por que atacam em vão os lugares desertos?
Exercitam, acaso, seus braços e músculos fortes?
Por que razão aceitam que a arma do pai seja gasta
com a terra, e ele deixa, não guarda pra seus inimigos?
Finalmente, por que com céu limpo por todos os lados   400
Júpiter não derrama na terra seus raios e estrondos?
Só quando as nuvens chegam é que ele, pisando sobre elas
pode escolher mais de perto o destino do golpe do raio?
Se é assim, por que os lança no mar? Que tem ele com as ondas,
contra a grande massa líquida e os campos natantes?
Mais ainda: se quer que tenhamos cuidado com o raio,
por que motivo evita nos dar um aviso do golpe?
Mas, se quer nos atingir incautos com fogo,
por que razão o estrondo é tão alto que em fuga o evitamos,
com tantas trevas que antes faz e barulhos terríveis?   410
Quem pode crer que ao mesmo tempo lance seu raio
em vários cantos? Ousas defender que isso nunca
aconteceu: ao mesmo tempo e em lugares diversos?
É necessário, como sempre acontece, que como
chove e há tormentas ao mesmo tempo em muitos lugares,
devem cair ao mesmo tempo inúmeros raios.
Finalmente, por que atinge os templos sagrados
com seus raios infestos, suas próprias moradas?
E as belas estátuas bem-feitas de si despedaçam
retirando-lhes com violenta ferida sua honra?   420
E, por que, em geral, ele busca lugares mais altos,
tal que discernimos os fogos nos topos dos montes?

(b) Trombas d'água e furacões: 423-50

Quanto ao restante das coisas, é fácil saber de que modo
isso que os gregos chamaram naturalmente de préster[364]
vindo do alto desce pro mar como fosse lançado.
Acontece às vezes que caia tal como coluna

in mare de caelo descendat, quam freta circum
fervescunt graviter spirantibus incita flabris,
et quaecumque in eo tum sint deprensa tumultu
navigia in summum veniant vexata periclum.   430
hoc fit ubi interdum non quit vis incita venti
rumpere quam coepit nubem, sed deprimit, ut sit
in mare de caelo tamquam demissa columna,
paulatim, quasi quid pugno bracchique superne
coniectu trudatur et extendatur in undas;
quam cum discidit, hinc prorumpitur in mare venti
vis et fervorem mirum concinnat in undis.
versabundus enim turbo descendit et illam
deducit pariter lento cum corpore nubem;
quam simul ac gravidam detrusit ad aequora ponti, 440
ille in aquam subito totum se immittit et omne
excitat ingenti sonitu mare fervere cogens.
fit quoque ut involvat venti se nubibus ipse
vertex corradens ex aere semina nubis
et quasi demissum caelo prestera imitetur.
hic ubi se in terras demisit dissoluitque,
turbinis immanem vim provomit atque procellae.
sed quia fit raro omnino montisque necessest
officere in terris, apparet crebrius idem
prospectu maris in magno caeloque patenti.   450

    Nubila concrescunt, ubi corpora multa volando
hoc supero in caeli spatio coiere repente
asperiora, modis quae possint indupedita
exiguis tamen inter se compressa teneri.
haec faciunt primum parvas consistere nubis;
inde ea comprendunt inter se conque gregantur
et coniungendo crescunt ventisque feruntur
usque adeo donec tempestas saeva coortast.
fit quoque uti montis vicina cacumina caelo
quam sint quoque magis, tanto magis edita fument   460
assidue fulvae nubis caligine crassa

sobre o mar descendo, ao redor do qual efervesce
muito excitado por rajadas espiralantes;
todos os navios que ali sejam surpreendidos
pelo tumulto acabam entrando em enorme perigo. 430
Isso às vezes se dá quando a força excitada do vento
não consegue romper a nuvem que tinha tentado,
e, do céu ao mar, pressiona a coluna pra baixo,
pouco a pouco, como se um golpe de punho, de braço,
a impelisse, de modo que estenda-se às ondas abaixo;
Quando a estoura, irrompe até o mar a potência do vento,
causa então um espantoso fervor pelas ondas.
Um turbilhão giratório desce e consigo carrega a
nuvem, ao mesmo tempo, com seu corpo flexível;
quando chega, grávida, então, aos campos do Ponto, 440
ele subitamente se mete na água e excita
todo o mar e faz ferver com enorme ruído.
Acontece também que uma tromba de vento se mescle
com as nuvens, coletando no ar suas sementes,
e, descendo do céu, imita como que um préster.[365]
Quando então se depõe sobre as terras e se dissolve
toda a força do furacão e procelas vomita.
Mas, como ocorre muito raramente e as montanhas
devem escondê-lo da terra, aparece frequentemente
numa ampla visão do mar e no céu grandioso. 450

(c) Nuvens e chuva: 451-534

Nuvens são formadas quando os corpos, voando,
muitos, acima, no espaço do céu, de repente se agregam –
corpos mais ásperos, para que, levemente enlaçados,
possam, mesmo assim, ficar comprimidos e juntos.
Esses fazem primeiro que nuvens pequenas se formem;
essas, depois, se prendem entre si e então se congregam
e, em se juntando, crescem e são levadas no vento,
de tal forma que a tempestade selvagem se forma.
Dá-se, também, que, vizinhos do céu, os cumes dos montes,
quanto mais o sejam, mais alto se veem fumegantes, 460
continuamente, com a grossa e fulva caligem de nuvem,

propterea quia, cum consistunt nubila primum,
ante videre oculi quam possint tenvia, venti
portantes cogunt ad summa cacumina montis.
hic demum fit uti turba maiore coorta
et condensa queant apparere et simul ipso
vertice de montis videantur surgere in aethram.
nam loca declarat sursum ventosa patere
res ipsa et sensus, montis cum ascendimus altos.
praeterea permulta mari quoque tollere toto   470
corpora naturam declarant litore vestes
suspensae, cum concipiunt umoris adhaesum.
quo magis ad nubis augendas multa videntur
posse quoque e salso consurgere momine ponti;
nam ratio consanguineast umoribus omnis.
praeterea fluviis ex omnibus et simul ipsa
surgere de terra nebulas aestumque videmus,
quae velut halitus hinc ita sursum expressa feruntur
suffunduntque sua caelum caligine et altas
sufficiunt nubis paulatim conveniundo.   480
urget enim quoque signiferi super aetheris aestus
et quasi densendo subtexit caerula nimbis.
fit quoque ut hunc veniant in caelum extrinsecus illa
corpora quae faciunt nubis nimbosque volantis.
innumerabilem enim numerum summamque profundi
esse infinitam docui, quantaque volarent
corpora mobilitate ostendi quamque repente
immemorabile <per> spatium transire solerent.
haud igitur mirumst si parvo tempore saepe
tam magnis †montis† tempestas atque tenebrae   490
coperiant maria ac terras impensa superne,
undique quandoquidem per caulas aetheris omnis
et quasi per magni circum spiracula mundi
exitus introitusque elementis redditus exstat.

Nunc age, quo pacto pluvius concrescat in altis
nubibus umor et in terras demissus ut imber

pois, assim que primeiro são formadas as nuvens,
antes que os olhos possam vê-las, tênues, os ventos
levam-nas carregadas ao alto dos cimos dos montes.
E, por fim, acontece que, em turba maior ajuntadas
e condensadas, podem aparecer, e no alto
topo do monte parecem surgir simultâneas nos ares.
O próprio fato e os sentidos nos mostram que o vento é abundante
quando subimos até ao alto dos montes acima.
Mais ainda: que inúmeros corpos transporta a natura   470
vindos de todo o mar, nos demonstra uma veste estendida
quando nela vemos grudada tamanha umidade.
E, portanto, vemos que podem vir muitos corpos
para aumentar as nuvens do moto salino dos mares
pois relação consanguínea existe entre todos humores.
E inda vemos que surgem, também, de todos os rios,
mesmo da própria terra, por vezes, vapor e neblina
que, como um hálito, então, são transportados pra cima,
cobrem o céu com a sua escuridão e as altas
nuvens, aos poucos, ao se juntarem, se formam mais densas.   480
Urge, também, o calor do signífero éter acima
e, ao adensá-las, tece abaixo os cerúleos nimbos.[366]
Pode ser, também, que venham corpos de fora[367]
para o céu, que produzem as nuvens e nimbos volantes.
Já ensinei que seu número é infinito, e infinita
é a extensão do espaço profundo, e que inúmeros corpos
voam com alta velocidade e quão repentinos
podem atravessar muito rápido o espaço indizível.
Não te espantes, portanto, se às vezes em tempo tão curto
a tempestade e as trevas cobrem, suspensas no alto,   490
as montanhas enormes, os mares também, e as terras,
uma vez que, por tudo, através dos poros do éter,
como se passagens de respiração para o mundo,
criam-se entradas e saídas aos elementos.

i. *Chuva*: 495-526

Vamos, agora: de que modo cresce no alto a
umidade que traz-nos as chuvas que caem sobre a terra

decidat, expediam. primum iam semina aquai
multa simul vincam consurgere nubibus ipsis
omnibus ex rebus pariterque ita crescere utrumque,
et nubis et aquam quaecumque in nubibus exstat, 500
ut pariter nobis corpus cum sanguine crescit,
sudor item atque umor quicumque est denique membris.
concipiunt etiam multum quoque saepe marinum
umorem, veluti pendentia vellera lanae,
cum supera magnum mare venti nubila portant.
consimili ratione ex omnibus amnibus umor
tollitur in nubis. quo cum bene semina aquarum
multa modis multis convenere undique adaucta,
confertae nubes <umorem> mittere certant
dupliciter; nam vis venti contrudit et ipsa 510
copia nimborum turba maiore coacta
urget et e supero premit ac facit effluere imbris.
praeterea cum rarescunt quoque nubila ventis
aut dissolvuntur, solis super icta calore,
mittunt umorem pluvium stillantque, quasi igni
cera super calido tabescens multa liquescat.
sed vemens imber fit, ubi vementer utraque
nubila vi cumulata premuntur et impete venti.
at retinere diu pluviae longumque morari
consuerunt, ubi multa cientur semina aquarum 520
atque aliis aliae nubes nimbique rigantes
insuper atque omni vulgo de parte feruntur,
terraque cum fumans umorem tota redhalat.
hic ubi sol radiis tempestatem inter opacam
adversa fulsit nimborum aspargine contra,
tum color in nigris exsistit nubibus arqui.

Cetera quae sursum crescunt sursumque creantur,
et quae concrescunt in nubibus, omnia, prorsum
omnia, nix venti grando gelidaeque pruinae
et vis magna geli, magnum duramen aquarum, 530
et mora quae fluvios passim refrenat aventis,

explicarei. Então, primeiro as sementes da água,
muitas, venço ao dizer que crescem dentro das nuvens,
vindo de todas as coisas, e crescem da mesma maneira,
tanto as nuvens quanto a água que encontra-se nelas, 500
como para nós o corpo cresce com o sangue,
com o suor e todo o humor que se encontra nos membros.
Tomam elas do humor salino também muita coisa,
como acontece com os velos de lã quando voam nos ares,
levam os ventos por sobre o mar as nuvens supremas.
Dessa forma o humor de todos os rios é levado
para as nuvens. Quando muitas sementes de água
juntam-se de muitos modos, de todos os lados reunidas,
nuvens carregadas batalham de duas maneiras
para expelir o humor; a força do vento o empurra 510
e a própria massa dos nimbos, tornada mais densa,
urge e pesa do alto, produz temporais violentos.[368]
Ou, então, também, quando o vento enfraquece essas nuvens,
ou se dissolvem pelo calor do sol mais acima,
lançam humores da chuva e gotejam, tal como a cera
sob o cálido fogo, que liquefaz-se e derrete.
Mas temporal potente se faz quando ambas as forças
premem a nuvem: a própria massa e a força do vento.
Mas as chuvas tendem a manter-se por longo tempo
quando se reúnem muitas sementes de água, 520
quando nuvem sobre nuvem e nimbos jorrantes
são levados pra lá e pra cá, de todos os lados,
e, fumegante, a terra inteira exala vapores.
Quando, então, refulge o sol com seus raios em meio
à tempestade contra o aguaceiro adverso dos nimbos,
é então que aparece a cor do arco-íris nas nuvens.

ii. *Outros fenômenos atmosféricos*: 527-34

    Outras coisas que acima crescem e acima se criam,
e as que crescem nas nuvens, todas, todas de fato,
neve, vento, granizo, geada gélida, a enorme
força do gelo, que tanto endurece as águas e impede 530
fluxo tranquilo dos rios tornando lentos seus cursos,

perfacilest tamen haec reperire animoque videre
omnia quo pacto fiant quareve creentur,
cum bene cognoris elementis reddita quae sint.

    Nunc age quae ratio terrai motibus exstet
percipe. et in primis terram fac ut esse rearis
subter item ut supera ventosis undique plenam
speluncis multosque lacus multasque lacunas
in gremio gerere et rupis deruptaque saxa;
multaque sub tergo terrai flumina tecta   540
volvere vi fluctus summersaque saxa putandumst.
undique enim similem esse sui res postulat ipsa.
his igitur rebus subiunctis suppositisque
terra superne tremit magnis concussa ruinis,
subter ubi ingentis speluncas subruit aetas;
quippe cadunt toti montes magnoque repente
concussu late disserpunt inde tremores.
et merito, quoniam plaustris concussa tremescunt
tecta viam propter non magno pondere tota,
nec minus exsultant ea ubi lapi' cumque viai   550
ferratos utrimque rotarum succutit orbis.
fit quoque, ubi in magnas aquae vastasque lacunas
gleba vetustate e terra provolvitur ingens,
ut iactctur aquae fluctu quoque terra vacillans;
ut vas interdum non quit constare, nisi umor
destitit in dubio fluctu iactarier intus.
    Praeterea ventus cum per loca subcava terrae
collectus parte ex una procumbit et urget
obnixus magnis speluncas viribus altas,
incumbit tellus quo venti prona premit vis.   560
tum supera terram quae sunt exstructa domorum
ad caelumque magis quanto sunt edita quaeque,
inclinata minent in eandem prodita partem
protractaeque trabes impendent ire paratae,

muito fácil vemos no ânimo as causas de todas
e descobrimos de que modo acontecem, se geram,
se conhecemos as propriedades de seus elementos.

B. *Fenômenos terrestres*: 535-1137

(a) Terremotos: 535-607

Vamos, agora, e percebe qual é a razão e a causa
dos terremotos. Primeiro, supõe que as terras, acima
tanto quanto abaixo, estão cheias de vento em cavernas
e muitos lagos, muitas lagoas escondem em seu seio,
como carregam rochas e pedras precipitosas;
muitos rios escondidos sob as costas da terra   540
fazem rolar as pedras submersas em suas ondas.
Mostram os fatos que a terra é, por tudo, igual a si mesma.
Tendo essas coisas abaixo e ligadas umas às outras,
treme a terra acima abalada por grandes ruínas,
quando o tempo faz as grandes cavernas abaixo
desmoronarem; caem, de fato, montanhas com grande
choque, e daí propagam-se amplamente os tremores.
Naturalmente, pois abalam-se as casas, passando
carros nas vias próximas, mesmo não tão carregados,
e não menos os carros chacoalham se há pedras na via   550
que lhes abalam de ambos os lados as rodas de ferro.
Dá-se que, também, nas vastas, enormes lagoas,
pela idade da terra, rola adentro uma massa,
tal que a terra, vacilando, se lance nas ondas,
da mesma forma que um vaso nunca fica parado
salvo se dentro deixa o humor de agitar suas ondas.

E, além disso, quando, de um só local vem o vento e
segue pelos cavernosos espaços da terra,
com toda força avançando pelas altas cavernas,
pende a terra pro lado da força inclinada do vento.   560
As estruturas das casas sobre a terra, portanto,
quanto mais se dirigem às alturas celestes,
mais parecem pender seguindo a força do vento,
e, inclinadas, parecem que vão se soltar as colunas.

et metuunt magni naturam credere mundi
exitiale aliquod tempus clademque manere,
cum videant tantam terrarum incumbere molem!
quod nisi respirent venti, vis nulla refrenet
res neque ab exitio possit reprehendere euntis.
nunc quia respirant alternis inque gravescunt 570
et quasi collecti redeunt ceduntque repulsi,
saepius hanc ob rem minitatur terra ruinas
quam facit; inclinatur enim retroque recellit
et recipit prolapsa suas in pondera sedis.
hac igitur ratione vacillant omnia tecta,
summa magis mediis, media imis, ima perhilum.

  Est haec eiusdem quoque magni causa tremoris,
ventus ubi atque animae subito vis maxima quaedam
aut extrinsecus aut ipsa tellure coorta
in loca se cava terrai coniecit ibique 580
speluncas inter magnas fremit ante tumultu
versabunda\<que\> portatur, post incita cum vis
exagitata foras erumpitur et simul altam
diffindens terram magnum concinnat hiatum.
in Syria Sidone quod accidit et fuit Aegi
in Peloponneso, quas exitus hic animai
disturbat urbis et terrae motus obortus.
multaque praeterea ceciderunt moenia magnis
motibus in terris et multae per mare pessum
subsedere suis pariter cum civibus urbes. 590
quod nisi prorumpit, tamen impetus ipse animai
et fera vis venti per crebra foramina terrae
dispertitur ut horror et incutit inde tremorem;
frigus uti nostros penitus cum venit in artus,
concutit invitos cogens tremere atque movere.
ancipiti trepidant igitur terrore per urbis,
tecta superne timent, metuunt inferne cavernas
terrai ne dissoluat natura repente,
neu distracta suum late dispandat hiatum
idque suis confusa velit complere ruinis. 600
proinde licet quamvis caelum terramque reantur

Muitos ainda recusam-se a crer que a natura do mundo
pode chegar a seu fim e deixar de existir para sempre,
mesmo ao verem tamanha massa de terra tremendo!
Pois, a não ser que o vento inspirasse,[369] força nenhuma
o frearia, impedindo o exício da terra tombante.
Já que, alternando, inspiram e depois se enfurecem, 570
quando reúnem-se, voltam, depois, cedendo, contêm-se,
por tal motivo às vezes a terra ameaça ruir, mas
não o faz, pois inclina-se e logo depois retrocede
e depois de pender retoma o seu equilíbrio.
Por tal razão, então, vacilam todas as casas,
no alto mais que no meio, e mais aí do que embaixo.

    Há, ainda, mais uma causa pra esses tremores,
quando o vento, de súbito e da ânima[370] máxima força,
vindo de fora ou invocado de dentro da terra,
lança-se adentro dos espaços cavos da terra 580
e entre cavernas enormes freme, então, em tumulto
e em remoinho levanta e, depois, com a força incitada
para fora irrompe agitada e, ao mesmo tempo,
fende a alta terra e abre nela um abismo gigante.
Foi o que aconteceu em Sídon, na Síria, e em Égio,[371]
na região do Peloponeso, em que os motos das terras
e dos ares trouxe a destruição a essas urbes.
E, além disso, muitas cidades muradas caíram
em terremotos tremendos, e muitas no mar afundaram
e levaram junto todos os seus habitantes. 590
Mesmo se não irrompe, há, ainda, um impulso,
fera força do vento pelos poros da terra
que se espalha incutindo terror e tremores nos homens;
como quando o frio vem ao fundo dos membros
e os impele contra a vontade a tremer e mover-se.
Tremem, então, em duplo terror nas cidades, pois temem
tanto os telhados acima quanto as cavernas abaixo,
temem que de repente a natura da terra as dissolva,
e que, escancaradas, revelem a face do abismo,
e que, dispersas, as queira preencher com as suas ruínas. 600
Deixa que pensem o quanto quiserem que o céu e a terra

incorrupta fore aeternae mandata saluti;
et tamen interdum praesens vis ipsa pericli
subdit et hunc stimulum quadam de parte timoris,
ne pedibus raptim tellus subtracta feratur
in barathrum rerumque sequatur prodita summa
funditus et fiat mundi confusa ruina.

    Principio mare mirantur non reddere maius
naturam, quo sit tantus decursus aquarum,
omnia quo veniant ex omni flumina parte. 610
adde vagos imbris tempestatesque volantis,
omnia quae maria ac terras sparguntque rigantque;
adde suos fontis; tamen ad maris omnia summam
guttai vix instar erunt unius adaugmen;
quo minus est mirum mare non augescere magnum.
praeterea magnam sol partem detrahit aestu.
quippe videmus enim vestis umore madentis
exsiccare suis radiis ardentibu' solem:
at pelage multa et late substrata videmus.
proinde licet quamvis ex uno quoque loco sol 620
umoris parvam delibet ab aequore partem;
largiter in tanto spatio tamen auferet undis.
tum porro venti quoque magnam tollere partem
umoris possunt verrentes aequora, ventis
una nocte vias quoniam persaepe videmus
siccari mollisque luti concrescere crustas.
praeterea docui multum quoque tollere nubis
umorem magno conceptum ex aequore ponti
et passim toto terrarum spargere in orbi,
cum pluit in terris et venti nubila portant. 630
postremo quoniam raro cum corpore tellus
est, et coniunctast, oras maris undique cingens,
debet, ut in mare de terris venit umor aquai,
in terras itidem manare ex aequore salso;
percolatur enim virus retroque remanat
materies umoris et ad caput amnibus omnis

nunca serão destruídos, dotados de eterna saúde;
mas, muitas vezes, a muito presente força do risco
traz esse estímulo de terror por todos os lados,
medo que a terra, arrancada debaixo dos pés, se encaminhe ao
báratro fundo,[372] junto com a soma de todas as coisas,
e que, por fim, se converta o mundo todo em ruínas.

(b) Tamanho constante do mar: 608-38

Em princípio, muitos admiram-se que a natureza
não aumente o tamanho do mar, embora haja tanta
água vindo até ele, dos rios e todas as partes.   610
Acrescentem-se os rios vagantes e as tempestades,
essas que todos os mares e terras espargem e irrigam;
acrescentem-se as fontes; ainda assim serão meras
gotas que mal poderão aumentar o tamanho dos mares;
não te espantes, portanto, se o mar não aumenta em tamanho.
Mais: o sol com seu calor extrai grande parte.
Pois, de fato, vemos que uma roupa molhada
fica seca com os ardores dos raios solares:
vemos que muitos mares vastos espalham-se ao longe.
Por tal razão, ainda que o sol de um único ponto   620
tire do mar apenas um pouco de humor dessa parte,
como se estende tão longe, ao final, o que tira é bastante.
E, além disso, os ventos retiram também grande parte
do humor, ao varrerem as superfícies dos mares,
tal como vemos numa só noite os ventos secarem
as estradas e endurecerem as crostas de lama.
Ensinei, também, que as nuvens recolhem bastante
desse humor retirado das grandes planícies marinhas
e por todos os lados derramam no orbe das terras,
quando chove nas terras, e as nuvens transportam os ventos.   630
E, por fim, como a terra é composta de corpo poroso, e
liga-se ao mar, cingindo com suas orlas as ondas,
deve o humor das águas, tal como ao mar vem das terras,
da mesma forma emanar para as terras dos campos salgados.
Filtra-se toda a impureza, e de volta reflui a matéria
líquida, e nas cabeceiras de todos os rios se congrega,

confluit, inde super terras redit agmine dulci
qua via secta semel liquido pede detulit undas.

    Nunc ratio quae sit, per fauces montis ut Aetnae
exspirent ignes interdum turbine tanto,   640
expediam. neque enim mediocri clade coorta
flammea tempestas Siculum dominata per agros
finitimis ad se convertit gentibus ora,
fumida cum caeli scintillare omnia templa
cernentes pavida complebant pectora cura,
quid moliretur rerum natura novarum.
    Hisce tibi in rebus latest alteque videndum
et longe cunctas in partis dispiciendum,
ut reminiscaris summam rerum esse profundam
et videas caelum summai totius unum   650
quam sit parvula pars et quam multesima constet
nec tota pars, homo terrai quota totius unus.
quod bene propositum si plane contueare
ac videas plane, mirari multa relinquas.
numquis enim nostrum miratur siquis in artus
accepit calido febrim fervore coortam
aut alium quemvis morbi per membra dolorem?
obturgescit enim subito pes, arripit acer
saepe dolor dentis, oculos invadit in ipsos,
exsistit sacer ignis et urit corpore serpens   660
quamcumque arripuit partim, repitque per artus,
nimirum quia sunt multarum semina rerum,
et satis haec tellus morbi caelumque mali fert,
unde queat vis immensi procrescere morbi.
sic igitur toti caelo terraeque putandumst
ex infinito satis omnia suppeditare,
unde repente queat tellus concussa moveri
perque mare ac terras rapidus percurrere turbo,
ignis abundare Aetnaeus, flammescere caelum.
id quoque enim fit et ardescunt caelestia templa   670
et tempestates pluviae graviore coortu

donde, então, nas terras flui em doce corrente,
pelo caminho outrora traçado, em líquidas ondas.[373]

(c) Vulcões: 639-711

Qual a razão, agora, de, pelas fauces do monte
Etna fogos terem jorrado em tamanha tormenta
explicarei. Não foi pequena a destruição que a
flamejante tempestade então produziu e
dominou a Sicília atraindo os olhares vizinhos,
quando viram esfumaçados os templos celestes
cintilando, o que encheu de ansiedade os seus pávidos peitos,
com o que a natura criava de novidade pras coisas.
  Quanto a isso, deves, então, olhar para longe e
profundamente considerar por todos os lados,
pra que te lembres que a soma das coisas é inumerável
e pra que vejas que um único céu é uma parte pequena,
ínfima, dessa soma de todas as coisas, tal como um
único homem é parte pequena do todo da terra.
Se esse propósito a ti for bem claro, se contemplares
claramente, muito deixa de ser assombroso.
Pois alguém se admira se alguma pessoa adoece
com tremendo ardor nos membros por súbita febre?
Ou com outro tipo de dor ou doença nos membros?
Pode, de súbito, inchar-nos um pé, ou, às vezes, acerba
dor de dente nos acomete, ou os olhos invade,
fogo sagrado[374] aparece e serpenteia queimando
todas as partes do corpo que atinge e rasteja pros membros,
pois, não espanta que haja sementes de inúmeras coisas,
que, do céu e da terra nos trazem doenças e males,
donde podem crescer as potências das enfermidades.
Dessa maneira, devemos pensar que ao céu e à terra
todas as coisas são fornecidas pelo infinito,
donde pode a terra, de repente, mover-se
em concussão e um tornado correr por terras e mares,
ou abundar em chamas o Etna, o céu pegar fogo.
Isso também acontece, e ardem os templos celestes,
formam-se tempestades de chuvas pesadas, se acaso

640

650

660

670

sunt, ubi forte ita se tetulerunt semina aquarum.
'at nimis est ingens incendi turbidus ardor.'
scilicet et fluvius, qui visus maximus ei
qui non ante aliquem maiorem vidit, et ingens
arbor homoque videtur, et omnia de genere omni
maxima quae vidit quisque, haec ingentia fingit,
cum tamen omnia cum caelo terraque marique
nil sint ad summam summai totius omnem.
 Nunc tamen illa modis quibus irritata repente   680
flamma foras vastis Aetnae fornacibus efflet,
expediam, primum totius subcava montis
est natura, fere silicum suffulta cavernis.
omnibus est porro in speluncis ventus et aer.
ventus enim fit, ubi est agitando percitus, aer.
hic ubi percaluit calefecitque omnia circum
saxa furens, qua contingit, terramque, et ab ollis
excussit calidum flammis velocibus ignem,
tollit se ac rectis ita faucibus eicit alte.
fert itaque ardorem longe longeque favillam   690
differt et crassa volvit caligine fumum
extruditque simul mirando pondere saxa;
ne dubites quin haec animai turbida sit vis.
praeterea magna ex parti mare montis ad eius
radices frangit fluctus aestumque resorbet.
ex hoc usque mari speluncae montis ad altas
perveniunt subter fauces. hac ire fatendumst

*

et penetrare mari penitus res cogit aperto
atque efflare foras ideoque extollere flammam
saxaque subiectare et harenae tollere nimbos.   700
in summo sunt vertice enim crateres, ut ipsi
nominitant, nos quod fauces perhibemus et ora.

 Sunt aliquot quoque res quarum unam dicere causam
non satis est, verum pluris, unde una tamen sit;

as sementes das águas assim estiverem formadas.
"Ah, mas é grande demais o túrbido ardor desse incêndio!"
Claro, também o rio é o maior de todos pra alguém que
nunca viu um outro maior, e parecem gigantes
árvore, homem, claro, todas as coisas parecem
muito enormes quando alguém assim considera,
mas as coisas, todas – o mar, o céu e a terra –
nada são comparados com a soma inteira de tudo.

    Mas agora de que modo a chama incitada 680
subitamente exala das vastas fornalhas do Etna
explicarei. Primeiro, a natura de toda a montanha
é escavada por baixo e sustenta em basalto seus arcos.
Há, também, em toda caverna os ares e vento.
Muito agitado por golpes de ar é que gera-se o vento.
Quando ele esquenta, enfurecido, tudo que toca,
pedras e terra ao redor, aquece, delas tirando
cálido fogo em chamas velozes, então se levanta e
diretamente das fauces do monte se lança às alturas.
Leva, assim, o calor pra longe, bem longe, e espalha 690
cinzas, revolvendo a fumaça em espesso negrume,
lança pedras, também, de peso surpreendente;
Não duvides que essa é a túrbida força dos ares.
E, além disso, em grande parte, o mar quebra as ondas
junto às raízes do monte, e logo as reabsorve.
Disso surgem cavernas marinhas que avançam às altas
fauces do monte. Por aí deve-se admitir que

★375

passa e até o fundo penetra, os fatos indicam,
vindo do alto mar, e exala um sopro de chamas
lança rochas e cria nuvens de pó e fuligem. 700
Há no topo do monte crateras, como eles próprios
as nomearam, e nós as chamamos de bocas ou fauces.

Digressão sobre a pluralidade das causas[376] (703-11)

    Algumas coisas há para as quais uma única causa
não é o bastante, mas várias, das quais uma só será certa.

corpus ut exanimum siquod procul ipse iacere
conspicias hominis, fit ut omnis dicere causas
conveniat leti, dicatur ut illius una.
nam neque eum ferro nec frigore vincere possis
interiisse neque a morbo neque forte veneno,
verum aliquid genere esse ex hoc quod contigit ei 710
scimus. item in multis hoc rebus dicere habemus.

    Nilus in aestatem crescit campisque redundat
unicus in terris, Aegypti totius amnis.
is rigat Aegyptum medium per saepe calorem,
aut quia sunt aestate aquilones ostia contra,
anni tempore eo qui etesiae esse feruntur,
et contra fluvium flantes remorantur et undas
cogentes sursus replent coguntque manere.
nam dubio procul haec adverso flabra feruntur
flumine, quae gelidis ab stellis axis aguntur. 720
ille ex aestifera parti venit amnis ab austro,
inter nigra virum percocto saecla colore
exoriens penitus media ab regione diei.
est quoque uti possit magnus congestus harenae
fluctibus adversis oppilare ostia contra,
cum mare permotum ventis ruit intus harenam;
quo fit uti pacto liber minus exitus amnis
et proclivis item fiat minus impetus undis.
fit quoque uti pluviae forsan magis ad caput ei
tempore eo fiant, quo etesia flabra aquilonum 730
nubila coniciunt in eas tunc omnia partis.
scilicet ad mediam regionem eiecta diei
cum convenerunt, ibi ad altos denique montis
contrusae nubes coguntur vique premuntur.
forsitan Aethiopum penitus de montibus altis
crescat, ubi in campos albas descendere ningues
tabificis subigit radiis sol omnia lustrans.

Como se tu mesmo avistasses um corpo de um homem
morto diante de ti, conviria as causas da morte
todas listar, a fim de encontrar a que foi efetiva.
Não poderias provar que foi de frio ou de ferro
que ele morreu, ou mesmo que foi de veneno ou doença,
mas, na verdade, sabemos que algo do tipo o atingiu e 710
da mesma forma, em muitos casos fazemos o mesmo.

(d) O Nilo: 712-37

No verão, o Nilo, o rio de todo o Egito
é o único rio do mundo que os campos inunda,
cresce durante o verão, quando banha, abundante, o Egito.
Seja porque os Aquilões vão contra os seus estuários,
nesse tempo do ano em que são chamados Etésios,[377]
e, soprando contra o rio ralentam suas ondas,
levam as águas para cima e assim as deixam paradas.
Pois está longe de dúvida que tais rajadas vão contra o
rio, pois vêm das constelações geladas do polo. 720
Vem o rio das zonas quentes, do sul, onde nasce
o calor, onde as cores das peles ficaram escuras
pela força do sol, região do meridiano.
Pode ser também que grandes montanhas de areia
obstruam a foz, opondo-se ao fluxo das ondas
quando o mar, pelo vento movido, impele a areia,
de tal modo que o rio tem saída pro mar menos livre,
e suas ondas têm sua força diminuída.
Dá-se, também, talvez, que as chuvas ocorrem mais fortes
nas nascentes nesse período, pois os Etésios 730
ventos aí conduzem as nuvens de todas as partes.
Quando no meridiano, então, agrupam-se as nuvens,
lá, finalmente, lançadas acima das altas montanhas
são comprimidas e pressionadas com violência.
É possível que cresça a partir das montanhas etíopes,
altas, quando as alvas neves descendem aos campos,
derretidas pelos raios do sol luminosos.

Nunc age, Averna tibi quae sint loca cumque lacusque
expediam, quali natura praedita constent.
principio, quod Averna vocantur nomine, id ab re   740
impositumst, auia sunt avibus contraria cunctis,
e regione ea quod loca cum venere volantes,
remigi oblitae pennarum vela remittunt
praecipitesque cadunt molli cervice profusae
in terram, si forte ita fert natura locorum,
aut in aquam, si forte lacus substratus Averni.
is locus est Cumas apud, acri sulpure montes
oppleti calidis ubi fumant fontibus aucti;
est et Athenaeis in moenibus, arcis in ipso
vertice, Palladis ad templum Tritonidis almae,   750
quo numquam pennis appellunt corpora raucae
cornices, non cum fumant altaria donis.
usque adeo fugitant non iras Palladis acris
pervigili causa, Graium ut cecinere poetae,
sed natura loci opus efficit ipsa suapte.
in Syria quoque fertur item locus esse videri,
quadrupedes quoque quo simul ac vestigia primum
intulerint, graviter vis cogat concidere ipsa,
manibus ut si sint divis mactata repente.
omnia quae naturali ratione geruntur,   760
et quibus e fiant causis apparet origo;
ianua ne pote eis Orci regionibus esse
credatur, post hinc animas Acheruntis in oras
ducere forte deos manis inferne reamur,
naribus alipedes ut cervi saepe putantur
ducere de latebris serpentia saecla ferarum.
quod procul a vera quam sit ratione repulsum
percipe; nam de re nunc ipsa dicere conor.

    Principio hoc dico, quod dixi saepe quoque ante,
in terra cuiusque modi rerum esse figuras;   770
multa, cibo quae sunt, vitalia, multaque, morbos
incutere et mortem quae possint accelerare.
et magis esse aliis alias animantibus aptas

(e) Lagos pestilentos etc.: 738-839

Vamos, agora: qual a natura de lagos e locos
como o Averno exporei, de que modo são constituídos.
Em princípio, o nome de Averno recebem por causa   740
da aversão que lhes têm as espécies todas de aves,[378]
pois, uma vez que chegam voando a esses lugares,
perdem os remos das asas e derrubam as velas,
precipitando-se à terra com seus pescoços já moles,
caso a natura de tais lugares assim determine, ou
caem na água, se acaso abaixo estiver o Averno.
Esse lugar fica perto de Cumas, onde as montanhas
cheias de enxofre fumegam repletas de cálidas fontes;
entre as muralhas de Atenas, no alto da cidadela,
junto ao templo da alma Tritônida Palas, pra onde   750
nunca os roucos corvos carregam seus corpos com as asas,
nem a fumaça dos sacrifícios exalam os altares.
Fogem não por conta da ira acerba de Palas,
pelo seu zelo, como cantaram os gregos poetas,[379]
mas por causa da própria natureza do espaço.
Um local parecido pode ser visto na Síria,
onde um quadrúpede, assim que adentra, imprimindo seus passos,
uma força do próprio local o derruba, pesado,
como se, subitamente aos deuses sacrificado.
tudo isso se passa por uma lei natural, e   760
são evidentes as causas que explicam, bem como a origem;
não se acredite que há nessas tais regiões uma entrada
para o Orco, e que, então, daí os deuses do inferno
levam as almas para as orlas do rio Aqueronte,
como se crê que os cervos alípedes, com suas narinas,
trazem pra fora dos esconderijos as raças vipéreas.[380]
Isso, percebe, está muito afastado da vera razão, e
passo agora a tentar relatar a verdade dos fatos.

Primeiramente, digo, como já disse outras vezes,
que há figuras na terra de todos os tipos, e muitas   770
são vitais e boas para alimento, e muitas
podem trazer doenças ou acelerar-nos a morte.
Diferentes coisas são mais adequadas pra vida

res ad vitai rationem ostendimus ante
propter dissimilem naturam dissimilisque
texturas inter sese primasque figuras.
multa meant inimica per auris, multa per ipsas
insinuant naris infesta atque aspera tactu,
nec sunt multa parum tactu vitanda neque autem
aspectu fugienda saporeque tristia quae sint. 780
  Deinde videre licet quam multae sint homini res
acriter infesto sensu spurcaeque gravesque;
arboribus primum certis gravis umbra tributa
usque adeo, capitis faciant ut saepe dolores,
siquis eas subter iacuit prostratus in herbis.
est etiam magnis Heliconis montibus arbos
floris odore hominem taetro consueta necare.
scilicet haec ideo terris ex omnia surgunt,
multa modis multis multarum semina rerum
quod permixta gerit tellus discretaque tradit. 790
nocturnumque recens extinctum lumen ubi acri
nidore offendit naris, consopit ibidem,
concidere et spumas qui morbo mittere suevit.
castoreoque gravi mulier sopita recumbit
et manibus nitidum teneris opus effluit ei,
tempore eo si odoratast quo menstrua solvit.
multaque praeterea languentia membra per artus
solvunt atque animam labefactant sedibus intus.
denique si calidis etiam cunctere lavabris
plenior et fueris, solio ferventis aquai 800
quam facile in medio fit uti des saepe ruinas!
carbonumque gravis vis atque odor insinuatur
quam facile in cerebrum, nisi aquam praecepimus ante!
at cum membra hominis percepit fervida febris,
tum fit odor vini plagae mactabilis instar,
nonne vides etiam terra quoque sulpur in ipsa
gignier et taetro concrescere odore bitumen;
denique ubi argenti venas aurique sequuntur,
terrai penitus scrutantes abdita ferro,
qualis exspiret Scaptensula subter odores? 810

de um ser vivo ou de outro, conforme antes mostramos,
em razão da natura distinta e distinta textura
que entre si apresentam as primeiras figuras.
Muitas coisas perniciosas penetram no ouvido,
outras no nariz, que são ásperas, ruins ao contato,
não são poucas que devem ser evitadas ao tato,
ou afastadas da vista, ou horríveis ao gosto. 780
    Pode-se ver, então, que muitas coisas ao homem
causam sensações danosas, repugnantes;
há em certas árvores sombra tão perigosa,
que com frequência causa dor de cabeça à pessoa
que se lançar prostrado sob a sombra na relva.
Há, no grande monte Hélicon árvore cuja
flor exala um tétrico odor que mata um humano.
Certamente essas coisas todas surgem da terra,
muitas sementes, de muitos modos, de muitas das coisas,
que são geradas mistas, e a terra nos dá separadas. 790
Quando um lume noturno se extingue, seu cheiro horroroso
as narinas ofende e põe pra dormir ali mesmo
os que, doentes, costumam cair e espumar pela boca.
Uma mulher adormece com o odor do grave castóreo,[381]
e seu trabalho elegante desliza das mãos delicadas,
caso o tenha cheirado durante sua mênstrua descarga.
Muitas outras coisas, também, amolecem os membros
e dissolvem, perturbam a ânima em sua sede.
Finalmente, caso demores no cálido banho,
se estiveres muito cheio, quão facilmente 800
podes passar muito mal por conta da água fervente!
Quão facilmente a grave força e o odor do carbono
entram no cérebro, se antes água não tenhas tomado!
Quando a férvida febre assoma o corpo de um homem,
torna-se chaga de força assassina o cheiro do vinho.
Não vês, acaso, também, que o enxofre se gera na terra,
e que também com tétrico odor forma crosta o betume,
e, também, quando seguem os veios do ouro e da prata,
perscrutando a terra até profundezas com o ferro
com odor semelhante ao de Escaptênsula,[382] podre? 810

quid ve mali fit ut exhalent aurata metalla!
quas hominum reddunt facies qualisque colores!
nonne vides audisve perire in tempore parvo
quam soleant et quam vitai copia desit,
quos opere in tali cohibet vis magna necessis?
hos igitur tellus omnis exaestuat aestus
exspiratque foras in apertum promptaque caeli.

 Sic et Averna loca alitibus summittere debent
mortiferam vim, de terra quae surgit in auras,
ut spatium caeli quadam de parte venenet;   820
quo simul ac primum pennis delata sit ales,
impediatur ibi caeco correpta veneno,
ut cadat e regione loci, qua derigit aestus.
quo cum corruit, hic eadem vis illius aestus
reliquias vitae membris ex omnibus aufert.
quippe etenim primo quasi quendam conciet aestum.
posterius fit uti, cum iam cecidere veneni
in fontis ipsos, ibi sit quoque vita vomenda
propterea quod magna mali fit copia circum.

 Fit quoque ut interdum vis haec atque aestus Averni   830
aera, qui inter avis cumquest terramque locatus,
discutiat, prope uti locus hic linquatur inanis.
cuius ubi e regione loci venere volantes,
claudicat extemplo pinnarum nisus inanis
et conamen utrimque alarum proditur omne.
hic ubi nixari nequeunt insistereque alis,
scilicet in terram delabi pondere cogit
natura, et vacuum prope iam per inane iacentes
dispergunt animas per caulas corporis omnis.

        ★

frigidior porro in puteis aestate fit umor,   840
rarescit quia terra calore et semina siqua
forte vaporis habet proprie, dimittit in auras.
quo magis est igitur tellus effeta calore,
fit quoque frigidior qui in terrast abditus umor.

Que terrível odor é o que exalam as minas de ouro!
Como mudam as faces dos homens e mudam suas cores!
Pois não ouves e vês como morrem em tempo tão curto
mais que o normal, e que a fonte da vida abandona os que seguem
tal trabalho, a que a necessidade enorme os impele?
Essas emanações, então, a terra é que emana[383]
e as expira pra fora até os espaços celestes.

    Dessa forma, os locais Avernos devem lançar ao
alto, aos ares, mortífera força, que surge da terra,
tanto que até alguma região do céu envenene;   820
e, assim que uma ave é levada até lá por suas asas,
logo ali mesmo é presa por um cego veneno,
de tal forma que cai no local aonde leva o efluxo.
Quando aí cai, essa mesma força do efluxo retira
o restante de vida que tem em todos os membros.
Pois, de fato, primeiro ele causa certa tontura,
e, depois, faz com que, caídos direto na fonte
do veneno, ali vomitem o resto da vida
pois, ao redor do local, há enorme abundância de males.

    Dá-se, também, que, às vezes tal força de efluxo do Averno   830
o ar dissipe, o que fica no espaço entre a ave e a terra,
de tal modo que nesse local reste como o inane.
Quando a essas regiões vêm as aves volantes,
de uma só vez o impulso das asas, inane, claudica,
falha todo o esforço das asas em ambos os lados.
Quando, por fim já não podem sustentar-se com as asas,
a natura as derruba com o seu peso na terra
e, no quase total vazio do inane jazendo
pelos poros de todo o corpo a ânima perdem.

(f) Fontes e nascentes estranhas: 840-905

★[384]

Mais: no verão, se a água nos poços se torna mais fria,   840
é porque o calor torna a terra mais rarefeita;
caso tenha sementes de calor, as expele
pelos ares. Quanto mais a terra é afetada
pelo calor, mais frio fica o humor de dentro da terra.

frigore cum premitur porro omnis terra coitque
et quasi concrescit, fit scilicet ut coeundo
exprimat in puteos si quem gerit ipsa calorem.
    Esse apud Hammonis fanum fons luce diurna
frigidus et calidus nocturno tempore fertur.
hunc homines fontem nimis admirantur et acri   850
sole putant subter terras fervescere partim,
nox ubi terribili terras caligine texit.
quod nimis a verast longe ratione remotum.
quippe ubi sol nudum contractans corpus aquai
non quierit calidum supera de reddere parte,
cum superum lumen tanto fervore fruatur,
qui queat hic supter tam crasso corpore terram
percoquere umorem et calido focilare vapore?
praesertim cum vix possit per saepta domorum
insinuare suum radiis ardentibus aestum.   860
quae ratiost igitur? nimirum terra magis quod
rara tenet circum fontem quam cetera tellus
multaque sunt ignis prope semina corpus aquai.
hoc ubi roriferis terram nox obruit undis,
extemplo penitus frigescit terra coitque.
hac ratione fit ut, tamquam compressa manu sit,
exprimat in fontem quae semina cumque habet ignis,
quae calidum faciunt laticis tactum atque vaporem.
inde ubi sol radiis terram dimovit obortus
et rarefecit calido miscente vapore,   870
rursus in antiquas redeunt primordia sedis
ignis et in terram cedit calor omnis aquai.
frigidus hanc ob rem fit fons in luce diurna.
praeterea solis radiis iactatur aquai
timor et in lucem tremulo rarescit ab aestu;
propterea fit uti quae semina cumque habet ignis
dimittat; quasi saepe gelum, quod continet in se,
mittit et exsolvit glaciem nodosque relaxat.
    Frigidus est etiam fons, supra quem sita saepe
stuppa iacit flammam concepto protinus igni,   880
taedaque consimili ratione accensa pier undas

E, além disso, quando toda a terra contrai-se
espremida pelo frio, e congela, acontece
que pelos poços exale o calor que tinha consigo.
 Dizem que há, junto ao templo de Amon,[385] uma fonte que é fria
quando brilha a luz e quente quando a noite escurece.
Muito admiram-se os homens com essa fonte e acreditam   850
que ela ferve por conta da força do sol sob a terra
quando a noite encobre as terras com sombras terríveis.
Isso está muito afastado da razão verdadeira.
Pois, quando o sol, brilhando sobre o corpo da água,
não consegue trazer o calor na parte de cima,
quando a luz desfruta de tanto fervor lá do alto,
como pode, por baixo de corpo tão denso de terra
reviver esse humor e fazê-lo ferver com ardência?
Principalmente quando mal consegue as paredes
atravessar de uma casa levando seus raios ardentes.   860
Qual é a causa, então? A terra, se é mais rarefeita
ao redor dessa fonte do que no restante das terras,
guarda muitas sementes de fogo perto da água.
Quando a noite cobre a terra em roríferas ondas,
rápido e completamente a terra resfria e contrai-se.
Por tal causa se dá que, tal como com a mão pressionada,
vazam na fonte todas as sementes de fogo e
tornam cálido o toque e o vapor do líquido corpo.
Quando o sol, ao nascer, com seus raios a terra revolve
e a rarefaz misturando a cálida ardência em seu corpo,   870
novamente à antiga sede os primórdios do fogo
voltam e da água todo o calor retorna pra terra.
Por tal causa esfria de dia a água da fonte.
E, além disso, os raios do sol golpeiam a água,
tornam o humor rarefeito na luz da trêmula ardência;
dá-se, portanto que as sementes de fogo que tenha,
perde-as, como quando a geada que em si possuía
perde, e derrete o gelo, quando afrouxa os seus laços.
 Há uma fonte fria que, estando próxima a ela
uma estopa, de imediato é tomada por chamas,   880
da mesma forma uma tocha incendeia por sobre suas águas

collucet, quocumque natans impellitur auris.
nimirum quia sunt in aqua permulta vaporis
semina de terraque necessest funditus ipsa
ignis corpora per totum consurgere fontem
et simul exspirare foras exireque in auras,
non ita multa tamen, calidus queat ut fieri fons.
praeterea dispersa foras erumpere cogit
vis per aquam subito sursumque ea conciliari.
quod genus endo marist Aradi fons, dulcis aquai 890
qui scatit et salsas circum se dimovet undas;
et multis aliis praebet regionibus aequor
utilitatem opportunam sitientibu' nautis,
quod dulcis inter salsas intervomit undas.
sic igitur per eum possunt erumpere fontem
et scatere illa foras, in stuppam semina quae cum
conveniunt aut in taedai corpore adhaerent,
ardescunt facile extemplo, quia multa quoque in se
semina habent ignis stuppae taedaeque tenentes.
nonne vides etiam, nocturna ad lumina linum 900
nuper ubi extinctum admoveas, accendier ante
quam tetigit flammam, taedamque pari ratione?
multaque praeterea prius ipso tacta vapore
eminus ardescunt quam comminus imbuat ignis.
hoc igitur fieri quoque in illo fonte putandumst.

    Quod superest, agere incipiam quo foedere fiat
naturae, lapis hic ut ferrum ducere possit,
quem Magneta vocant patrio de nomine Grai,
Magnetum quia fit patriis in finibus ortus.
hunc homines lapidem mirantur; quippe catenam 910
saepe ex anellis reddit pendentibus ex se.
quinque etenim licet interdum plurisque videre
ordine demisso levibus iactarier auris,
unus ubi ex uno dependet subter adhaerens
ex alioque alius lapidis vim vinclaque noscit:
usque adeo permananter vis pervalet eius.

e reluz onde quer que, nadando, as auras a levem.
Nada admirável, já que na água há abundantes sementes
de calor, e é mister que bem do fundo da terra
pela fonte inteira surjam corpos de fogo
e que sejam lançadas pra fora pro alto nas auras,
mas não muitas a ponto que façam que a fonte se esquente.
E, além disso, uma força as impele a irromper para fora
através da água, dispersas, e a acima se unirem.
Há até uma fonte dentro do mar em Arado,[386]   890
que borbulha água doce e move ao redor a salgada;
e também o mar em muitos outros lugares
traz esse auxílio oportuno aos navegantes sedentos,
ao jorrar ondas doces por entre as águas salgadas.
Dessa maneira as sementes podem irromper nessa fonte
e derramar-se pra fora, e, quando se agarram ao corpo
de uma tocha ou da estopa, de imediato incendeiam
já que da mesma maneira a estopa e a tocha possuem
dentro de si, também, numerosas sementes de fogo.
Pois não vês, que, ao aproximar de um lume noturno   900
um pavio recém-apagado, logo se acende,
antes que atinja a chama, e, da mesma maneira, uma tocha?
E, além disso, muitas outras coisas primeiro
ardem tocadas pelo calor mesmo antes do fogo.
Isso também devemos pensar que acontece na fonte.

(g) O magneto: 906-1089

Quanto ao que segue, começo a explicar com que pacto a natura
faz com que o ferro se atraia pelo tipo de pedra
que se chama magneto, patronímico grego,
já que foi encontrado no território magnésio.[387]
Admiram-se os homens com essa pedra; por vezes   910
faz com anéis pendentes entre si uma correia.
Pode-se ver às vezes cinco anéis, até mais em
ordem, pendurados, balançando nas auras,
um aderindo ao outro, pendendo por baixo, pois cada
um recebe do outro o vínculo, a força da pedra:
com uma tal permanência a força dela vigora.

Hoc genus in rebus firmandumst multa prius quam
ipsius rei rationem reddere possis,
et nimium longis ambagibus est adeundum;
quo magis attentas auris animumque reposco. 920
    Principio omnibus ab rebus, quascumque videmus,
perpetuo fluere ac mitti spargique necessest
corpora quae feriant oculos visumque lacessant.
perpetuoque fluunt certis ab rebus odores;
frigus ut <a> fluviis, calor ab sole, aestus ab undis
aequoris exesor moerorum litora propter.
nec varii cessant sonitus manare per auras.
denique in os salsi venit umor saepe saporis,
cum mare versamur propter, dilutaque contra
cum tuimur misceri absinthia, tangit amaror. 930[934]
usque adeo omnibus ab rebus res quaeque fluenter [935]
fertur et in cunctas dimittitur undique partis [930]
nec mora nec requies interdatur ulla fluendi, [931]
perpetuo quoniam sentimus, et omnia semper [932]
cernere odorari licet et sentire sonare. 935[933]
    Nunc omnes repetam quam raro corpore sint res
commemorare; quod in primo quoque carmine claret.
quippe etenim, quamquam multas hoc pertinet ad res
noscere, cum primis hanc ad rem protinus ipsam,
qua de disserere aggredior, firmare necessest 940
nil esse in promptu nisi mixtum corpus inani.
principio fit ut in speluncis saxa superna
sudent umore et guttis manantibu' stillent.
manat item nobis e toto corpore sudor,
crescit barba pilique per omnia membra, per artus.
diditur in venas cibus omnis, auget alitque
corporis extremas quoque partis unguiculosque.
frigus item transire per aes calidumque vaporem
sentimus, sentimus item transire per aurum
atque per argentum, cum pocula plena tenemus. 950
denique per dissaepta domorum saxea voces
pervolitant, permanat odor frigusque vaposque
ignis, qui ferri quoque vim penetrare süevit.

    Quanto a esse tipo de coisa muito se deve, primeiro,
esclarecer, pra que encontres a razão desse fato,
deve-se percorrer um muitíssimo longo percurso,
é por isso que peço ouvidos e ânimo atentos.   920
    É necessário, em princípio, que de tudo que vemos,
constantemente refluam, sejam espalhados, lançados,
os primórdios que os olhos nos ferem e a visão proporcionam.
Constantemente, de certas coisas refluem odores,
como o frio dos rios, calor do sol e das ondas
do oceano o vapor que corrói as muralhas litóreas:
vários sons não cessam de voejar pelas auras.
Finalmente, nos vem o salgado sabor da umidade,
quando na borda do mar passeamos e quando assistimos
preparação da mistura de absinto, o amargor nos atinge.   930[934]
Tanto é assim que de todas as coisas um fluxo se solta   [935]
e se dispersa em todas as partes, por todos os lados,   [930]
nem demora, nem descanso se dá a tal fluxo,   [931]
já que sem cessar o sentimos: de tudo podemos   [932]
perceber o odor e de tudo o rumor percebemos.[388]   935[933]
    Torno agora a lembrar como todas as coisas têm corpo
rarefeito, o que já deixei claro no início do livro.[389]
Pois, de fato, embora isso seja importante
para muitos domínios, é de suma importância
para o assunto que agora abordo: fique bem claro   940
que não há nada senão a mistura de corpo e inane.
Dá-se, em princípio, que, nas cavernas, as pedras de cima
suam com o humor e gotejam com gotas pingantes.
Da mesma forma, suamos em todas as partes do corpo.
Cresce a barba e crescem os pelos em todos os membros,
os alimentos percorrem todas as veias, nos nutrem,
aumentando todas as partes do corpo, até as unhas.
Percebemos o frio cruzando o bronze e sentimos
da mesma forma que o calor passa até pelo ouro e
pela prata, quando nas mãos temos taças repletas.   950
Finalmente, pelos cômodos pétreos das casas
voam as vozes, perpassam o odor, o frio e o fogo,
esse cuja força também penetra até o ferro.

denique qua circum caeli lorica coercet,

*

morbida visque simul, cum extrinsecus insinuatur;
et tempestates terra caeloque coortae,
in caelum terrasque remotae iure facessunt;
quandoquidem nil est nisi raro corpore nexum.
    Huc accedit uti non omnia, quae iaciuntur
corpora cumque ab rebus, eodem praedita sensu   960
atque eodem pacto rebus sint omnibus apta.
principio terram sol excoquit et facit are,
at glaciem dissolvit et altis montibus altas
exstructas<que> nives radiis tabescere cogit.
denique cera liquefit in eius posta vapore.
ignis item liquidum facit aes aurumque resolvit,
at coria et carnem trahit et conducit in unum.
umor aquae porro ferrum condurat ab igni,
at coria et carnem mollit durata calore.
barbigeras oleaster eo iuvat usque capellas,   970
effluat ambrosia quasi vero et nectare tinctus;
qua nil est homini quod amariu' fronde vigescat.
denique amaracinum fugitat sus et timet omne
unguentum; nam saetigeris subus acre venenumst,
quod nos interdum tamquam recreare videtur.
at contra nobis caenum taeterrima cum sit
spurcities, eadem subus haec iucunda videtur,
insatiabiliter toti ut volvantur ibidem.
    Hoc etiam superest, ipsa quam dicere de re
aggredior quod dicendum prius esse videtur.   980
multa foramina cum variis sint reddita rebus,
dissimili inter se natura praedita debent
esse et habere suam naturam quaeque viasque.
quippe etenim varii sensus animantibus insunt,
quorum quisque suam proprie rem percipit in se.
nam penetrare alio sonitus alioque saporem
cernimus e sucis, alio nidoris odores.
[scilicet id fieri cogit natura viarum
multimodis varians, ut paulo ostendimus ante.]

Finalmente, por onde a couraça celeste circunda,

★

e também de fora insinua-se a mórbida força;³⁹⁰
e as tempestades que se formam no céu e na terra,
logo ao céu e à terra se afastam por natureza;
já que nada existe senão rarefeito em seu corpo.

    Dá-se, assim, que nem todos os corpos que emanam das coisas
apresentam o mesmo efeito ao sentido ou são aptos   960
para todas as coisas sempre da mesma maneira.
Em princípio, o sol torra a terra e árida a torna,
mas dissolve o gelo e, das altas montanhas, a neve
empilhada no alto faz derreter com seus raios.
Mais: a cera sob o sol colocada derrete.
Fogo derrete o bronze e também ao ouro dissolve,
mas contrai a carne e o couro, num só os converte.
Água, também, endurece o ferro moldado no fogo,
couro e carne duros pelo calor amolecem.
As oliveiras selvagens agradam barbígeras cabras   970
como se exalassem ambrosia, ou pingassem com néctar.
Nada é mais amargo pros homens do que suas folhas.
A manjerona afugenta os suínos; eles detestam
todo tipo de unguento – veneno para esses peludos
num só tempo, pra nós, muitas vezes são revigorantes.
Mas, ao contrário, pra nós a lama é a mais horrorosa
das imundícies, aos porcos parece muito agradável,
que, insaciáveis, todos sempre nela chafurdam.

    Há ainda uma coisa que devo dizer sobre o tema
antes que eu aborde a questão em si mesma adiante.   980
Como se diz que há muitos poros nas coisas diversas,
devem as suas naturas ser entre si diferentes,
ou melhor, cada um deve ter sua natura e suas vias.
Seres animados possuem vários sentidos
com os quais cada ser percebe a coisa a seu modo.
Pois percebemos que o som entra em um, o sabores dos sucos
entram por outro; em outro, ainda o odor dos aromas.
[Certamente é a natura das vias que faz que aconteça
já que varia de muitas maneiras, conforme mostramos.]³⁹¹

praeterea manare aliud per saxa videtur, 990[991]
atque aliud lignis, aliud transire per aurum. [992]
argentoque foras aliud vitroque meare. [993]
nam fluere hac species, illae calor ire videtur, [994]
atque aliis aliud citius transmittere eadem. [995]
scilicet id fieri cogit natura viarum 995[996]
multimodis varians, ut paulo ostendimus ante, [997]
propter dissimilem naturam textaque rerum. [990]

    Quapropter, bene ubi haec confirmata atque locata
omnia constiterint nobis praeposta parata,
quod superest, facile hinc ratio reddetur et omnis 1000
causa patefiet quae ferri pelliciat vim.
principio fluere e lapide hoc permulta necessest
semina sive aestum qui discutit aera plagis,
inter qui lapidem femimque est cumque locatus.
hoc ubi inanitur spatium multusque vacefit
in medio locus, extemplo primordia ferri
in vacuum prolapsa cadunt coniuncta, fit utque
anulus ipse sequatur eatque ita corpore toto.
nec res ulla magis primoribus ex elementis
indupedita suis arte conexa cohaeret 1010
quam validi feni natura et frigidus horror.
quo minus est mirum, quod ducitur ex elementis,
corpora si nequeunt e ferro plura coorta
in vacuum ferri, quin anulus ipse sequatur;
quod facit, et sequitur, donec pervenit ad ipsum
iam lapidem caecisque in eo compagibus haesit.
hoc fit idem cunctas in partis; unde vacefit
cumque locus, sive e transverso sive superne,
corpora continuo in vacuum vicina feruntur.
quippe agitantur enim plagis aliunde nec ipsa 1020
sponte sua sursum possunt consurgere in auras.
huc accedit item, quare queat id magis esse,
haec quoque res adiumento, motusque iuvatur,
quod, simul a fronte est anelli rarior aer
factus inanitusque locus magis ac vacuatus,
continuo fit uti qui post est cumque locatus [1033]

Vemos, também, que algo pode atravessar uma rocha,   990[991]
outra coisa o lenho atravessa, e outra, ainda, o ouro,   [992]
outra consegue mover-se através da prata e do vidro.   [993]
Por aqui fluem imagens, por ali, os calores,   [994]
uma coisa é mais rápida que outra no mesmo percurso.   [995]
Certamente é a natura das vias que faz que aconteça,   995[996]
já que varia de muitas maneiras, conforme mostramos,   [997]
por diferirem em natureza as texturas das coisas.   [990]

    Por conseguinte, com tais coisas já confirmadas
e preparadas, e tudo nos foi estabelecido,
quanto ao restante, a razão se pode explicar facilmente,   1000
para o fato de ser atraída a força do ferro.
Primeiramente, devem fluir as sementes da pedra,
muitas, ou uma efluência que os ares dispersa com golpes,
esses que se localizam entre o ferro e a pedra.
Quando então esse espaço esvazia e vaga, no meio, um
loco maior, de imediato, os primórdios do ferro no vácuo
caem, unidos, e lançam-se; aquele anel, em, seguida,
dessa maneira os segue e avança com todo seu corpo.
Não há outro elemento mais firme em seus corpos primeiros
com ligações entre eles mais aderentes, conexas   1010
do que a natura do ferro potente e seu frio assombroso.
Nem admira, já que conduz-se por seus elementos,
se outros corpos não podem, emanados do ferro,
ser conduzidos ao vácuo, enquanto o anel o consiga;
isso faz e segue até que chegue na pedra,
grude nela, por fim, com ligações invisíveis.
Isso acontece em todas as partes: caso um ambiente
venha a tornar-se vazio, na transversal ou acima,
logo corpos vizinhos são transportados ao vácuo.
Pois que são agitados por golpes que vêm de outra parte   1020
e não podem por conta própria elevar-se nas auras.
Da mesma forma vemos que ocorre mais facilmente
que tal coisa seja de mais auxílio e o moto,
se diante do anel um ar for mais rarefeito
e o local se tornar mais livre e esvaziado,
faz com que o ar que se encontre por trás, imediatamente   [1033]

aer a tergo quasi provehat atque propellat. [1026]
semper enim circumpositus res verberat aer; [1027]
sed tali fit uti propellat tempore ferrum, [1028]
parte quod ex una spatium vacat et capit in se. 1030[1029]
hic, tibi quem memoro, per crebra foramina ferri [1030]
parvas ad partis subtiliter insinuatus [1031]
trudit et impellit, quasi navem velaque ventus. [1032]
denique res omnes debent in corpore habere
aera, quandoquidem raro sunt corpore, et aer
omnibus est rebus circumdatus appositusque.
hic igitur, penitus qui in ferrost abditus aer,
sollicito motu semper iactatur eoque
verberat anellum dubio procul et ciet intus;
scilicet ille eodem fertur quo praecipitavit 1040
iam semel et partem in vacuam conamina sumpsit.
    Fit quoque ut a lapide hoc ferri natura recedat
interdum, fugere atque sequi consueta vicissim.
exsultare etiam Samothracia ferrea vidi
et ramenta simul ferri furere intus aenis
in scaphiis, lapis hic Magnes cum subditus esset:
usque adeo fugere a saxo gestire videtur.
aere interposito discordia tanta creatur
propterea quia nimirum prius aestus ubi aeris
praecepit ferrique vias possedit apertas, 1050
posterior lapidis venit aestus et omnia plena
invenit in ferro neque habet qua tranet ut ante.
cogitur offensare igitur pulsareque fluctu
ferrea texta suo; quo pacto respuit ab se
atque per aes agitat sine eo quod saepe resorbet.
illud in his rebus mirari mitte, quod aestus
non valet e lapide hoc alias impellere item res.
pondere enim fretae partim stant; quod genus aurum;
at partim raro quia sunt cum corpore, ut aestus
pervolet intactus, nequeunt impellier usquam; 1060
lignea materies in quo genere esse videtur.
interutrasque igitur ferri natura locata
aeris ubi accepit quaedam corpuscula, tum fit

como que propulsione o anel, como se o empurrando.³⁹² [1026]
Sempre, contudo, as coisas golpeia o ar interposto; [1027]
pois, em tais circunstâncias, isso acontece com o ferro, [1028]
já que num lado vaga o espaço, e pra si ele o toma. 1030[1029]
Esse ar, que já mencionei, pelos poros do ferro, [1030]
muitos, sutilmente adentrando suas partes pequenas, [1031]
é transportado, como o navio com suas velas ao vento. [1032]
Finalmente, tudo deve ter ar em seus corpos,
visto que todas as coisas têm rarefeitos os corpos
e a todas as coisas o ar contrapõe-se e circunda.
Esse ar, portanto, que se esconde no ferro,
sempre se lança pra lá e pra cá com o impulso do moto
e verbera o anel – não há dúvida –, agita-o por dentro;
este, decerto, é levado pro mesmo lugar onde antes 1040
precipitou-se e se esforça em buscar a parte vazia.
    Dá-se, também, que o ferro, às vezes, fuja da pedra,
e se acostuma a alternar-se entre seguir e afastar-se.
Pessoalmente eu já vi alguns ferros da Samotrácia
saltitarem e a limalha do ferro dançando
numa copa de bronze com a pedra de Magnes por baixo,
com tal fervor que parece querer fugir dessa pedra.
Com o bronze interposto, tamanha discórdia é criada,
nem admira, pois, antes, a efluência do bronze,
quando atinge as vias do ferro e, abertas, as toma, 1050
logo depois a efluência da pedra chega e encontra
tudo cheio no ferro, e não encontra o caminho.
É levado a atacar e bater-se com o seu fluxo
contra a textura do ferro, e, assim, o repele pra longe
e, através do bronze, agita o que antes sorvia.
Não te assombres, também, se, por isso, a efluência da pedra
não é capaz de impelir outras coisas da mesma maneira.
Em alguns casos a causa é o peso, tal como com o ouro;
em outros casos, a rarefação de seus corpos, de modo
que a efluência intacta perpasse, e o impulso inexiste; 1060
desse tipo parece ser a lígnea matéria.
A natureza do ferro, portanto, está posicionada
entre esses dois, pois quando recebe corpúsculos brônzeos

impellant ut eam Magnesia flumine saxa.
    Nec tamen haec ita sunt aliarum rerum aliena,
ut mihi multa parum genere ex hoc suppeditentur
quae memorare queam inter se singlariter apta.
saxa vides primum sola colescere calce.
glutine materies taurino iungitur una,
ut vitio venae tabularum saepius hiscant 1070
quam laxare queant compages taurea vincla.
vitigeni latices aqüai fontibus audent
misceri, cum pix nequeat gravis et leve olivum.
purpureusque colos conchyli iungitur una
corpore cum lanae, dirimi qui non queat usquam,
non si Neptuni fluctu renovare operam des,
non, mare si totum velit eluere omnibus undis.
denique non auro res aurum copulat una
aerique <aes> plumbo fit uti iungatur ab albo?
cetera iam quam multa licet reperire? quid ergo? 1080
nec tibi tam longis opus est ambagibus usquam,
nec me tam multam hic operam consumere par est,
sed breviter paucis praestat comprendere multa.
quorum ita texturae ceciderunt mutua contra,
ut cava conveniant plenis haec illius illa
huiusque inter se, iunctura haec optima constat.
est etiam, quasi ut anellis hamisque plicata
inter se quaedam possint copiata teneri;
quod magis in lapide hoc fieri ferroque videtur.

    Nunc ratio quae sit morbis aut unde repente 1090
mortiferam possit cladem conflare coorta
morbida vis hominum generi pecudumque catervis,
expediam. primum multarum semina rerum
esse supra docui quae sint vitalia nobis,
et contra quae sint morbo mortique necessest
multa volare. ea cum casu sunt forte coorta
et perturbarunt caelum, fit morbidus aer.
atque ea vis omnis morborum pestilitasque

as efluências da pedra magnésia então a repelem.
   Nem a outras coisas são tão alheias tais coisas
que eu não tenha a acrescentar muitos outros exemplos
de outras coisas que só entre elas possam juntar-se.
Vês, primeiro, que pedras só com cimento se ligam.
Só se pode colar a madeira com cola de touro,[393]
tanto que os veios das tábuas antes racham e quebram   1070
do que os vínculos táureos relaxem a sua juntura.
Líquidos víneos se deixam mesclar às águas das fontes,
quando o grave piche e o leve azeite não podem.
Junge-se a cor purpúrea das conchas às lãs e aos tecidos,
de tal modo que nunca podem ser separados,
nem se tentares lavá-los no fluxo do velho Netuno,
não, nem com todas as águas do mar, ou todas as ondas.
Pois não há uma única coisa que junta ouro a ouro[394]
e que só o estanho junta bronze com bronze?
Precisaria encontrar mais quantas coisas do tipo?   1080
Mas para quê? Não precisas mais de caminhos tão longos,
nem aqui preciso mais gastar tanto esforço,
mas é melhor apreender muitas coisas em poucas palavras.
Dessa forma, as coisas que têm as texturas contrárias,
tal que escavadas convenham a sólidas, tal que se juntam
umas às outras, são as que têm união mais perfeita.
Há, então, as que são como anéis abraçados a ganchos,
de tal modo que possam manter-se acopladas, unidas.
É o que parece acontecer com essa pedra e o ferro.

   (h) Pestilências: 1090-137

   Qual a razão, agora, das pestilências e de onde   1090
de repente podem surgir tais mortíferos males,
mórbida força às espécies humanas, também aos rebanhos,
explicarei. Sementes, primeiro, de muitas das coisas
há, como acima mostrou-se, fundamentais para a vida
e, ao contrário, deve haver as mortíferas, muitas.
Essas, quando, acaso reúnem-se, voam nos ares
e o céu perturbam: enche-se o ar de doenças.
Toda essa força de doenças e pestilências

aut extrinsecus ut nubes nebulaeque superne
per caelum veniunt, aut ipsa saepe coorta 1100
de terra surgunt, ubi putorem umida nactast
intempestivis pluviisque et solibus icta.
nonne vides etiam caeli novitate et aquarum
temptari procul a patria quicumque domoque
adveniunt ideo quia longe discrepitant res?
nam quid Brittannis caelum differre putamus,
et quod in Aegypto est qua mundi claudicat axis,
quidve quod in Ponto est differre, et Gadibus atque
usque ad nigra virum percocto saecla colore?
quae cum quattuor inter se diversa videmus 1110
quattuor a ventis et caeli partibus esse,
tum color et facies hominum distare videntur
largiter et morbi generatim saecla tenere,
est elephas morbus qui propter flumina Nili
gignitur Aegypto in media neque praeterea usquam.
Atthide temptantur gressus oculique in Achaeis
finibus. inde aliis alius locus est inimicus
partibus ac membris: varius concinnat id aer.
proinde ubi se caelum, quod nobis forte alienum,
commovet atque aer inimicus serpere coepit, 1120
ut nebula ac nubes paulatim repit et omne
qua graditur conturbat et immutare coactat;
fit quoque ut, in nostrum cum venit denique caelum,
corrumpat reddatque sui simile atque alienum.
haec igitur subito clades nova pestilitasque
aut in aquas cadit aut fruges persidit in ipsas
aut alios hominum pastus pecudumque cibatus,
aut etiam suspensa manet vis aere in ipso
et, cum spirantes mixtas hinc ducimus auras,
illa quoque in corpus pariter sorbere necessest. 1130
consimili ratione venit bubus quoque saepe
pestilitas et iam pigris balantibus aegror.
nec refert utrum nos in loca deveniamus
nobis adversa et caeli mutemus amictum,
an caelum nobis ultro natura coruptum

ou vem de fora do mundo, pelo céu, como as nuvens
e as névoas, ou, muitas vezes, tem sua origem							1100
da própria terra que, quando úmida, faz abundante
lama por conta do choque de chuvas e sóis excessivos.
Pois não vês, também, que aqueles que estão muito longe
de sua pátria são perturbados pela estranheza,
seja do céu ou das águas, em condições diferentes?
Quão diferente é o céu dos bretões e o céu dos egípcios,
lá onde o eixo do mundo claudica entortando pro lado,[395]
que diferença entre Ponto[396] e Gades[397] nós percebemos,
e assim até onde o sol torra a pele dos homens?
Como vemos que esses quatro locais são diversos						1110
entre si como o são pelos ventos e partes celestes,
dessa maneira diferem feições e cores dos homens,
dessa forma, os atacam doenças de forma diversa.
Há elefantíase: nasce junto das margens do Nilo
na região do Médio Egito e em nenhum outro canto.
Na Ática sofrem os pés, e entre os aqueus são os olhos.
Cada local, assim, é nocivo a uma parte do corpo,
ou a um membro: o responsável é o ar variante.
Quando, portanto, um céu que talvez nos seja nocivo
move-se e põe-se a serpentear o ar inimigo, em						1120
forma de névoas e nuvens e lentamente rasteja,
por onde passa, tudo perturba, trazendo mudança;
dá-se, também, que, adentrando o nosso céu, finalmente,
tudo corrompe e transforma em si mesmo, aos nossos nocivo.
Subitamente, tal pestilência e calamidade
cai nas águas, ou insinua-se em nossas colheitas,
ou em outros pastos de bestas, repastos dos homens,
ou, ainda, permanece suspensa nos ares
e, ao inspirá-la misturada nas auras, no corpo
deve-se admitir que a absorvemos inteira.							1130
Por razão semelhante tal pestilência acomete
gado também, até mesmo indolentes ovelhas balantes.
Indiferente se nós é que vamos aos locos adversos
e mudamos a vestimenta do espaço celeste,
ou se a natura nos traz de longe um céu corrompido,

deferat aut aliquid quo non consuevimus uti,
quod nos adventu possit temptare recenti.

    Haec ratio quondam morborum et mortifer aestus
finibus in Cecropis funestos reddidit agros
vastavitque vias, exhausit civibus urbem. 1140
nam penitus veniens Aegypti finibus ortus,
aera permensus multum camposque natantis,
incubuit tandem populo Pandionis omni.
inde catervatim morbo mortique dabantur.
principio caput incensum fervore gerebant
et duplicis oculos suffusa luce rubentis.
sudabant etiam fauces intrinsecus atrae
sanguine et ulceribus vocis via saepta coibat
atque animi interpres manabat lingua cruore
debilitata malis, motu gravis, aspera tactu. 1150
inde ubi per fauces pectus complerat et ipsum
morbida vis in cor maestum confluxerat aegris,
omnia tum vero vitai claustra lababant.
spiritus ore foras taetrum volvebat odorem,
rancida quo perolent proiecta cadavera ritu.
atque animi prorsum vires totius <et> omne
languebat corpus leti iam limine in ipso.
intolerabilibusque malis erat anxius angor
assidue comes et gemitu commixta querella.
singultusque frequens noctem per saepe diemque 1160
corripere assidue nervos et membra coactans
dissoluebat eos, defessos ante, fatigans.
nec nimio cuiquam posses ardore tueri
corporis in summo summam fervescere partem,
sed potius tepidum manibus proponere tactum
et simul ulceribus quasi inustis omne rubere
corpus, ut est per membra sacer dum diditur ignis.
intima pars hominum vero flagrabat ad ossa,
flagrabat stomacho flamma ut fornacibus intus.

ou alguma outra coisa com a qual não nos acostumamos
que, com recente presença, nos possa trazer a doença.

C. *Epílogo: a peste de Atenas*: 1138-286

    Tal espécie de praga e efluência mortífera, outrora
nos territórios cecrópios tornou-lhes os campos funestos,
devastou as estradas, privou de homens a urbe. 1140
Vinda dos confins do Egito, ali sua origem,
percorrendo longos ares e campos natantes,
abateu-se, por fim, em todos os pandionidas.[398]
Em batalhões sucumbiam, então, à morte e à doença.
Em suas frontes, primeiro, sentiam febres terríveis,
logo os olhos ficavam vermelhos com brilho apagado.
Suas gargantas suavam por dentro com sangue enegrado,
logo, então, ulcerosas, as vias da voz se trancavam,
sua língua, intérprete do ânimo, sânie emanava,
debilitada dos males, pesada e áspera ao tato. 1150
Quando, então, através da garganta, a mórbida força
já enchia os peitos até o coração dos enfermos,
tudo tomava e enfraquecia os laços da vida.
Hálito tétrico dessas bocas volvia, tal como
fétido odor de cadáver largado na rua, insepulto.
Em seguida, todas as forças do ânimo e o corpo
desfaleciam nas proximidades das portas da morte.
Intolerabilíssimo mal era a angústia ansiosa,
companheira constante de lamentações e gemidos.
Os soluços ininterruptos nos dias e noites 1160
abalavam os nervos e contraíam os membros,
que, cansados, desfaleciam de intensa fadiga.
Nem poderias o ardor perceber no corpo ou na pele,
a superfície queimando de febre, mas, antes, o corpo
oferecia apenas um leve calor se o tocasses
e, ao mesmo tempo, como coberto de úlceras, todo
já avermelhava, o fogo sagrado[399] tomando-lhe os membros.
Conflagravam as partes interiores dos homens,
chamas queimavam o estômago, os ossos, como em fornalhas.

nil adeo posses cuiquam leve tenveque membris					1170
vertere in utilitatem, at ventum et frigora semper.
in fluvios partim gelidos ardentia morbo
membra dabant nudum iacientes corpus in undas.
multi praecipites lymphis putealibus alte						[1178]
inciderunt ipso venientes ore patente:					1175[1174]
insedabiliter sitis arida, corpora mersans,						[1175]
aequabat multum parvis umoribus imbrem.						[1176]
nec requies erat ulla mali: defessa iacebant						[1177]
corpora. mussabat tacito medicina timore,
quippe patentia cum totiens ardentia morbis					1180
lumina versarent oculorum expertia somno.
multaque praeterea mortis tum signa dabantur,
perturbata animi mens in maerore metuque,
triste supercilium, furiosus vultus et acer,
sollicitae porro plenaeque sonoribus aures,
creber spiritus aut ingens raroque coortus,
sudorisque madens per collum splendidus umor,
tenvia sputa minuta, croci contacta colore
salsaque, per fauces rauca vix edita tussi.
in manibus vero nervi trahere et tremere artus					1190
a pedibusque minutatim succedere frigus
non dubitabat. item ad supremum denique tempus
compressae nares, nasi primoris acumen
tenve, cavati oculi, cava tempora, frigida pellis
duraque, in ore iacens rictum, frons tenta tumebat.
nec nimio rigida post artus morte iacebant.
octavoque fere candenti lumine solis
aut etiam nona reddebant lampade vitam.
quorum siquis, ut est, vitarat funera leti,
ulceribus taetris et nigra proluvie alvi						1200
posterius tamen hunc tabes letumque manebat,
aut etiam multus capitis cum saepe dolore
corruptus sanguis expletis naribus ibat:
huc hominis totae vires corpusque fluebat.
profluvium porro qui taetri sanguinis acre
exierat, tamen in nervos huic morbus et artus

Nada leve ou tênue podia servir de coberta 1170
para acalmar os membros, exceto o frio e o vento.
Parte deles nos gélidos rios lançavam os membros
incendiados pela doença, os corpos desnudos.
Muitos precipitavam-se em águas fundas de poços [1178]
e, ao alcançá-las, com as bocas abertas, a árida sede 1175[1174]
nunca aplacar conseguiam, mesmo imersos os corpos, [1175]
como se chuva incessante não fosse senão meras gotas. [1176]
Nem havia descanso à miséria: os corpos jaziam [1177]
desfalecidos. Médicos balbuciavam de espanto,
quando os buscavam olhos ardentes, arregalados, 1180
revirando sem rumo, incapazes de sono ou descanso.
Muitos sinais da morte, além desses, podiam ser vistos:
mente e ânimo perturbados de pânico e medo,
compleição melancólica, aspecto em fúria, espasmoso;
Mais: ouvidos perturbados por vozes estranhas,
respiração pesada, mais lenta ou acelerada,
mádido colo luzente do humor do suor abundante,
cuspe ralo, curto, purulento e salgado,
mal se drenando com a tosse rouca e arrastada.
Com efeito, nas mãos os nervos puxavam, os membros 1190
todos tremiam, e o frio escalava dos pés, incessante.
Quando chegava, por fim, a hora final, derradeira,
comprimiam-se as narinas, nariz afinava,
olhos e têmporas vácuos viravam, frígida, a pele
endurecia, a boca escancarada, e a fronte
tensa e inchada. Os membros, por fim, se enrijecem de morte.
Logo depois da oitava passagem solar luminosa,
ou sob a nona extinguia-se, enfim, o lume da vida.
Caso algum deles lograsse evitar o destino funesto,
com tetras úlceras e descarga negra do ventre 1200
logo depois o aguardava a fraqueza seguida de morte,
em alguns casos, com forte dor de cabeça, seguia
fluxo enorme de sangue escorrendo pelas narinas:
dessa maneira, por fim, exauriam-se as forças do corpo.
Mais ainda: se alguém se salvasse de tal sangramento
tétrico, tomaria a doença os seus nervos e membros,

ibat et in partis genitalis corporis ipsas.
et graviter partim metuentes limina leti
vivebant ferro privati parte virili,
et manibus sine nonnulli pedibusque manebant 1210
in vita tamen, et perdebant lumina partim:
usque adeo mortis metus his incesserat acer.
atque etiam quosdam cepere oblivia rerum
cunctarum, neque se possent cognoscere ut ipsi.
multaque humi cum inhumata iacerent corpora supra
corporibus, tamen alituum genus atque ferarum
aut procul absiliebat, ut acrem exiret odorem,
aut, ubi gustarat, languebat morte propinqua.
nec tamen omnino temere illis solibus ulla
comparebat avis, nec tristia saecla ferarum 1220
exibant silvis. languebant pleraque morbo
et moriebantur. cum primis fida canum vis
strata viis animam ponebat in omnibus aegre;
extorquebat enim vitam vis morbida membris.
incomitata rapi certabant funera vasta.
nec ratio remedi communis certa dabatur;
nam quod ali dederat vitalis aeris auras
volvere in ore licere et caeli templa tueri,
hoc aliis erat exitio letumque parabat.
    Illud in his rebus miserandum magnopere unum 1230
aerumnabile erat, quod ubi se quisque videbat
implicitum morbo, morti damnatus ut esset,
deficiens animo maesto cum corde iacebat,
funera respectans animam amittebat ibidem.
quippe etenim nullo cessabant tempore apisci
ex aliis alios avidi contagia morbi,
lanigeras tamquam pecudes et bucera saecla. [1245]
idque vel in primis cumulabat funere funus. [1237]
nam quicumque suos fugitabant visere ad aegros, [1238]
vitai nimium cupidos mortisque timentis 1240[1239]
poenibat paulo post turpi morte malaque, [1240]
desertos, opis expertis, incuria mactans. [1241]
qui fuerant autem praesto, contagibus ibant [1242]

de tal forma que atingisse até as genitálias.
Parte desses, com grande temor das soleiras da morte
conseguiam viver, decepando sua virilidade,
outros, não poucos, sem mãos ou pés, seguiam vivendo,   1210
outros, ainda, arrancavam-se as próprias luzes dos olhos:
de tal modo o acerbo medo da morte os tomava.
O esquecimento de todas as coisas a outros tomava,
a tal ponto que não conheciam mais a si mesmos.
Como no solo jaziam exumados inúmeros corpos
sobre corpos, mesmo assim as aves e feras
longe ficavam, para evitar o odor pestilento,
ou, se banqueteavam, rápido a morte os prostrava.
Dificilmente sob esses sóis ali vinha ave alguma,
nem as tristes espécies das feras saíam das selvas.   1220
A maioria, abatida pela doença, morria.
Primeiramente a força fiel dos cães nas estradas
despejava a ânima após uma luta incessante:
mórbida força lhes arrancava dos membros a vida.
Funerais devastados, desertos, se davam às pressas.
Não havia remédio comum e definitivo;
Pois o que a alguns as auras dos ares vitais concederam
que respirassem e contemplassem os templos celestes,
para outros trazia destruição e exício.
    Quanto a isso, o mais lamentável e triste era quando   1230
uma pessoa, ao se ver afetada pela doença,
tal que a sentença de morte contemplasse, sem volta,
desfalecendo no ânimo, com coração pesaroso,
como se visse o seu funeral, já deixava a esperança.
Com efeito, o contágio ávido da pestilência
de um a outro passava, atingia sem pausa nenhuma,
como se fossem rebanhos lanígeros, massas bovinas.   [1245]
O que se via, então, eram pilhas de mortos em mortos.   [1237]
Todo aquele que recusava visita aos doentes   [1238]
agarrado demais à vida, com medo da morte,   1240[1239]
era punido mais tarde com morte torpe e penosa: [1240]
pelo egoísmo, carente de ajuda, morria sozinho.   [1241]
Os que prestavam auxílio, pela fadiga e contágio   [1242]

atque labore, pudor quem tum cogebat obire [1243]
blandaque lassorum vox mixta voce querellae. 1245[1244]
optimus hoc leti genus ergo quisque subibat.

*

inque aliis alium, populum sepelire suorum
certantes: lacrimis lassi luctuque redibant;
inde bonam partem in lectum maerore dabantur.
nec poterat quisquam reperiri, quem neque morbus 1250
nec mors nec luctus temptaret tempore tali.
    Praeterea iam pastor et armentarius omnis
et robustus item curvi moderator aratri
languebat, penitusque casa contrusa iacebant
corpora paupertate et morbo dedita morti.
exanimis pueris super exanimata parentum
corpora nonnumquam posses retroque videre
matribus et patribus natos super edere vitam.
nec minimam partem ex agris is maeror in urbem
confluxit, languens quem contulit agricolarum 1260
copia conveniens ex omni morbida parte.
omnia complebant loca tectaque; quo magis aestu
confertos ita acervarim mors accumulabat.
multa siti prostrata viam per proque voluta
corpora silanos ad aquarum strata iacebant
interclusa anima nimia ab dulcedine aquarum,
multaque per populi passim loca prompta viasque
languida semanimo cum corpore membra videres
horrida paedore et pannis cooperta perire
corporis inluvie, pelli super ossibus una, 1270
ulceribus taetris prope iam sordeque sepulta.
omnia denique sancta deum delubra replerat
corporibus mors exanimis onerataque passim
cuncta cadaveribus caelestum templa manebant,
hospitibus loca quae complerant aedituentes.
nec iam religio divum nec numina magni
pendebantur enim: praesens dolor exsuperabat.
nec mos ille sepulturae remanebat in urbe
quo prius hic populus semper consuerat humari;

pereciam, pois a isso o pudor, a voz branda [1243]
dos prostrados, e os muitos lamentos os impeliram. 1245[1244]
Os virtuosos sofriam desse tipo de morte.[400]

*

uns sobre os outros;[401] lutavam para enterrar os seus mortos:
logo retornavam lassos de lágrima e luto;
boa parte lançava-se ao leito em total sofrimento.
Não se podia encontrar ninguém a quem ou a morte 1250
ou a doença ou o luto não tivesse arrasado.
  Todo pastor e todo guardador de rebanho,
todo robusto condutor do arado recurvo,
todos prostrados e fracos jaziam em cabanas lotadas
já, por pobreza e doença, com corpos entregues à morte.
Sobre os corpos sem vida dos filhos, os corpos dos pais,
inanimados, podiam ser vistos, ou mesmo crianças
sobre as mães e os pais encontravam o fim da existência.
Não foi parte pequena de tal extinção que, do campo,
para a cidade fluiu quando cópia de camponeses 1260
enfraquecidos pela doença fugiram do campo.
Todos os cantos e casas lotaram, e assim, mais ainda a
morte acumulava os enfermos em pilhas e pilhas.
Muitos corpos prostrados de sede rolavam nas ruas,
estirados jaziam junto às fontes das águas,
ânima arrebatada, afogada na água agradável,
muitos em vários lugares abertos, jogados nas ruas
poderias ver com os membros largados e o corpo
quase exânime, todo imundície, coberto de trapos,
perecendo sujos, o mesmo a pele e os ossos, 1270
sob as nódoas e úlceras tétricas quase sepultos.
Todos sacrários dos deuses a morte enchera de corpos
inanimados, por todos os cantos os templos celestes
permaneceram repletos de cadáveres podres,
pois ali os guardas levaram os refugiados.
Nem a religião dos deuses, nem numes potentes
ora importavam: a dor do momento era muito mais forte.
Já não havia mais o costume do enterro dos mortos
nessa urbe onde antes o povo sempre o fizera;

perturbatus enim totus trepidabat, et unus   1280
quisque suum pro re <compostum> maestus humabat.
multaque <res> subita et paupertas horrida suasit.
namque suos consanguineos aliena rogorum
insuper exstructa ingenti clamore locabant
subdebantque faces, multo cum sanguine saepe
rixantes potius quam corpora desererentur.

todo o povo tremia de pânico; então, dessa forma, 1280
cada um, isolado no luto, enterrava seus mortos.
Calamidade e dor os levaram a coisas horríveis.
Desesperados, gritando, lançavam seus consanguíneos
sobre piras funéreas que foram feitas para outros
e as queimavam com tochas, em meio a banhos de sangue,
preferindo a luta em vez do abandono dos corpos.

Notas

* Os títulos e marcações de seção são os mesmos da edição comentada de Bailey, e, embora não apareçam em outras edições do texto de Lucrécio, consideramos que eles auxiliam a compreensão e a organização textual como um todo. Por questões de espaço, no sumário desta edição, indicamos apenas as seções principais.

1. *alma* é usado em conexão etimológica com *alere*, "nutrir"; portanto, "Vênus nutriz". *Alma* é usado como epíteto para Vênus por outros autores, como Plauto, Virgílio, Horácio e Ovídio, bem como para a musa Calíope no livro VI.

2. Favônio é o vento oeste, também chamado de Zéfiro, que sopra no começo da primavera.

3. Aqui Lucrécio usa a expressão que ficou conhecida como o título do poema, *De rerum natura*.

4. Muito possivelmente Gaio Mêmio, figura política proeminente no período, pretor em 58 a.C. A figura de Mêmio funciona como a de um leitor-modelo que se envolve com os ensinamentos do mestre. A voz professoral do poeta diversas vezes antecipa possíveis objeções desse leitor/Mêmio, comumente referido como uma segunda pessoa genérica.

5. 44-9 = II, 646-651.

6. Após a lacuna assumida pela maior parte dos editores entre 49 e 50, Lucrécio muda de interlocutor e passa a falar com Mêmio.

7. *ratio* em Lucrécio assume muitos sentidos importantes, como "causa", "explicação", "teoria", "modo", entre outros, e, aqui, equivale ao corpo das doutrinas filosóficas epicuristas. Manterei o termo "razão" sempre que possível.

8. *primordia rerum* são os átomos de Lucrécio, que nunca utiliza a expressão grega cognata nem o decalque latino *atomus*. A omissão é significativa, e a mantenho para evitar anacronismo com o conceito moderno de "átomo". Além disso, ao omitir o termo grego *atomos*, etimologicamente relacionado com a indivisibilidade do corpo primevo, Lucrécio indica a possibilidade de falar sobre corpos compostos de vazios, átomos, simulacros como partes de uma ontologia geral em sua física (cf. Nail, 2018, para uma leitura contemporânea do problema).

9. Ártemis ou Artemísia, deusa virgem ligada à lua e a seus ciclos, é referida no texto latino por seu epíteto *Triviai*, no genitivo, por ser considerada a deusa das encruzilhadas de três caminhos, os trívios. Os romanos também a chamam de Diana. Suas outras manifestações são a própria *Luna* no céu e Proserpina (a Perséfone grega) no mundo inferior. Relacionada com as deusas babilônias Ishtar (acádia) ou Inana (sumeria), Diana move-se entre os domínios dos céus, da terra e do mundo inferior emulando o próprio ciclo lunar, trazendo vida, morte e renascimento.

A aparição de Diana aqui é bastante significativa após a invocação a Vênus no início do poema. Para uma discussão mais aprofundada, ver o terceiro capítulo de Thomas Nail, Lucretius I: An Ontology of Motion, 2018.

[10] Ifigênia, filha de Agamêmnon, general dos dânaos e de todas as forças gregas contra Troia.

[11] A *infula* é um tecido bordado usado em sacrifícios de animais. Ifigênia acreditava que estava sendo levada por seu pai para seu casamento com Hércules. Daí a relevância do apetrecho de mau agouro.

[12] Harúspices ou profetas, portanto figuras ligadas a práticas divinatórias e supersticiosas. Apenas posteriormente, a partir do período augustano, é que o termo *vates* passa a significar poetas de um ponto de vista elevado. Aqui, é usado de forma pejorativa.

[13] *Acherusia templa* aqui é sinônimo de "regiões do Aqueronte", o rio dos infernos. Lucrécio usa o mesmo substantivo para falar das regiões celestiais em muitas ocasiões.

[14] *anima* e *animus* são entidades distintas para Lucrécio, frequentemente traduzidas por "alma/mente" e "espírito". Para preservar o sistema conceitual e jogos de palavras frequentes com o uso do substantivo nos dois gêneros, sempre que a oposição for relevante para o sistema filosófico de Lucrécio, traduzo *animus* por "ânimo", e *anima* por "ânima", aceitando o óbvio custo. A natureza dos dois conceitos será objeto do livro III.

[15] Tal passagem recorre em quatro dos livros do poema: I, 146-8 (somente três versos), II, 55-61, III, 87-93, VI, 35-41.

[16] = VI, 56-7, 90-1.

[17] Os átomos, que Lucrécio nunca nomeia com o cognato grego.

[18] Átomos.

[19] Esses dois versos apresentam grande dificuldade aos editores e tradutores. Cyril Bailey propõe a tradução: "*For in truth a touch would be cause enough of death, seeing that there would be no particles of lasting body, whose texture a special force would be needed to break asunder*". A sintaxe é tortuosa, e uma tradução mais fluente poderia ser "Pois, de fato, um toque seria causa suficiente para a morte, já que não haveria nenhum átomo de corpo eterno cuja textura uma força específica [*i.e.*, de cada átomo, *vis quaeque*] deveria dissolver".

[20] O neologismo poético "discídio", do latim *discidium*, é um termo técnico em Lucrécio, que significa a separação dos átomos após o término da força vital de um dado elemento ou corpo (Cf. v. 220).

[21] Novamente, os primórdios das coisas, os átomos. Em latim, o sintagma é invertido: *corpora materiai*.

[22] *Validus* pode ser traduzido de forma mais simples por "forte", "vigoroso", mas mantenho o decalque na tradução por motivos poéticos, dada sua repetição em diversos contextos e a aliteração nos compostos com *vis*, "potência", "violência".

[23] A tradução tenta recuperar a dupla elisão que Lucrécio faz entre *etiam atque etiam*, que se lê *eti(am)atqu(e)etiam*, reduzindo oito sílabas poéticas a cinco. Cf. discussão

da relevância desses recursos em Guillaume Boussard, "Pour une traduction musicale des vers de Lucrèce", revue *Anabases*, 20 (2014), p. 235-247. A expressão, formulaica, recorre 14 vezes no poema.

[24] *calidos aestus*, redundante em latim.

[25] *corpora*, i.e., *principia rerum*, i.e., átomos.

[26] Cf. V, 792.

[27] Verterei o latim *umor* por humor, no sentido geral de "algo líquido".

[28] *nimirum* ("não é admirável") é mais uma das fórmulas retóricas de Lucrécio, que tentarei traduzir consistentemente, exceto quando a sintaxe não permitir.

[29] Lucrécio usa *inane* (que traduzo ora por "vazio", ora pelo substantivo "inane" e *vacuum*, "vácuo", quase como sinônimos.

[30] 391-8 é uma passagem obscura sobre o contra-argumento de que o ar pode se comprimir e se rarefazer sem a existência do vácuo ou do vazio (ff. o comentário de Bailey, p. 661-3).

[31] *cluent*: ser chamado, ser nomeado, ser reputado como existente.

[32] Aqui a decisão tradutória por "conjunto" é em favor do decalque do termo latino *conjuncta*, que não significa "conjunto" no sentido atual em português, mas sim a tradução de συμβεβηκότα, que é traduzido normalmente por "propriedade", ou aquilo que é inseparável de alguma coisa, "conjunto" a ela.

[33] *eventa*, normalmente traduzido por "acidente", é a tradução que Lucrécio faz do termo συμπτώματα. Os "eventos" são acidentes das coisas na medida em que são importantes para defini-las mas são separáveis delas. A argumentação a seguir esclarece a oposição.

[34] *cacumen*, "pico", "extremidade", "cume", "ângulo", é usado como termo técnico por Lucrécio. Tradução do termo ἄκρον, "cume", "topo", "extremidade", usado por Epicuro.

[35] Aqui Lucrécio usa *corporis* como abreviação de *corpora prima* ou *primordia rerum*, i.e., os átomos.

[36] i.e., "sementes das coisas".

[37] Aqui Lucrécio propõe a necessidade de admitir um limite mínimo para o tamanho das partículas e, com isso, procura refutar a validade dos paradoxos do movimento atribuídos a Zenão de Eleia, como o da tartaruga e Aquiles, e o da flecha em movimento. No primeiro caso, Aquiles não pode nunca vencer a tartaruga numa corrida, pois de cada trecho restante de sua corrida ele deverá cumprir metade e, ao chegar a essa metade, haverá infinitas divisões dos trechos restantes em suas metades. No segundo caso, uma flecha não pode estar em movimento pois, a cada instante, ela ocupa o mesmo volume e, como os instantes seriam divisíveis, a flecha ocuparia o mesmo volume em todos os instante, de modo que ela estaria, na verdade, parada.

[38] *summa rerum* é uma expressão que em Lucrécio geralmente denota o conjunto de toda a matéria.

[39] Esse axioma será usado em I, 792-3, II, 753-4, III, 519-20.

40 Repetido de II, 756 e 864.
41 *copia*, "multidão", "copiosidade".
42 aumento e adição de átomos aos corpos.
43 *corpora rerum*, novamente, significa "átomos" ou "partículas permanentes das coisas".
44 os *corpora rerum* de fogo do verso anterior.
45 Heráclito.
46 Os versos 705-6 repetem 635-6 com apenas a alteração da última palavra do segundo verso, de *solo* para *posse*.
47 Sexto Empírico atribui essa doutrina a Enópides de Quios. Bailey prefere admitir que a referência é incerta.
48 Bailey aceita que a referência é a Xenófanes.
49 Essa crença seria popular, de acordo com Bailey, atribuída, entre outros, a Zenão de Eleia, além de Empédocles.
50 Agrigento, ou Acragas, em latim, é uma importante cidade da Sicília. Aqui começa o elogio a Empédocles, provável modelo de Lucrécio como filósofo-poeta, porém apresentado negativamente quanto à sua teoria das causas das coisas.
51 Eólia é utilizado aqui como referência à Magna Grécia, ou o sul helenizado da Itália. Mais especificamente, trata-se de um conjunto de ilhas ao nordeste da Sicília. Não confundir com a Eólia, território da Ásia Menor.
52 *fretu* refere-se ao estreito de Messina, que separa a Sicília da Itália continental.
53 O elogio a Empédocles, aqui quase divinizado, só perde no poema para os diversos elogios a Epicuro, grande mestre de Lucrécio, que chega de fato a ser chamado de "divino". Embora Empédocles não seja representante do epicurismo, sua filosofia exposta em versos hexamétricos inspira Lucrécio pela beleza e o faz considerar o filósofo siciliano como parte de sua herança.
54 *Quae cernere non quis* é a formula que traduzo por "o que ver não se pode", ou seja, os átomos, retomados por *illis* no verso seguinte, que traduzo por "eles".
55 O v. 769 é uma repetição do 762, que não faz sentido aqui e é eliminado pelos editores como Bailey.
56 *Mundus* possui a acepção em latim de "céus", "firmamento", "universo", e na cosmologia de Lucrécio, é o espaço que contém o céu, a terra, o sol, a lua, as estrelas, conforme veremos nos livros V e VI.
57 Repetidos em II, 750-1.
58 Axioma usado em I, 670-1, II, 753-4 e III, 519-20.
59 *Elementa* aqui representa as letras das quais se compõem as palavras, *verbis*, que traduzo por "verbos".
60 A tradução por "são dissonantes" tenta retomar o pleonasmo expressivo entre *et re et sonitu distare sonanti*.
61 *homoemerian*, em latim, é decalque do termo grego usado por Anaxágoras para explicar o princípio da homogeneidade dos princípios, ou seja, que as coisas são

feitas de partes iguais a si mesmas. O fato de Lucrécio não traduzir o termo grego e culpar a pobreza da língua latina diz muito mais quando se percebe o elevado grau de ironia na linguagem coloquial e quase cômica que o poeta usa para descrever o princípio.

[62] Lacuna de ao menos um verso. Bailey emenda com *"and sinews are created of parts alien in kind"* ("e os nervos são criados de partes de tipos alheios", a partir da suposição de Lambinus: *et nervos alienigenis ex partibus esse.*

[63] *alienigenus* é o termo técnico que Lucrécio usa como contrário de homomeria, ou seja, aquilo composto de partes diferentes em substância com relação ao todo. De *alienus* e *gigno*, ou seja, "nascido em outra parte".

[64] Os versos [874] e [873], na ordenação adotada na edição de Bailey, seguem-se de uma lacuna, na tentativa de resolver um problema dos manuscritos. Mantive a ordem proposta e a aparente incoerência na repetição de 874 e 873.

[65] Bailey propõe emendar a lacuna de um verso com *"themselves consist of alien parts, which in their turn contain alien parts"* ("compõem-se eles mesmos de partes alheias, que, por sua vez, contêm partes alheias").

[66] Essa passagem, de 926 a 950, é praticamente idêntica a IV. 1-25 (cf. nota no livro IV).

[67] Novamente, *ratio*.

[68] O sujeito implícito aqui é a *soma*, ou seja, o universo.

[69] A expressão *spatium summai totius omne* não tem paralelo em Lucrécio, segundo Bailey, e, apesar do sentido literal um tanto obscuro, quer dizer algo como "todo o universo".

[70] *corporibus principiorum*, ou seja, os átomos.

[71] Lucrécio usa *inferna*, no sentido de "coisas que se encontram abaixo", sem nenhuma conotação transcendental ou religiosa.

[72] *corpora materiai*, os "corpos da matéria".

[73] A passagem de 995-7 é notoriamente difícil de interpretar em latim (cf. Bailey, p. 997).

[74] *omne extra*, "o todo lá fora".

[75] Lucrécio identifica o espaço com todo o universo e compara a imensidão do tempo, *aevi tractu*, com a infinitude do espaço.

[76] Ou seja, o universo alterna as coisas e o vazio, e, portanto, é infinito, mesmo se, ao faltarem as coisas ou o vazio, um deles preencher toda a infinitude do universo.

[77] Após o verso 1013 os manuscritos apresentam uma lacuna, e, a partir da continuação, Bailey propõe a seguinte emenda: "Mas se o espaço fosse limitado, ele não poderia conter os corpos infinitos da matéria; e se a matéria fosse limitada, [...]".

[78] Os versos 1021-8 são repetidos de forma quase idêntica no livro V, 419-31 e parecem ter sido inseridos aqui após a conclusão daquele livro. O argumento contrário a um design inteligente na criação do universo é irônico e tenta refutar uma visão teleológica do mundo (cf. o conceito de *pronóia* dos estoicos em Bailey, 777).

79 Há uma lacuna no verso, preenchida adequadamente na visão de Bailey (cf. p. 777).

80 *per omne*, que equivale, em Lucrécio, a "por todo o universo".

81 Dos choques entre os próprios primórdios, ou átomos. Trata-se de uma das causas principais dos movimentos dos átomos.

82 Há vários ecos dos primeiros versos do livro I: os fogos celestes moventes (*labentia*), por exemplo, são os astros, o sol e a lua.

83 Bailey nos informa que *summam [...] omnem, quae cumque est conciliata* refere-se a "todos os mundos que tenham se formado pela união dos átomos", pois Lucrécio acreditava na existência de outros cosmos que não apenas o nosso (p. 781).

84 A ambiguidade vem de Lucrécio, que usa *aliae*, que deveria referir-se a *plagae*, "golpes", mas refere-se a *primordia*, os primórdios das coisas (átomos).

85 Mais uma forma de traduzir *coetu* (união dos átomos) com semelhança fônica à do prefixo *cum-*.

86 Começa aqui a interessante refutação da teoria de que há apenas um mundo num vasto infinito, e de que todas as coisas tendem em direção ao centro desse mundo. Embora essa teoria apareça em Parmênides e Platão (cf. Bailey, p. 782), Lucrécio a atribui especialmente aos estoicos. Segundo o editor, apesar de essa crença nos parecer muito próxima do fundamento da teoria gravitacional que hoje é aceita por todos, a refutação de Lucrécio parte, especialmente, do princípio de que um universo infinito não pode ter centro e de que o movimento de todos os átomos tende para baixo (p. 783).

87 Bailey defende a tradução de *summa* por "mundo" em várias passagens por se tratar de um ponto importante na refutação da teoria estoica por Lucrécio. Segundo o editor, nenhum termo técnico se encaixa nessa argumentação, daí a utilização do termo vago *summa*.

88 Primeira aparição de *simulacrum*, que, para Lucrécio, será um termo técnico importante, motivo pelo qual prefiro traduzi-lo já da forma que será constante no restante do poema, em vez de um termo mais apropriado aqui, como "imagem" ou "reflexo".

89 Os versos 1068-75 têm finais mutilados no manuscrito O, e foram omitidos no QG, e a edição de Munro os restituiu. Bailey afirma que o sentido é de fácil reconstrução e que adotou a reconstrução de Munro apenas em 1071, 1074 e 1075. Seguimos sua leitura. *Stolidis*, "aos tolos", refere-se aos estoicos, *stoici*, com óbvio jogo de palavras.

90 Dada a presença de *rem* modificado por *perversa ratione* na reconstituição de Munro, permito-me o uso de "teoria", que não vinha sendo utilizado para traduzir *ratio* por motivos já abordados anteriormente.

91 Esse verso e o anterior causaram grandes debates entre os críticos, resumidos por Bailey (p. 789). Sigo sua proposta, de transpor os dois versos, de modo que o v. 1085 refira-se a todos os corpos do domínio do elemento da terra, que inclui, por exemplo, os metais (cf. sua tradução, "todas as coisas que são restritas tais como se o fossem em um corpo de [afeito à] terra").

[92] Há uma lacuna de oito versos aqui, cujo conteúdo Bailey reconstrói parcialmente com a seguinte tradução: "suprido pela natureza, suas ideias [*i.e.*, dos estoicos] não estão em harmonia consigo mesmas... Além disso, se o ar e o fogo continuarem a subir aos céus, há o perigo de que", que deve ser continuado pelo v. 1102. Acerca do conteúdo da lacuna, ver Bailey, p. 790-1.

[93] Aqui, é importante reproduzir a posição de Bailey quanto à crítica aos estoicos, já que Lucrécio parece não ter reproduzido adequadamente seus argumentos nesta longa crítica: os estoicos não defendiam que o ar e o fogo moviam-se indeterminadamente para cima, mas que havia limite determinado para esse movimento, de acordo com a posição de cada autor.

[94] Estátuas de ouro, como as descritas em Homero, *Od.* VIII, 100ss., e IX, 5ss.

[95] Referência provável à ocupação do Campo de Marte por César durante três meses com suas tropas, antes de marchar para a Gália, pela qual fora repreendido por Mêmio.

[96] Passagem com muitos problemas editoriais. Sigo a leitura de Bailey de *statuas* como verbo, que traduzo pelo particípio "dispostas".

[97] Tal passagem recorre em quatro dos livros do poema: I, 146-8, II, 55-61, III, 87-93, e VI, 35-41.

[98] *corpora genitalia*, os átomos que são a causa das coisas.

[99] A lentidão dos versos majoritariamente espondaicos reflete a ideia de que as formas variadas dos átomos, alguns dos quais com mais "pontas" ou "ganchos", influi diretamente em sua liberdade de movimento, sendo, portanto, esses de "forma complexa" (*perplexis figuris*) os responsáveis pela composição de materiais ou compostos mais sólidos e densos.

[100] *notitiai*, tradução do termo, importante em Epicuro, *prólepsis*, "antecipação" ou "conceito geral".

[101] Partículas, subentendido também em latim.

[102] Esse verso retoma parcialmente a mesma formulação de I, 548 e 609.

[103] Lacuna marcada nos manuscritos.

[104] O princípio da volúpia divina aplicado à natureza não equivale à teologia que Lucrécio ataca. A força de Vênus que o poeta lhe atribui aqui é a mesma que encontramos no proêmio, ou seja, uma leitura poética da potência da vida e dos pactos eternos da natureza, e não uma leitura que dá agência a entidades divinas antropomórficas e cheias de características humanas, como as conhecidas dos gregos e romanos em seus sistemas religiosos.

[105] Lucrécio usa os mesmos termos do v. 192, naquele contexto mais específicos quanto à constituição dos telhados, para apresentar a repulsão da madeira em geral pela água. Preferi manter a mesma tradução para guardar o efeito de eco.

[106] Referência vaga aos elementos e materiais mencionados: fogo, madeira, sangue.

[107] *i.e.*, *quantum est in se*, em que *pondera* é subentendido, já que aparece em outros usos da expressão nessa mesma passagem argumentativa.

[108] A argumentação de Lucrécio é insatisfatória nesse ponto, mas, uma vez que ainda não se trata do movimento dos átomos em específico, o autor parece querer refutar dogmaticamente a doutrina estoica dos movimentos dos elementos, esta que prevê que o ar e o fogo sobem naturalmente em direção vertical, enquanto a água e a terra sempre descem no mesmo eixo.

[109] As estrelas cadentes.

[110] Hipálage: *transversos* concorda com *imbris*, "chuvas", quando, na verdade, é o movimento dos raios que deveria ser descrito pelo adjetivo.

[111] Essa seção, de 213 a 293, é uma das mais importantes no sistema filosófico de Lucrécio. Trata-se da doutrina do *clinamen*, "cliname" ou o "desvio" dos átomos (*parénklisis* em grego), doutrina que não sobreviveu em Epicuro, mas é mencionada em Diógenes de Enoanda e Cícero, entre outros. Trata-se da explicação das causas dos desvios do movimento perpetuamente vertical dos átomos, que explica os choques entre átomos e a criação de corpos compostos. Os desvios são imprevisíveis e podem acontecer a qualquer momento, com qualquer átomo, e o argumento de Lucrécio baseia-se no caso particular da existência do livre-arbítrio como prova da existência dos desvios, rejeitando-se, assim, a doutrina da necessidade (*ananké*) dos atomistas de Demócrito, ou o determinismo universal.

[112] Verso quase idêntico ao 82.

[113] Aqui se encontra o cerne da proposta materialista e antideterminista que Lucrécio recupera de suas fontes: a declinação, *clinamen*, é algo que acontece em pontos não determinados das trajetórias paralelas dos átomos em constante queda, e ela deve ser mínima, pois não é possível observar esse movimento atômico a olho nu, mas é ele que faz com que choques causados por esse movimento imotivado produza os encontros de átomos que geram todas as coisas, de forma aleatória e imprevisível.

[114] O *cor*, o peito, é a sede do *animus*, o espírito, e os termos são usados por vezes por Lucrécio quase como sinônimos.

[115] Único uso de *arbitrium* em Lucrécio, que representa a expressão mais comum *liberum arbitrium*.

[116] Sementes das coisas, *i.e.*, os átomos.

[117] Primeiro uso do termo *clinamen* no livro II, embora Lucrécio já tenha aludido a ele anteriormente, a partir dos versos 249-50.

[118] *animi ratione*, "razão do espírito", que se contrapõe à razão dos sentidos.

[119] As plantas da família das *centaurea* produzem néctar, mas em geral são bastante amargas.

[120] Terríveis.

[121] *fecula*, ou creme de tártaro (bitartarato de potássio), é uma substância ácida derivada da borra de vinho fermentada.

[122] *inula*, ou *inula helenium*, o "helênio" ou erva-campeira, é uma planta da família das Asteraceae, cuja raiz, bastante amarga, é usada na medicina tradicional ou na fabricação de bebidas.

NOTAS | 471

[123] A passagem é confusa, e Lucrécio provavelmente tem em mente o suco de papoula, considerado o líquido mais grudento, descrito como algo que flui tão rapidamente como a água.

[124] Os átomos da fumaça, ainda que tenham formas pontudas, não podem se entrelaçar firmemente, sob pena de não poderem se mover (Bailey, p. 878).

[125] Cf. nota anterior, as formas dos átomos da fumaça e do fogo são pontudas e podem pungir ou picar os olhos, por exemplo, mas não são feitas de conexões firmes entre os átomos. *sensibu' sedatum* é uma conjectura entre muitas, que Bailey acolhe com relutância, e a passagem resta de difícil compreensão. A referência aqui parece ser a substâncias que irritam, incomodam ou aplacam os sentidos, como a fumaça nos olhos.

[126] A água salgada.

[127] Lacuna indicada nos manuscritos.

[128] O mar.

[129] O belo epíteto em latim é *anguimanus*, que recorre em V, 1303.

[130] Bailey menciona uma possível lenda que versa sobre a existência de muralhas de marfim abundantes na Índia, possibilitadas pela abundância de elefantes. Parece não haver nenhuma outra referência antiga a essa lenda (cf. Bailey, p. 891).

[131] Perceba-se a bela aliteração do latim: *placidi pellacia ponti*.

[132] Lucrécio usa *concilium* como um termo recorrente que significa a união dos átomos para formar estruturas e corpos.

[133] Essa prova da infinitude dos átomos é bastante técnica e interessante: primeiro, dado o grande número de espécies, se algo é raro em um local e abundante em outro, essa distribuição parece funcionar por compensação (como é o caso dos elefantes). No entanto, mesmo que houvesse apenas um exemplar de uma espécie muito rara em nosso mundo (no livro V, Lucrécio dirá que pode haver outras nos outros infinitos mundos), se os átomos de cada tipo fossem finitos eles não teriam como se encontrar para formar esse espécime, por um argumento quase lógico: no meio da grande confusão de átomos do espaço infinito, como somente aqueles disponíveis e finitos poderiam se encontrar?

[134] 600-60 é uma longa digressão sobre a Deusa Mãe, Cíbele ou Magna Mater, associada aqui à força geradora da terra, mais ou menos como Vênus no proêmio do livro I.

[135] A Deusa Mãe não poderia ser representada sobre si mesma, de modo que aparecia em um trono sobre a carruagem que a levava.

[136] A "coroa murada" (*murali corona*) era a coroa entregue ao guerreiro que escalasse primeiro as muralhas de uma cidadela sitiada.

[137] *munita* passa a qualificar a deusa, em vez da cabeça do guerreiro.

[138] *per magnas terras* pode referir-se a "por toda a terra", mas também pode referir-se especificamente às cidades onde Cíbele era cultuada em território itálico.

[139] *horrifice* refere-se ao grandioso espetáculo das procissões dos cultos à Magna Mater.

[140] Os *galli* ou *gallae* são os sacerdotes de Cíbele que mutilavam seus genitais. Os galos são reportados originalmente como sacerdotes de Átis (cf. Ovídio, *Fasti*, IV, 221ss. e Catulo 63) e foram associados ao culto da deusa.

[141] A referência aos galos é obscura, pois, ainda que o mito de Átis relate que ele rejeitou Cíbele após acordar do transe durante o qual se castrara pelo culto da deusa, a referência à ingratidão aos genitores (*genitoribus*) parece fazer referência ao fato de que um homem bom deveria tomar armas e defender seus pais e país, pois, se não, não deveria ter filhos. Sendo eunucos, os galos não poderiam cumprir esses deveres, e, por isso, seriam "ingratos aos seus genitores" (cf. Bailey, p. 903-4).

[142] Tácita e muda são referências às procissões em que a estátua da deusa Cíbele era carregada pelas cidades.

[143] A referência é obscura, como toda a passagem sobre a dança. Nesse ponto, *sanguine laeti* parece sugerir que os soldados Curetes cortavam-se e alegravam-se com a vista do próprio sangue.

[144] Monte Dicte, em Creta, onde se diz que, em uma caverna, o bebê Júpiter era guardado escondido de Saturno e nutrido por Almateia.

[145] 646-51, que repete I, 45-9, é a apresentação mais importante da visão teológica epicurista.

[146] 688-94 repete palavras e versos de outros lugares no poema em que Lucrécio compara as letras como elementos da linguagem aos átomos como elementos da matéria, tais como I, 197, 912ss e, principalmente, I, 823ss., e II, 336-7.

[147] Há aqui um ponto mais obscuro da teoria epicurista. Normalmente os objetos emitem imagens ou simulacros (em latim *simulacra*), que são cópias de si mesmos e que atingem nosso sistema perceptivo, o que explica o modo como percebemos as imagens (isso será explicado no livro IV). No entanto, algumas coisas não emitem simulacros, como os átomos individualmente e o vazio, de modo que é necessário que o *animus* projete-se sobre eles, criando para si uma imagem deles. Há, aqui, também, uma lacuna.

[148] Bailey segue a proposta de que a lacuna pode ser preenchida por <que os princípios das coisas> são <desprovidos> de toda cor.

[149] Igualmente, <o que quer que mude de cor, muda a si mesmo>.

[150] Axioma já usado em I, 670-1, I, 792-3, e III, 519-20.

[151] Repetido de I, 673, e em II, 864.

[152] O argumento traz uma analogia com parte da teoria atômica recém-apresentada: se uma figura quadrada pode ter átomos que têm formas e figuras variadas e ainda assim é quadrada, uma coisa azul ou branca não pode ser composta apenas de átomos azuis ou brancos.

[153] *nitore*, literalmente "brilho", é usado em diversas passagens nesse trecho como sinônimo de "cor".

[154] Ou seja, qualquer cor tal que seja diferente do branco.

[155] Essa passagem é obscura e possivelmente retoma um argumento de Epicuro que se baseia no fato de que não podemos ver as cores das coisas no escuro, mas também

é possível que se trate do fato de que os átomos não são visíveis, de modo que a luz não os traz à vista.

[156] *caeruleum* normalmente designa os tons de azul. Como já se falou do vermelho no piropo e, a seguir, do verde da esmeralda, sua presença aqui parece natural, já que se trata da percepção das cores das penas de aves que apresentam colorações variadas.

[157] *pyropo*: pedra preciosa da família das granadas. Trata-se de um tipo de rubi de coloração bastante avermelhada.

[158] A passagem é complexa e tenta dissociar a forma (*figura*) dos princípios das cores das coisas geradas por eles.

[159] A passagem fala explicitamente do tecido chamado de púrpura e utiliza um substantivo comum *purpura* e uma expressão abstrata *poeniceus color*, termo técnico para designar a "cor púnica".

[160] Trata-se, aqui, do processo de fabricação de unguentos e perfumes, aos quais uma base de óleo inodoro deve ser acrescentada.

[161] Passagem complexa e confusa, onde Lucrécio parece estar falando das qualidades secundárias das coisas, que são perecíveis, e, por isso, os átomos não podem ter cor, odor etc.

[162] Repetido de I, 673, e em II, 756.

[163] Repete quase exatamente I, 907-910.

[164] *sensus* aqui é usado como sinônimo de *sententia*, opinião, sentimento.

[165] Lacuna no texto latino.

[166] A passagem é obscura e o texto é incerto. A lacuna de um verso é preenchida por Bailey em uma paráfrase que auxilia na compreensão do trecho: "Aqueles que acham que o sensível pode ser criado de partículas sensíveis, que, por sua vez, devem sua sensação a outras partículas sensíveis <tornam mortais as sementes da sensação>, já que as tornam suaves" (Bailey, p. 944).

[167] Argumento complexo: os átomos em si não sentem, pois é a partir de seu movimento que a dor e o prazer são gerados nos corpos. Como os átomos não são feitos de átomos menores, por sua vez, eles não podem sentir dor nem prazer.

[168] Essa passagem apresenta mais uma vez a ideia da terra como mãe, mas desenvolve a alegoria do céu como pai, e aqui Lucrécio está seguindo muito de perto e, às vezes, traduzindo, passagens de Eurípides como o fr. 839, da peça *Crisipo*, e o fr. 484, de *Melanipe*, em que se percebem influências de Anaxágoras, professor de Eurípides mas também de Empédocles. A ideia também aparece em latim, por exemplo, em Ênio, *Epicharmus* fr. 48, Vahlen.

[169] Trata-se de um ciclo de vida: a morte dissipa os átomos, que, depois, reunidos em outras circunstâncias, geram uma nova vida, que recebe sensações, as quais se vão embora novamente, no tempo específico de uma nova morte.

[170] As qualidades secundárias, como as cores.

[171] O imenso e o profundo são nominalizações de adjetivos ligados ao universo.

172 *caelos* está no plural efetivamente para denotar os vários céus dos vários mundos possíveis.

173 A imagem é complexa, e depende de compreendermos que as veias da vida, *venas vitalis*, são como dutos (em alguns casos, abstratos) por onde passam os alimentos (também metafóricos?) e podem ser aplicados por metonímia aos mundos, além dos corpos. Assim, o crescimento das coisas depende de seus corpos (átomos) receberem mais do que perdem, até chegarem a seu apogeu, a partir do qual começam a perder mais matéria/alimento do que conseguem ingerir/receber.

174 A referência ao cordão dourado deriva da *Ilíada*, VIII, 19.

175 *animus*, mais literalmente "espírito", será traduzido aqui por "ânimo", para soar como contraparte de *anima*, "alma", que traduzirei por "ânima".

176 Aqui surgem as divindades e suas moradas, as "*sedes quietas*". A descrição dos versos 19 a 22 segue de perto os versos 42-6 do livro 6 da *Odisseia*: "e retornou para o Olimpo, onde a sede, é sabido, se encontra, / sempre tranquila, dos deuses. Por ventos jamais é abalada, / o éter por cima se estende, impregnado de luz irradiante. / Todos os dias ali passam ledos os deuses beatos" (trad. Carlos Alberto Nunes).

177 *Acherusia templa*, ou seja, as regiões infernais.

178 Cf. nota 1.

179 Fluida, límpida.

180 As concepções de que o espírito é feito de sangue ou de ar são atribuíveis a filósofos anteriores, como Empédocles (sangue) e Anaxímenes e Crítias (ar), mas Lucrécio parece aqui criticar as visões simplistas das pessoas comuns, e não a de outros filósofos.

181 Ou seja, uma máscara.

182 Repetição de II, 12-13.

183 Provavelmente por temerem ser envenenados.

184 Ter produzida uma estátua de si garantiria renome após a morte.

185 A *pietas* aqui representa os laços naturais entre as pessoas, como manutenção, em ordem crescente, da família, da pátria e da ordem divina ou natural.

186 Tal passagem recorre em quatro dos livros do poema: I, 146-8, II, 55-61, III, 87-93, e VI, 35-41.

187 Aqui se inicia uma longa seção em que Lucrécio recupera a antiga distinção entre *psykhé* e *nous*, "alma" e "espírito", opondo-se a duas visões principais: a supramaterial de Platão e Aristóteles, e a dos físicos, que consideravam a alma e o espírito como coisas materiais. Outra visão a ser rebatida é a teoria da harmonia, que sustenta que a alma é uma "condição", um "hábito" de todo o corpo. Originalmente pitagórica, a versão da teoria que Lucrécio confronta é a dos aristotélicos Dicearco e Aristóxeno, este também conhecido por ser um dos mais importantes teóricos da música da Antiguidade. Para Aristóxeno, segundo Cícero nas *Tusculanas* I, 10, 19, a alma é uma espécie de tensão do corpo, tal como quando falamos da harmonia na música (que em grego designa a afinação da lira, e não a produção de acordes como na teoria musical moderna). Além disso, é importante enfatizar a diferença

do tratamento dado por Epicuro aos dois termos na *Carta a Heródoto*, em que há menção apenas à *psykhé*, como se ela englobasse as duas instâncias, criando uma espécie de identidade estrutural. Lucrécio teria usado duas palavras muito similares, *anima* e *animus*, para reproduzir essa postura, mantendo a diferença entre as duas instâncias, mas usando dois nomes diferentes: a *anima*, equivalente de *psykhé*, é o que normalmente se traduz por "alma", ou "princípio vital", constituída por "partículas de alma" distribuídas ao longo de todo o corpo, responsáveis pela sensação, ao passo que o *animus*, o equivalente do grego *nous*, que é normalmente traduzido por "espírito", "intelecto" ou "mente" também consiste de partículas, mas estas mais agregadas entre si e localizadas na região do peito, onde residem pensamento e emoção (cf. Bailey, 1003-6). Nossa tradução pelos decalques "ânima" e "ânimo" tenta manter a homologia fônico-estrutural criada por Lucrécio.

[188] A reconstrução da passagem lacunar sugere algo como "muitos sábios pensaram que" logo antes dessa passagem.

[189] Lucrécio usa *vapor* e *calor* como sinônimos aqui, como sentido genérico de "calor", e *ventus* e *aer*, nessa passagem, também como sinônimos de "respiração" ou "sopro".

[190] Lucrécio usa *organicos*, por não conseguir encaixar *musicos* no hexâmetro. Certamente refere-se a Aristóxeno e seus seguidores.

[191] Observe-se a dupla elisão entre anim[um a]tqu[e a]nima, formando um composto na primeira ocasião em que Lucrécio fala das duas entidades como associadas (cf. Boussard, 2014, p. 243-6).

[192] *consilium*, "inteligência" ou "reflexão".

[193] Lucrécio aqui parafraseia o fr. 31 de Safo, que será também material para Catulo, no poema 51.

[194] Lucrécio usa termos de sabor coloquial como *pauxillis*, nessa passagem, ou *tantillo*, no v. 189.

[195] A partir daqui, Lucrécio expõe a ideia de que a natureza da alma e do espírito (ânima e ânimo) é composta de quatro elementos: o vapor ou calor (*vapor/calor*), o vento ou aura (*ventus/aura*) e o ar (*aer*), além de uma quarta natureza que ele não nomeará. As discussões acerca da natureza de cada um desses elementos são apresentadas por Lucrécio em detalhes nos próximos versos, mas Bailey nos lembra que a distinção entre vento e ar não é simples e não aparece em Epicuro, sendo, provavelmente de outra fonte. Além disso, a quarta natura também ocupou grandemente os críticos, antigos e modernos, que acusaram Lucrécio, entre outras coisas, de abandonar o materialismo ao propor uma natureza não nomeada. Para mais detalhes, ver Bailey (p. 1025-8).

[196] A passagem é difícil, porém dá a entender que não são apenas sensações (movimentos que levam sensações, os "motos sensíferos"), mas também pensamentos (o que a mente "revolve", "rumina"), que serão produzidos pela interação das quatro partes da natureza da alma-espírito.

[197] A passagem é complexa, mas a interpretação mais razoável é a de que Lucrécio esteja falando neste ponto apenas dos átomos que compõem os elementos da alma: o ar, o vento, o calor e a quarta natura.

[198] "O início do moto", ou, como se verá, a quarta natura.

[199] Aqui Lucrécio compara o papel da ânima em nosso corpo como responsável pelas sensações e o papel da quarta natura na ânima, fonte e causa da sensação dentro da ânima.

[200] Lucrécio reúne ânima e ânimo em uma só entidade para fins de sua análise, como se percebe por seu uso do verbo *creatast* e do particípio *mixta*, ambos no singular.

[201] Para Bailey, a passagem que vai de 273 a 287 é muito complexa por conta da dificuldade natureza abstrata do assunto, o que leva a certa quantidade de repetições e trechos confusos. No entanto, o editor e comentador considera que mesmo assim Lucrécio, aqui, é "consistente tanto em pensamento como em expressão" (p. 1038-9). No entanto, o poeta já nos havia avisado que não seria fácil explicar a natureza e a relação das partes da alma nessa passagem com o argumento da pobreza da língua paterna (v. 260), repetido diversas vezes ao longo do poema, e que, aqui, parece soar como uma desculpa para a estranheza da passagem. Propus-me manter a estranheza e a consistência de Lucrécio.

[202] *creta*, pó de giz, é uma referência obscura e quase incompreensível (cf. Bailey, p. 1058). Preferimos o genérico "pó".

[203] Versos 744-5 suprimidos, seguindo a posição editorial de Bailey.

[204] O conjunto ânima-ânimo.

[205] Axioma já usado em I, 670-1, I, 792-3, e II, 753-4.

[206] Lucrécio faz objeção à própria metáfora do vaso, uma vez que, para ele, a conexão entre ânima e ânimo perpassa os átomos que formam o corpo.

[207] Lucrécio usa duas expressões populares que significam "desmaiar", "*animo male facto*" e "*animam liquisse*", mantendo os termos para ânimo e ânima. Tentei preservar um dos dois.

[208] O argumento, um tanto obscuro, é que, se a alma vem de fora e vai se misturando aos poucos com o corpo, adentrando os poros e membros lentamente, ao terminar o processo ela será outra coisa, e não a alma anterior, o que equivale a considerá-la mortal.

[209] Os cães dos hircanos, povo do mar Cáspio, eram notórios pela ferocidade, com a reputação de terem sido híbridos de tigres.

[210] Alguns manuscritos repetem o verso 746 depois do 762, mas, como ele não faz sentido aqui, prefiro suprimi-lo.

[211] III., 806-18 = V., 351-63.

[212] Lacuna no texto latino.

[213] Essa versão do mito de Tântalo é mais antiga do que as mais famosas, e é narrada por Pausânias e Píndaro: por ter roubado o néctar e a ambrosia dos deuses, Tântalo foi suspenso no ar sob uma pedra que sempre ameaçava cair, e ele não podia comer ou beber nada por medo de que ela tombasse. As versões mais famosas colocam-no numa lagoa sob uma árvore sempre carregada de frutos, mas a água e o alimento se afastam sempre que ele tenta beber ou comer.

214 O gigante Tício (*Tityos*) tentou estuprar a deusa Leto e foi morto por Apolo e Ártemis. Como castigo, seu corpo foi amarrado e esticado no Hades, cobrindo nove jeiras ou acres (*iugeras*), enquanto abutres comiam seus órgãos internos.

215 Assim como o mito de Tântalo foi associado ao medo dos deuses ou de perder o que se tem (ambição e ganância), há uma interpretação do mito de Tício ligado ao desejo amoroso e sexual imoderado.

216 Sísifo foi condenado a rolar uma enorme pedra morro acima, só para vê-la cair logo que alcança o topo. O castigo deriva de diversas versões do mito desse rei, avarento e ganancioso, que era considerado o mais sagaz de todos os mortais (chegando em algumas versões, a ser identificado com o verdadeiro pai de Odisseu). O crime que o levou à morte foi revelar o paradeiro de Egina, escondida por Zeus, a seu pai, o rio Asopo, em troca de uma fonte para sua cidade. No Tártaro, para onde foi enviado por Zeus, teria acorrentado, com sua astúcia, Tânatos ou, em algumas versões, o próprio Hades, fazendo com que os mortais deixassem de morrer. Seu castigo é usado por Lucrécio para falar dos políticos que só pensam no próprio benefício e que enganam em troca de favorecimento pessoal.

217 As Danaides, cinquenta filhas de Dânao, foram perseguidas pelos cinquenta filhos de Egipto, irmão de Dânao, e, após uma fuga por mar para Argos, o pai resolve simular o aceite de casamento e instrui as filhas a assassiná-los, o que elas fazem após eles terem tentado estuprá-las. Apenas Hipermnestra não mata Linceu, pois este não atentou contra ela. As cabeças dos homens assassinados deram origem ao monstro conhecido como Hidra de Lerna, e o castigo que elas teriam recebido pelos crimes foi tentar em vão encher com água um vaso todo furado. Lucrécio usa o mito para criticar aqueles que nunca estão satisfeitos com o que têm.

218 Ancus Marcius foi o quarto rei de Roma. Famoso por ser *bonus* e favorecer a plebe, deu origem aos Marcii, contemporâneos de Lucrécio.

219 Trata-se, aqui, do rei aquemênida Xerxes.

220 Aqui Lucrécio usa *rationem*. A palavra grega *philosophia* não aparece no poema.

221 Esse prólogo repete os versos 926-50 do livro I quase *ipsis litteris*. Os editores e críticos supõem que isso seja mais um indício da incompletude do poema, de seu caráter provisório. Lucrécio teria escrito o trecho originalmente para o livro I e o copiou provisoriamente no IV, esperando alterá-lo de maneira apropriada ao estilo do livro e substituí-lo com outro elogio a Epicuro.

222 Algumas edições deslocam os vv. 45-8 para o início dessa seção para racionalizar o argumento. Mantenho, com Bailey, a ordem do manuscrito, no estado aparentemente não revisado. Tal seção inicia-se com um breve resumo do livro III, e a passagem que os editores fazem constar nessa posição resume os livros I e II. Há, aparentemente, dois prefácios distintos aqui, que provavelmente seriam revisados.

223 *Simulacrum* é a tradução de Lucrécio para os εἴδωλα ("ídolos", "imagens") de Epicuro. Em alguns casos o poeta usa *effigies*, *figura* e *imago* como sinônimos. Preferi uma tradução literal para guardar o sabor lucreciano do conceito.

224 Esse trecho deve ter sido concebido como o prefácio original do livro IV, quando tal livro deveria seguir imediatamente o II. Após a mudança, os manuscritos o mantêm aqui. O trecho é quase idêntico a III, 31-4, com pouquíssima alteração.

225 = 29-30 e metade do 31.

226 A passagem em questão (*patrum matrumque deorum*) é considerada espúria, e não há solução satisfatória convencionada entre os editores e críticos.

227 A primeira construção teatral fixa de Roma foi feita em 55 a.C. por Pompeu. Não sendo possível saber se Lucrécio tivera acesso a esse edifício, não se pode saber se se refere a ele ou se descreve as construções temporárias, geralmente de madeira, feitas ao redor dos templos (que, em alguns casos, usavam suas escadarias como arquibancadas), em formato de semicírculo, compostas por *cavea* (arquibancadas), *orchestra* (pequena área diante do palco) e *scaena* (o palco em si).

228 Conclusão da seção, que introduz a informação de que os *simulacra* (*formarum vestigia certa,* imagens definidas das formas dos objetos), são de textura fina e não podem existir individualmente, mas só atingem a percepção quando em grupo (*conciliatim*, em concílio).

229 Esses dois versos, idênticos a 65-6, não fazem sentido nessa posição e são excluídos pela maioria dos editores. No entanto, seguindo Bailey, optamos por os manter nessa posição, entre colchetes.

230 Ou seja, se não houvesse fluxo constante de simulacros vindo das coisas, se cada simulacro viajasse individualmente e isolado dos outros, a imagem não poderia ser preservada ao encontrar o espelho e retornar no sentido contrário.

231 Lacuna, possivelmente de extensão considerável; os editores tendem a acrescentar ao menos a consequência do verso anterior: "seu odor ficará por um longo tempo em seus dedos".

232 Como Lucrécio diferencia aqui o "*hoc caelo qui dicitur aere*", o céu como visto mais próximo, do *aether*, ou éter, o céu em sua imensidão, preferi repetir o dêitico "neste".

233 Lacuna: "vou te dizer".

234 170-73 = VI, 251-4.

235 174-5: conclusão obscura. Bailey diz que o esperado seria que Lucrécio afirmasse algo como "um simulacro é infinitamente menor do que essas nuvens enormes e, portanto, pode ser formado em muito menos tempo". É possível que haja uma lacuna após 175.

236 180-2 = IV., 909-11.

237 *Multiplex*, "com muitas camadas, com muitas curvas, com muitos retornos; muitos ao mesmo tempo; versátil", provavelmente significa que os átomos que se localizam nas superfícies externas das coisas viajam em velocidades maiores do que a da luz, pois percorrem um espaço múltiplo com a mesma velocidade que a luz do sol.

238 Lacuna, provavelmente de um verso, segundo Bailey, que se pode supor que diria algo como "rápido com que são lançados das coisas".

239 Os vv. 216-229 reaparecem com pequenas alterações em VI, 923-35.

240 O trecho é confuso e parece querer dizer que a diferença da sensação do quadrado ao toque, no escuro, e à vista, no claro, é a emanação de *imagines*, ou seja, simulacros.

[241] Inconsistência teórica de Lucrécio, já que em 196-8 ele defendia que a textura dos simulacros era tão rarefeita que atravessava tudo, inclusive os intervalos dos ares. Assim, a partir dessa premissa, não se sustenta a proposta de que os simulacros empurram o ar interveniente entre objeto e olho, o que possibilitaria a percepção da distância dos objetos.

[242] Lacuna de um verso, com conteúdo suposto como: "que isso acontecesse tanto com imagens vistas pra fora da porta...".

[243] A fraseologia é algo convoluta, mas a analogia é relativamente simples: se uma máscara de gesso que ainda não secou for lançada em uma superfície (com bastante precisão e habilidade, parece-nos), as partes que chegarem primeiro inverterão o sentido reproduzindo os traços no avesso, como se olhassem para trás.

[244] [323]-[347] são antepostos a [299-322] em virtude da probabilidade de uma página do arquétipo ter caído e ter sido reposicionada na ordem errada. Lachmann propôs a correção, e a maioria dos editores posteriores a segue.

[245] Lucrécio fornece duas explicações para o fato de que espelhos côncavos devolvem a imagem sem invertê-la. A primeira supõe que o espelho curvo é feito de pequenas facetas ou lados, *laticula*, ou seja, que se trata de vários espelhos compostos no formato curvado de nossos flancos. Daí a primeira explicação (v. 314); a segunda é mais abstrata, e envolve a forma curvada do espelho "ensinando" os simulacros a se reverterem à forma normal, como que torcendo-se. Nesse caso, o metal do espelho seria efetivamente curvado, e não composto de vários espelhos planos compondo uma estrutura curvada.

[246] Ornamento da popa do navio, aqui usado metonimicamente para ilustrar a ilusão de ótica que faz parecer que a parte do navio sob as águas esteja quebrada, deslocada com relação à parte não submersa.

[247] *ianua oris*, as portas da boca, correspondem à passagem entre a traqueia, *arteria*, e a boca, *os*. A parte mais funda da garganta são as *fauces*.

[248] Verso corrompido, sem solução satisfatória, emendado pelos editores com a proposta de que se trata de cisnes por conta de sua associação com o monte Hélicon através do mito do estupro de Leda por Júpiter. Bailey prefere "os vales tortuosos do Hélicon" e argumenta que, se os cisnes emitissem seus sons perto de fortes torrentes, não poderíamos ouvi-los. Mas Lucrécio parece querer implicar que os lamentos dos cisnes eram tão pungentes que se sobreporiam aos sons ambientes.

[249] Ou seja, todos querem ser ouvidos, ganhar atenção.

[250] *caulas palati*, os poros do palato.

[251] Essa seção provê uma explicação para os movimentos dos simulacros e das imagens nos sonhos que dão conta de sua alternância muitas vezes pouco natural, tal como efeito dos cortes cinematográficos de hoje. Essa alternância deriva da fugacidade das imagens que penetram o ânimo nos sonhos: como elas não penetram na sensibilidade da mesma forma que os simulacros que provocam a visão, podem provocar as sensações mesmo que sejam únicas (vide o exemplo do centauro, resultante de apenas uma imagem de cavalo unida acidentalmente à de um homem). Assim,

são as sucessões de imagens e simulacros díspares que provocam o efeito-sonho no sentiente.

[252] A visão epicurista do tempo também é atômica.

[253] Os versos 799-801 são praticamente idênticos a 774, 771 e 772.

[254] Lucrécio fala, aqui, claramente, do órgão físico.

[255] Aqui *notitiam*, ou, em outros lugares, *notities*, são o equivalente de Lucrécio às *prólepseis* de Epicuro, que podem ser traduzidas também como "conceitos", um termo-chave no epicurismo. Aqui, a noção se baseia na experiência repetida.

[256] Há dificuldades sérias com o final do verso 990 e com a ordem dos restantes. "Fugissem" é conjectura a partir do contexto.

[257] Versos 1000-3 suprimidos seguindo decisão editorial de Bailey.

[258] O termo latino usado é *semen*, "semente", que traduzo por "esperma", "sêmen" ou "semente". É importante lembrar que Lucrécio usa o mesmo termo para falar dos primórdios das coisas.

[259] Há uma passagem corrompida cuja especulação dá em *unguenta,* que Bailey não aceita e prefere não traduzir.

[260] *thalassina*, "marítima", ou seja, "ondulada", ou ainda, "púrpura", pois o pigmento para essa cor vinha do mar. Preferi "marinha" para manter a ambiguidade.

[261] Locais onde se supõe que havia tecidos ricos e famosos.

[262] A teoria que Lucrécio segue defende que as mulheres também têm sementes e que as que prevalecerem no coito determinam diversos fatores na geração.

[263] Regiões específicas da Trácia, que indicam que se trata não do Diomedes homérico, mas do Diomedes trácio. Isso é relevante para justificar a ordem dos versos e a suposição da lacuna antes de [30], onde provavelmente se introduzem as harpias.

[264] Lucrécio usa aqui *simulacra* num sentido mais convencional, e preferimos variar a tradução por "simulacro" encontrada nos livros anteriores.

[265] Os vv. 82-90 são repetidos em na introdução ao livro VI, vv. 58-66. Provavelmente foram escritas primeiro aqui.

[266] 112-3 = I, 738-9.

[267] O trecho de 128 a 141 repete quase integralmente o trecho encontrado em III, 784-799.

[268] Lucrécio aqui aborda a doutrina estoica da *anima mundi*, a de que existe uma parte do espírito divino em cada porção do mundo.

[269] O que Lucrécio não faz efetivamente. Por esse motivo, pensa-se que era a intenção do poeta encerrar o livro VI com uma discussão mais completa sobre os deuses.

[270] *notities*, "conceito, ideia", um termo fundamental na filosofia epicurista, equivalente da *prolepsis* de Epicuro.

[271] Cf. V. 422-23, I, 1024 (Lucrécio se utiliza aqui de pequenas variações de outros versos em que já tratou do assunto).

[272] Cf. I, 1025.

[273] Cf. V, 424.

[274] = V, 425.

[275] Cf. I, 1024.

[276] Praticamente iguais a II, 177 e 183.

[277] Texto corrompido, quase impossível fazer sentido: *quaerere proporro sibi sene senescere credas.*

[278] III., 806-818 = V., 351-63.

[279] = V, 267.

[280] = II, 600.

[281] Todo esse parágrafo, exceto o v. 427, é composto de versos que já apareceram antes. Isso pode significar que ele foi composto originalmente aqui e que Lucrécio fez referência a pontos importantes dele ao usar versos inteiros em outros lugares, como se num processo de notas ou de autorreferenciação. Verso 416 repetido em V, 67 (com variações).

[282] Repetido em V, 68 (com variações).

[283] 419-21 = I, 1021-3.

[284] = V, 187, ~I, 1024.

[285] 422-5 = V, 188-91.

[286] = 1, 1026.

[287] 429-31 = II, 1061-3.

[288] = II, 726.

[289] Lucrécio usa *membra* para se referir aos elementos da natureza: terra, fogo, água e ar, em uma analogia com os membros do corpo humano.

[290] O sol, a lua e as estrelas.

[291] Os limites de fogo e ar (o éter) que envolvem o conjunto de terra, céu, estrelas na cosmogonia de Lucrécio, adaptada de outros atomistas e de Epicuro (cf. *flammantia moenia mundi* em I, 73).

[292] Os antigos acreditavam que o mar Negro fluía sempre em apenas uma direção.

[293] Aqui, *ignes* refere-se aos astros.

[294] Uso metafórico: os fogos do éter iriam atrás de mais fogos.

[295] = III, 325.

[296] = V, 537.

[297] Repetido de [570], mantido entre colchetes na edição de Bailey.

[298] Todo esse trecho sobre as estrelas é bastante confuso e mal acabado no texto de Lucrécio. Procuramos manter alguma estranheza.

[299] Verso igual a 584, expurgado por todos os editores.

[300] Lucrécio usa aqui *stellas*, não tão inclusivo quanto *sidera*, os "astros" em geral, nem tão específico quanto *signa*, "os signos do zodíaco".

301 Deusa romana da aurora.

302 Novamente aqui Lucrécio usa *signum* apenas como os signos do zodíaco, e, nesse caso, os signos em que ocorrem os equinócios (áries, em março, e libra, em setembro). *Exaequat* em 688 possivelmente ecoa o termo equador (equator), que, em latim, é chamado de *circulus aequinoctialis*.

303 A passagem de 689 a 693 é bastante complicada e controversa, e Bailey defende que *metas*, nesse trecho, refira-se aos trópicos.

304 O orbe signífero é a região do zodíaco, cinturão onde estão dispostas as constelações.

305 Em latim, *ratio*. Trata-se aqui de planos e mapas criados por astrônomos anteriores, como Hiparco.

306 Lacuna provável de um verso.

307 Ou seja, portadora de luz.

308 Como a do astrônomo Berosus.

309 Os astrônomos ortodoxos gregos, cuja teoria foi explicada em 705-714.

310 Cupido.

311 O vento da primavera, como Aquilão é do inverno e Austro, do outono.

312 Por conta da terra árida na época quente da colheita.

313 Ventos periódicos vindos do norte que são uma influência importante no clima do Mediterrâneo de maio a setembro.

314 Equivalente ao grego Euro, vento leste, também identificado com o outono.

315 Solstício de inverno.

316 Repetição de 764, excluída da maior parte das edições.

317 *mortalia saecla* aqui significa todos os animais, embora em outros lugares a expressão denote apenas os seres humanos.

318 Semelhante a I, 341.

319 Os *uteri* são para os animais o que os ovos são para as aves e as cascas para as cigarras.

320 *bacchatur* recupera o movimento do transe das bacantes, seguidoras de Dioniso que performavam seus ritos nas montanhas, pois trata-se de animais ainda selvagens.

321 834-5 são variações de 828-9.

322 De 855 a 877, Lucrécio expõe uma teoria que antecipa em muitos pontos a proposta darwiniana da sobrevivência dos mais aptos, com uma diferença fundamental: Lucrécio, em nenhum momento, supõe que uma espécie possa descender de outras, sendo todas elas criadas aleatoriamente.

323 = IV, 44.

324 Ou seja, que supõem que qualquer coisa poderia ser gerada no início dos tempos e que depois essas coisas ou espécies teriam desaparecido.

325 Semelhante a VI, 1253.

[326] Semelhante a V, 41 e 955.

[327] A ironia da passagem é muito refinada. Após descrever a penúria da vida primitiva, Lucrécio trata como avanços e sofisticações do homem contemporâneo, de modo algo moralista, as guerras, a ambição, a gula e a traição.

[328] Lacuna provável de um verso.

[329] De Vênus, por suposto.

[330] Diferentemente do vocabulário para os usos vocais dos cães, com os cavalos Lucrécio tem menos variedade, e usa *hinnitus,* "relincho", duas vezes. A estrutura do argumento também é diferente, embora o efeito desejado seja o mesmo.

[331] O verbo *suppeditabatur,* suprir as necessidades, renovar-se, entre outros sentidos, adquire uma conotação particular em virtude de Lucrécio parecer usar a doutrina de Epicuro, que diz que as imagens dos deuses são tão sutis que não podem ser percebidas pelos sentidos, e sim apenas pelo ânimo/mente ou em sonho. Como se trata de *simulacra* que penetram o sistema sensível no sonho, a tradução tenta dar uma noção desse efeito.

[332] 1198-1203: descrição detalhada de práticas rituais religiosas romanas.

[333] = I, 1004 (aqui a tradução difere por conta da sintaxe dos versos precedentes).

[334] = V, 379 (idem ao anterior).

[335] *pulchros fasces saevasque securis* evocam os símbolos da autoridade romana, os feixes de varas atados com um machado na ponta, símbolo posterior do fascismo, em que cada vara sozinha não tinha força, mas ganhava poder quando unida a outras.

[336] *Aes* significa tanto cobre quanto bronze, mas este é uma liga do cobre com o estanho.

[337] Trata-se de elefantes, primeiro introduzidos em Roma por Pirro, na invasão da Lucânia. Lucrécio prefere atribuir a introdução dos elefantes a Aníbal, general cartaginês que tentou levá-los pelos alpes para a guerra.

[338] Semelhante a III, 643.

[339] Semelhante a II, 632.

[340] Os elefantes.

[341] Lucrécio usa *carmina*, que designa poema em sua época, mas que também representa os cantos religiosos de louvor anteriores ao estabelecimento da literatura escrita.

[342] = IV, 585.

[343] = V, 1454-5.

[344] Semelhante a II, 29-33.

[345] Semelhante a III, 1082,4.

[346] = V, 1388-9.

[347] Tal passagem recorre em quatro dos livros do poema: I, 146-8, II, 55-61, III, 87-93, e VI, 35-41.

³⁴⁸ Corrupção complexa nos manuscritos. Os editores não concordam quanto a sua extensão ou seu conteúdo, e sigo aqui a conjectura de Bailey apenas para completar o verso 47. Ele supõe que a lacuna poderia se preencher com algo do tipo: "Uma vez que eu <decidi> ascender ao carro <das musas, devo terminar meu percurso e contar como as tempestades> de ventos..." (Bailey, p. 1562).

³⁴⁹ = I, 153-4, e VI, 90-1.

³⁵⁰ = V, 82-90.

³⁵¹ Há aqui uma alusão à arte de ler os augúrios nos céus, com tentativas de explicar os movimentos dos raios e relâmpagos de forma sobrenatural. O vocabulário desta seção reverbera diversas das práticas religiosas romanas.

³⁵² = VI, 383-5.

³⁵³ = I, 153-4, VI, 56-7.

³⁵⁴ A invocação a Calíope, musa da poesia épica, evoca os mesmos termos utilizados para qualificar Vênus no proêmio ao livro I, e, aqui, logo após a menção à chegada, ao final da obra, essa segunda invocação e essa repetição funcionam para amarrar a estrutura geral do poema.

³⁵⁵ Cf. IV, 76-7 para a mesma imagem.

³⁵⁶ *Chartarum*: a imagem é a de folhas de papiro coladas e penduradas para secar, quando emitiam estalos como o do vento que as agitasse. Supõe-se, que, diferentemente das imagens seguintes de roupas e papiros sendo levados pelo vento, o som do trovão que se compara aqui é o do papel sendo rasgado.

³⁵⁷ O vento noroeste.

³⁵⁸ Lucrécio usa o verbo *fulgit*, "brilha", como se usasse outros verbos impessoais de fenômenos meteorológicos, como "chove" ou "neva", em vez de usar o substantivo *fulgor, -is*, nesse caso específico, "relâmpago".

³⁵⁹ 228-9 são semelhantes a I, 489-90.

³⁶⁰ 251-4 = IV, 170-3.

³⁶¹ O vocabulário de Lucrécio para as tempestades é bastante determinado: a *tempestas* é a tempestade como um todo, enquanto a *procella* é uma parte desta, designando os furacões ou rajadas de ventos.

³⁶² *Tyrrhena carmina*, provavelmente um livro com poemas divinatórios sobre a natureza dos raios, *Etruscorum et haruspicini et fulgurales et rituales*, mencionado por Cícero em *De Divinatione* I, 33, 72.

³⁶³ 383-5 = VI, 87-9.

³⁶⁴ Trata-se de um decalque do grego πρηστήρ, de πρήθω ("soprar, esguichar, jorrar"), que indica a tromba d'água, coluna de vento e vapor semelhante aos furacões, mas que se dão exclusivamente no mar. Os termos gregos para o furacão na terra são τυφώς (possível etimologia de "tufão") e στρόβιλος (também usado para designar pião, o brinquedo).

³⁶⁵ Lucrécio passa aqui ao furacão, pois esse *vertex venti* "vórtice de vento" não ocorre no mar.

³⁶⁶ Trecho confuso. Os editores não concordam, já que o éter não deveria produzir vapor. A leitura mais aceita é a de que o éter acima do céu mantém as nuvens pressionadas com as sementes de calor, provavelmente vindas de fora, como se verá na próxima hipótese. *Nimbus*, em Lucrécio, são nuvens carregadas que produzem tempestades, não uma tipologia específica de nuvem.

³⁶⁷ De fora do *mundus*, o grande invólucro que inclui o éter, o céu abaixo e a terra.

³⁶⁸ Neste passo, Lucrécio diferencia *imbris*, uma chuva forte e curta, ou seja, um temporal, e *pluvia*, uma chuva mais longa e constante.

³⁶⁹ Ou seja, parasse de expirar/soprar causando terremotos.

³⁷⁰ Aqui usado no sentido de respiração, ou seja, o ar.

³⁷¹ O terremoto de Sídon é mencionado em diversas fontes antigas, como Posidônio e Sêneca, enquanto o terremoto de Égio, mais famoso, é datado em 372 a.C. e mencionado por Ovídio e também por Sêneca.

³⁷² Tártaro, o abismo.

³⁷³ 635-8 são semelhantes a V, 269-72.

³⁷⁴ Os antigos chamavam de *sacer ignis* a doença que hoje conhecemos como erisipela.

³⁷⁵ Lacuna. Sem supor-se uma lacuna de pelo menos um verso após 697, o trecho é muito difícil. Resumidamente, a passagem supostamente diria algo como "o vento misturado com as nuvens".

³⁷⁶ Depois de passar pelos fenômenos atmosféricos, que usualmente suscitam medo, Lucrécio organiza o restante do livro passando por coisas que provocam assombros (em geral os fenômenos terrestres) e, a partir de agora, a fenômenos únicos e anômalos, que, no entanto, não devem apresentar causa única e dogmática.

³⁷⁷ Ventos anuais vindos do norte, do mar Egeu, que sopram forte de maio a setembro na região do Mediterrâneo.

³⁷⁸ A etimologia popular antiga de Averno deriva do grego ἄορνος, "sem aves".

³⁷⁹ A lenda aqui referida é a das filhas de Cécrops, as quais, desobedecendo a uma ordem de Palas Atena, abriram a caixa em que estava o infante Erictônio. Tendo visto a cena, um corvo a reportou a Atena, que puniu toda a espécie por sua vigilância excessiva (cf. Ovídio, *Metamorfoses* II, 552ss., e Antígono de Caristo).

³⁸⁰ Trata-se de uma estranha história sobre cervos matando serpentes ao sugá-las com suas narinas (*naribus*), sem dúvida uma comparação irônica com os deuses sugando as almas pelo portal do Orco no Averno (cf. Marcial XII, 29, e Cláudio Eliano *De natura animalium* [*Sobre a natureza dos animais*] II., 9).

³⁸¹ Uma secreção do castor usada para fins medicinais.

³⁸² Cidade da Trácia famosa pela mineração na Antiguidade.

³⁸³ Mantenho a repetição do texto latino: *exaestuat aestus*.

³⁸⁴ Lacuna de tamanho indeterminado.

³⁸⁵ Deus egípcio identificado com Zeus e Júpiter. O famoso templo ficava em Cirene, na região da atual Líbia.

[386] Cidade litorânea da Fenícia, hoje na Síria.

[387] A cidade de Magnésia, na Lídia. Algumas fontes atribuem a descoberta a outra Magnésia, na Macedônia, ou a seu descobridor, Magnes.

[388] = IV, 217-29.

[389] Ou seja, em I, 329ss.

[390] Após a lacuna o texto latino (955-8) é bastante controverso, e os editores têm dificuldade em determinar sua interpretação.

[391] Versos repetidos abaixo em 995-6.

[392] Todo o trecho é muito mal terminado em Lucrécio, e os editores têm dificuldade em determinar as melhores soluções textuais.

[393] Tipo de cola feita na Antiguidade a partir da carne do touro.

[394] Borato de sódio, também conhecido como bórax.

[395] Os editores supõem que os antigos já teriam descoberto a inclinação do eixo da Terra. A passagem em Lucrécio é, no entanto, um pouco obscura.

[396] Região da costa meridional do mar Negro, hoje parte da Turquia.

[397] Hoje Cádiz, no extremo sul da Espanha.

[398] Pandião, *Pandio* em latim, foi rei de Atenas, filho de Erictônio e pai de Procne, Filomela, Erecteu e Butes.

[399] Mais uma vez, trata-se da erisipela.

[400] O epílogo do poema contrasta radicalmente com o tom celebratório de Vênus como representação da natureza ao igualar covardes, punidos por não ajudarem os doentes com morte solitária, de forma nada epicurista, e os virtuosos, que ganhavam a morte na peste ao ajudarem os doentes. Tal pessimismo é uma das possíveis indicações ou do caráter inacabado do poema, ou da veracidade dos boatos biográficos que afirmavam que Lucrécio cometeu suicídio por ter sido enfeitiçado por uma poção de amor.

[401] Por conta da incerteza sobre o tamanho e o conteúdo da lacuna, o início do verso não apresenta leitura sintática coesa com relação ao restante da passagem, de modo que optamos por um suplemento vago de sentido, como outros editores e tradutores.

Posfácio
De rerum natura, um petardo filosófico

Lucas Lazzaretti (Unicamp)

Os leitores que chegaram ao último verso do poema de Lucrécio não devem se surpreender caso sintam-se imediatamente invadidos pela vontade de iniciar o quanto antes a releitura. Se os clássicos, em geral, são capazes de suscitar esse entusiasmo intelectual, *De rerum natura* parece despertar uma chama singular. Como bem demonstrou o trabalho de Stephen Greenblatt, *A virada: o nascimento do mundo moderno*, esse livro foi uma fagulha essencial para o Renascimento e manteve os ânimos despertos ao longo de toda a modernidade, instigando filósofos, poetas, artistas plásticos e livres pensadores das mais diferentes linhas, de Giordano Bruno a Freud, de Botticelli a Darwin.

A fascinação resultante dessa leitura já é suficientemente evidente, seja pela radicalidade da filosofia que Lucrécio imprime em seus versos, seja pela amplitude dos temas escolhidos. Alma e cosmos, pestes e sonhos, do micro ao macro, tudo parece estar incluído, tudo para ser contemplado e tudo parece ser explicado. Afasta-se o sobrenatural, a transcendência, a superstição e os temores infundados. Os deuses são exilados pela força de uma indiferença retumbante, e o ser humano é posto em relação com as coisas da natureza não como uma completa exceção, mas como um copertencimento de ordem ontológica.

Ao mesmo tempo que é radical, *De rerum natura* é multiplicador. A filosofia que nele consta foi fortemente influenciada por Epicuro, mas os detalhes de sua apresentação, os meandros de sua estilização e a audácia de sua especulação fizeram com que Lucrécio encontrasse um ponto único dentro da história da filosofia.[1] Tamanha singularidade,

---

[1] Muito se discute sobre a extensão da independência filosófica e da vinculação doutrinária que Lucrécio teria em relação ao mestre grego, Epicuro. Para uma

contudo, não poderia ter vindo sem um escândalo, de tal maneira que as atribuições de materialismo, ateísmo, imanentismo, entre outras, foram usadas como acusações por praticamente todos os que viam no poema uma subversão às ordens teológicas, políticas e sociais de seu tempo, desde a Roma republicana, passando pela longa hegemonia cristã, até chegar ao estranho romantismo vitoriano do século XIX. Um autor como John Ruskin, por exemplo, após ter lido *De rerum natura*, afirmava de forma peremptória: "Eu, desde então, considero o sinal mais desesperador de que a mente de um homem é feita de cascalho se ele gosta de Lucrécio".[2] Para muitos opositores, não bastava argumentar contra o pensamento expresso naquele longo poema, era preciso atacá-lo, desqualificando seus conceitos e, acima de tudo, suas implicações.

Essa tensão entre um interesse vivaz motivado por um entusiasmo animador e uma ferrenha oposição apaixonada e engajada representa bem de que maneira podemos nos aproximar dessa obra por uma via filosófica. Ao fazê-lo, não podemos negar, no entanto, o percurso já realizado pela filosofia moderna. Se queremos manter a potência engendrada pelo poema, é preciso compreender os limites das interpretações, até mesmo para limpar os caminhos filosóficos, para que tais caminhos sigam sendo tão instigantes quanto naquela primeira leitura. Mais do que isso, é preciso ir além daquele encontro inicial que nos apresentava o encanto que esse poema vinha gerando desde o Renascimento. Isso porque tal encanto poderia nos levar a crer em uma falsa unidade, incoerente com a maneira com que o pensamento de Lucrécio foi apropriado, em suas tão distintas formas.

De início, é preciso remontar à vinculação entre a recepção renascentista da obra e a formação de uma vertente materialista de ordem

---

compreensão mais ponderada sobre a relação entre o poeta romano e a filosofia grega, cf. WARREN, James. Lucretius and Greek philosophy. In: GILLESPIE, Stuart; HARDIE, Philip. (Eds.). *The Cambridge Companion to Lucretius*. Cambridge: Cambridge University, 2007. Para um debate sobre as possíveis distinções entre Lucrécio e Epicuro, cf. HARRISON, Stephen. Epicurean Subversion? Lucretius' First Poem and Contemporary Roman Culture. In: NORBROOK, David; HARRISON, Stephen; HARDIE, Philip (Eds.). *Lucretius and the Early Modern*. Oxford: Oxford University, 2016.

[2] RUSKIN, John. *The works of John Ruskin*. COOK, E. T.; WEDDERBURN, Alexander (Eds.). XXXV. London: George Allen and Longmans, Green, and Co., 1903-12. p. 613.

mecânica que encontrou suas últimas demonstrações na física. Para autores como Giordano Bruno e Tommaso Campanella, que buscavam instrumentos conceituais para desenvolver o embate contra os castelos metafísicos da filosofia escolástica, o poema de Lucrécio fornece as bases para uma consideração imanente que determina, como um princípio, o conhecimento e a realidade aos limites da materialidade. Seja em um livro como *Philosophia sensibus demonstrata* [*Filosofia demonstrada pela sensibilidade*], de Campanella, ou em *De l'infinito, universo e mondi* [*Do infinito, do universo e dos mundos*], de Bruno, é possível notar como as explicações sobre a realidade passam a ser definidas por um fundamento empírico, matemático e material. A máxima proposta por Galileu Galilei, de que a natureza é um livro escrito na língua matemática, não correspondia precisamente ao espírito de Lucrécio, mas compartilhava com esse a compreensão de que a realidade era regida por leis naturais que não permitiam a intromissão indesejada de entidades sobrenaturais, transcendentes ou abscônditas que nada tinham para dizer ou fazer nesse mundo em que vivemos. A razão, assim formulavam aqueles modernos, é inserida dentro da materialidade que compõe o tecido da realidade, e é através da interpretação e da análise dessa razão que se poderia então alcançar mesmo os mais audaciosos saberes possíveis.

Lucrécio é lido, discutido e atacado por muitos pensadores desde o século XVII. Se Bruno, queimado pela Inquisição, causava furor com suas ideias – e com sua maneira de expressá-las –, algo que o próprio Lucrécio não desenvolvia em seu estilo contido e preciso, autores como Leibniz e Spinoza não deixavam de instigar novas formas de pensamento, também eles sendo influenciados, em maior ou menor grau, pelo poder do poema clássico. Naquele momento da filosofia moderna, no entanto, inicia-se uma cisão que dividiria as linhas de pensamento em dois extremos: por um lado, o empirismo e, de forma mais radical, o materialismo, e, por outro lado, um certo idealismo que oscilaria entre posições mais ou menos metafísicas, mais ou menos abstratas, mais ou menos "realistas". *De rerum natura* estava ali, flutuando diante das correntes que agitavam a filosofia da época.

Na filosofia alemã do século XVIII, com o crescimento do Iluminismo, Lucrécio, conjuntamente com Spinoza, é tomado como um modelo de uma explicação naturalista rigorosa da realidade, servindo como base epistemológica para as especulações filosóficas e *científicas* daquela época e sendo tomado como uma arma contra as visões teológicas e teleológicas que insistentemente recolocavam a Providência como determinação de toda realidade. Citava-se com frequência o verso 101 do livro I, "pôde a religião persuadir a tão grandes males", como uma espécie de máxima que garantia o signo de esclarecimento em oposição à superstição religiosa.

Proliferavam, nesse tempo, trabalhos inspirados de alguma maneira em *De rerum natura*, com destaque para a obra de Christoph Martin Wieland, *Die Natur der Dinge* [*A natureza das coisas*], poema didático dividido em 6 livros que imitava a obra de Lucrécio em muitos aspectos formais e temáticos. Ninguém estava isento: o jovem Kant, trabalhando com cosmogonia na época da escrita de seu *História Geral da Natureza e Teoria dos Céus*, de 1755, se esforçou para se distanciar do materialismo de Lucrécio ao mesmo tempo que admitia algumas das teses epicuristas trazidas pelo poeta romano. Johann Gottfried Herder, aluno de Kant e posteriormente um dos principais influenciadores do movimento Tempestade e Ímpeto e do romantismo alemão, também se dedicou à leitura da obra de Lucrécio, deixando suas marcas tanto nas produções de Schiller e Goethe quanto na filosofia de Schelling. O melhor exemplo dessa presença é encontrado no poema de Schelling, "Profissão de Fé Epicurista", onde o epicurismo do título traria os ecos do poema de Lucrécio. Em um ataque satírico à intromissão da religião na filosofia, Schelling apela à materialidade e à imanência como forma de proteger seu conhecimento das ilusões sobrenaturais.

Por mais presente que pudesse ser, Lucrécio trazia ainda um radicalismo que nem sempre era fácil de ser controlado – domesticado talvez seja a palavra correta – e a vertente mais "idealista", apesar de todas as concessões e aproximações feitas com relação a *De rerum natura*, ainda tinha uma dívida para certas estruturas de ordem teológica que não se coadunavam com partes essenciais do poema. A negação da imortalidade da alma, do medo da morte ou mesmo da importância central de um Deus – ou um Absoluto – entrava em conflito com pontos centrais da estrutura idealista pós-kantiana. De forma pontual: a filosofia de Lucrécio, se tomada em toda sua potência, deixaria pouco espaço para o infinito responsável por abrir as portas da especulação, razão pela qual era preciso controlar a sua recepção.

Como estava então a filosofia em relação à *De rerum natura* nesse ponto? Se por um lado o idealismo temia que a radicalidade de certas teses pudesse levar a um materialismo determinista e mecanicista, algo que nem a filosofia da natureza de Schelling estava disposta a avençar, por outro lado o próprio materialismo não poderia dar conta do poder especulativo que estava presente ao longo de todo o poema sem romper com seus pressupostos deterministas.

Um exemplo para esclarecer as coisas: a negação do terceiro elemento mediador. Segundo o poema, a realidade é composta pela matéria e pelo vazio. A matéria existe na forma de pequenas partículas, como o próprio Lucrécio explica (livro I, vv. 265-328), sendo o espaço vazio deduzido a partir dessa primeira evidência encontrada pelas sensações. O restante, diz Lucrécio, é propriedade ou acidente de matéria ou vazio, de tal maneira que "não há nada que possas dizer que / seja disjunto do corpo e também do vazio apartado / o que seria tal como terceiro elemento à natura" (livro I, vv. 430-433). Em vez de condicionar a relação entre esses dois elementos constituintes da realidade pela inserção de um terceiro, Lucrécio trabalha extensivamente nas possibilidades de se entender essa relação dentro da própria imanência de sua relação. O poeta chama de "evento", de "concílio", esforça-se para demonstrar a dinâmica do devir e se vale de um conceito epicurista como o clinâmen para sustentar, ao longo dos seis livros, uma base filosófica que contraria as principais linhas do pensamento ocidental que partem de Platão e nos alcançam.

Tanto o idealismo mais ferrenho quanto o materialismo mais duro não lidavam bem com esse aspecto do pensamento de Lucrécio. As consequências dessa problemática são conhecidas: ignora-se *De rerum natura* ou, então, busca-se reduzir a obra a uma espécie de pré-história da física moderna, um esqueleto interessante historicamente, que até pode ser reavivado em laboratório quando as devidas condições de temperatura e pressão estão ajustadas, mas nada além disso.

Mesmo quando Lucrécio mobilizou o pensamento de autores contemporâneos, que já vinham tentando superar aqueles limites da dicotomia moderna, ainda assim sua contribuição era de alguma maneira interpretada de forma limitadora. Tome-se o caso de Henri Bergson em seu *Extraits de Lucrèce* [*Excertos de Lucrécio*], onde o filósofo francês analisa a poesia, a filosofia, a física, o texto e a língua do poeta romano. Bergson, que, como outros filósofos, incorre na mesma atribuição errônea quando lê "átomos" que em verdade não existem no texto de Lucrécio, parece conceder à obra *De rerum natura* o valor de uma sensibilidade, mas não tanto o valor de um pensamento filosófico. Bergson elogia Lucrécio tanto por ser um observador da natureza mais acurado e interessado que Epicuro quanto por ter incluído em suas análises elementos que não constavam na doutrina de Epicuro, como a tristeza e a melancolia, que seriam mais sensivelmente condizentes com uma consideração sobre a natureza humana. Mas Bergson não parece querer confrontar as dificuldades suscitadas pelo pensamento mais filosoficamente radical de Lucrécio, tomando-o sob o signo de um determinismo que não condiz ao que consta em *De rerum natura*. O filósofo francês elogia Lucrécio por um determinismo "mais humano" que ele mesmo imputa ao poeta.

Esse percurso histórico-filosófico pode parecer desanimador para quem, ao terminar a leitura do poema de Lucrécio, não compreende como aquele entusiasmo inicial da leitura pode ser desfeito por uma caracterização tão pouco produtiva. Se o que temos, em termos filosóficos, são apenas essas saídas, então onde fica todo aquele ânimo?

A resposta talvez venha através do próprio texto: "a mente é tênue, e tem grande mobilidade" (livro IV, v. 748). Revisados os termos daquela recepção, podemos então compreender que passos não devemos dar e quais caminhos restam abertos.

Uma primeira demanda é apresentada pelo próprio poema: filosofar a partir de Lucrécio significa não impor restrições à radicalidade, de tal maneira que não se adstrinja partes essenciais de seu pensamento por uma pressuposição previamente determinada. O que isso significa? Significa que é necessário estar a par de um materialismo que não é mecanicista, é preciso aceitar uma dinâmica imanente que permite o devir e a infinitude sem que isso signifique a reentrada de uma transcendência mediadora. Aceitar uma realidade material e concreta sem que isso represente a morte da especulação. Esses são desafios que a filosofia contemporânea deve enfrentar e que já estão, de alguma forma, dados no próprio poema de Lucrécio.

Uma segunda demanda, esta ainda mais delicada, diz respeito à maneira com que nós devemos proceder no estabelecimento de nossa própria recepção. A tradução, precisa e esteticamente aprazível aqui apresentada, já trilhou uma parte imprescindível do caminho, mas é preciso sedimentar novos caminhos. Permitir que *De rerum natura* tome vida é testar as potências de sua capacidade filosófica. Temos as opções dadas pela física quântica, sem dúvida, mas também temos as aquelas legadas pela própria filosofia, em seu desespero contemporâneo por um impulso especulativo que dê conta de tratar de questões já demasiado distantes daqueles ditames modernos. Queremos poder dizer a realidade, mas sem os absolutismos prenhes de ranço teológico e dogmático, sem a intromissão de entidades ou conceitos intangíveis. Há muito para ser feito.

Assim, se nós nos sentimos invadidos pela vontade de reler *De rerum natura*, isso se deve, certamente, à beleza ímpar do texto, mas também é devido ao chamado de nossa própria época. Apenas um petardo dessa magnitude é capaz de um convite tão claro para a filosofia enquanto a potência de um filosofar. Não convém ignorá-lo.

Esta edição de *A natureza das coisas* foi impressa para a Autêntica
pela Formato Artes Gráficas em abril de 2024, no ano em que se celebram

c. 2800 anos de Hesíodo (séc. VIII a.C.);
c. 2800 anos de Homero (séc. VIII a.C.);
c. 2500 anos dos mais antigos textos bíblicos (séc. VI a.C.);
2123 anos de Julio Caesar (102-44 a.C.);
2120 anos de Lucrécio (99-55 a.C.)
2091 anos de Virgílio (70-19 a.C.);
2086 anos de Horácio (65-8 a.C.);
2064 anos de Ovídio (43 a.C.-18 d.C.);
2021 anos do fim do uso da escrita cuneiforme (1 a.D.)
e
24 anos da fundação da Autêntica (1997).

O papel do miolo é Off-White 80g/m² e o da capa é Supremo 250g/m².
A tipologia é Bembo Std.